现代职业教育研究前沿论丛

丛书主编：王振洪　朱永祥

浙江省哲学社会科学重点研究基地
——浙江省现代职业教育研究中心研究成果

改革引领，先行示范
——"双高"时期高职教育高质量发展的理论与实践

王振洪　梁克东　◎编著

http://press.hust.edu.cn

中国·武汉

图书在版编目(CIP)数据

改革引领,先行示范:"双高"时期高职教育高质量发展的理论与实践/王振洪,梁克东编著.—武汉:华中科技大学出版社,2024.1
ISBN 978-7-5772-0500-7

Ⅰ.①改… Ⅱ.①王… ②梁… Ⅲ.①高等职业教育-教育质量-研究-中国 Ⅳ.①G718.5

中国国家版本馆 CIP 数据核字(2024)第 017801 号

改革引领,先行示范　　　　　　　　　　　　　　　　王振洪　梁克东　编著
——"双高"时期高职教育高质量发展的理论与实践
Gaige Yinling, Xianxing Shifan——"Shuanggao" Shiqi Gaozhi Jiaoyu Gaozhiliang Fazhan de Lilun yu Shijian

策划编辑:张　毅
责任编辑:郭星星
封面设计:廖亚萍
责任监印:朱　玢

出版发行:华中科技大学出版社(中国·武汉)　　电话:(027)81321913
　　　　　武汉市东湖新技术开发区华工科技园　　邮编:430223
录　　排:华中科技大学惠友文印中心
印　　刷:武汉市洪林印务有限公司
开　　本:710mm×1000mm　1/16
印　　张:22.75
字　　数:446 千字
版　　次:2024 年 1 月第 1 版第 1 次印刷
定　　价:99.00 元

本书若有印装质量问题,请向出版社营销中心调换
全国免费服务热线:400-6679-118　竭诚为您服务
版权所有　侵权必究

总序

职业教育是国家教育体系中不可或缺的重要一翼。伴随着现代化建设进程的加快，职业教育不断壮大。时至今日，我国已经建成了世界上规模最大的职业教育体系，党的十八大报告中提出的"加快发展现代职业教育"更是将职业教育由"大"变"强"作为共同愿景上升到了国家战略的高度，表明了我国加强现代职业教育的决心和信心。职业教育不仅大有可为，更应当大有作为。作为其中重要的理论支持，职业教育科学研究也应当大有可为、大有作为。

一个领域的研究水平往往代表着这个领域的发展水平，作为教育学中的"后生"，我国职业教育研究的历史并不算长，但研究热情之高、总体趋势之好、形式内容之丰富都是前所未有的。一大批职业教育人将职教研究作为追求的方向与目标，积极回应和破解职业教育改革发展中的现实问题、重点问题、难点问题，积极探索中国特色职业教育的发展路径，取得了一批高水平、有影响、可借鉴的研究成果，推动了职业教育的发展。

但同时也应该看到，职业教育研究的总体成就与其他学科领域相比仍有差距，在国际舞台上的声音还不够响亮。职业教育尚有许多理论问题和实践问题需要通过深入的科学研究来进一步厘清和解决。在这样的时代需求中，"现代职业教育研究前沿论丛"的主编单位——浙江省现代职业教育研究中心应时而谋、顺势而生。该研究中心的前身为金华职业技术学院高职教育研究所，作为浙江省成立最早的高职教育研究机构之一，多年来致力于专深的职教研究。为适应新常态、谋求新作为、实现新发展，2012年5月，金华职业技术学院联合浙江省教育科学研究院成立了浙江省现代职业教育研究中心。2013年1月，中心获批成为"浙江省哲学社会科学扶持型研究基地"；2015年2月，中心正式成为"浙江省哲学社会科学重点研究基地"，是浙江省目前唯一依托高职院校的省级哲学社会科学重点研究基地。浙江省现代职业教育研究中心成立虽然只有几年时间，但以金华职业技术学院高职教育研究所为起点，则有十余年的发展历史，依托国家示范性高职院校建设项目，中心取得了丰硕的成果。作为职业教育的实践者、思考者和记录者，中心始终紧扣改革主题，专注现代职业教育研究，不断发挥在职教研究领域中的先导作用，产生了一定的知名度和影响力。

现代职业教育的快速发展需要强有力的科学研究做支撑，而"现代"两字凸显出发展职业教育的时代性，赋予职业教育新目标和新内涵，同时给职业教育研究提出了新命题和新要求。身处五年发展的关键时期，职业教育即将进入一个全新的发展阶段，职业教育研究不仅要因势而动、积极求变，更要有的放矢、精准发力，围绕新常态下职业教育的新议题展开一系列的思考和探索，用职业教育理论来说明和阐释职业教育实践，用职业教育实践来丰富和发展职业教育理论，使两者互为补充、齐头并进。这既是现代职业教育发展的现实要求，也是广大职业教育人的责任担当。浙江省现代职业教育研究中心正是抱着这样的初衷出版"现代职业教育研究前沿论丛"的。作为中心的一员，我深感快慰。

丛书由浙江省现代职业教育研究中心主任主编，旨在通过优秀成果的集中展示反映当前职业教育的研究水平，可谓是职业教育研究者的一次集体行动。丛书的研究选题关注目前职业教育中的一些热点难点问题，基本代表了现阶段职业教育的理论前沿，其成果将陆续呈现给读者。期待未来能有更多的职业教育研究者加入这一集体行动中来，将先进思想通过"现代职业教育研究前沿论丛"落地生根，为职业教育走向未来注入新理念、新智慧和新方法，使更多人因此认识职业教育、认可职业教育、推崇职业教育！

借此机会，把这套丛书推荐给广大职业教育的支持者、改革者和实践者，同时瞩望浙江省现代职业教育研究中心继往开来、砥砺奋进、乘势而上，取得新的更丰硕的研究成果！

是为序，更为盼。

亚洲职业教育学会（AASVET）原会长
中国职业技术教育学会原副会长兼学术委员会执行主任
华东师范大学职业教育与成人教育研究所原所长、教授、博士生导师
浙江省现代职业教育研究中心学术委员会主任
石伟平
2016年7月于上海

前言

党的十八大以来,习近平总书记多次对职业教育工作作出重要指示批示。国家先后出台《关于加快发展现代职业教育的决定》《关于推动现代职业教育高质量发展的意见》《关于深化现代职业教育体系建设改革的意见》等重磅文件。2019年1月,国务院印发的《国家职业教育改革实施方案》明确提出要建设一批引领改革、支撑发展、中国特色、世界水平的高等职业学校和骨干专业(群)。2019年4月,教育部和财政部正式启动实施"中国特色高水平高职学校和专业建设计划"(简称"双高计划")。同年12月,教育部、财政部公布了《中国特色高水平高职学校和专业建设计划建设单位名单》。金华职业技术学院顺利入围高水平高职学校A档建设单位,这不仅是对学校多年艰苦奋斗、勇毅探索的肯定和鞭策,也是学校在新一轮改革中引领全国高职教育创新发展的使命和责任。

随着我国现代职业教育体系建设改革深入推进,职业教育理论探究和实践探索成为支撑许多新理念、新方法、新举措行稳致远的关键。如何才能建设好"双高计划"这一国家重大决策建设工程?我们认为必须想明白,才能正确干。首先,我们加强顶层设计,以高水平专业群建设为龙头,建立"双高"建设任务间的内容关联,深化产教融合、三教改革、院校治理、教育国际化等重大改革及其相关研究,努力形成一批有效支撑职业教育高质量发展的政策、制度和标准。其次,我们基于"双高"建设任务搭建了系统研究的底层架构,即从什么是中国特色高水平高职学校、高水平高职学校是什么样的元问题入手,提出了遵循技术技能人才成长规律,统筹多方资源,夯实办学基础,提升治理水平,融入区域发展,全方位提升学校关键办学能力的建设思路。再次,通过一线教职员工在各自岗位的思考,特别是对立德树人、教师团队、教学资源、课程思政等与人才培养密切相关问题的研究,让"双高"研究成果更加丰满。最后,在"双高"的特色任务点上,我们对职业本科发展做了前瞻性的理论铺垫,相关研究成果陆续在国家级媒体、期刊上发表。

这些"双高"主题的系列思考,虽然理论性和学术性不一定很高,但有其独特的优势,那就是相关研究成果始终观照到了高职办学一线,都是基于具体实践的探讨,研究成果不会束之高阁。正是依托高水平高职学校这一试验田,我们边实践边总结,同时用适切的理论指导具体的实践,凸显相关研究对高职院校改革与发展的价值作用,从而促使学校管理人员在研究中决策和发展,切实从传统的经验型管理转变为现代的科学高效治理,人才培养质量、社会声誉和办学实力等都得到了显著提升。

回首"双高"建设的五年,我们坚持以研究引领院校改革,一系列职业教育研究论文凝结着职教改革的基层智慧,这次遴选其中的 50 多篇合集出版,希望借此将有关"双高"建设拙见和探索经验与广大高职教育同仁分享,为兄弟院校改革提供镜鉴。当然,有的思考不一定成熟、全面,不当之处也恳请专家、同行批评指正。

编　者

目录

第一章 创建中国特色高水平高职学校 ... 1
为中国职教现代化贡献高职力量 ... 1
"双高"院校要舞好高质量发展"龙头" ... 3
高职高质量发展应着力提升"四个度" ... 6
职业院校提质培优需要增强"四个力" ... 9
深刻把握"双高计划"建设的关键 ... 11
"虹吸效应"下中小城市高职院校的办学困境及破解策略 ... 14
中国特色高水平高职院校建设的逻辑、特征与行动方略 ... 24
以校企命运共同体赋能高质量发展 ... 33

第二章 打造中国特色高水平专业群 ... 36
专业群高质量发展须先迈"治理关" ... 36
高职院校专业群治理：内涵、现实困境及优化路径 ... 38
高职教育专业组群的逻辑依归、形态表征与实践方略——基于253个高水平
　专业群申报资料的质性文本分析 ... 49
高职院校专业群生命周期及动态治理策略 ... 66
高职院校高水平专业群建构：内涵意蕴、逻辑及技术路径 ... 76
打造高水平专业群重在专业资源整合 ... 85
"双高计划"背景下高职院校专业群整合的模式建构及实现路径 ... 88

第三章 打造技术技能人才培养高地 ... 101
搭建产科教平台，融汇"产、学、研、训、创" ... 101
高职院校思政工作要"走心" ... 103
高职课程思政建设应厘清"三重逻辑" ... 104
基于"三教改革"的职业教育人才培养与评价改革创新路径 ... 107

论高职院校创业教育制度环境的优化 ··· 117
高职高水平课堂教学策略：突破惯性的五大转变 ······························· 124
内生式发展：高职院校课程思政建设的路径探索 ································ 133
基于多元整合的职业院校课程思政建设：困境与突破 ························· 139
高职专业课程思想政治教育资源开发的策略探析 ······························· 148

第四章 打造高水平"双师"队伍 ··· 155
高职院校专业教师团队建设的影响因素、现实困境及对策研究 ············ 155
高职院校专业教师团队建设的特征差异及关系研究——以装备制造大类专业
　为例 ·· 166
高职院校专业带头人专业化的制度制约及优化路径 ···························· 176
优化结构激发教学团队发展新动能 ·· 187
高职院校教师绩效管理存在的问题及改进策略 ·································· 189
高职院校基层教学组织负责人岗位吸引力研究——以浙江省为例 ········· 199
"双高计划"背景下高职"双师"队伍建设的定位、问题与路径研究 ······ 209
高职院校中企业引进教师的适应性：内涵、问题表征与对策——基于组织
　认同理论的视角 ··· 217

第五章 提升学校治理水平 ··· 227
从"聚焦"到"聚力"，激发产教融合新活力 ·································· 227
"双高计划"背景下高职院校治理现代化的理性思考及实践路径 ············ 229
"双高计划"引领下高职院校教育科研的价值与发展路向 ···················· 236
制约职业院校学生发展的结构性矛盾需破解 ····································· 243
基于整合理念的职业教育质量生态研究 ··· 246

第六章 提升国际合作水平 ··· 255
中非职业教育合作的理念与路径 ·· 255
职业院校参与"一带一路"建设的挑战与推进策略 ···························· 263
"一带一路"背景下高职教育输出助推经济国际化的若干思考 ·············· 270
"一带一路"倡议下高职教育"走出去"的矛盾及其缓解 ···················· 276

第七章 提升服务发展能力 ··· 283
化危为机，职业教育要增强五大理念 ··· 283
新职教法助推高职再跨越 ·· 285

提升高职院校社会服务筹措经费能力	288
产学研合作助力中小企业复工复产	289
全力打好稳就业、促就业"精准组合拳"	291
非遗扶贫,职校要念好四本"真经"	294

第八章　谋划职业本科教育发展　297

职业本科教育的实践探索、发展瓶颈与推进策略 …………………… 297
职教本科如何走出怪圈 …………………………………………………… 304
三问如何深化职教本科学位内涵 ………………………………………… 307
高职教育学位体系构建争议的学理澄明及路径抉择——双轨制抑或三轨制?
　……………………………………………………………………………… 310
稳步发展职业本科教育的现实阻碍与破解进路 ………………………… 323
走向整合:我国职业本科教育政策的发展路向 ………………………… 334
本科层次职业教育发展的价值审视、学理逻辑及制度建构 …………… 343

第一章 创建中国特色高水平高职学校

为中国职教现代化贡献高职力量

中国职业教育现代化是中国式现代化的重要组成部分,也是中国式现代化的内生驱动力。探索中国职业教育现代化,为社会提供源源不断的高素质技术技能人才和创新发展的动力,是实现中国式现代化的重要基础。作为现代职业教育体系的关键构成,高职教育的高质量发展对拓展中国职业教育现代化的格局、高度和未来起到至关重要的作用。

一、中国职教现代化是中国式现代化的内生驱动力

推进中国职业教育现代化,就是要在中国共产党的领导下,坚持以高质量发展为核心,提高职业教育服务现代产业体系的能力;以服务全体人民共同富裕为要义,提升职业教育公益普惠性;以绿色技能开发为关键,促进人与自然和谐共生。

中国职业教育现代化是助推产业转型升级的"加速器"。高质量发展是全面建设社会主义现代化国家的首要任务。在当前经济结构调整、产业转型升级、现代产业体系构建进程中,职业教育扮演着关键角色。自改革开放以来,职业教育已培养了数以亿计的高素质技术技能人才,一线新增从业人员70%以上来自职业院校毕业生,覆盖国民经济各个领域,有力支撑了中国成为全世界唯一拥有全部工业门类的国家。中国职业教育现代化将进一步助推职业教育服务经济发展能力的提升,使其紧盯产业链条、市场信号、技术前沿和民生需求,通过专业体系结构优化调整、专业定位转型升级等,为"中国制造"向"中国智造"转型提供强有力的人才支撑。

中国职业教育现代化是全体人民共同富裕的动力源。共同富裕是社会主义本质要求和中国式现代化的重要特征。就业是民生之本,高质量就业是实现共同富裕的优先战略。职业教育以服务发展、促进就业创业为导向,通过不断提质培优,其毕业生的就业岗位逐步遍布高端产业和产业高端,高职生毕业半年后年收入显著高于城乡居民人均可支配收入平均水平,逐渐成为中等收入群体的重要来源。中国职业教育现代化将进一步助推职业教育服务人民共同富裕能力的提升,使职业教育更加紧密对接产业升级和技术变革趋势,通过提供更加多元化的课程,扩大退役军人、新农人、产业工人等生源类型,帮助广大青年通过一技之长实现更加充

分、更加体面、更高质量的就业。

中国职业教育现代化是人与自然和谐共生的先行者。尊重、顺应、保护自然是全面建设社会主义现代化国家的内在要求。人与自然和谐相处的关键是要实现产业生态化,开展各领域低碳行动。推动全产业链生态化离不开"绿色技能"的支撑,职业教育是"绿色技能"开发的积极参与者。职业教育专业新目录设置了绿色低碳技术、智能环保装备技术、生态环境修复技术等专业,倡导其他专业的绿色化改造,有效提升绿色低碳技术技能人才供给规模。中国职业教育现代化将进一步深化绿色发展理念,融入专业改造、课程开发、课堂教学、社会实践的全要素和全过程,使技术技能人才普遍具有绿色环保理念意识和能力,推动人与自然和谐共生。

二、推进中国职教现代化亟待高职院校高质量发展

高职教育在现代职业教育体系中具有引领性地位,要通过提供系统经验和典型样板,以及横向融通普通教育、纵向贯通中职教育,引领中国职业教育发展的前进方向与步伐。

坚持党的领导为要,突出创新驱动、引领示范,构建类型教育新范式。坚持党的领导是中国职业教育现代化事业成功的根本保障。高职院校要坚持和加强党的全面领导,为事业发展提供坚强的组织保证。要紧密围绕制造强国、数字中国、全面推进乡村振兴等国家发展战略中的技术技能人才需求,对接现代产业体系优化专业集群体系,着力推进专业建设迈向智能化、现代化、融合化、集群化的现代化发展之路。新升格本科层次职业技术大学和国家"双高"院校,尤其应坚定职业教育类型教育发展路径,始终以技术技能型人才培养为根本价值取向,通过办学质量的稳步提升重塑职业教育在人民大众中的公共形象,拓展其发展的未来空间。

坚持共同富裕为根,突出东西合作、校地合作,形成内涵发展新方案。共同富裕是中国式现代化的核心要义,而职业教育在提高劳动力素质、赋能产业转型、开展技术技能培训以及促就业、惠民生等方面发挥着不可替代的作用。高职院校要立足国家战略和区域经济社会发展,持续探索和深化校地、校企、校校合作以及中西部交流,以高水平职业教育助力教育均衡和共同富裕。一方面,在区域内要着力探索中高职一体化、实习就业创业一体化、产学研训创一体化等合作模式,深化校地间在协同育人、人才供给、实习实训等领域的合作,形成独具特色、全新赋能的校地合作新模式。另一方面,东部优质高职院校要加强同中西部院校的对口帮扶工作,积极形成东西部高校合作交流和资源共享新机制。

坚持立德树人为本,突出德技并修、育训结合,打造人才培养新体系。为党育人、为国育才是党赋予教育战线的使命担当,高职院校应全面落实立德树人根本任务,打造能够担当中国式现代化重任的时代新人。要弘扬劳动光荣、技能宝贵、创

造伟大的时代风尚,健全德技并修、工学结合的育人机制;积极推进"三教"改革迭代演进,创设系统改革的平台和载体,把它作为高质量发展的重要着力点;聚焦课堂教学创新,以产业技术进步驱动专业课程教学内容、教学方式改革,更好适应"互联网＋"教育生态;改进结果评价,强化过程评价,探索增值评价,健全综合评价,以评促改、以评促建,形成人才培养模式持续迭代演进的动力机制。

坚持产教融合为先,突出赋能产业、服务行业,凝聚校企合作新经验。将产教融合贯穿于职教人才培养过程始终,是中国职业教育现代化的逻辑主线。高职院校应基于区域产业布局结构及其人才需求特征,探索建立职教集团、产业学院等不同形态类型的产教融合平台组织,不断创新合作体制机制,创设各项政策落地、各类个性化模式探索的实施载体,营造产教融合发展的良好环境。在此基础上,积极发挥平台的资源聚焦效应,聚力产科教一体化,建设集人才培养、科技攻关、团队建设、技术服务、职业培训、智库咨询等功能于一身的产教融合平台,打造形成多方主体紧密协同的"校企命运共同体"。

坚持对外开放为重,突出海外办学、多元交流,探索国际合作新智慧。中国式现代化是走和平发展道路的现代化,中国职业教育现代化也是融入世界职业教育舞台的现代化。高职院校要坚定实施"走出去"战略,主动对接国家对外开放战略,扎根合作国真实的职业教育发展土壤,以需求为导向,以标准为引领,联合开展专业建设、师资培育、技能培训等工作,形成"政—校—企"协同出海的职教海外办学新模式。着重加强与"一带一路"共建国家、非洲国家的合作,聚焦信息技术、智能制造、农业技术等领域,积极构建职业教育国际合作框架,推动职业教育与中国企业一道"走出去",将中国职业教育的经验、模式及制度同世界各国共享,辐射推广共享国际合作的中国智慧。

(原文出处:王振洪. 为中国职教现代化贡献高职力量. 中国教育报,2023年01月17日第3版)

"双高"院校要舞好高质量发展"龙头"

随着"职教20条"、"双高"计划、职业教育提质培优行动计划等重要文件、重大项目的出台实施,高等职业教育迎来了大发展、大变革的重要机遇期。跨入"十四五",国家积极推动建设高质量教育体系,作为高职院校的"领头羊","双高"院校应牢牢把握新趋势、新要求,精准发力,引领开创职业教育高质量发展的新局面。

一、推进精准把握发展新趋势

"十四五"期间,全面推进职业教育现代化和高质量发展将成为改革的战略任务及发展趋势,具体体现为六个走向。

一是办学定位从层次教育走向类型教育。"职教20条"和《中华人民共和国职业教育法(修订草案)》确立了职业教育与普通教育不同类型、同等重要的法律地位,政策供给更直接,发展理念更鲜明,教学改革也更坚定,以适应性为核心的评价体系将被确立并不断完善。

二是职教体系从体系雏形走向优化完善。通过夯实中职基础地位、巩固专科高职主体地位、稳步发展职业本科、探索更高层次的专业研究生教育,进一步完善职教层次结构。通过深入推进普职融通,全面统筹学校教育和职业培训,进一步促进职教内外部协调发展。

三是国家制度从标准规范走向制度体系。"职教20条"提出"完善国家职业教育制度体系""构建职业教育国家标准",设计了办学标准、专业目录、教学标准、职教高考等体系化的制度框架,未来发展的重点就是以制度体系建设为抓手,促进职业教育高质量发展。

四是育人模式从校企合作走向产教融合。深化产教融合将不断推进"技术链—产业链—人才链—教育链"的适切与匹配,通过建设生产性实训基地、产业学院、职教集团、未来学院等多元化的产教融合平台,将更加强化"产学研训创"一体化、校企协同育人的人才培养机制。

五是服务社会从单一零散走向多元精准。随着育人导向从促进就业向生涯发展转变,教育对象向企业职工、退役军人、农民和社区居民等多元群体拓展,技术服务从课题、专利、论文等向技术成果转化,职业教育将切实承担起精准服务社会、精准赋能产业发展的使命。

六是国际交流从注重引进走向重在输出。在"一带一路"倡议背景下,职教开放合作不断深入、对外输出进一步扩大,政校行企结伴"走出去"将成为最重要的路径,为国际职教发展贡献更多、更好的中国方案。

二、当好区域发展服务者

支撑发展是职业教育作为类型教育的价值导向,"双高"院校要在推动区域发展上建平台、拓路径、成高地。

要打造产教融合发展高地。致力于产教融合平台的体制机制创新,强化与地方政府、区域产业对接,同现代化经济体系和技能型社会建设深度融合,探索实体化的产教利益共同体建设,搭建多元产教融合高端平台,形成可复制可推广的校企合作技术路径和整体解决方案。

要打造高水平人才培养高地。坚持立德树人根本任务,立足创新引领、技术引领和标准引领,深化德技并修、"岗课赛证"融通、"政校行企"协同的培养模式改革,成为区域高素质技术技能人才供给的重要来源、未来"大国工匠"的成长摇篮。

要打造技术创新服务高地。深入行业、企业了解技术需求,围绕区域重点产业中"卡脖子"技术和关键核心技术进口替代等难题开展攻关,依托院士工作站、重点实验室、应用技术协同创新中心等技术创新服务平台,构建深度融入区域产业的技术创新体系。

三、当好职教改革引领者

固根本扬优势,继续领跑全国高职院校高质量发展是"双高"院校的时代使命。

要对接产业发展推进专业迭代升级。坚持"不求最大、但求最优、但求适应社会需要"的办学理念,在控制规模上形成共识,在动态调整上形成机制,在集群发展上形成格局,系统优化专业发展生态,打造高水平专业集群。着重围绕数字化转型升级、产业基础高级化趋势,从专业内涵上全面推动升级发展。

紧扣产教研用完善师资队伍建设。健全学校人才发展体系,实行教师分层分类培养的"培基"工程、人才分级分步成长的"培优"工程,构建人才逐级培养、高端人才引领发展的校级、省级、国家级人才培养体系;完善弹性用人机制,吸引行业企业专家、技术能手担任兼职教师,完善高水平"双师双能"师资队伍建设机制。

聚力重大改革形成经验成果。积极探索职业教育作为类型教育的专业建设、人才培养、教育教学等方面的规律和特征,围绕重大前沿问题及政策、制度、标准、模式、路径,形成一系列专精特新的经验范式。

四、当好职业本科先行者

《教育部关于"十四五"时期高等学校设置工作的意见》明确了以优质高等职业学校为基础稳步发展本科层次职业学校。以"双高"建设促进职业本科、以职业本科提升"双高"内涵,是当前和未来一个时期高职院校高质量发展的核心任务。"双高"院校要从三个层面切入,率先探索职业本科人才培养。

首先,专业设置角度,要服务新产业、面向高层次。职业本科专业设置应以满足产业持续创新升级为需要,以服务"新产业"为引领,瞄准战略新产业、新业态发展趋势所对应的领域,开设普通本科无法培养而市场又稀缺的专业,实现教育链与国家及区域高端产业人才链的对接。

其次,培养目标角度,要符合新要求、展现高素质。职业本科所培养的是区别于其他本科教育的"职业人"和"技术人",应该面向产业高端、适应企业技术更迭,将学习高新技术知识、复杂技术技能和培育职业核心素养作为教育教学目标,培养出能够生产加工中高端产品、提供中高端服务的高层次技术技能人才。

再其次,培养路径角度,要采用新模式,体现复合性。高层次"技术人"和高素质"职业人"的融合,本质是要体现高端技术技能人才知识性与技术性的复合、适应性与可发展性的复合、创新性与素养性的复合。因此,"双高"院校要将职业实践体系、工作任务体系、职场体系作为人才培养的逻辑起点,强化"文理交融"培养新理念,探索"岗课赛证"融合新机制,推进教学内容职场化新改革,探索职业本科人才培养范式,打造职业本科学校和专业高质量发展的全国样本。

(原文出处:王振洪."双高"院校要舞好高质量发展"龙头".中国教育报,2021年09月21日第3版)

高职高质量发展应着力提升"四个度"

在《国家职业教育改革实施方案》《关于推动现代职业教育高质量发展的意见》等系列文件的指引下,职业教育步入了大改革、大发展、大提升的新阶段,"增强职业教育适应性"成为普遍共识。高职院校要突出关注产业发展需求、突出关注人的全面发展,坚持紧跟技术、服务产业、融入地方,聚力提升"四个度",实现高质量发展。

一、集群发展,着力提升"人才链"与"产业链"的耦合度

专业群是高职院校服务产业链开展人才培养和社会服务的一种新型办学组织,推动现代职业教育高质量发展,关键要建成高水平的专业群。高职院校要积极融入地方经济发展进程,精准对接、精确研判、精心布局,促进产业链、创新链和教育链、人才链的有机衔接。

一是重构专业集群。高职院校要将单一专业建设思路转换为集群发展理念,全面对接区域重点产业集群发展趋势,把产业需求作为逻辑起点、优先因素和内生变量,重构职业教育专业群,以期通过"以群建院、以群活院、以群强院",真正做到"办一个专业群,兴一方产业,活一方经济"。

二是动态调整专业。高职院校要遵循"不求最大、但求最优、但求适应社会需要"的办学思想和理念,通过整合归并、停止招生、转型升级、新增专业、调整方向等方式,加大专业调整、优化力度,建立和完善专业动态调整模型与机制,形成"动态调整、融合发展"的专业新格局。

三是打造专业群高峰。尤其是地方高职院校,既要兼顾产业服务面,更要打造品牌专业、发展高峰,重点做大做强学校优势专业群,增强吸引力、扩大影响力、提高硬实力,努力实现地方高职院校"小地方、大作为"的价值定位和追求。

四是发展本科专业。具有较好办学基础和条件的高职院校要在坚定职业教育办学方向的基础上提升办学层次,瞄准本科层次职业教育专业设置标准,基于契合

产业需求、紧跟技术发展、办学基础优良的高水平专业,提前谋划布局,聚焦内涵提升,积极探索本科层次职业教育人才培养范式,打造高职教育人才培养新生态。

二、实体发展,着力提升教育资源与产业资源的融合度

产教融合是职业教育专业办学的重要主线。国务院办公厅印发《关于深化产教融合的若干意见》,指出,要强化企业重要主体作用,深化"引企入教"改革,推进"实体化"运作。因而,高职院校深化校地融合、产教融合、理实融合,必须念好"融"字诀,求新、求活、求实,全面支撑融合发展。

一是搭建"融"的平台。高职院校要积极打造产教利益共同体,鼓励以智力、专利、技术等要素入股,吸引企业投资或引入产业基金,共同组建生产、经营、科研、培训等机构作为产教融合的平台,打造具备教学、生产、技术与产品研发、技能鉴定、企业培训等功能的产教综合体,并强化人才培养、团队建设、科技攻关、技术推广、企业服务等功能建设,通过校企双向反哺实现产教深度融合。

二是创新"融"的机制。高职院校可以从实体化运作和"产学研训创"一体化运行两个方面破题,一方面通过实质性整合、混合制投入、实体化运营,建立企业化的运行制度,探索产教融合实体化运行范式,实现专业办学在产业土壤中的"自我造血";另一方面统筹企业生产运行与学校人才培养,将企业的真实岗位能力需求作为学校的人才培养目标,将企业的生产任务和技术研发项目作为学校教学内容载体,通过更加弹性的教学组织方式打通人才培养"最后一公里",实现产教协同育人目标的融合、教学内容的融合和培养方式的融合。

三是提升"融"的成效。高职院校要积极适应经济社会对技术技能人才结构、规格和质量的要求,推动专业人才培养模式改革,以产养学研创训,以学研创训促产,缩短学生"专业技能"与产业"岗位技术"的距离,加快学员与学徒身份的即时转换,帮助学员尽早适应岗位角色、具备岗位能力、融入职场环境,以产教融合反哺人才培养。

三、创新发展,着力提升"产学研用"与技术创新的协同度

高职院校要积极融入技术创新发展的进程,打造技术创新服务高地,提升专业服务发展能力,努力实现企业都认同、产业有口碑、地方离不开的专业办学追求。

一是积极搭建技术创新服务平台。科技服务平台是高职院校内涵建设、类型发展的关键依托,是衡量专业服务能力的重要标准。高职院校一方面要整合平台功能,将技术服务、人才培养、团队建设等融于一体,体现产品研发、工艺开发、技术推广、大师培育等集成化的功能,重点服务区域中小微企业的产品研发、工艺开发、技术升级与应用推广;另一方面要提升平台层次,由以往注重平台数量向平台质量

提高转变,积极推进应用技术协同创新中心、重点实验室、工程实验室、高新技术研发中心等科技服务平台建设。只有紧跟技术创新的科研平台才能聚集更多高层次的人才,也才能推进更多高标准、高水平、高质量的标志性成果产出。

二是优化技术技能服务供给模式。高职院校应倡导"学校与社会渗透、专业与行业对接、个人与企业衔接"的技术创新服务理念,依托优势专业群组建"公司＋团队"模式的专业性公司,通过"揭榜挂帅、百博入企、科技特派员"等新型科研攻关行动,积极融入区域创新体系,聚焦"卡脖子"技术开展重点科研攻关,增强技术创新与服务的"地气"和"底气"。

三是完善技术创新成果转化机制。高职院校一方面要建立产品研发、技术创新和成果转化平台,深入行业、企业了解技术需求,强化学校人才资源与行业、企业需求的信息对称性,打通成果流通与转化通道,增加专利成果转化,提供集交易信息、交易场所、成果评估、政策咨询、交易鉴证以及拍卖、登记过户、法律援助等一体化、专业化的成果转化服务,通过系统化的服务改变以往科技成果转化零星、碰运气的状态;另一方面重点完善成果转化激励机制,健全以增加知识价值为导向的收益分配政策,如提高科技人员绩效工资收入,加大科技人员科研项目激励收入,激发教师科技成果转化热情和潜力。

四、质量发展,着力提升技术技能与教育教学的互动度

技术技能与教育教学深度互融是人才培养质量提升的关键因素,也是增强职业教育适应性的重要表征。

一是人才协同培养。高职院校要面向区域满足人才多元和质量提升需求,坚持标准引领、技术引领、创新引领,深化德技融合、赛教融合、专创融合,创新德技并修、育训结合的人才培养模式,培养拔尖型、复合型、本地化技术技能人才,全面提升学生面向未来的职业综合能力。

二是服务终身学习。高职院校要主动服务乡村振兴、共同富裕等国家战略,与政府部门合作建立技术技能培养培训基地,与龙头骨干企业、乡镇社区成立企业学院、社区学院,开展面向新型农民、退役军人、企业员工、社区成员、儿童家长等不同群体的社会培训,探索"培训＋"模式,积极打造社会人员终身学习高地。

三是成果转化为教学资源。高职院校要精准对接教学需求,加快科技项目、企业项目和竞赛项目的教学转化。以创新思维培养为导向,将教师承担的科研、技术服务项目转化为教学项目,将研究方法、研究路径、创新思维、创新方法等融入课堂;以工作任务为导向,将生产标准、技术流程等与教学改革相结合,将企业生产过程引入课堂教学,开展真实的职业能力训练;以行为为导向,将竞赛项目的内容设计与竞赛方式融入教学,将竞赛前沿的技术技能开发为可操作、可实施的教学

资源。

高职教育是一种需要情怀的教育,更是一种需要温度的教育。高职院校要以持续的改革探索和实践创新,不断提升服务产业、贡献地方的能力,共同推动我国高职教育的高质量、高水平发展。

(原文出处:梁克东.高职高质量发展应着力提升"四个度".中国教育报,2022年05月17日第5版)

职业院校提质培优需要增强"四个力"

教育部等九部门近日联合印发《职业教育提质培优行动计划(2020—2023年)》,发出了新时期职业教育提质培优的"行动令",绘制了增值赋能的"行动图"。广大职业院校需要切实增强"四个力",在提质培优的办学实践中迅速形成"行动力"。

一、思政为魂的引领力

教育以育人为根本。紧紧抓住培养中国特色社会主义事业接班人这一育人之魂,推进思想政治教育做实和创新,是职业院校提质培优的根本引领。

开好"思政课"。深入开展理想信念教育和社会主义核心价值观教育,推动习近平新时代中国特色社会主义思想进教材进课堂进头脑,重点开发系列理论专题和实践项目,探索"互联网+"背景下的思政理论课教学方式改革,打造思想政治理论课必修课的"金课"。充分结合职教特征和地方特色,挖掘具有时代鲜活性和社会热点性的思政主题及素材,开设思想政治理论系列选修课程,构建思政课程群,健全"政治导向、素质培养、融入社会"三位一体的思想政治理论课教学体系。

开实"素养课"。立足知识、能力和素养的"统整融合",探索基于专业课程、实践课程、活动课程的职业素养课程模式,搭建课堂、活动、社团、讲座四维素养空间,通过课程协同构建职业素养养成体系。重点强化课程隐性功能开发,充分挖掘各类课程的思政元素和职业素养元素,基于课程教学案例、项目、情境的学习任务设计,促进以"工匠精神"为表征的职业精神与职业道德养成教育,深化课程育人内涵。

二、质量为先的公信力

"质"是提质培优的核心要义,只有强化高质量发展理念和行动,在教育质量上建立全社会的公信力,才能真正确立职业教育作为一种类型教育的社会价值与地位。

树立第三方视角的质量观。职业教育质量的公信力来自行业企业和学习者的客观评价,职业院校要不断增强"应之所求,纳之精华,为之服务"的第三质量观,包括专业设置是否契合区域产业发展的结构与优势,课程内容先进性与实践应用性是否符合岗位技术、生产过程的新发展要求,毕业生能力素质结构是否适应企业岗位的需求变化等,都需要接受第三方评价。

把好标准化控制的质量关。高标准是高质量的基本前提,要充分发挥标准在职业教育提质培优中的基础性作用。加强人才培养和教育教学关键环节的标准化建设,将产业标准引入人才培养,将产业发展的质量精髓延伸和融入教育教学,在专业教学、课程教学、顶岗实习、实训条件建设等各个层面健全标准体系,并建立校企共同执行和交互反馈的质量控制机制。

三、服务为本的发展力

职业教育以服务发展为宗旨。从增值效益看,职业院校提质培优应着力提升服务贡献度,助力经济社会高质量发展。

打造专业群服务新生态。专业群是职业教育适应外部产业需求和集聚内部办学资源的一种新方式,职业院校要面向产业新需求、新结构和新定位,优化专业群逻辑结构。以一个专业群服务一个产业链、对应一组岗位群的方式,将人才培养、技术服务、职业培训、文化交流、国际合作等服务功能高度集成,从职业启蒙到职业培训,从技术研发到成果转化,从服务区域产业、服务"走出去"企业到服务终身学习、服务民生事业等各个层面,形成专业群服务经济社会发展的新生态。

搭建全方位融合新平台。不断夯实产教融合平台,创新运行体制机制,促进资源协同与集聚,做到真融、真合,为职业教育服务发展增值赋能。职业院校既要提升产教融合的水平和层次,积极主动地开拓与高端企业的合作,引入主流标准、先进技术、高端资源,也要彰显产教融合的担当和作为,扎根区域产业发展,与广大中小微企业携手合作,广泛建立职教集团(联盟)、产业学院、专业化产教融合实训基地等平台,增强紧密度、提升服务力。重点在企业实质性参与的平台机制上改革突破,通过组建公司化的生产企业、科研机构等运营实体,整合校企优势资源,健全以企业为重要主导、院校为重要支撑、产业关键核心技术攻关为中心任务的产教融合创新机制,增强集人才培养、团队建设、科技攻关、产品研发、工艺开发、技术推广、创新创业等功能于一体的产教融合平台新功能。

四、改革为要的创新力

改革是发展的活力之源,创新是时代精神的精髓。职业院校要适应持续动态深化的新常态,聚焦重要领域和关键环节,加大改革深度和创新力度。

紧扣效能,深化治理改革。治理体系和治理能力现代化建设,是提质培优的重要任务。职业院校要立足制度治校,将更新的理念、更有含金量的政策、更管用的措施充实到学校制度中,建立契合职业教育办学的治理制度体系。要紧跟技术变革,适应智能化服务的新需求,建设院校综合服务与决策支持平台,实现数据的标准化、流动化、可视化,提升内部治理的技术水平,实现更高效率的治理。

瞄准关键,深化"三教"改革。教师、教材、教法改革是职业教育改革落在深处、落于实处的具体体现。作为提质培优内涵的核心体现,职业院校首先要健全教师发展机制,分层分类设计与实施教师培养培训项目、教学改革项目、专业建设项目等,促进教师持续发展,培养一支德才兼备的"双师型"教师队伍;其次要强调实践性和创新性,及时推出一批体现职业教育特色、院校自身特色的校本专业教材,充分反映产业最新进展,对接科技发展趋势和市场需求;再其次要探索以学生为中心的教学新生态,在1+X证书制度试点、校企协同育人模式等方面创新实践,聚力关键突破,在社会生源培养、本科层次职业教育人才培养等方面探索形成实施范式。

(原文出处:王振洪.职业院校提质培优需要增强"四个力".中国教育报,2020年12月08日第9版)

深刻把握"双高计划"建设的关键

今年以来,《国家职业教育改革实施方案》("职教20条")落地,中国特色高水平高职学校和专业建设计划("双高计划")迅即启动,充分体现了国家推动职业教育高水平发展的坚强决心和强大行动力。"双高计划"站位高、目标远、举措新、平台大,旨在打造职业教育的"中国标杆""中国方案"。项目院校落实好改革、发展和建设任务,需要把握好标准、制度、队伍和平台四个关键。

一、标准

"双高计划"将标准的开发与应用作为重要的建设任务,提出"推出一批具有国际影响的高质量专业标准、课程标准、教学资源"。

首先,"双高计划"学校要树立标准化办学的强烈意识,争做标准落实的"示范者"。将人才培养和教育教学关键环节的标准化建设作为高质量发展的"牛鼻子"和"突破口",落地开发从职业、专业、课程到校企合作、教学过程、学业评价等的校本标准,建立健全标准体系。把握高水平学校建设对人才培养质量的高要求,探索建立基于"大国工匠"型优秀技术技能人才的培养标准,以高标准引领人才培养改革。

其次,要积极参与国家标准和行业标准开发,争做标准开发的"首创者"。积极提升校本标准、优势领域的经验与范式,为国家标准制定提供及时有效的科学数据和标准参考;率先牵头研制新技术、新专业、新课程领域的相关标准,引领和促进同行发展;实质性参与行业组织活动乃至牵头组建新兴领域的行业组织,牵头或参与制定行业标准,抢占职业教育在行业标准制定中的话语权。

再其次,要率先开展标准的国际化,争做中国标准输出的"先行者"。将本土标准的国际化及输出作为"双高计划"建设的重要指标,率先将传统优势产业和新兴技术领域的专业教学、优质课程、职业技能评价等标准推向国际,并通过国际开放办学将这些标准充分运用到留学生培养、境外办学和国际培训中,面向世界职业教育提供"中国标准"。

二、制度

高水平不仅要有大量的显性成果来体现,也需要一系列高水平的制度来支撑。"双高计划"充分凸显了制度建设在职教发展和学校改革中的重要性。

1+X证书制度是我国职业教育的突破性、创新性制度设计。"双高计划"学校要率先开展1+X证书的落地制度建设,实现复合型、创新型、发展型人才培养目标的适配优化,模块化、层次性、多接口的专业人才培养方案动态调整,基于育训结合、主辅修、职业综合能力训练,在学业修习、指导、认定及转换等方面建立健全机制,为学生获取职业技能证书提供相应的制度通道。

专业集群发展是职业院校适应产业集群发展、链式发展的一种应然性选择,"双高计划"学校要健全对接产业、动态调整、自我完善的发展机制。着重将专业之间的技术关联、行业关联和职业关联作为整合专业资源、构建专业群的基本依据,探索以群建院、夯实基层教学组织、设立跨专业教学组织的专业群管理制度;通过调整专业设置、聚焦产业领域、合理错位岗位面向、打造专业基础平台、加强相互支撑等方式,建立专业群的融合发展机制,打造"地方离不开"的专业群。

"双高计划"明确提出,提升学校治理水平,推进治理能力现代化。实现高水平的学校治理,一方面要从规范办学制度入手,针对参与办学的政校行企各主体,从咨询、协商、决策到执行、监督的各个层面建立健全治理组织和管理制度,提高制度的系统性、开放性和协同性,为健全现代职业学校治理体系夯实制度基础。另一方面,要将制度建设的重点面向制度创新,在国家经济社会制度和职业教育制度变革的大背景下,针对国家政策制度的落地率先回应,针对约束发展的瓶颈、桎梏大胆改革,以制度创新引领高水平建设和高质量发展。

三、队伍

教师队伍是教育的第一资源,教师队伍建设是教育的基础工作。"双高计划"

把教师队伍建设作为重要内容,以"四有"标准打造数量充足、专兼结合、结构合理的高水平"双师"队伍。

要打造专业化、结构化的高水平教师教学创新团队。产业升级发展与新技术推动要求教师在技术技能的传承传授上要更加专业化,技术技能的交叉复合以及职教课程的项目化、模块化教学趋势又对教师的分工协作和教师队伍结构化构成提出了新要求。因此,要紧紧围绕职业教育教学的类型与形态特征,将行业企业工作经历、周期性的企业轮训、专兼结合的团队构成等,作为打造高水平教师团队的必然要求。

还要建设专家型、领军式的高层次专业带头人队伍,尤其是高水平专业群要引育并举打造行业有权威的专业带头人,发挥他在整体提升专业教学团队执教能力、引领提升应用研发与技术服务水平以及融入行业核心圈整合利用校企资源中的"领头雁"作用,夯实高水平专业群建设的基础。

更要建设一批精技善教、行业顶尖的高技艺"工匠之师",这是培养"大国工匠"型优秀人才的内在要求。要广泛建立技能大师工作室,为工匠型教师成长发展搭建平台;在柔性聘任、兼职兼薪等用人机制上进行改革和突破,积极发挥企业大师名匠在学校人才培养中的重要作用。

四、平台

职业教育是开放型教育,职业教育发展离不开内外部资源的共同施力、协同作用。"双高计划"提出打造技术技能创新服务平台,深化产教融合,提升校企协同的人才培养和技术创新水平。

提升高端性。合作对象上体现高端性,重点选择区域、行业的领先企业、标杆企业以及产教融合型企业,更好地发挥优质资源集聚优势。目标定位上体现高端性,对接地方产业、企业的国际化战略,与"走出去"企业共同组建校企协作组织,推动产教融合从本土走向国际合作的领域。资源建设上体现高端性,共同开发行业企业标准和教学标准、课程标准,通过企业项目的教学化改造建设优质课程资源,建设专业化的产教融合高端实训基地等。

拓展新路径。适应不同产业的发展形态、需求和不同专业领域的人才培养特点,探索建立职教集团、产业联盟、产业学院等不同形态,共享协同创新、校地合作、资本混合等不同类型的产教融合平台组织,不断创新合作体制机制,创设产教融合各项政策落地、各类个性化模式探索的实施载体,营造产教融合发展的良好环境。

打造共同体。以校企协同的人才培养为核心,建设集人才培养、科技攻关、团队建设、技术服务、智库咨询等功能于一体的产教融合平台,并融入区域产业发展,推动平台从虚拟走向实体化。职业院校以优质办学资源及智力资源参与实体化运作,把合作平台提升到校企命运共同体的新层次,形成产教融合发展、同频共振的良性循环生态圈。

(原文出处:成军.深刻把握"双高计划"建设的关键.中国教育报,2019年06月04日第9版)

"虹吸效应"下中小城市高职院校的办学困境及破解策略

"双高计划"的实施标志着高职教育发展迈入大变革与大发展的新时代。随着高职教育内涵发展的不断深化和区域经济社会发展差异性的扩大,不同类型高职院校所面临的办学环境呈现出多样化、异质性的分化趋势。对于高职院校而言,区域性、职业性的内在属性特征决定了办学所在城市经济社会发展环境将对其生存发展产生至关重要的影响。处于中小城市的高职院校在资源获取、校企合作、高端人才吸引及政府支持力度上都无法与大城市的高职院校相提并论,尤其在人财物等资源不断向大城市聚集的"虹吸效应"背景下,中小城市高职院校面临的办学困境具有自身的独特性。本研究试图通过数据调查、案例分析等途径客观呈现中小城市高职院校在"虹吸效应"影响下的办学现状及面临的发展瓶颈,并基于对办学成效突出并具有典型代表的中小城市的高职院校办学经验的系统分析,尝试为该类院校提供破解困境的策略。

一、中小城市高职院校的内涵诠释及对象确指

中小城市高职院校特指地处我国中小城市,举办单位以及资金投入主要来自省政府、市(区县)政府、行业企业等,以立足区域、服务地方为办学使命,在同区域经济社会发展的互动中实现自身发展的高职院校。判断一所高职院校是否为中小城市高职院校,不取决于举办者是省级政府还是地市级政府,也不取决于服务的区域范围,只取决于办学所在区位是否位于中小城市。如果举办者为省级政府但学校位于中小城市,本研究仍将它纳入中小城市高职院校。因此,中小城市高职院校概念界定的关键在于如何界定中小城市,但当前关于中小城市概念的界定并未形成统一的标准,人口规模、辖区面积、经济总量都是判断城市是否为中小城市的重要标准。根据《中华人民共和国城市规划法》,城区常住人口50万以下的城市为小城市,其中20万以上50万以下的城市为Ⅰ型小城市,20万以下的城市为Ⅱ型小城市,城区常住人口50万以上100万以下的城市为中等城市。尽管国家在法律法规中以人口规模为标准对中小城市的概念做了清晰界定,但学术界对中小城市的概念根据研究目的的不同给出了多样化的界定。大城市的"虹吸效应"不仅取决于其

人口规模,更取决于产业发展、科技创新、人文环境、政府治理等多方面因素,简单以人口规模和GDP规模来确定是否为中小城市都无法契合本研究的初衷。

为能够更加贴合探究的目标,本研究所界定的大城市是指在《中国城市商业魅力排行榜》中位列一线、新一线的城市以及未纳入其中的省会、副省会城市。除上述城市外,我国其他所有的城市在本研究中都被归类于中小城市。基于以上定义,人口规模是基准线,是国家确定的大城市的一个基本门槛。《中国城市商业魅力排行榜》是对城市吸引力的一个全方位测评结果,是"新一线城市研究所"根据城市大数据从商业资源集聚度、城市枢纽性、城市人活跃度、生活方式多样性和未来可塑性5个方面对城市吸引力的整体排名,排名位于一线和新一线的城市无疑在同其他城市的竞争中处于优势地位。而省会城市和副省会城市一般是本省经济发展的龙头,尤其是在国家明确提出了要提升省会城市和副省会城市"城市首位度"的背景之下,各省必然将全省的优质资源向省会城市和副省会城市聚集。因此,基于以上标准,本研究所指我国(不包括港澳台地区)大城市主要包括北京、上海、广州、深圳、成都、重庆、杭州、武汉、西安、天津、苏州、南京、郑州、长沙、东莞、沈阳、青岛、合肥、佛山、石家庄、哈尔滨、福州、南昌、济南、昆明、兰州、南宁、银川、太原、长春、海口、贵阳、西宁、呼和浩特、乌鲁木齐、拉萨、厦门、大连、宁波等城市。凡是在以上大城市办学的高职院校在本研究中被称为大城市高职院校,其余的都被称为中小城市高职院校。

二、中小城市高职院校办学的基本现状

我国中小城市高职院校尽管办学环境相较于大城市高职院校而言存在着一定的先天不足且区位优势不明显,但作为中小城市经济社会发展不可或缺的重要支撑,发展至今已经成为我国高职教育的重要力量。中小城市高职院校不仅在数量上占据了高职教育的"半壁江山",更是在服务中小城市经济社会发展过程中通过人才培养、科学研究、社会服务等职能的发挥同所在城市形成了紧密互动的共生关系,有力支撑了所在中小城市经济社会的发展。

(一)中小城市高职院校是高职教育不可或缺的力量

中小城市是推动我国经济社会发展的重要力量,是脱贫攻坚、全面实现小康社会的战略支点。中小城市经济社会的高质量发展是中国特色社会主义事业发展的核心要义与关键支撑。自改革开放以来,中小城市高职院校经过多年发展,已经成为我国服务中小城市经济社会发展、培养高素质技术技能人才的主阵地,是我国高职教育的重要组成部分。我国1384所高职院校中,在中小城市办学的高职院校共

有665所,占比为48%,在39个大城市办学的高职院校有719所,占比为52%。①基于数据可知,中小城市高职院校在数量上已经占据了高职教育的"半壁江山"。从中小城市高职院校办学的主体构成来看,省属院校291所,占比43.76%,市属院校202所,占比30.38%,行业举办院校52所,占比7.82%,民办院校120所,占比18.04%。

中小城市高职院校除在办学规模上占据着重要地位之外,在办学质量方面同样取得了优异成绩,从我国高职教育发展的一系列重大发展计划项目的遴选上来看,中小城市高职院校都始终占据着重要一席。如在"国家示范校"建设中,有41所中小城市高职院校入选该计划,占比达到40.59%;在"国家优质校"建设中,有71所中小城市高职院校入选该计划,占比达到35.15%。在国家"双高计划"遴选中,共有197个中国特色高水平高职学校和专业建设计划建设单位入选"双高计划",其中有70所是中小城市高职院校,占比达到35.53%。

(二)中小城市高职院校是地方技能人才供给的重要来源

职业院校是技术技能人才培养的主阵地。随着我国产业转型升级步伐的日趋加快,产业发展对技术技能人才的需求日趋强烈,技术技能人才既是支撑产业转型升级的重要基础,也可能成为制约其发展的关键瓶颈。当前我国技能劳动力供给还不能有效满足产业发展的需求,"技工荒"已经成为当前经济运行的一种常态。"目前我国技能劳动者超过1.65亿人,占就业人口总量的21.3%,但其中高技能人才只有4791万人,占就业人员总量的6.2%。从市场供需来看,近年来,技能劳动者的求人倍率一直在1.5∶1以上,高级技工的求人倍率甚至达到2∶1以上,供需矛盾十分突出。"②相较于一线大城市,处于三四线的中小城市技术技能人才供给的匮乏程度更甚,对高技能人才也更为渴求。中小城市高职院校在为地方输送人才上起到了重要作用,已经成为地方产业发展的重要支撑。2018年,中小城市高职院校校均毕业生为2242人,留在当地就业的毕业生平均为990人,占到了毕业生总人数的44.16%,而且约有61.85%的毕业生在中小微企业就业。中小城市高职院校作为技能人才供给的重要来源,对于中小城市产业发展发挥着至关重要的作用,是地方产业发展所需的新生劳动力的主要来源。

(三)中小城市高职院校是服务地方产业升级的关键依托

在国家政策号召下,中小城市高职院校致力于区域经济社会发展,始终将推进

---

① 除特别说明外,本研究中所有的数据均来自2019年全国高职院校质量年报。该年报统计院校数为1384所,占当年全国高职院校总数的97.6%。参见:https://www.tech.net.cn/column_rcpy/index.aspx.
② 叶昊鸣,齐中熙.我国技能劳动者超1.65亿人,高技能人才占就业人员仅6%[EB/OL].(2018-01-25)[2020-07-15].http://news.china.com.cn/2018-01/25/content_50298983_2.htm.

产学研协同创新、拓展社会服务功能作为学校发展的基石,不断提升服务经济社会发展的能力。在知识创新方面,中小城市高职院校积极推进产学研协同创新,承担区域科技成果产业化的任务,重点服务企业特别是中小微企业的技术研发和产品升级。2018年,中小城市高职院校校均技术服务到款额为455.6万元,大城市高职院校为480.72万元;中小城市高职院校校均技术服务产生的经济效益为2754.72万元,大城市高职院校为1042.91万元;中小城市高职院校校均技术交易到款额为119.43万元,大城市高职院校为135.56万元;中小城市高职院校纵向科研经费到款额为142.25万元,大城市高职院校为198.97万元。众多中小城市高职院校扎根企业生产服务一线,聚焦企业技术瓶颈与关键难点,通过研究地方经济社会发展中急需解决的现实问题,取得了较为突出的办学成效,甚至在一些指标上显著超过了大城市高职院校,在服务区域产业转型升级中不仅有效提升了办学效益,更彰显了办学实力。

三、"虹吸效应"下中小城市高职院校的办学困境

"虹吸效应"本是一种物理学现象,在本研究中特指大城市的虹吸效应,"由于存在虹吸效应,大城市通过不断获取资源要素,可以发展成为区域中心城市、国家中心城市、国际中心城市。在这个过程中,中小城市、小城镇的资金、人口流走,优秀产业转移,因而小城市的发展面临巨大挑战,甚至衰败。"[①]随着我国信息通信技术、高速铁路等基础设施建设速度不断加快,资源流动渠道不断增加,资源流动频率不断增快,"虹吸效应"将比以往更显著,不论是对师资、毕业生的吸引力还是产业发展基础,大城市高职院校都比中小城市高职院校有更优的生存与发展环境。

(一)办学投入相对不足制约学校竞争力的持续提升

办学投入的高低与办学质量之间存在着紧密的关联,尽管较高的办学投入不一定带来竞争力的提升,但办学投入将直接影响到学校可持续发展的办学基础能力以及办学绩效的可能上限。从我国高职院校办学的投入现状来看,高职院校办学投入的高低同学校举办者的财力有着十分紧密的关联,目前公办高职院校办学投入主要来自省级政府、地市(区县)级政府以及行业和国有企业。根据我国城市经济社会发展的水平进行划分,绝大部分中小城市高职院校主要位于三四线城市,这些城市的财政收入与大城市存在较大差距,而且这种差距还在逐渐扩大。2018年,中小城市公办高职院校生均财政拨款为12985.82元,大城市公办高职院校生均财政拨款为15018.59元,两者差距为2032.77元。大城市公办高职院校生均财

---

① 冯奎.如何看待城市的虹吸效应[EB/OL].(2018-02-28)[2020-08-01]. http://ex.cssn.cn/ddzg/ldhc/201802/t20180228_3862591.shtml.

政专项经费为4711.73元,同样要多于中小城市公办高职院校的4578.78元。生师比(大城市高职院校为15.17∶1,中小城市高职院校为17.01∶1)、"双师"素质专任教师比例(大城市高职院校为58.36%,中小城市高职院校为54.87%)、生均教学及辅助行政办公用房面积(大城市高职院校为76.71平方米,中小城市高职院校为28.59平方米)等一些关键指标,中小城市高职院校都不如大城市高职院校,个别指标差距较为悬殊。办学资源投入的差距造成了中小城市高职院校在与大城市高职院校的办学竞争中处于不利地位。

尽管我国高职院校办学投入水平总体上处于上升趋势,但院校之间的差距却在不断扩大,这不可避免造成了中小城市高职院校在同大城市高职院校竞争中处于较为不利地位。在国家"双高计划"院校中,生均拨款最高的深圳职业技术学院(7.03万元)是生均拨款最低的黄冈职业技术学院(0.27万元)的26倍。差距悬殊的经费投入最终造成了中小城市高职院校在同大城市高职院校竞争中的劣势地位。另外,通过对国家"双高计划"入选名单的分析也可以发现,中小城市高职院校都处于劣势地位,整体占比35.53%左右,远低于中小城市高职院校占高职院校的比例。同时笔者也发现,从早期的国家"示范校"到近几年的国家"优质校"、国家"双高计划",中小城市高职院校占比明显下降,这也从一个方面表明中小城市高职院校的办学竞争力出现了一定程度的下滑。

(二)产业聚集度偏低不利于校企资源深度融合互通

产教融合、校企合作是职业教育办学的基本逻辑主线。服务产业是中小城市高职院校资源扩展之源,必须在服务产业发展过程中借助服务贡献能力不断引入行业、企业资源,通过积极有为争取更多的办学资源。然而,中小城市产业发展的特征决定了在区域内开展校企合作有着较大的困难。我国高新技术产业大多依附于大城市,呈现大分散、小集中的特征,而且东部密集,西部稀疏。除少部分中小城市有高新技术产业,绝大部分中小城市在产业构成上仍然是传统产业(资源型、劳动密集型)占据着主导地位。而产教融合的需求同产业形态之间存在着十分紧密的关联,劳动密集型产业一般而言对劳动者的通适性技能要求较高。因此,受过一定基础教育的农民工基本上在接受短期培训后就能胜任工作岗位的需求,对行业特殊技能和高端通适性技能的要求并不高。区域产业的特征决定了这类企业开展校企合作的动力并不充分,因为在外部劳动力市场已经能够满足其用人需求的情况下,企业就没有足够的动力同学校再开展深度的校企合作。

除此以外,中小城市产业发展特征还呈现出中小企业占据主型、企业较少的特征。中小企业占据主导地位同样决定了产教深度融合的困难,一方面中小企业一般面临的生存竞争压力比较大,很多都处于求生存的发展阶段,技术技能人才的储备一般不是企业当下关注的重点。而且中小企业也没有足够的能力开展校企合作,如现代学徒制的实施一般要求企业能够提供充足的学习岗位而且要有专职的师傅来指导学生学习,还要为学生提供规范化的学习课程,但中小企业很难按照现代学徒制实施的要求提供相应岗位和学徒课程,人才培养过程很难进行制度化的规范。很多中小城市高职院校不得不舍近求远,同位于大城市的大型企业开展深度校企合作,联合培养高技能人才。

(三)城市吸引力较弱不利于招选优质的师资与生源

对于高职院校的发展而言,办学所在区位对于学校吸引力具有十分重要的影响,在不同的区位办学,对人才的吸引力有着本质的区别。由于虹吸效应的不断增强,大城市一般而言在产业发展、公共基础设施、教育资源、文化吸引力上都普遍优于中小城市,这给在中小城市办学的高职院校发展带来了较为不利的影响。首先,由于城市吸引力同大城市相比处于劣势,在师资队伍建设上中小城市高职院校面临着十分艰巨的挑战,尤其在高端人才的引进方面同处于大城市高职院校相比处于不利地位。调查发现,高端人才流动普遍呈现出了向大城市聚集的现象,许多中小城市高职院校在高端人才吸引力上同其他院校存在巨大差距。由于人才虹吸效应明显,与一线城市、省会城市高职院校相比,中小城市高职院校在人才引进、人才项目申报、培育平台等方面缺乏地域优势,人才吸引力严重不足,甚至因缺乏平台支撑致使引进或者培养的人才不能实现自我价值而流失,导致高层次人才总量和质量始终在低水平徘徊。

通过对我国高端人才在高职院校分布情况的调查,发现中小城市高职院校在同大城市高职院校的竞争之中明显处于较为弱势的地位。如大城市高职院校万人计划教学名师、全国优秀教师、全国技术能手的人数分别是38名、34名和23名,而中小城市高职院校则分别是20名、18名和5名。中小城市高职院校除在高端人才引进上处于劣势之外,在对生源的吸引力上同样稍显不足,招生计划完成率、学生报到率等指标都低于大城市高职院校。这说明了城市吸引力的高低对高职院校办学具有十分显著的影响,由于中小城市自身区位优势不明显,而且在"虹吸效应"影响的加持之下,中小城市高职院校在优质师资与生源的竞争上明显要弱于大城市高职院校,甚至部分位于中西部地区的中小城市高职院校教师流失日趋严重,师资队伍结构极不协调,中青年骨干教师缺乏,高级职称教师占比较低,极大地影响到学校竞争力提升。

(四)学生本地就业率偏低致使政府支持办学意愿不强

人才是支撑城市经济发展的第一资源。近年来,我国不同城市之间的"抢人大战"愈演愈烈。为能够保持或提升城市竞争力,许多城市的政府部门都出台了一系列的人才引进政策,同时成立多部门参与的人才引进办公室(局),力图通过优惠政策"广栽梧桐,争引凤凰"。在这种背景下,地方政府会非常关注中小城市高职院校支撑地方经济社会发展的贡献度,而学生本地就业率则是衡量学校贡献度的重要指标,甚至许多地方政府将该指标作为考核高职院校办学绩效的主要依据之一。然而,中小城市高职院校对毕业生就业选择只能进行引导,很难直接干预,尤其在当前"虹吸效应"愈加显著的背景下,大城市对中小城市高职院校毕业生具有较强的吸引力。《人才流动与迁徙报告2020》的相关数据显示,2019年人才净流入排名前列的均为一线和新一线城市,中小城市在人才引入上排名较为靠后。通过对毕业生本地就业率的考察发现,当前中小城市高职院校本地就业率(44.16%)显著低于大城市高职院校(64.71%),中西部中小城市高职院校本地就业率更低,中部地区在30%左右。尽管中小城市高职院校所培养的毕业生已经成为地方新生技术技能人才的主要供给来源,但中小城市高职院校毕业生在当地就业的比例依旧普遍较低,不能满足地方经济发展的需求,尚未达到地方政府的期望。而地方政府的办学支持是高职院校办学竞争力提升的重要基础,除财政投入,在土地供给、教职工编制、高端人才引进、产教融合平台搭建等多方面,地方政府对中小城市高职院校的支持力度直接影响学校办学竞争力的提升。当更多的财政投入及政策支持未能给地方经济社会发展带来更多的收益时,尤其当毕业生流失严重时,地方政府将极有可能减少对中小城市高职院校的办学投入并在政策上弱化对中小城市高职院校的有效支持。

四、"虹吸效应"下中小城市高职院校办学困境的破解策略

中小城市高职院校办学环境具有一定的独特性,这种独特性决定了该类院校必须要探索一条适合自身发展的办学之路。笔者所在的金华职业技术学院地处浙江中部,具有百年办学历史,历经"老校走新路、大校变强校、特色创品牌"的发展变革,2019年12月,在"双高计划"遴选中成功入选高水平学校(A档)建设单位,是我国中小城市高职院校高质量发展的典范。作为中小城市高职办学的典型代表,金华职业技术学院在"虹吸效应"影响下中小城市高职院校如何破解办学困境方面进行了一些成功探索和实践。

(一)以完善内部治理为"先手棋",整合办学存量资源

中小城市高职院校突破办学瓶颈的关键首先是完善学校内部治理。尽管中小城市高职院校在办学投入、招生就业、人才引进等方面受制于所在区位的影响,但先天不利的区域位置并不意味着中小城市高职院校办学竞争力就一定处于劣势,摆脱资源投入不高、城市吸引力较弱等相关办学瓶颈的关键在于学校内部治理水平的高低。学校内部治理水平直接决定对各利益相关主体责权利配置、利益调整

与激励所做的一系列制度化安排是否能够发挥应有效果,是否能够实现资源的优化整合以及利益的协调统一,是否能让学校聚焦于办学功能的有效实现。当前中小城市高职院校在治理现代化的建设进程上还较为滞后,在治理主体上仍然以单主体为主,决策权力高度集中,学术权力边缘化,行业企业参与主动性不足;在治理结构上割裂严重、协同困难,从横向权力结构看党政关系不协调、学术权力彰显不够,从纵向结构来看,基层教学组织运行封闭;在治理方式上仍然以经验决策为主,尚未建立基于院校研究的科学决策支撑体系,无法在深入掌握院校运行情况的前提下进行科学决策。[1]

为突破区位对院校发展的限制,金华职业技术学院坚持共同治理,聚焦民主治校、二级管理、质量保证等关键领域改革,以章程为统领完善现代职业学校制度,以理事会为重点紧密政校行企关系,以专业群为核心重构二级学院,以质量文化为引领推进内部质量诊断与改进,不断优化学校内部治理结构,提升学校治理决策水平。首先,学校在各个层面实现了多方参与的共同治理格局。突出章程在推进学校重要改革和重大项目建设中的基础性和根本性作用,优化调整职能部门设置,强化行政、教学、后勤等部门的统筹协调职能,明晰部门岗位职责权限边界,推动学校制度体系建设。学校成立了学术委员会、教学工作委员会、学生工作委员会、教育督导委员会以及目标责任制考核、"最多跑一次"改革工作等58个由校内相关部门、单位、团体和校外人士组成的多方参与的委员会和领导小组,实现多主体结合的民主治校机制。其次,学校理顺与二级学院的关系,逐步落实二级学院办学自主权。优化校院两级经费分配办法,扩大二级学院在办学经费、人才引进、职称评审、教师评价、绩效管理等方面的自主权,增强二级学院的办学积极性和能动性。优化校院二级管理机制,完善年度目标责任制考核方案,注重考核"重要指标、重点突破、重大贡献",根据各二级学院实际强化个性化考核设定,增设学院可选性考核项目,形成学校不断攀升、迈上新高的浓厚氛围。最后,建立院校研究制度,从架构数据系统、培育院校研究队伍和设置院校研究机构三个方面构建基于院校研究的决策支持体系,努力"生智""聚智""传智",当好"外脑",提升学校治理决策的精准性、科学性。

(二)以产教融合平台为"集聚地",汇集多方办学资源

产教融合、校企合作是高职教育办学的逻辑主线,对于中小城市高职院校而言,积极推进产教融合是拓展办学投入、汇集多方办学资源的关键举措。中小城市高职院校实施产教融合应根据区域产业发展的特征与需求采取最为适宜的合作模

---

[1] 梁克东."双高计划"背景下高职院校治理现代化的理性思考及实践路径[J].中国职业技术教育,2020(1):26-30+61.

式,不能限于某一固定模式。这是因为对于中小城市高职院校所在区域而言,中小型企业占据主体,而且不同产业发展的阶段重点存在较大的区别,是采取紧密型还是松散型,是"一对多"还是"一对一"都应根据产业发展的特征与学校人才培养的实际要求采取针对性的合作模式,建立类型多样的产教利益共同体。

产教利益共同体建设重点从"上、下、内、外"四个方向用力。向"上"走高端拓展,从体现产教融合的水平和层次出发,积极主动地开拓与高端企业的合作,引入主流标准、先进技术、高端资源,以弥补中小城市视野、资源、信息等方面的不足。向"下"往区域扎根,从体现产教融合的担当和作为出发,增强服务区域理念,深深扎根区域产业发展的土壤,与企业携手、结成联盟,提升合作面,增强紧密度。向"内"朝综合一体发展,强化产教融合平台的综合化建设,集人才培养、团队建设、大师培育于一体,融科技攻关、产品研发、工艺开发、技术推广、创新创业于一身,努力实现"产学研训创"一体化运行。向"外"搞实体运作,从产教融合的体制机制破题出发,积极吸引企业实质性参与,通过组建公司化的生产企业、科研机构等运营实体,整合校企优势资源,提升产教融合的活力和可持续发展能力。如金华职业技术学院依托机械制造与自动化专业群建设的"智能化精密制造产教综合体"已经全面落地,有效聚集了高校、行业企业、政府等多方办学资源,力争成为区域特色产业人才培养的"集聚地"、中小微企业技术升级的"动力源"和高端装备制造技术的"新高地"。

(三)以专业集群发展为"突破口",高效发挥资源效益

专业建设是高职院校内涵建设的关键抓手,也是评判高职院校办学质量与水平的重要依据,唯有通过专业才能够真正找到高职院校办学资源投入的逻辑主线。对于中小城市高职院校专业建设而言,必须实现专业建设的集群化发展,这是应对区域产业集群化、实现资源投入效益最大化的内在要求。"大力推进专业群建设是中国特色高水平高职学校建设的主要内容和关键所在,是推动高职教育深化改革、实现高质量发展的动力机制和重要抓手,是支撑产业转型升级、适应经济发展方式转变的有效载体和重要途径。"[①]专业群作为学校新型的专业设置模式,既具有一定的稳定性,又具有较强的灵活性和适应性。对于办学投入并不充足的中小城市高职院校而言,专业群建设可以根据外部环境的变化灵活调整专业方向和自身的内部结构,使通用共享的技术平台和资源库可以得到持续利用,这就确保了专业群的生命存续周期远远大于某个单一专业,从而保证了资源投入的精准与高效。

金华职业技术学院充分依托浙江发展的资源优势和金华市发展的资源潜能,融入区域新经济的发展进程,突出"共享新资源"和"服务新需求",重点对接金华市

---

① 任占营.高职院校专业群建设的变革意蕴探析[J].高等工程教育研究,2019(6):4-8.

五大千亿产业和以数字经济为引擎的八大细分行业,坚持"以群建院",整合重构"4222"专业群架构,打造资源更加集聚的高水平专业群。面向先进制造业及战略性新兴产业,组建机械制造与自动化、电子信息、生物医药和新能源汽车服务4个专业群;面向民生领域,组建学前教育和医养健康2个专业群;面向现代服务业,组建文旅创意和网络经济2个专业群;面向乡村振兴战略,组建现代农业和智慧建造2个专业群,以更加紧密的专业集群发展使办学资源具有更强的指向性和集聚性。学校通过专业群建设不仅能够充分有效地利用办学资源,降低专业群建设的投入成本,而且还能通过精准对接区域产业发展的技术技能人才需求,培养具有地方产业特色的人才,提升毕业生本地就业率,通过集中资源、突出重点,在较短时间内聚集各方面优势,形成合力,创出学校特色和品牌。

(四)以应用技术研发为"助推器",实现校企资源互融

中小城市高职院校办学特色的核心在于区域属性与服务属性。该类院校能否赢得地方政府、行业企业与当地百姓的认可关键在于是否能够立足区域、办出特色。中小城市高职院校除要为地方经济发展提供高素质技术技能人才之外,还要在知识创新方面充分彰显院校自身优势。"高职院校内涵建设的关键抓手和突破口是'研究',从'建设'到'研究',是高职教育内涵发展范式的转变,这种高职院校可称为'研究型高职'。"[①]同学术型高校重视科研、工程创新不同,中小城市高职院校应确立"以应用研究、技术开发为主"的科研定位,积极推进产学研协同创新,承担区域科技成果产业化的任务,其科研项目要重点关注地方经济社会发展中急需解决的理论与现实问题,在服务区域产业转型升级中提升办学效益、彰显办学品牌。

根据区域"小企业大集群"的产业发展特点,金华职业技术学院针对中小微企业在关键技术研发、产品开发、创新设计等方面的共性需求,发挥专业群办学优势,着力建设一批区域性的技术协同创新中心,全力构建全链条成果转化体系,打造区域产学研用合作高地。学校积极探索科技研发对接区域重点产业、技术难题转化研究课题的应用路径,重点对接高端装备、生物医药等金华优势产业集群,面向民营中小微企业开展应用技术研发,与企业联合组建协同创新中心等技术服务平台,围绕金华市八大细分行业的"卡脖子"难题开展联合攻关,围绕重点行业技术需求开展有针对性的技术服务,打通产业转型的"堵点",找到产业升级的"融点",助力细分行业形成大集群大发展。

(原文出处:王振洪."虹吸效应"下中小城市高职院校的办学困境及破解策略.中国高教研究,2021年第2期,91-97页)

---

① 徐国庆.高水平高职院校的范型及其建设路径[J].中国高教研究,2018(12):93-97.

中国特色高水平高职院校建设的逻辑、特征与行动方略

我国是全世界第一个在法律层面明确界定高职教育概念的国家,伴随着改革开放后经济转型升级步伐的加快,高职教育的发展经历了由无到有、由弱到强的过程,尤其在经过"示范校"与"优质校"建设的强力推动后,更是站在了一个全新的历史起点上。尽管高职教育办学质量实现了显著的跃升,但在服务国家战略以及经济社会发展的能力上同人民群众的期待、产业发展的需求以及国家对高职的战略定位还存在较大的差距。为了实现高职院校办学水平的进一步跃升,《国家职业教育改革实施方案》(以下简称"职教 20 条")和《关于实施中国特色高水平高职学校和专业建设计划的意见》(以下简称"双高计划")公布实施,明确提出要建设"一批引领改革、支撑发展、中国特色、世界水平的高职学校和专业群"。那么,中国特色高水平高职院校建设的时代背景及价值意义何在?与"示范校""优质校"建设的内容区别主要体现在哪里?未来发展的路向又在何方?这些都亟待通过对文本、概念、命题等的仔细研读予以辨析。

一、中国特色高水平高职院校建设的逻辑起点

中国特色高水平高职院校建设是新的时代背景下一系列内外因素综合作用的结果,产业转型升级对高素质技术技能人才的需求是中国特色高水平高职院校建设的根本动力,高职教育内涵发展的持续深化并向世界提供职业教育的"中国方案"也是中国特色高水平高职院校建设的应有之义。

(一)服务产业转型升级的必由之路

产业转型升级,归根结底需要人才水平随着产业跃迁同步提升。目前,我国共有技能劳动者 1.65 亿人,仅占就业人员总量的 21.3%,高技能人才 4791 万人,仅占技能劳动者总数的 29%。技能劳动者的求人倍率一直在 1.5 以上,高级技工的求人倍率甚至达到 2 以上。技能劳动者比例偏低且结构不合理,高技能人才严重匮乏,已经成为制约我国产业升级和企业竞争力提升的关键瓶颈。特别是在信息技术、高档数控机床和机器人、航空航天装备、海洋工程装备及高技术船舶、先进轨道交通装备、节能与新能源汽车、电力装备、农机装备、新材料、生物医药及高性能医疗器械等领域,我国在理念、设计方面已经领跑世界,但由于缺少掌握新工艺、高技能的人才,依旧需要引进国外技术。中国特色高水平高职院校建设的最终目标就是培养一批能够代表中国水平、有效服务中国经济转型升级的大国工匠,成功与否事关我国能否实现经济社会发展的提质升级。

(二)高职教育内涵发展的内在深化

从"示范校"建设到"优质校"建设再到中国特色高水平高职院校建设,始终都在强调内涵建设,但经过十多年的改革实践,院校内涵建设的内涵已经发生了深刻的变化,内涵建设的要求不再是完成几门具有职业教育特色的课程开发、制定符合职业院校生源特点的人才培养方案等基本改革活动。中国特色高水平高职院校建设内涵发展的实质要义是基于国家战略、地方实际、学校基础,强化专业集群发展的理念,坚持专业群对接产业群、产业链的办学思路,不断扩大专业发展面向,激发专业发展活力,形成人才链、教育链、产业链的有机衔接。对此,中国特色高水平高职院校需要洞悉产业发展的先机,通过联合行业顶尖企业,共建共享高端技术创新研发平台和人才培养平台,适时跟踪、引领产业发展,服务全产业链。同时,还要及时调整专业方向,做好专业课程教学和实习实训,服务高端技术技能人才培养和企业技术革新。中国特色高水平高职院校建设的内涵深化实质上是对职业教育作为类型教育实践的深化,随着我国高职教育百万扩招计划的实施,院校人才培养不仅要面向应届生源,更要面向更多有社会工作经历的退伍军人、下岗工人和农民工群体,这意味着高职教育在人才培养体系、人才培养方式、院校教育资源的分配整合上都将发生深刻的变革。这是过去的国家项目化推动高职院校建设未涉及的,需要通过中国特色高水平高职院校建设树立起类型教育的新示范。

(三)向世界提供"中国方案"的应然追求

我国在高职教育改革初期,先后借鉴了德国"双元制"、英国现代学徒制、澳大利亚 TAFE 等,取得了一定的改革成效,初步建成了现代职业教育体系。与此同时,我国还有延续千年的学徒传承沉淀出的工匠文化,以及近代伴随工业化发展所凝聚的职业教育办学精华。这是在时代交融与冲突中析出的宝贵财富,是中国特色职业教育蕴藏的特色基因。在新的发展时期,尤其是随着"一带一路"倡议的推动与实施,我国职业教育改革发展已经不仅是一个单向度的适应国际标准与规则的过程,还需要在适应国际规则的过程中通过模仿、学习与创新,形成具有自身特色的中国标准与规则。这应逐步成为我国职业教育与国际接轨的基本出发点,要输出中国的标准,为世界职业教育改革和经济社会的进步贡献中国智慧。在这样的时代背景下,中国特色高水平高职院校建设就要通过一定周期的扶优举措,立足中国悠久的文化,集体展示改革开放四十多年来职业教育理念在院校实践层面的优质成果,进一步将大国工匠培养、职业教育扶贫、产教融合示范、技术技能文化传播等体现大国水平的,职业教育改革实践形成的国际认可、方案可对接、经验可复制的模式加以推广。

二、中国特色高水平高职院校建设的属性特征

中国特色高水平高职院校建设是我国高职教育内涵发展的持续深化,也是时代发展赋予高职院校的崭新使命。为了明晰中国特色高水平高职院校的发展路向与行动路径,有必要充分把握中国特色高水平高职院校建设的属性特征。基于高职教育的本质属性以及内在发展逻辑,结合"职教20条"与"双高计划"对中国特色高水平高职院校的特征描绘,中国特色高水平高职院校建设的根本要义在于深刻把握标准、制度、队伍以及平台四个关键词的实质内涵。

(一)标准:中国特色高水平高职院校建设的基石

"高标准"是中国特色高水平高职院校建设的基本立意,"职教20条"明确指出当前我国职业教育发展"制度标准不够健全""培养质量水平参差不齐",并提出"要建成覆盖大部分行业领域、具有国际先进水平的中国职业教育标准体系";"双高计划"也将标准的开发与应用作为重要建设任务,明确指出"校企共同研制科学规范、国际可借鉴的人才培养方案和课程标准,将新技术、新工艺、新规范等产业先进元素纳入教学标准和教学内容"。因此,标准引领理应成为中国特色高水平高职院校建设的首要属性特征。

首先,要树立标准化办学的强烈意识,争做标准办学的"示范者"。"职教20条"明确指出职业教育是同普通教育完全不同的另一种教育类型,而标准建设正是职业教育区别于其他类型教育的标志和根本。为此,中国特色高水平高职院校建设应遵循技术技能人才成长的自身规律并通过与行业、企业的紧密合作,将人才培养和教育教学关键环节的标准化建设作为人才培养质量提升的"牛鼻子",应积极面向并精准对接区域市场对技术技能人才的需求,在国家专业教学标准基础上,通过科学的标准范式开发具有自身特色的人才培养方案,落地开发包括专业设置、课程方案、校企合作、课堂教学、学生评价等一系列人才培养要素的校本标准,建立健全人才培养标准体系,以高标准来引领人才培养改革,提升人才培养质量。

其次,要积极参与国家标准和行业标准开发,争做一流标准的"制定者"。目前我国正在逐步建立与完善职业教育国家标准体系,内容包括专业目录、专业教学标准、顶岗实习标准、专业仪器设备装备规范标准等,雏形框架已经初步形成,但职业院校设置、专业与课程教学、顶岗实习、教师专业能力与企业兼职教师能力要求等方面仍有待进一步完善。因此,中国特色高水平高职院校要勇于担当,在不断探索校本标准的基础上总结经验规律,形成系统的、可复制的标准开发范式,为国家标准制定提供全面客观的科学数据与实际参考。除了要积极参与国家标准的开发外,院校还应实质性地参与行业组织活动乃至牵头组建新兴领域的行业组织,牵头

或推选人才参与制定行业标准,抢占职业教育在行业标准制定中的话语权。

最后,要率先开展标准的国际化,争做中国标准输出的"先行者"。"双高计划"明确指出,要"参与制定职业教育国际标准……开发国际通用的专业标准和课程体系,推出一批具有国际影响的高质量专业标准、课程标准、教学资源,打造中国职业教育国际品牌"。实现本土高职教育标准的国际化并实现输出是"双高计划"建设成效的重要衡量指标,这就需要有一批懂专业、懂标准、懂国际的专业化人才队伍,率先将传统优势产业和新兴技术领域的专业教学、优质课程、职业技能评价等标准推向国际,并通过国际开放办学将这些标准充分运用到留学生培养、境外办学和国际培训中,为面向世界职业教育提供中国标准做出贡献。

(二)制度:中国特色高水平高职院校建设的核心

高水平不仅体现在一些关键性的数字指标和显性成果上,更为重要的是激发高职教育可持续改革创新的制度保障是否能够建立。"职教20条"和"双高计划"都凸显了制度创新在实现职业教育改革创新目标上的至关重要性,并聚焦职业教育发展所面临的一系列关键性体制机制障碍,提出了一系列重大制度创新举措。

首先,1+X证书制度是对我国职业教育的一项突破性、创新性的重大制度设计,中国特色高水平高职院校要成为落实1+X制度的"主力军"。要率先开展1+X证书的落地制度建设,实现复合型、创新型、发展型人才培养目标的适配优化,模块化、层次性、多接口专业人才培养方案的动态调整,基于育训结合、主辅修、职业综合能力训练,在学业修习、指导、认定及转换等方面建立健全运行机制,为学生获取"X"职业技能证书提供相应的制度通道。

其次,专业集群发展是职业院校适应产业集群发展、产业链式发展模式的一种应然性选择,中国特色高水平高职院校要率先成为专业群制度创新的"引领者"。要根据区域产业集群的类型和特征建构与之相匹配的专业群类型,以专业之间的技术关联、行业关联与职业关联作为整合专业资源、构建专业群的基本依据,以组建跨院系的专业群基层教学组织,构建权责明晰、灵活适应的专业群管理体系制度,实现专业群内资源的高效互通与整合,并系统构建"平台+模块"的专业群课程体系以及阶梯化的专业群实践教学体系,从而真正打造一批"地方离不开"和"行业都认可"的专业群。

最后,治理体系及治理能力提升是职业院校激发内在发展活力的根本保障,中国特色高水平高职院校要成为治理结构改革创新的"拓荒者"。一方面,从规范办学制度入手,针对参与办学的政校行企多元主体,从咨询、协商、决策到执行、监督的各个层面建立健全治理组织和管理制度,提高制度的系统性、开放性和协同性,为健全现代职业院校的治理体系夯实制度基础。另一方面,将制度建设的重点面向制度创新,在国家经济社会制度和职业教育制度变革的大背景下,针对国家政策制度的落地率先回应,针对约束发展的瓶颈、桎梏大胆改革,以制度创新来引领高水平建设和高质量发展。

(三)队伍:中国特色高水平高职院校建设的关键

培养高素质技能人才,教师是关键,没有高水平的师资队伍,就没有高水平的职业教育。"职教 20 条"和"双高计划"都将师资队伍建设作为职业教育改革创新目标实现的关键,不仅明确了师资队伍建设的方向,更给出了师资队伍建设的具体路径。

首先,要有一批专业化、结构化的高水平"双师"教学创新团队。职业教育跨界、整合的属性特征决定了职业教育师资队伍结构的多元化特征。从类型来看,既要有能够传授专业理论知识的"经师",也要有从行业企业引进的具有丰富实践经验的"技师";从层次来看,应包括能够胜任课堂教学的初任教师、掌握课程开发能力的骨干教师,以及带领教学团队达成教学目标的专业带头人。团队内部成员应该分工合理、年龄互补、专兼结合,既能紧跟产业升级发展,又与行业、企业形成紧密的互动机制,更能灵活高效地完成组织赋予的各项教学任务,并在不断适应与变革中突破组织发展瓶颈。

其次,要有一批专家型、领军式的高层次专业带头人队伍。专业带头人队伍必须具备专业建设领军能力,具体包括专业发展环境的预测与研判能力、专业课程体系的架构与开发能力、专业教学团队的打造与执行能力、专业教学资源的开发与整合能力。要引育并举,打造行业有权威的专业带头人,发挥他在整体提升专业教学团队执教能力、引领提升专业技术领域应用研发与技术服务水平以及融入行业核心圈整合利用校企资源中的"领头雁"作用,从而夯实高水平专业群建设的基础。

最后,要有一批精技善教、行业顶尖的高技艺"工匠之师"。职业教育人才培养的规律决定了一些默会性的工作知识是很难通过文本化和符号化的途径获得传递的,这就需要打造一支思想素质过硬、技艺高超并且善于传授的技术技能大师。要在柔性聘任、兼职兼薪等用人机制上进行改革和突破,真正实现"引得来、用得好",根据技术技能大师生涯发展的独特性改革职称评审制度,系统打造技术技能大师生涯成长体系。要广泛建立技能大师工作室,成为工匠型教师成长发展的重要平台,建立并完善工作室规章制度,激发技术技能大师在人才培养、技术研发上的主动性。

(四)平台:中国特色高水平高职院校建设的载体

职业教育是同区域经济社会发展联系最为紧密的一种教育类型,其健康发展离不开同行业、企业在人、财、物、信息等资源上的紧密互通。"职教 20 条"和"双高计划"都将产教融合摆在了更加突出的位置,明确提出要建立产教融合实训基地以及产教融合型企业认证制度。从国家层面看,全国已组建了 56 个行业职业教育指导委员会、1400 个职教集团,有 3 万多家企业参与职业教育,基本形成了产教协同发展、校企共同育人的格局。就院校层面而言,中国特色高水平高职院校建设要更关注产教融合的深度和广度,力争将产教融合平台建设推向一个新高度。

首先,产教融合平台建设要体现高端性。合作对象上要体现高端性,重点选择区域、行业的领先企业、标杆企业以及产教融合型企业作为合作对象,以便发挥优质资源集聚优势,提升职业院校的知名度和美誉度。目标定位上要体现高端性,如抓牢地方产业、企业的国际化战略,与"走出去"企业共同组建校企协作组织,推动产教融合从本土走向国际合作的领域。资源建设上要体现高端性,如共同开发行业标准、企业标准和专业标准、课程标准,通过企业项目的教学化改造建设优质课程资源,建设专业化的产教融合高端实训基地等。

其次,产教融合平台建设要拓展新路径。产教融合的平台构筑及实现路径不能局限于某一种固定形式,而应适应不同产业的发展形态、需求和不同专业领域的人才培养特点,探索建立职教集团、产业联盟、产业学院等不同形态,共享协同创新、校地合作、资本混合等不同类型的产教融合平台组织,不断创新合作体制机制,创设产教融合各项政策落地、各类个性化模式探索的实施载体,营造产教融合发展的良好环境。

最后,产教融合平台建设要形成共同体。平台搭建的核心在于实现内部运行机制的畅通,人、财、物、信息等资源要实现高效流通互动,而达成这一目标的关键就在于打造紧密的利益共同体。学校与企业之间可以实现充分的利益共享和价值融合,应以校企协同的人才培养为核心,建设集人才培养、科技攻关、团队建设、技术服务、智库咨询等功能于一身的产教融合平台,并融入区域产业发展平台,推动平台从虚拟化走向实体化。职业院校要以优质办学资源及智力资源参与实体化运作,把合作平台提升到校企命运共同体的新层次,形成产教融合发展、同频共振的良性循环生态圈。

三、中国特色高水平高职院校建设的行动方略

中国特色高水平高职院校建设是一项系统工程,要在满足多元化利益诉求的基础上实现高质量发展,既要彰显职业教育类型的价值特征,满足区域经济社会发展对高素质技术技能人才的需求,也应尊重学生个性化成长的需要,为学生彰显自身人生价值提供多样化的平台与路径。因此,中国特色高水平高职院校建设的核心要义便是始终肩扛职业教育改革大旗,依照技术技能人才成长规律,统筹多方资源,夯实办学基础,提升治理水平,融入区域经济社会发展,全方位打造自身的核心竞争力。

(一)明确办学定位,坚持育训结合、德技并修

"职教20条"明确了职业学历教育与职业培训并举的目标任务与举措,1+X制度更是集中体现了育训结合的特征,并为上述目标的达成提供了十分清晰明确的制度创新路径,中国特色高水平高职院校应勇于担当,率先开展1+X制度的试点。一方面,始终坚持把立德树人作为学校办学的根本任务,把"1"做好。"要坚持把立德树人作为教育教学改革的根本任务,深化教育改革,强化思想政治教育,不断提高学生的思想水平、政治觉悟、道德品质"[①],把思政教育、劳动教育、文化素质教育以及校园文化建设作为育人的主阵地进行系统筹划;要对学生的职业生涯发展进行科学引导并夯实学生的关键能力以及可持续发展能力,这是由于人工智能、3D打印、物理信息融合等先进技术手段在工作场所的运用都将导致硬技能重要性的逐步弱化,而学习能力、沟通交流能力、职业精神等软技能对于学生未来职场生存的作用愈加关键。另一方面,积极开展高质量的职业培训,为学生取得多类型、多层级的职业技能等级证书提供灵活、及时和多样化的通道。要积极参与开发一批"X"证书,并联合政、行、企等机构开发或参与目录外技能证书的制定、核发工作,将1+X证书制度纳入人才培养体系;要构建基于学分转换的课程体系,通过"学分银行"制度的创建实现学生学习成果的认定、积累与转换;要鼓励学生自主参加职业技能等级证书考核,通过系统而专业化的培训拓展学生的就业本领。

(二)优化治理结构,坚持党的领导、章程统领

"职教20条"明确指出要加强党对职业教育工作的全面领导,"充分发挥党组织在职业院校的领导核心和政治核心作用,牢牢把握学校意识形态工作领导权,将党建工作与学校事业发展同部署、同落实、同考评"。"治理水平先进是基石"[②],中国特色高水平高职院校要进一步完善学校内部治理结构。首先,要加强和改进党委领导下的校长负责制,进一步明晰与优化党委在内部治理结构中的政治权力以及政治职能,积极探索由党委书记、校长、职工代表、合作企业代表、行业专家等主体组成的理事会制度,明确学校重大决策咨询、决策与执行的程序,切实发挥利益相关者的积极作用。其次,要加强顶层设计,依法制定体现高职教育特色的章程并建立健全与章程相配套的各项规章制度,以章程为统摄完善其他规章制度的修订、调整与补充工作,充分发挥学术委员会在学术事务管理上的主导作用,赋予教师群体参与学校管理与决策的权力,完善以教代会为基础的民主管理与监督机制,创新

---

① 钏助仁,张涛.新时代中国特色高水平高职院校建设的现实要义、行动逻辑与路径[J].教育与职业,2019(1):22.
② 姜大源,董刚,胡正明,等.中国特色高水平高职院校建设(笔谈)[J].中国高教研究,2018(6):99.

行业企业参与学校治理的有效形式和途径,实现政治权力、学术权力、行政权力、民主权力的规范有序运行。最后,要构建以教师为中心的管理运行模式,深化二级管理改革,赋予院系在专业建设、校企合作、团队建设上更多的自主权力,建立并完善保障教师专业自主权的管理运行机制,从过去的压任务、设指标转变为搭平台、赋权力,真正激发教师在专业发展上的主动性。

(三)聚焦专业建设,坚持集群发展、特色取胜

专业建设是高职院校人才培养的载体,专业建设质量是衡量人才培养质量和高职院校办学水平的关键指标。为了应对当前区域产业集群化、链条式的发展趋势,专业集群发展正成为专业建设的新范式,仅依靠单个专业进行建设已经难以满足区域产业发展的人才需求,"双高计划"也将高水平专业群作为中国特色高水平高职院校建设的重要依托。因此,在中国特色高水平高职院校建设过程中,应改变过往聚焦单一专业的方法,打通专业之间的资源隔阂,实现抱团取暖、集群发展。首先,基于区域产业集群内部职业岗位群的分布特征科学组建专业群,在明确区域产业集群的类型特征及所服务面向的职业岗位群之后,可依据职业岗位群之间的关联模式组建与之相匹配的专业群类型;其次,构建适应专业群建设的创新型组织管理模式,根据专业群建构的类型与特征建立与之相适应的专业群管理组织,打破专业之间的隔阂,建立专业间的内在联系与协同机制;最后,系统规划打造"平台+模块"的专业群课程体系,根据专业群与职业岗位群的内在逻辑关联,构建"底层共享、中层互融、高层互选"的专业群课程体系。

(四)提升师资素养,坚持师德引领、引育并举

师资队伍是当前制约职业教育办学质量进一步跃升的关键瓶颈,无论何种先进的创新理念都需要教师去落地实施。"职教20条"明确指出要多措并举打造"双师型"教师队伍,并清晰指明了未来职业教育师资队伍建设的方向与具体路径。首先,要加大对具有企业工作经历的高技能人才的引进力度,彰显高职院校师资队伍建设的独特性要求。为了能够招聘到高职院校所需要的人才,应该注重加强与行业、企业、技术研发型科研院所的交流合作,通过加强与行业、企业的深度合作交流,拓宽高水平师资的来源渠道,同时也为本校教师实践教学能力以及应用技术研发能力的提升提供高层次平台。其次,要构建系统化、阶梯化的教师培训体系。可以通过建立教师发展中心这一平台载体,以标准为引领,按照分类、分层的原则,为教师提供多样化的生涯成长路径。最后,要以专业带头人队伍为核心,探索构建高水平、结构化的教学创新团队。应明确专业带头人能力标准,建立并完善专业带头人激励与考评制度,落实赋权增能,为专业带头人"带好头"提供良好的制度环境。

(五)深化产教融合,坚持立足地方、精准对接

产教融合是高职教育发展的主线,中国特色高水平高职院校应在合作对象选择、合作机制以及合作内容上充分发挥创新引领作用,带动高职教育产教融合的逐步深化。首先,应根据产业发展的现状、特征及对产教融合的需求,建立类型多样的产教融合联合体。不同产业领域在发展的成熟度、技术与人才的需求度以及合作需求的强烈度上存在很大区别,应根据区域产业的类型与特征建立多样化的产教融合联合体,不能局限于某种固定范式。例如,金华职业技术学院以校企深度合作、产教深度融合为办学主线,以适应区域经济发展方式转变和产业结构优化升级为目标,积极推进共享基地型、集团联盟型、资本混合型、校地合作型、研发引领型和丝路互惠型六种类型的产教融合高端平台建设。其次,应创新并完善产教融合的管理运行机制,为产教深度融合提供制度保障。要系统构建产教融合的利益驱动机制、协调运行机制、评价导向机制、合作保障机制,从而达成教学生产共时、技术资源共享、课程体系共建、校企双方互利共赢的目标。最后,应始终坚持以人才培养为主线深化产教融合。尽管产教融合平台肩负着多样化的功能,但人才培养是其核心工作,应通过专业与产业对接、教学过程与生产过程对接、教学评价与职业标准对接,共建"双师"教学团队,优化教学运行机制,实现人才培养质量的持续优化。

(六)加强国际交流,坚持双向互动、标准输出

形成具有自身特色的标准与规则,这应逐步成为我国职业教育国际化工作开展的基本出发点,也是未来评判中国特色高水平高职院校的重要指标。首先,要提升国际交流合作层次,基于学校特色打造品牌项目,不能一味贪大求全,而要有的放矢地找准自身的优势,尤其是明显区别于本科院校的国际化合作内容。例如,在国际科研合作上,可以发挥产教融合、校企合作的优势,依托"走出去"企业在海外设立技术研发中心,主动参与到全球科研合作体系之中,通过深度融入全球技术创新价值链,不断提升自身在技术研发领域的优势与话语权。其次,要以标准建设为引领,向世界贡献职业教育的中国方案。标准是国际竞争与合作的核心要素,谁掌握了标准制定权,谁就掌握了合作的主动权。中国特色高水平高职院校在标准建设以及标准输出上要争当"排头兵",应联合"走出去"企业积极开展相关标准的建设工作,积累标准制定经验,形成系统、科学的开发范式,并通过境外办学以及对外交流与合作输出中国标准。最后,应坚持以质量为先导,逐步建立评估主体多元的国际化质量监测与保障机制。在国际教育教学资源的引入上,应严把入口关,无论是师资、课程,还是其他教学资源,都必须保证其优质性,从而通过资源引入有效带动自身发展;在本国教育资源的输出上,则应始终坚持以提升质量为核心,精准定

位国际职业教育市场的需求,根据自身的特色寻找合作方,系统筹划合作进程,稳定输出优质资源,共谋合作质量的提升。

(原文出处:梁克东,成军.中国特色高水平高职院校建设的逻辑、特征与行动方略.教育与职业,2019年第13期,9-16页)

以校企命运共同体赋能高质量发展

日前,中共中央办公厅、国务院办公厅印发《关于推动现代职业教育高质量发展的意见》,提出要"完善产教融合办学体制,创新校企合作办学机制",对产教融合、校企合作提出了新的目标与要求。进一步创新组织形式和运行机制,推动行业企业与职业院校构建校企命运共同体,既是更高层面、更深层次产教融合与校企合作的应然选择,也是推进职业教育高质量发展的精准方略。

一、把握校企命运共同体的本质特征

首先,厘清校企命运共同体的概念。"共同体"是指不同个体在共同条件下结成的有序群体。随着职业教育规模的不断壮大、质量的不断提升,职业学校与行业企业间相互依存、共同发展机会不断增多,内容和形式也在不断演进,逐渐形成了"校企共同体"这一概念。新的时代语境下,从命运的角度来理解"校企共同体",旨在构建一种新型的合作样态,强调责任、情感、文化等要素的融合。因此,可以将"校企命运共同体"理解为学校和企业基于共同的价值取向,以互利共赢、互融共生为纽带进行结合,形成的可持续发展的有机整体。

其次,把握校企命运共同体的本质特征。其一,价值共识是共同体生命延续的精神基础。除了物质的共同投入外,校企双方要有相通的发展理念、相似的文化基因和相互认同的品质追求,唯此才能实现共同的价值追求。其二,责任共担是共同体健康发展的重要保障。校企双方必须共同承担起人才培养的责任,共同招工招生、组织教育教学、建设师资队伍、开展技术攻关、组织员工培训、进行教学评价,共同承担合作中可能出现的运行风险、市场风险。其三,利益共赢是共同体共生发展的关键所在。校企双方嵌入利益又超越利益,在追求自身利益的同时兼顾对方的合理关切,在谋求自身发展中促进双方共同发展。

再其次,认识校企命运共同体的实践形态。校企命运共同体不同于以往共建基地、顶岗实习等传统的校企合作,作为一种新型的、开放的校企合作关系,其组织形式是丰富多样且外延广泛的,可以是人才培养的一个单元,也可以是一种协作组织。产业学院、企业学院、职教集团(联盟)、大学科技园、股份制学校、混合所有制学校或二级学院、校企共建的现代学徒制培养基地,都是目前常见的共同体组织形式。此外,技术技能创新平台、专业化技术转移机构、大师工作室、众创空间等,这些延伸的职业教育办学空间,只要体现了价值共识、责任共担、利益共赢的要义,都可视为校企命运共同体。

二、构建校企命运共同体的时代价值

作为校企合作办学的理想形态,构建校企命运共同体是新时代国家对职业教育校企合作顶层政策的"深度设计",也是职业教育高质量发展的体现,理应成为职业教育校企合作的发展路向。

第一,是彰显职业教育类型价值的内在要求。我国职业教育改革已走上提质培优、增值赋能的快车道,职业教育面貌发生格局性变化,亟待以类型定位为逻辑起点,由一元结构办学格局走向跨界的双元结构办学格局。双元主体最直观的外在表现就是办学上的产教融合、校企合作,育人上的知行合一、工学结合。校企命运共同体能够充分彰显职业教育类型价值,通过学校与企业的深度合作,促进教育和产业体系人才、智力、技术、资本、管理等资源要素集聚融合、相互激发。

第二,是增强职业学校人才供给适应性的基本路径。随着我国经济由高速增长阶段转向高质量发展阶段,新技术、新产品、新模式、新业态不断涌现,需要一大批具有创新意识、实践能力和进取精神的高素质技术技能人才,帮助企业解决生产实践一线所面临的技术难题、工艺难题,将大量创新成果转化为现实生产力。校企命运共同体把企业生产实践或技术革新项目作为人才培养的重要载体,能够更加高效地响应产业发展需求变化,不断适应经济社会对技术技能人才结构、规格和质量的要求。

第三,是激活行业企业参与内生动力的必由之路。校企合作是应然的,但不是天然的。作为一种完全的市场行为,职业教育校企合作要改变"一头热"的现状,关键是要找到双方损益的平衡点。校企命运共同体正视企业的利益诉求,可以帮助企业获得人才利益、经济利益、政策利益、社会利益,在有效调动起企业参与职业教育积极性的同时,也能使学校获得深度的、可持续的校企合作。

三、加快校企命运共同体的建设推进

校企命运共同体为我国职业教育产教融合、校企合作迈向深入提供了一种新的范式,亟待职业教育实践者把对校企命运共同体的思想认识转化为实践路径,打通校企合作"最后一公里"。

第一,搭建实质性的共同体平台。校企命运共同体的组织形态丰富多样,但核心是搭建起实实在在的校企合作组织平台,真正把校企命运共同体视为一种战略行为,而不是短期的迎合或权宜之计。平台建设要注重一体化提升和实质性融合,把人才培养、团队建设、科技攻关、企业服务、学生创新创业等功能有机结合,打造集"产、学、研、训、创"于一体,互补互利、互动多赢的组织平台。

第二,生成共建共管的组织架构。校企命运共同体是以强烈而持久的"契约"为基础的团结合作,除了要具备固定的场所之外,还应发挥组织合力形成以平台为依托、以项目为牵引、人员双向流动的组织架构,通过理事会、管委会等管理模式,构建拥有决策、执行和咨询三层功能的职权体系;建立基于校企共同目标的制度遵循,规范共同体运行中各个环节的工作流程、标准和细则,确保各成员主体履行职责。随着合作的深入,学校还可通过技术入股、资金入股等股权合作方式与企业共同开展市场化的独立运作。

第三,深化双元主体的育人机制。要推动企业深度参与协同育人机制,推进合作式、任务式、项目式的人才培养模式改革,实现企业岗位需求与人才培养目标融合、岗位新技术能力需求与教学内容融合、生产组织与教学组织的培养方式融合;课程设计、毕业设计等实践环节的选题都要源于企业真实项目,在学生作品的评价中引入产品标准;探索校企人才双向流动机制,开展校企导师联合授课、联合指导的教学模式;强化校企联合开展技术攻关、产品研发、成果转化、项目孵化等工作,共同完成教学和科研任务。

第四,共建开放包容的合作文化。厚植文化土壤,充分利用企业文化资源,将企业的管理理念、价值观念、文化精神、道德规范、行为准则等融入校园、植入专业,在师生和企业员工中形成对校企命运共同体的情感认同。以学生活动场所为阵地,积极创设校企文化融合载体,通过打造企业文化长廊、举办企业家讲坛等形式,促进校企文化的互融互通、共生共长,培养更多兼具专业精神、职业精神和工匠精神的高素质技术技能人才。

(原文出处:杨剑静.以校企命运共同体赋能高质量发展.中国教育报,2021年11月30日第5版)

第二章　打造中国特色高水平专业群

专业群高质量发展须先迈"治理关"

日前,"双高计划"实施以来,国家和各省份相继遴选、支持一批高水平专业群开展重点建设,专业群建设成为高职院校高质量发展的集体行动选择和关键抓手。从专业到专业群,是高职院校办学生态的重要转变,专业群治理体系与治理能力成为高职院校高质量发展的关键一环,对专业群建设水平高低起着决定性作用。当前,高职院校普遍将专业群建设的重心聚焦在专业群组建、团队建设和课程开发等具体事务层面,忽略了对专业群高质量发展背后制度支撑力量的关注,专业群治理面临着诸多困境。

一是专业群治理的组织基础及其功能虚化。组建专业群的最终目的是通过专业集群应对产业链发展对高素质复合型技术技能人才的需求,以专业群课程体系为指引,实现群内专业教师、课程、实习实训设备等资源有效融通,这就需要通过有效的组织管理来打破不同专业间组织壁垒。当前,由于高职院校对专业群治理规律认知不清,治理结构与治理过程普遍缺乏"群"思维,导致在办学实践过程中难以真正发挥专业群的集群效应,专业群团队"虚列"、梯队"虚建"、任务"虚构"现象仍然存在。专业群建设不能实现组织化,专业群就只能沦为已有资源的无序堆砌,无法真正突破群内不同专业之间的组织边界。

二是专业群治理的行业企业主体地位弱化。行业、企业参与专业群治理对于专业群建设而言具有十分重要的价值意义。当前,由于我国产教融合国家制度平台构建的滞后,在专业教学标准与职业标准联动开发、产教融合型企业认证与培育、行业企业深度参与职业教育办学等方面仍然存在着一定的制度缺失。行业机构普遍未能针对本行业技能人才的需求以及供需匹配的情况进行深度调研,因而也无法指导职业院校开展专业设置,在院校层面行业企业也未能深入参与到专业建设之中。由于行业企业在专业群治理各个层面的主体缺位,高职院校很容易在专业群实践探索中"误入歧途"。

三是专业群运行过程中体制不顺、运转不畅。多元主体的协同合作是保证高职院校专业群顺畅运转的前提条件。在高职院校专业群运行过程中,行政力量占据着绝对的主导地位,以教师群体为代表的学术权力在专业群建设过程中话语权不足,以行业企业为代表的市场力量则缺乏参与专业群建设的积极性。因此,高职院校专业群治理制度规范不可避免地呈现出了"顶层设计、项目驱动、上层决策、基层执行"的科层化、外生型特征。体制机制的不合理导致了专业群运行过程中多方协同难以实现,这不仅会影响广大一线教师、企业参与专业群建设的积极性与热情,也会影响专业群具体运行过程的流畅性。

四是契合专业群属性要求的评价体系缺失。专业群评价是专业群治理的关键性要素,科学的专业群评价体系不仅能有效评价专业群建设绩效的高低,对于专业群建设利益相关者的行为模式也具有重要调节作用。当前,我国已经形成了"国家—地方—政府—学校—专业群"纵向垂直化的专业群建设模式。在这种建设模式下,专业群评价的主导权以及评价指标的设定权完全处于行政权力的主导之下,价值追求不可避免地从理性价值向工具性价值转变,各利益主体(教师、学生及行业企业)在专业群建设过程中的角色、目标及手段都受"绩效至上"专业群评价导向影响,呈现功利化行为特征。

针对以上困境,高职院校应从专业群的组织基础、治理结构、治理过程和评价机制等方面进行整体布局,激发多元利益主体参与专业群建设的积极性和主动性,理顺专业群运行过程中的权责关系,真正发挥专业群建设的集群效应。

其一,以群建院,夯实专业群治理的实体化组织基础。组建专业群是专业群治理的核心事务,专业群组建的科学性不仅决定了专业群与区域产业集群之间的耦合匹配关系,也决定了学校内部院系之间的结构关系。以往各专业大多分散在不同院系,存在"大类跨学院"(相同专业大类的专业分布在不同学院)和"学院跨大类"(在一个学院的专业属于不同专业大类)的现象,没有建立相应的专业群组织管理机制,无法对群内专业资源进行充分有效的整合,无法发挥专业集群效应。对此,高职院校应基于区域产业集群的类型特征及职业岗位群的分布特征,重构专业体系,通过以群建院的方式夯实专业群治理的实体化组织基础。以组织管理体系的优化完善打破群内专业资源整合的瓶颈,实现群内资源的整合融通。

其二,构筑平台,吸纳行业企业等多元利益主体参与。行业企业积极参与专业群治理是保障专业群发展与产业需求紧密贴合的制度保障,有利于提升专业群建设方向科学性和组群合理性。对此,高职院校可以根据不同专业群自身所面向的区域产业集群的特征,"因群制宜"地分别构筑产教融合平台,有效吸引行业企业深度参与专业群治理全过程。如金华职业技术学院对应10个专业群架构了"一个专业群一个产教融合大平台"的"532"产教融合平台,其中包括5个产教综合体、3个职教集团以及2个特色产业学院,有效调动行业企业参与专业群建设的积极性。

其三,赋权增能,激发专业群内涵发展的基层主动性。专业群作为集人才培养、技术技能积累、社会服务等办学功能于一体的基层组织新单元,必将自下而上地产生自主改革的权力诉求,倒逼高职院校将人财物等资源向基层下放,释放"专业群"这一基层组织的创新活力。对此,高职院校可以通过优化学校经费分配办法,扩大专业群在人才引进、职称评审、教师评价、绩效管理等方面的自主权,增强专业群的办学积极性和能动性。除此之外,学校还可以专门设置专业群带头人这一岗位,专业群带头人主要牵头制定专业群建设发展规划和建设计划并组织实施,组织专业群质量工程建设项目的顶层设计、申报、建设和管理,协同专业群内各专业开展专业内涵建设等,从而推动专业群建设管理重心进一步下沉,增强专业群改革创新的统筹力和协同性。

其四,评价牵领,以融合为核心构建专业群评价体系。高职院校专业群评价应充分体现整合融通的理念,根据专业群自身的属性特征构建专业群评价的四"度"体系,分别是专业群建设目标与产业需求契合度(评判专业群布局与区域产业人才需求的契合程度)、专业群资源投入均衡度(评判专业群建设过程中资源投入与配置的效率以及在不同专业投入的均衡程度)、专业群运行实施顺畅度(评价专业群教学运行的融通性、协调性)、专业群建设成效美誉度(评价目标达成度),有效牵引专业群建设走向规律性、科学性、整体性的发展方向。

(原文出处:王振洪.专业群高质量发展须先迈"治理关".中国教育报,2022年02月15日第3版)

高职院校专业群治理:内涵、现实困境及优化路径

随着"双高计划"深入推进,高水平高职学校和高水平专业群建设受到社会广泛关注。专业群建设已成为高职院校集体行动,与"示范校""优质校"建设计划将专业建设作为核心内容不同,"双高计划"明确将专业群作为高职教育改革创新核心载体,将"打造高水平专业群"作为高职院校品牌打造关键任务,专业群建设正式进入国家顶层设计范畴,成为高职教育内涵发展的关键抓手。时下,无论是院校办学实践还是专业群研究都聚焦于专业群组建、专业群平台课程开发、专业群实训平台建设等具体事务层面,尚未对专业群运行与治理组织制度建设展开深入研究。专业群治理体系与治理能力是支撑高水平专业群建设的"基石",专业群建设如若过于强调资源投入的外部驱动型战略,忽略高职院校专业群改革创新的内生力量(专业群治理体系与能力),将直接影响资源投入转化效益,专业群建设将因为缺乏优良组织制度和文化熏染而难以"自然成长",过多资源投入将因缺乏必要治理能力支撑而导致边际效益逐步衰减。

一、高职院校专业群治理的内涵

高职院校专业群治理是政府、行业企业、高职院校、二级院系、教师群体甚至学

生群体等多元利益主体进行利益表达并围绕专业群建设事务而不断博弈的结果，可理解为专业群建设与发展过程中高职院校、行业企业、政府等利益主体就专业群建设与发展的系列重大事项决策的过程。专业群建设过程要兼顾专业群发展的知识逻辑（复合型人才培养功能的实现）、产业逻辑（满足产业发展的人才需求）和管理逻辑（实现内部资源的有效整合），遵循国家、地方（省市）及学校对专业群建设整体规划布局，遵循宏观、中观和微观不同层面指导意见，是多元主体协商共建的过程。专业群建设治理事务包括专业群与区域产业集群耦合匹配、专业群组织管理体系架构、专业群课程体系建设及专业群教学资源建设等内容。专业群治理从学理层面可分为组织基础、决策结构、制度规范、评价体系四方面；从事务处理层面看，可将专业群治理分为宏观治理、中观治理及微观治理，不同治理层级专业群建设主要事项及参与主体有较大不同，见表1。

表1 高职院校专业群治理构成要素

要素	宏观（全国、区域）	中观（院校）	微观（专业群）
治理事务	高职教育专业结构与国家或地方产业结构如何保持耦合匹配	院校专业布局如何同所服务区域产业间实现耦合匹配	打破专业群内部各专业间壁垒，聚集专业资源服务产业发展对技能人才的需求
组织基础	主要职责由各级教育主管部门、其他政府主管部门及行业协会、第三方组织承担	学校层面专业设置与调整委员会承担主要职责，或由校长办公会、学术委员会承担相应责任	以专业群为依托构建二级院系、跨院校专业群治理组织
决策结构	以中央、地方教育主管部门为主，其他协会、第三方机构参与	以院校为主，地方政府、行业协会、企业、教师群体及第三方机构参与	专业群负责人、行业协会、合作企业、本专业群教师与学生及第三方机构共同决策
制度规范	制定高职专业目录、行业机构颁布的专业设置与人才需求报告、重点专业群建设项目遴选、专业设置与调整的相关制度规范	学校专业设置与调整管理办法、学校专业群组建与管理相关制度规范的制定	专业群课程体系构建、专业群实践教学体系、专业群师资团队合作等相关制度规范的制定
评价体系	重点专业群建设项目遴选与评价、第三方机构发布的专业评价、政府对专业群建设绩效评价	学校教育评价部门对学校专业群建设现状评价、第三方机构对学校专业群建设绩效评价	对专业群建设情况展开自我评价

专业群组织基础主要探究如何通过实体化、建制化途径为各方博弈互动搭建制度化平台,从而破解专业群建设遇到的障碍,打通资源整合瓶颈,保证专业群建设事务稳定持续推进;专业群决策结构主要探究专业群相关事务的决策主体是谁,各决策主体在不同事务决策中发挥怎样的作用、谁是主导作用、如何确保利益相关方诉求都可实现有效表达;专业群制度规范主要探究如何规范和引导专业群建设过程不同利益主体诉求,如何确保各利益主体聚焦于人才培养目标达成,避免利益博弈失衡造成合作破裂;专业群评价体系主要探讨如何通过科学设置评价指标体系与评价程序来保证专业群发展契合专业群建设既定目标,通过评价结果规范和引导各方的行为模式,对不当行为进行纠偏,对合法行为进行激励,从而以评价为抓手真正推动专业群布局与区域产业集群人才需求的紧密耦合。

专业群不仅是产业集群发展背景下高职院校人才培养的新型载体,同样应是开放的利益共同体,治理本身强调多元主体协作互动,意味着专业群建设相关事务利益相关者——政府主管部门、学校与院系管理者、教师、行业企业、第三方机构,都能通过制度化、合法化渠道影响专业群相关事务的决策,但这不意味着所有利益主体在专业群建设事务中都有相同话语权与决策权,而应依据其治理事务利益相关程度进行权力分配。专业群治理可类比为同心圆结构,最内层有关专业群建设具体事项,如专业群课程体系开发、实践教学资源体系构建、教师团队合作等事项应赋予以专业群负责人为核心的教师群体在决策中的主导地位。专业群自主决策同时须在学院和学校治理整体框架内进行,必须符合学院和学校对专业群发展的整体布局和发展战略,不仅如此,还须契合国家和地方对专业群建设总体规划和重点产业布局需求。因此,专业群治理实践层面形成了以专业群教师群体协商共治为内核、以院系与学校统合决策为中圈、以政府宏观调控为外圈的"同心圆"协同治理模式(如图1)。

二、高职院校专业群治理的现实困境

"专业群建设绝不是不同专业间的机械组合,而是基于产业链条相关联的职业岗位群建构的能跨界、协调、互通而又一贯的人才培养新载体,实现单一专业到复合专业的跨越。意味着专业群建设是对传统专业建设范式的革命,必须走出一条不同以往的道路。"[①]当前高职院校将专业群建设重心聚焦于专业群组建、团队建设和课程开发等专业群建设具体事务层面,关于专业群建设质量水平的治理研究较为鲜见,由于对专业群治理内在规律认知不清,治理结构与过程普遍缺乏"群"思

---

① 王亚南.打造高水平专业群重在专业资源整合[EB/OL].(2019-05-07)[2020-12-01].http://theory.gmw.cn/2019-05/07/content.

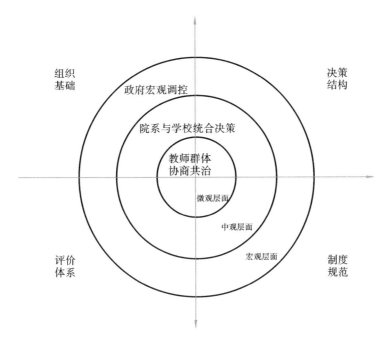

图 1 高级院校专业群"同心圆"协同治理模式

维,造成办学实践中专业群建设无法真正发挥集群效应,不同专业间资源整合困难,难以真正发挥"1+1>2"的功效。

(一)专业群组织基础整合融通与治理过程虚化、弱化的矛盾

组建专业群的最终目的是适应产业发展集群化趋势,通过专业集群应对产业发展对高素质复合型技术技能人才的需求,需要打通专业间的组织边界,以专业群对应岗位群为逻辑架构,以专业群课程体系为指引,实现教师、课程、实习实训设备等资源有效融通。专业群建设最终目标是要实现复合型高素质技术技能人才培养,资源整合是专业群功能实现院校办学功能的关键,通过专业群建设有利于形成高职院校专业集群优势,整体提升高职院校行业和区域内技能人才供给的能力与水平;有利于整合教学资源,将分散在各专业的教学资源有效整合,降低实践教学投入成本;有利于形成队伍建设优势,打破不同专业间教师合作隔阂,通过强化专业群管理实现教师团队紧密互动,增强专业群内部改革创新活力;有利于聚焦区域特色产业集群深度打造,形成学校专业特色和优势,提高学校知名度。[①]打破专业间组织边界壁垒、实现资源有效融通,是专业群建设的应然追求,须通过科学有效

---

① 宋文光,许志平.高职院校专业群建设的路径探析[J].中国成人教育,2008(2):98-99.

组织管理来实现这个追求,因为专业不仅是知识传承、创新与传播的基本载体,也是将教师聚集在一起的组织纽带,从专业到专业群不仅是知识集合,也是组织集合。打破不同专业间组织壁垒、实现资源融通面临较大现实挑战,这是因为产业间交叉融合趋势不可避免,高职院校组建的专业群都呈现鲜明的跨产业、行业特征。如国家"双高计划"遴选的253个高水平专业群量化分析显示,一个专业类下进行组群的院校仅占院校总数的14.6%,跨两个专业类的占比28.5%,跨三个专业类的占比35.6%,跨四个专业类的占比16.2%,跨五个专业类的占比5.1%。职业界需具备多种技能复合型人才,专业群跨行业、跨产业组建是大势所趋,不同专业间教师学科技术背景差距日趋扩大,必然对专业群组织管理带来极大挑战。时下,专业群建设尚未发展至组织化、制度化层面,不少高职院校尽管在"双高计划"引领下,日益重视专业群建设,对专业群建设需求较为迫切、资源投入可观,但专业群团队"虚列"、梯队"虚建"、任务"虚构"现象仍然存在。若专业群建设不能实现组织化,"专业群就只能沦为已有资源的无序堆砌。专业之间和二级学院之间的资源整合缺乏跨专业组织的协调,零散、非结构化跨专业合作难以形成规模效应,不利于搭建跨专业合作的长效机制"[①]。

(二) 专业群决策结构跨界多元与行业、企业主体缺位的矛盾

专业群治理是高职院校治理体系的核心组成,也是高职内涵式发展的重要内容。从高职治理现代化趋势看,专业群治理应从政府主导的行政化管理向政府、高校、教师群体、学生群体和社会行业等多元主体共治转变,尤其是行业、企业积极参与是确保专业群建设质量的重要基础,这是职业教育跨界教育本质特征决定的。高职院校专业同普通本科院校专业在属性特征上存在根本不同,"高职院校的专业不是学科体系专业分类的简单复制,而是真实社会职业群或岗位群所需要的知识、技术和能力的科学编码,是职业行动体系归纳的结果"[②]。高职院校设置何种专业、专业间如何组群,应依据本区域产业技术技能人才需求规模与特征确定,由于组织边界的存在,学校人才需求信息获取必然滞后于行业、企业,决定了行业、企业积极有效参与是保障专业群建设方向科学性、组群合理性及建设质量持续提升的重要基础。

尽管行业、企业参与专业群治理对专业群建设具有十分重要的价值,由于产教融合国家制度平台构建的滞后,在专业教学标准与职业标准联动开发、产教融合型企业认证与培育、行业企业深度参与职业教育办学等方面仍存在着一定的制度缺

---

① 李政.构建共治体系:"双高"建设背景下高职院校治理水平提升的关键[J].教育发展研究,2020,40(9):56-62.

② 姜大源.职业教育教学思想的职业说[J].中国职业技术教育,2006(22):1.

失。行业、企业作为重要利益相关者并没有制度化利益诉求表达通道,行业机构普遍未能针对本行业技能人才需求及供需匹配情况进行深度调研,因而也无法指导职业院校开展专业设置,院校层面行业企业未能深入参与专业建设。由于行业企业在专业群治理各层面的主体缺位,不可避免造成高职院校专业群实践探索"误入歧途"。如专业群组建,由于高职院校管理者、教师同行业、企业发展存在一定程度脱节,在缺乏行业、企业有效参与下,高职院校专业群组建工作呈现"随意拉郎配"问题。众多高职院校在未能通过深入产业调研厘清产业发展技术技能人才需求规律的基础上,盲目将一些优势专业"打包"组群,或组群过程中仅考虑专业间是否有共通学科、技术基础,而忽视专业间的产业内在关联,无法实现人才链与区域产业链高度融合匹配。此外,由于行业、企业在专业群决策结构中的缺失,造成专业群优化"闭门造车",在供求信息不匹配下无法实现专业群设置与区域产业集群人才需求间的动态耦合匹配。

(三)专业群制度规范柔性协同与专业群行政管理刚性强制的矛盾

管理与治理的重要区别体现在"治理既是一种管理理念,又是一种管理方式,它是冲突或不同利益得以调和并采取联合行动的持续过程。与传统等级控制的政府管理模式相比,管理者与被管理者间的界限趋于模糊,被管理者管理参与意识得到加强,其主体性的存在得到肯定"①。治理更强调协商、对话及沟通,更强调参与专业群建设各主体能在一定协商规则下基于自身合法利益诉求进行充分博弈互动,从而保证专业群建设过程各参与主体都能主动参与专业群建设具体事务。伯顿·克拉克分析高等教育系统时,基于"国家权力-市场-专业权威"提出三种高等教育模式——国家模式、市场模式和专业模式,建立了经典的高等教育系统分析"三角协调模型"。专业群建设过程中,同样存在三种主导力量,其一是国家主导的行政管理系统,具体在院校实践中以行政权力为代表,其二是以教师群体为代表的学术权力系统,其三是以行业、企业为代表的市场力量。专业群建设过程中,专业群制度规范无论是制定还是运行过程都应以柔性协同为主要原则,避免某种力量占据绝对主导地位,发挥不同力量比较优势,实现有效协同。

尽管高职院校专业群建设多元主体协同合作是推进专业群建设质量稳步提升的前提,我国高职院校专业群建设存在鲜明外部行政化和内部行政化。从外部行政化看,政府基本掌控人财物等基本办学资源,通过垂直化行政管理和项目化治理达成对高职院校办学行为的深度影响,长期处于管控模式下的高职院校对政府形

---

① 都兴芳,张巍.从"权力博弈"走向"治理学术"——对我国学科专业管理制度发展问题的思考[J].现代教育科学,2010(9):69-71.

成依赖,在专业群布局与建设过程中倾向于贯彻政府意志,在既定游戏规则下获得最大收益。从内部行政化看,高职院校专业群治理中行政力量占绝对主导地位,以教师群体为代表的学术权力在专业群建设过程中话语权不足,参与途径缺失,以行业企业为代表的市场力量缺乏参与专业群建设的积极性,导致作为典型学术事务的专业群建设走向行政化管理轨道。因此,高职院校专业群治理制度规范不可避免呈现"顶层设计、项目驱动、上层决策、基层执行"的科层化、外生型特征,专业群建设重要参与主体的学术力量被置于执行者角色,这不仅影响专业群建设的科学性,还影响一线教师参与专业群建设的积极性与热情,造成专业群这一基层学术组织在应对外部市场变化过程中行动缓慢、动作迟滞,无法应对市场环境快速变化的需求。

(四)专业群评价体系导向理性彰显与评价行为工具性的矛盾

专业群评价是专业群治理的关键要素,是衡量专业群建设质量的"指示器",科学的专业群评价体系不仅能有效评价专业群建设绩效的高低,对专业群建设利益相关者的行为模式也有重要调节作用。我国已形成"国家—地方—政府—学校—专业群"纵向垂直化专业群建设模式。在这种建设模式下,专业群评价主导权及评价指标设定权完全处于行政权力的主导之下,以教师为代表的学术专业群评价积极性不足。在科层化专业群建设模式下,以行业企业为主体的市场力量缺乏参与专业群评价的合法途径与机制,价值追求不可避免从理性价值向工具性价值转变,各利益主体(教师、学生及行业企业)在专业群建设过程中的角色、目标及手段都受"绩效至上"专业群评价导向影响,呈现功利化行为特征。如专业群建设成效评价与政府政策导向、量化指标、标志性成果直接挂钩,专业群与区域产业发展契合度、高职院校专业群治理体系与治理能力、行业企业参与专业群建设的深度与广度在当前评价体系下很难真正评价。部分高职院校为确保申报成功,在专业群组建中随意"拉郎配",功利动机指引下按外显性评价标准对专业实力进行"排队",按政府专业群遴选需求择优申报,未充分考虑不同专业间的内在逻辑及不同专业是否可有效组群,出现不同时间一个专业常属于不同专业群现象。

三、高职院校专业群治理的优化路径

尽管高职院校专业群建设实践探索肇始于"示范校","双高计划"后专业群建设步伐加快,但绝大多数高职院校专业群治理实践尚未形成体系化经验。金华职业技术学院地处浙江中部,有百年办学历史,在"双高计划"遴选中成功入选高水平学校(A档)建设单位,该校重点对接金华五大千亿产业和以数字经济为引擎的八

大细分行业,整合重构"4222"专业群架构,率先在专业群治理方面"先行先试",初步形成了专业群治理"金华模式"。

(一)专业群治理的组织基础:从"虚化"走向"实体"

该校在国家示范性高职院校建设时期,通过打造一批核心示范专业带动并辐射其他专业发展,形成了专业群发展的雏形,但专业的协同性、内在关联性及资源整合度不高。尽管一批高职院校根据区域重点发展产业布局组建了相关专业群,但专业群建设工作未实质性开展,仅停留于名义组群,各专业分散在不同院系,存在"大类跨学院"(相同专业大类的专业分布在不同学院)和"学院跨大类"(在一个学院的专业属于不同专业大类)现象,没有建立相应的专业群组织管理机制,无法对群内专业资源进行充分有效的整合,无法发挥专业集群效应。"双高计划"将高水平专业群作为中国特色高水平高职院校建设的重要依托,专业集群发展已成为专业建设重要范式。"双高"建设院校应基于区域产业集群类型特征及职业岗位群分布特征,重构专业体系,科学组建相匹配的专业群。金华职业技术学院深入贯彻专业集群发展战略,根据浙江、金华产业布局需求并结合自身专业建设基础组建匹配专业群,"以群建院",真正落实专业群发展理念,推动专业群治理走向实体专业学院,以组织管理体系优化完善实现群内资源整合融通,以专业群"实体化"建设打破群内专业资源整合瓶颈。

该校把原16个专业群整合重构形成"4222"10个专业群,促进办学资源集聚(图2)。重点面向先进制造业及战略性新兴产业,组建智能化精密制造(机械制造与自动化)、电子信息、生物医药、新能源汽车服务4个专业群;面向重大民生工程领域,组建儿童教育(学前教育)、医养健康2个专业群;面向现代服务业,组建文旅创意、网络经济2个专业群;面向乡村振兴战略,组建现代农业、智慧建造2个专业群。根据学校专业群整体布局架构,在全校推行"以群建院",专业群布局与学院名称吻合,消除原有部分专业交叉、重叠、分散状态,引导二级学院聚焦专业群建设。如学校将原隶属于信息学院的电气自动化技术专业归入机电学院,纳入智能化精密制造专业群,在技术链中起"补链"作用,带动专业群整体实力提升。

(二)专业群治理决策结构:从"管治"走向"共治"

高职院校专业群治理应是开放、共建、共商、共享的过程,是由专业群自身特征决定的,除须建立实体化组织管理体系确保专业群建设落到实处之外,还应优化专业群治理决策结构,有效发挥行业、企业及教师、学生在专业群建设中的主体地位。从专业群建设看,要综合考虑多方因素,如专业群人才培养定位是否符合本区域行业企业对技术技能人才的需求,专业组群逻辑是否有效贴合产业链内部职业岗位群分布逻辑;服务面向职业岗位群是否具有共通学科、技术基础,人才培养工作应

图2　金华职业技术学院"4222"专业群体系架构图

如何协同开展实施；如何保证专业群资源实现充分整合融通，如何通过组织管理体系完善优化保证专业群真正发挥集群效应。专业群建设需要综合考虑产业需求、知识关联性及专业资源整合，需要以行业企业为代表的市场力量、以教师群体为代表的学术力量和以党政行政系统为代表的行政力量共同参与专业群治理决策，避免"一方独大"造成决策偏颇。

金华职业技术学院致力于校级层面和专业群层面优化专业群治理决策结构。一方面，建立不同层次多方协作平台，有效吸纳行业企业、教职员工、地方政府等利益相关主体参与学校治理。如成立学校学术委员会、教学工作委员会、学生工作委员会、教育督导委员会及目标责任制考核、"最多跑一次"改革工作等58个校内部门、单位、团体和校外人士组成的委员会和领导小组。每个专业（群）均建立专家指导委员会，落实专业（群）建设和人才培养等咨询和指导职责。另一方面，以专业群为依托建立产教融合平台，形成"一专业群一平台"。对应10个专业群集中力量架构"532"产教融合平台。其中，5个产教融合平台各有侧重，如区域共享型"智能化精密制造产教综合体"总投入2.4亿元，包含4个中心，建有3个股份制实体公司；研发引领型"生物医药产教综合体"，引进四川抗生素研究所在学校成立分院，是金华首家民营事业单位。无论何种产教融合平台，最终目的是将产教融合、校企合作落实到专业群这一合作育人平台，调动行业企业及广大教师投身于专业群建设中。

(三)专业群治理的制度规范:从"刚性"走向"柔性"

专业群组建不仅是为了有效打破专业壁垒,实现专业资源有效整合,更重要的是通过专业群建设推动高职院校治理模式变革。"专业群将隶属于不同院系的专业资源聚集后,将涉及如何理顺内部权责利关系,将自下而上产生自主改革权力诉求,进一步倒逼学校将人、财、物等权力向基层下放,释放专业群这一新的教学单元创新活力,落实其人才培养质量,保障主体责任。"①专业群作为集人才培养、技术研发、校企合作、社会服务等办学功能于一体的基层组织,面对外部市场环境快速变化需要更灵活敏捷的组织形态,"传统层级式管理之下,专业教学运行效率较低,对接市场反应较为滞后,专业群作为独立的教学基层组织,应享有人财物等资源基本分配权、教师教学效果评价权及绩效分配权力,权力下放有助于专业群发挥自身集聚效应,形成更加灵活的教学运行组织,以便有效应对市场发展需求"②。金华职业技术学院通过"以群建院"落实专业群建设责任主体,通过完善治理决策结构提升专业群决策民主性与科学性,在以上工作基础上,进一步完善二级管理体制,激发二级学院专业群建设的主动性。学校职能部门主要发挥平台服务功能,优化完善专业群建设制度保障,二级学院作为专业群建设责任主体,在充分享有自主权基础上灵活应对区域产业发展的多样化需求。

金华职业技术学院以专业群建设为契机,引导二级学院聚焦专业群建设和人才培养,使教育教学资源集中于优势专业群并发挥功效。如优化校院两级经费分配办法,扩大二级学院在人才引进、职称评审、教师评价、绩效管理等方面的自主权,增强二级学院的办学积极性和能动性。改变原有命令与接受、布置与执行单向关系,注重部门与学院间的沟通、协商、共进,侧重发挥职能部门业务协调、指导、督促等职能和二级学院业务执行、反馈和建议职权,增强部门与学院互动。此外,推动专业群建设管理重心下沉,统筹专业群内部各专业间资源整合,彰显专业群基层治理的学术性,学校专门设置专业群带头人岗位,专业群带头人主要牵头制定专业群建设发展规划和建设计划并组织实施,组织专业群质量工程建设项目的顶层设计、申报、建设和管理,协同专业群内各专业开展专业内涵建设等。基于以上变革举措,改变传统院校治理模式,真正实现以专业群为基层组织的扁平化治理格局。

(四)专业群治理的评价体系:从"割裂"走向"融通"

专业群评价是推动专业群建设理念落地的重要抓手,在专业群建设成为政府

---

① 任占营.高职院校专业群建设的变革意蕴探析[J].高等工程教育研究,2019(6):4-8.
② 任占营.高职院校专业群建设的变革意蕴探析[J].高等工程教育研究,2019(6):4-8.

及高职院校集体行动之前,广大高职院校主要以单个专业为单位对学校内部不同专业的建设绩效进行评价。从专业建设到专业群建设意味着建设内容发生根本变化,评价理念及评价指标体系同样应适应专业群建设需求,切实发挥专业群评价在推动专业群建设上的积极作用。高职院校专业群评价尚未认识到专业群评价与专业评价的异同,仍试图将群内单个专业评价结果累加来代表专业群建设绩效,这是割裂的机械评价观,没有看到专业群内部各专业间的融通对专业群建设的重要价值。"专业群建设是对传统专业建设范式的革命,无论是建设理念还是建设路径都存在根本不同,专业群建设绝不是不同专业的机械组合,而要通过专业群组建、管理制度建构、课程体系架构、教学团队组建等多种举措实现群内教育教学资源互融互通,打破专业间组织壁垒,从而高效发挥专业群集群优势,培养能适应区域产业集群需求的高素质复合型技术技能人才。"[①]金华职业技术学院在原有专业综合测评体系基础上开发专业群综合测评体系,将体现新发展导向、反映专业群办学质量的评价指标充实到评价体系,科学评价专业群建设绩效;开展综合评价,真正基于市场需求、专业声誉、发展战略来客观评价、决策专业群发展规模及动态调整。在专业群综合评价体系顶层架构上,学校初步确定从四方面进行评价,分别为专业群建设目标与产业需求契合度(评判专业群布局与区域产业人才需求契合程度)、专业群资源投入均衡度(评判专业群建设过程中资源投入与配置的效率及不同专业投入的均衡程度)、专业群运行实施顺畅度(评价专业群教学运行的融通性、协调性)、专业群建设成效美誉度(评价专业群建设目标达成度)。新评价体系凸显专业群评价对"融合性"的高要求:从外部融合看,评价专业群建设成效高低不能从教育系统内部出发,外部产业需求是专业群组建的根本原因,专业群面向的职业岗位群是否契合区域产业对技术技能人才需求,是评判专业群建设必要性的首要因素;从内部融合看,专业群建设不是某单个专业或优势专业的发展,而是群内专业协同发展,不能仅从外部成果和数量指标来衡量专业群建设成效,要深入专业群内部通过课程体系构建、教学运行等方面考察评判群内专业的协同程度。

(原文出处:成军,王亚南,张雁平.高职院校专业群治理:内涵、现实困境及优化路径.高等工程教育研究,2021年第02期,141-147页)

[①] 王亚南.打造高水平专业群重在专业资源整合[EB/OL].(2019-05-07)[2020-12-01].http://theory.gmw.cn/2019-05/07/content.

高职教育专业组群的逻辑依归、形态表征与实践方略——基于253个高水平专业群申报资料的质性文本分析

我国是全世界第一个在法律层面明确界定高职教育概念的国家,伴随着改革开放后经济转型升级步伐的加快,高职教育的发展经历了由无到有、由弱到强的过程,尤其在经过"示范校"与"优质校"建设的强力推动后,更是站在了一个全新的历史起点上。尽管高职教育办学质量实现了显著的跃升,但在服务国家战略以及经济社会发展的能力上同人民群众的期待、产业发展的需求以及国家对高职的战略定位还存在较大的差距。为了实现高职院校办学水平的进一步跃升,《国家职业教育改革实施方案》(以下简称"职教20条")和《关于实施中国特色高水平高职学校和专业建设计划的意见》(以下简称"双高计划")公布实施,明确提出要建设"一批引领改革、支撑发展、中国特色、世界水平的高职学校和专业群"。那么,中国特色高水平高职院校建设的时代背景及价值意义何在?与"示范校""优质校"建设的内容区别主要体现在哪里?未来发展的路向又在何方?这些都亟待通过对文本、概念、命题等的仔细研读予以辨析。

一、问题的提出

"中国特色高水平高职学校和专业建设计划"(简称"双高计划")政策的出台,标志着我国高职教育迎来大变革与大发展的新时代。在新的时代背景下,专业群逐渐成为国家推动职业教育服务区域经济社会发展的新抓手。在国家政策以及高水平专业群示范建设的引领之下,我国高职院校正如火如荼地开展专业群建设的实践探索,专业群建设已成为高职教育战线的集体行动。然而从专业建设走向专业群建设不仅是名称的改变,更应是对传统专业建设范式的一种大变革。尽管当前高职院校已经认识到了专业群建设的重要价值,并有相当一部分院校通过实践探索积累了较为体系化的经验,但绝大多数高职院校尚未真正摆脱对传统专业建设范式的路径依赖,缺乏"群"思维。这首先表现为专业组群的盲目性与随意性,"临时抱佛脚""新瓶装旧酒""走学科化老路"都是其现实表征。组建专业群之于专业群建设具有关键性意义,其影响牵一发而动全身,专业组群直接决定了专业群资源整合的方向与路径,进而直接决定复合型技术技能人才培养目标是否可以真正实现。

关于专业群组建的逻辑依据,目前已有学者基于实践经验提出了"产业链""职业岗位群""学科基础""共通资源""专业目录"等理念。然而这些组群理念往往基

于实践经验的理性思辨,尚未展开扎实的实证研究,尤其缺乏大样本的实证调查,理论与实践存在一定程度的分离。此外,当前关于专业组群的研究也多表现为对专业组群逻辑依据的简单罗列,尚未有学者对专业组群不同逻辑的关联性、专业组群的形态特征以及科学路径进行深入探究。为此,本研究选择对253个高水平专业群的申报资料进行质性文本分析,通过科学编码和规范的文本分析,力图归纳高水平专业群的组群逻辑和共性特征,进而提炼总结专业组群的一般技术路径。

二、文献述评

专业群建设是一个较宏大的研究领域,包含专业群的课程、师资队伍、治理、实践教学体系等多个分支。尽管专门研究专业群组建的成果较鲜见,但在专业群建设的相关研究中,如何组建专业群始终是个不能回避的问题。围绕专业群组建这一问题,已有学者开展了初步研究,他们基于对专业群本质内涵的不同认识而给出了纷繁多样的组群依据,如基于产业链组群、基于职业岗位群组群、基于学科关联性组群、基于共通专业技术组群等。

基于产业链组群的观点认为,可根据产业链上中下游的技术技能人才需求进行打包式培养与供给,也可基于产业链某一环节相关性较强的职业岗位群建设专业群。专业群的布局和调整应以服务产业为目标,通过对某产业链应用型人才需求状况的结构化分析,构建与该产业发展要求相一致的专业群体系,形成链条式专业群。[1][2][3][4][5] 依据职业岗位群来设置专业群的观点和基于产业链组群的观点具有一定相似性,后者强调对产业链上所有岗位群全覆盖,而前者仅强调职业岗位群的相关性。依据职业岗位群来构建专业群,要考虑企业岗位的设置背景,针对某行业一组相关的职业岗位来设置专业,满足企业岗位群的需要,尽可能多地覆盖行业岗位群。该类专业群主要针对某行业相近或相关的职业岗位(群)进行构建,能较好地满足行业内企业岗位(群)的实际需要,并可按照岗位群变化动态调整专业群结构[6][7][8]。

---

[1] 袁洪志.高职院校专业群建设探析[J].中国高教研究,2007(4):52-54.
[2] 宋文光,许志平.高职院校专业群建设的路径探析[J].中国成人教育,2008(2):98-99.
[3] 陈运生.产教融合背景下高职院校专业群与产业群协同发展研究[J].中国职业技术教育,2017(26):27-32.
[4] 米高磊,郭福春."双高"背景下高职专业群建设的内涵逻辑与实践取向——以浙江金融职业学院为例[J].高等工程教育研究,2019(6):138-144.
[5] 聂强.专业群引领下的"双高计划"学校建设策略[J].教育与职业,2019(13):16-20.
[6] 沈建根,石伟平.高职教育专业群建设:概念、内涵与机制[J].中国高教研究,2011(11):78-80.
[7] 张红.高职院校高水平专业群建设路径选择[J].中国高教研究,2019(6):105-108.
[8] 宋文光,许志平.高职院校专业群建设的路径探析[J].中国成人教育,2008(2):98-99.

无论是基于产业链组群还是基于职业岗位群组群,它们都是基于产业需求进行专业群组建。但是,职业教育的教育属性要求专业群建设必须充分尊重技术技能人才的培养规律,在组建专业群时还应充分考虑组群背后的知识逻辑,即组建在一起的不同专业应有共通的知识基础。据此,专业组群模式又可分为两种倾向,即学科基础论与技术基础论。技术基础论认为,要组建的专业群在基础性技术上应是相通的,不同专业之间具有共通的专业基础课程和基本技术能力要求[①]。学科基础论则认为,组建在一起的不同专业应具有共通的学科基础。这是本科院校通常采用的方法,因为本科院校划分专业的依据正是学科,这种专业分类方法在高职院校的一些专业中仍然适用。

除了从产业需求和知识关联性两个方面进行专业组群以外,还有学者尝试从资源整合的视角探讨专业群组建的依据,主要提出了两种组群模式,一种是核心专业拓展组群模式,另一种是资源共享互通组群模式。核心专业拓展组群模式强调以教学改革成效明显、教学保障具有明显优势的核心专业为龙头构建专业群,发挥龙头专业的辐射带动作用,产生协同效应,促进群内专业水平的整体提升。这种组群模式强调优质核心专业的引领、辐射带动作用,推动专业群办学质量的整体提升。资源共享互通组群模式强调专业群的组建应注重现有专业之间的相关相近性,具体为各专业已有课程、师资、校内外实训基地等资源的共享水平。只有"群内专业教学资源共享度、就业相关度较高",组建专业群时才不至于出现"拉郎配"的情况。

通过对已有专业组群逻辑的分析,可以发现不同组群方式与不同学者对专业群本质内涵的认知直接相关。专业群的本质集中表现在各专业之间的关联性上,到底是何种因素将这些相对独立的专业关联在一起,这是认识专业群本质内涵的逻辑起点。正是对专业群本质内涵的认识不同,关于专业群的组建就提出了多样化的逻辑依据。然而当前针对专业组群的研究仅仅是孤立地罗列了组群的不同逻辑依据,这些逻辑依据之间存在怎样的关系,如何在专业组群的具体实践中科学运用,尚未有学者进行深入的探究。例如,高职院校在专业组群实践中应选择哪种逻辑作为组群依据,选择一种逻辑还是兼顾多种逻辑,如果兼顾多种逻辑又如何在实践中避免不同逻辑之间可能产生的冲突,这些问题在当前尚未得到深入探究。因此,本研究采取质性文本分析的方法对253个高水平专业群的申报资料展开深入分析,力图归纳专业组群的外显特征,澄清不同逻辑依据之间的关联,挖掘内在逻辑并阐明专业组群的实践路径。

---

① 李桂霞.基于适应珠海产业结构的高职院校专业群建设探析[J].职教论坛,2009(24):34-36.

三、研究设计

(一)研究方法

基于所收集的数据资料和研究目标,本研究试图采取质性文本分析方法探究专业组群的一般规律,具体包括量化分析与质性分析两种方法。量化分析主要是将文字资料转换为数字,包括字数统计、词频和词语组合分析、自由列表以及累计分类等方法。质性分析则主要包括阐释学分析、扎根理论或其他质性研究方法。之所以采取质性文本分析法研究专业组群的内在规律,是因为如果缺少了诠释和分析,高水平专业群申报资料中有关专业组群的规律难以自动呈现,"无论研究者采用标准差、平均值等术语还是对日常事件进行丰富的描述,该诠释过程都是不可或缺的。原始数据内在没有意义,正是诠释行为赋予它以意义,并通过书面报告将此意义展示给读者"①。高水平专业群的申报资料具有十分重要的研究价值,各高职院校基于自身专业群建设的实践探索经验系统阐述了专业群组建的基本思路和路径。然而隐匿在不同个案经验中的逻辑规律不是轻易就能寻获的,必须采用科学的研究方法进行系统深入的对比分析才能最终提炼出来,质性分析的过程也是意义建构的过程,这就决定了本研究采用质性文本分析方法的必要性。

(二)数据搜集

本研究的文本资料都源自"双高计划"申报过程中教育部网站公示的申报资料(每所院校的申报资料都包含建设方案与申报书两份文本),共收集了229所高职院校的申报资料。为了提升研究质量,本研究并未对所有院校的申报资料展开分析,而是对成功入选"双高计划"的56个高水平学校建设单位(每个单位建设2个高水平专业群)和141个高水平专业群建设单位的253个高水平专业群的申报资料进行分析,因为这些申报资料已获得了评审专家的认可,代表当前我国高职院校专业群建设的高水平探索实践。由于建设方案对专业群建设思路与举措的阐述比申报书更为细致,本研究分析的文本资料主要是建设方案,并且根据研究主旨的需要,主要聚焦专业群建设方案的第二部分,即"组群逻辑"部分。

(三)研究过程

本研究的质性文本分析工作包含两个基本板块:一是对文本资料进行量化分析,主要通过统计方法描述分析高水平专业群的外显特征,包括专业群涵盖专业的

---

① 伍德·库卡茨.质性文本分析:方法、实践与软件使用指南[M].朱志勇,范晓慧,译.重庆:重庆大学出版社,2014.

个数、专业群跨专业类和专业大类的个数、专业群布局的产业特征、专业群组织管理模式等。二是对文本资料进行质性分析,采取扎根理论分析专业组群的内在逻辑、形态特征以及组群策略。扎根理论是一种探索性的研究方法,强调在经验资料、已有文献和研究者个人知识的基础上通过收集和分析资料建立理论[①]。一般而言,采用扎根理论方法分析文本资料的过程包含开放性编码(open coding)、主轴编码(axial coding)和选择性编码(selective coding)三个步骤。本研究亦对文本资料进行了三级编码,研究者在编码分析过程中形成了维度体系,并在维度体系形成过程中发掘新的编码,与此同时也不断对编码进行调整、删除、合并。本研究在编码分析到第83个专业群的申报资料的时候,已无新编码出现,基本达到理论饱和,而后为避免遗漏又进一步分析到第108个专业群的申报资料,确定没有新编码出现。

四、研究发现

(一)高职教育专业组群的特征

本研究首先对253个高水平专业群的申报资料进行量化统计分析,统计内容有专业群涵盖专业的个数、专业群跨专业类和专业大类的个数、专业群的组织管理跨院系的个数。尽管这些都是一些外显特征,但对于探寻专业群组建规律依然具有重要意义。

1.专业群涵盖专业的个数

一般三个专业组建在一起就可称为专业群,但组群专业个数的上限为多少,无论是政策文本还是学术研究都未有明确规定,这可能是由于组群专业个数的多寡受学校办学资源、产业发展特征、专业发展规划以及组织管理难易程度等多种因素的影响。到底专业群包含几个专业较为适宜,需要借助院校专业建群的实践经验予以回答。我们统计分析了253个高水平专业群的申报资料,其专业群涵盖专业个数情况见图1。由图1可知,组群专业的个数以3～5个较为普遍,少于3个不足以称为群,而5个以上可能会使组织管理难度急剧增加,教师团队的协作沟通成本也随之增加。

2.专业群跨专业类、专业大类的情况

我国高职院校的专业设置必须依据《普通高等学校高职高专(专科)专业目录(2015年)》(简称《目录》)进行,它是国家对高职高专院校进行宏观管理的基础性指导文件,是指导设置学校与专业、制定人才培养方案、组织教育教学的重要依据。在《目录》中,高等职业学校的专业共分为19个专业大类、99个二级专业类,包含

---

① 陈向明.质的研究方法与社会科学研究[M].北京:教育科学出版社,2016.

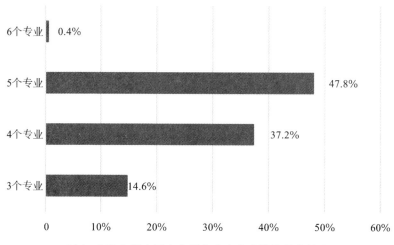

图 1　253 个高水平专业群包含专业个数的分布情况

748 个专业。2016—2019 年,教育部组织研究并确定新增了 31 个专业,因此,截至 2019 年共计有 779 个专业。《目录》的制定主要参照《国民经济行业分类》门类、大类划分,同时兼顾学科门类和专业类划分,原则上专业大类对应产业、专业类对应行业、专业对应职业岗位群(技术领域)。正是因为《目录》中专业的分类本身就基于产业和职业分类,部分学者提出专业群的组建应基于《目录》中较为接近的专业进行,即在同一专业类或专业大类下进行组建。然而对 253 个高水平专业群跨专业类、专业大类情况的统计分析(见图 2 和图 3)显示,在 1 个专业类下进行组群的仅占专业群总数的 14.6%,跨 3 个专业类组群的占比最高(35.6%);在 1 个专业大类下进行组群的虽然占比最大(45.4%),但跨 2 个专业大类进行组群的占比也有 35.2%,跨 3 个专业大类进行组群的占比 14.6%,甚至有 0.8% 的专业群跨越 5 个专业大类。基于以上分析可以发现,组建专业群不一定局限于某一专业大类或专业类,产业之间、行业之间的交叉融合已成为常态,当今世界对具备多种技能复合型人才的需求越来越强烈,跨行业、跨产业组建专业群已是大势所趋。

3. 专业群的组织管理跨院系情况

专业既是人才培养的载体也是组织教学的基本单位,专业这一纽带将教师群体组织在一起。由于专业之间具有较清晰的组织边界,如何打破组织边界并实现不同专业之间师资、课程、实习场地等资源的互通是摆在众多高职院校面前的一个难题。由于跨行业、跨产业进行专业组群的趋势日趋明显,具有不同行业、学科背景的教师如何彼此通力合作以实现复合型技术技能人才培养目标,也是一个颇为复杂的管理难题。对 253 个高水平专业群申报资料的量化分析发现,高职院校在专业群的组织管理上采取了多样化策略(见图 4),依托 1 个院系对专业群进行组织

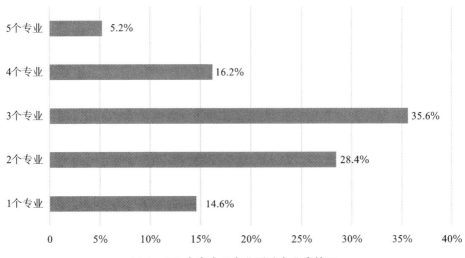

图 2　253 个高水平专业群跨专业类情况

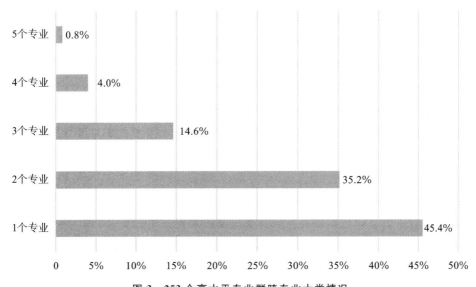

图 3　253 个高水平专业群跨专业大类情况

管理的仅占所有专业群的 25.7%,组织管理跨 2 个院系的专业群占比 45.0%,跨 3 个院系的占比 20.6%,甚至还有组织管理跨 5 个院系的专业群(占 2.0%)。由此可以发现,专业群的组织管理模式呈现多样化的形态,将所有专业纳入一个院系进行管理的"以群建院系"模式并不是主流,跨院系建群则占据了主导地位。这表明产业之间的交叉融合尽管需要专业集群发展,但并不意味着不同学科、行业背景的教师一定要在同一个院系。

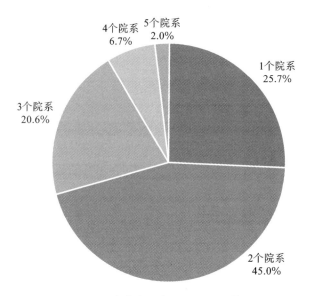

图 4　253 个高水平专业群跨院系情况

(二)高职教育专业组群的逻辑依归

扎根理论作为一种质性分析主流方法,与量化研究首先进行理论模型建构然后进行验证的逻辑不同,它强调从资料中总结归纳出理论,即自下而上进行理论建构。"扎根理论对资料的分析称为译码(coding),系指将所搜集或转译的文字资料加以分解,指认现象、将现象概念化,再以适当的方式将概念重新抽象、提升和综合为范畴以及核心范畴的操作化过程"[①],包含开放性编码—主轴编码—选择性编码三个基本步骤。

1.开放性编码

"开放性编码是将原始资料打散、揉碎,重新进行编码和整合,其主要任务是命名和定义类属,并在属性和维度两个层面发展类属。属性是指能够涵盖所有概念共同特质的词语,即对所描述现象进行概括和提炼。"[②]"进行开放编码时,对于编码者而言,要以一种开放的姿态面对资料,尽可能地将个人偏见和理论定见置于一旁,编码者头脑中不形成任何预先的概念,将所有的资料以其本身所呈现的状态进

---

① 李志刚.扎根理论方法在科学研究中的运用分析[J].东方论坛,2007(4):90-94.
② 张慧,查强,宋亚峰.高职学生需要何种创业榜样?——基于学生视角的质性分析[J].高校教育管理,2019(5):115-124.

行登录"[①],编码应该"持开放、贴近数据、保留行动,……给其他分析留下可能的空间"[②]。围绕"专业群组建所需考虑的基本影响因素"这一问题,本研究首先对253个高水平专业群的申报资料进行开放性编码,在充分理解文本话语意义的基础上,尽量使用一致或较为接近的代码,采取贴标签的方式对文本资料逐个事件进行编码。如表1所示,通过编码分析共得到了9个概念化类属,以A1、A2、…、A9对其编码。

表1 聚焦专业组群逻辑的开放性编码(文本举例)

序号	概念化类属	描述性文本举例
A1	职业岗位相关	S1-01:坚持职业是职业教育的逻辑起点,依据产业需求设置专业群。 S2-01:坚持从职业出发,校企合作制定组群方案,使专业群改革与企业实际用人需求相结合
A2	学科基础相通	S5-06:3个专业学生均需掌握植物生理、植物生产环境等专业基础知识,具备农产品质量检测、农业装备应用、农企经营管理等基本技能。 S53-11:每个专业的学生均需具备机械加工、电工电子技术、机械设计基础、液压与气动等相关专业基础知识
A3	技术领域相近	S5-05:目标岗位均要求具备经营与管理能力,熟练应用生物技术、信息技术、装备技术等现代农业产业高端技术。 S101-02:学科基础相通,基础课程均为航空工程与技术概论、机械制图、机械设计基础、航空液压与气动技术、飞机原理与构造、航空发动机原理与构造
A4	教学资源共享	S3-03:基于专业群与视觉健康服务产业链的对应,各专业实现了合作企业共享、用人单位共享、平台课程共享、校内实训基地共享、校外实习基地共享、专任专业教师共享及校外兼职教师共享,优势资源有效整合。 S5-07:可共享植物生理、农产品检测实验室等实践教学平台以及相关课程、师资等教学资源
A5	生产工序关联	S4-09:该专业群内的专业按照包装制品从设计、生产、检测、流通的生产流程存在一定的顺序性。 S25-01:服务河北省第一大支柱的冶金行业,对接绿色钢铁产业中的冶炼、轧钢生产操作以及质量检验和冶金环保等核心岗位群。 S39-06:以模具的数字化设计、加工编程、装配、试模全过程为主线

---

① 王学锋,章强,殷明.基于扎根理论的航运管理专业教师教学能力研究[J].航海教育研究,2014(3):9-14.
② 凯西·卡麦兹.建构扎根理论:质性研究实践指南[M].边国英,译.重庆:重庆大学出版社,2009.

续表

序号	概念化类属	描述性文本举例
A6	产业面向聚焦	S5-03：3 个专业均面向现代种业、设施农业、智慧农业等新型农业产业方向。 S6-03：3 个专业均服务园林产业。 S9-05：群内各专业协同服务于"互联网＋"模式下的智能制造产业
A7	产业链条关联/行业业务关联	S4-04：该专业群以包装产业链为依托。 S28-05：以服务汽车及零部件生产制造产业、汽车销售服务产业和汽车售后服务产业（即"产、售、服"产业链）为出发点，组建汽车运用与维修技术专业群。 S39-03：专业群对接模具设计与制造产业链中模具设计、智能制造、智能成型等核心环节
A8	服务对象特征	S10-01：从时间轴角度看，专业群教育对象年龄处在 0～12 岁，在教育时间链上具有连续性。 S23-01：护理专业群人才培养对应人在不同健康状态下的健康服务需求，服务领域涵盖健康和亚健康人群的健康管理与促进、慢性病疾病的长期照护、疾病急危重期医疗服务、康复期的康复治疗、临终期的安宁疗护以及健康养老服务
A9	复合型人才培养	S13-04：从业人员需懂技术、精营销、通管理、擅服务，是典型的复合型人才。 S25-04：熟练掌握绿色钢铁产业中钢铁冶炼、钢材轧制、质量检验、冶金环保等核心技术技能的"精操作、能质检、懂环保"的复合型高素质技术技能人才

注：表中高水平专业群申报资料分别编号为 S1、S2、…，如 S1-01 表示高水平专业群申报资料 S1 中第一个编码语义段落。

2. 主轴编码

主轴编码根据一定原则对概念化编码进行"缩编"，用范畴来发展和建立概念化类属之间的关联性，也就是将取出的概念"打破""揉碎"，进而重新根据研究目的和相关原则对这些概念进行综合，这一过程包含挖掘范畴、为范畴命名、发掘范畴的性质三个基本过程。"理论化是解释性的，而且它不仅要将原始材料提炼成概念，还要将概念安排到一个逻辑的、系统性的解释性图式中。"[①] 如表 2 所示，本研究

---

① 凯西·卡麦兹.建构扎根理论：质性研究实践指南[M].边国英，译.重庆：重庆大学出版社，2009.

在比较分析9个概念化类属之后,最终得到5个范畴化类属,分别为职业逻辑、知识逻辑、资源整合逻辑、产业逻辑、人才培养逻辑。

表2 聚焦专业组群逻辑的主轴编码

序号	范畴化类属	概念化类属	类属性质
B1	职业逻辑	A1 职业岗位相关	专业群内部各专业服务和面向的职业岗位群存在一定关联性
B2	知识逻辑	A2 学科基础相通,A3 技术领域相近	专业群内部各专业具备共通的学科与技术基础,能力素质要求具有一定相近性
B3	资源整合逻辑	A4 教学资源共享	专业群内部各专业在实习资源、课程资源以及教师资源等方面可彼此共享
B4	产业逻辑	A5 生产工序关联,A6 产业面向聚焦 A7 产业链条关联/行业业务关联,A8 服务对象特征	专业群内部各专业所服务面向的职业岗位群具有一定产业关联性
B5	人才培养逻辑	A9 复合型人才培养	各专业组建成群是为了将学生培养成复合型技术技能人才

3.选择性编码

"在选择性编码阶段,通过不断挖掘主轴编码形成的主范畴,逐步提高概念抽象层次,从主范畴中开发统领所有范畴的核心范畴,并以'故事线'的形式将各种关联变量纳入简明紧致的理论模型中去。"[①]选择性编码是在主范畴基础上挖掘出核心范畴,初步验证核心范畴与主范畴之间的联结关系。结合研究目标,经过反复比较分析与归纳,本研究将核心范畴确定为"高职教育专业组群逻辑",构建了高职教育专业组群逻辑的"金字塔"模型。

如图5所示,职业逻辑是高职教育专业组群的底层逻辑,是专业组群的本质逻辑。高职教育专业不同于学术型高校的学科专业,其实质是对"真实的社会职业群或岗位群所需要的共同知识、技能和能力的科学编码,是职业行动体系归纳的结果"[②]。因此,高职教育专业群与职业岗位群存在直接映射关系,高职教育专业群内部各专业之间的关联实质上就是所服务和面向的职业岗位群之间的关联,考察分

---

① PANDIT N R. The Creation of Theory:A Recent Ap-plication of the Grounded Theory Method[J]. The Qualitative Report,1996(2):1-14.

② 姜大源.职业教育教学思想的职业说[J].中国职业技术教育,2006(22):1.

析高职教育专业群的组建必须从职业岗位群的关联着手。职业岗位群之间的关联主要分为产业关联和知识关联两种。因此,从产业逻辑出发,组建专业群需要考虑各职业岗位群在所服务和面向的产业中存在何种关联;从知识逻辑出发建群,则要考虑各职业岗位的能力素质要求是否具有共通性。这是高职教育专业组群的内在逻辑。人才培养逻辑和资源整合逻辑是高职教育专业组群的外在逻辑(显性逻辑)。专业群能否实现资源整合,培养何种复合型人才,根本上是由专业群组建的产业逻辑与知识逻辑决定的,即要从职业岗位群在产业中的分工协作关系和职业岗位群知识基础的共通性出发组建专业群,人才培养逻辑和资源整合逻辑不能作为专业组群的主要逻辑依据。

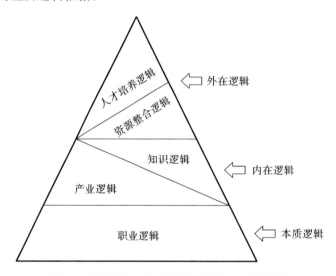

图 5　高职教育专业组群逻辑的"金字塔"模型

(三)高职教育专业组群的形态表征

本研究对 253 个高水平专业群申报资料中的专业群组建结构图进行了分析,这些结构图形象化地展示了专业群同职业岗位群之间的关联,以及群内各专业之间的关联。在深入分析之后,我们发现明确专业群所对应职业岗位群是所有结构图的核心内容。基于专业群组建的主要逻辑,从所对应职业岗位群的关联性出发,在产业逻辑维度考察职业岗位群是否聚焦某一特定产业、行业或企业,是否形成了紧密的产业关联(产业链、行业业务、生产程序等);在知识逻辑维度考察职业岗位群的学科技术基础是否存在共通性;在资源整合维度重点考察学校组织管理专业群时整合资源的力度。高职教育专业群的形态可分为以下几种。

1. "弱产业聚焦-强知识关联-强资源整合"型专业群

弱产业聚焦表明专业群所对应的产业类别较多,强知识关联则突出了群内各专业之间共通的学科技术基础,即各个专业所培养学生的目标核心能力具有较强一致性。根据专业群服务面向的职业岗位群间关联形式的不同,此类型专业群的形态还可进一步细分成两种,一种是专业群内部各专业分别聚焦于不同的产业,相互之间无紧密联系;另一种是专业群内部所有专业共同服务于多个产业,而且各专业映射的职业岗位之间存在紧密的联系。例如,金华职业技术学院机械制造与自动化专业群以制造终端技术链为纽带,融合工业大数据和物联网相关技术,聚焦产品设计、工艺装备、制造检测和数据管理四大环节,面向精密模具设计、多轴数控加工、系统集成和生产过程数据分析等岗位群,服务面向金华地区的汽车关键零部件行业、智能农机装备行业、现代五金行业等相关制造业。与之不同,温州职业技术学院鞋类设计与工艺专业群虽同样呈现较典型的学科技术型专业群特征,但群内专业分别服务于不同产业,该专业群包含鞋类设计与工艺、服装与服务设计、家具设计与制造、产品艺术设计四个专业,分别对应制鞋、服装、家具、时尚等行业,主要聚焦于不同产业的设计类职业岗位。

2. "强产业聚焦-弱学科技术-强组织管理"型专业群

本类型专业群的形态特征主要表现为:群内专业都服务于某一特定产业,但专业之间的知识关联度并不高,无论是学科基础还是技术技能都跨度较大,即各专业所培养学生的目标核心能力一致性不高,此外,在资源整合上采取了"以群建院系"这一强资源整合模式。例如,广州番禺职业技术学院珠宝首饰技术与管理专业群紧密对接珠宝首饰产业链建构专业群,首饰设计与工艺、珠宝首饰技术与管理、珠宝玉石鉴定与加工等群内专业具有共同的产业背景,但分别服务于珠宝首饰产业链的上游、中游和下游。首饰设计与工艺专业对接上游的首饰创意与设计,珠宝首饰技术与管理专业对接产业中游的首饰制造与首饰企业管理,珠宝玉石鉴定与加工专业对接产业下游的珠宝玉石鉴定与评估和珠宝首饰营销。该专业群内三个专业的知识跨度较大,分属三个不同的专业大类,但为了提升专业群服务产业的集中度,仍然组建为一个专业群,并且纳入一个院系进行管理。

3. "强产业聚焦-弱学科技术-弱组织管理"型专业群

本类型专业群的形态特征主要表现为:群内专业服务于某一特定的产业,但专业间的知识关联度并不高,缺乏共通的学科基础并且核心技术差异较大;专业群在资源整合上采取了较松散的组织管理模式,不同专业分布在不同院系进行管理。例如,长沙民政职业技术学院的现代殡葬技术与管理专业群聚焦现代殡葬服务业,其中,现代殡葬技术与管理专业对应遗体接运、防腐整容、遗体安葬、祭祀服务、殡仪馆运营与管理等行业需要；社会工作专业对应逝者临终关怀、家属心理抚慰、殡葬职工心理援助和生命教育拓展服务等行业需要；环境艺术设计专业对应现代殡仪馆建设、智慧生态陵园景观设计、节地生态陵园设计、艺术墓碑设计等行业需要；机电一体化专业对应遗体火化设备、冷库设备研发、设备运行状态智能监控及故障在线诊断等行业需要；软件技术专业对应殡葬智能化设备日常管理与运维信息系统开发、殡仪馆管理与服务信息系统开发与维护、陵园管理信息系统开发与维护等行业需要。群内各专业尽管都服务于现代殡葬服务业，但各专业之间的知识跨度极大，五个专业分跨五个专业大类，所以不适合采取"以群建院系"的强资源整合模式，可采取较松散的管理模式进行资源整合。

4."强产业聚焦-强学科技术-强组织管理"型专业群

本类型专业群的形态特征主要表现为：群内专业服务于某一特定的产业、行业或企业，而且各专业之间知识关联度非常高，具有共通的学科基础和相似的技术技能，不同专业学生的目标核心能力较为一致，采取了"以群建院系"的强资源整合模式。例如，九江职业技术学院的船舶工程技术专业群以船舶工程技术专业为龙头，服务面向船舶建造过程的数字化设计、智能化建造与信息化管理岗位群；以船舶动力工程技术专业为骨干，服务轮机生产设计、动装设备制造、自动化机舱装调与维保等岗位；以电气自动化、数控技术、机械产品检验检测技术专业为支撑，服务船舶配套关键设备及零部件的加工与检测，船舶检验以及智能装备/智能产线的装调、维护与管理等岗位。该专业群内各专业都隶属装备制造专业大类，具有共通的学科、技术基础，采取了"以群建院系"的管理形式。又如，湖南铁道职业技术学院铁道机车专业群对接重载机车、高速动车、城际动车、城轨地铁等智能化现代轨道交通载运装备的驾驶操纵与维护检修岗位群，以铁道机车专业为核心，以动车组检修技术专业、铁道车辆专业、城市轨道交通车辆技术专业为支撑，形成了轨道交通载运装备运用领域全覆盖的人才供给侧专业群架构。该专业群所有专业同属一个专业大类，服务于特定产业链条的一个环节，群内各专业具有共通的学科技术基础，也采取了"以群建院系"的教学管理模式。

(四)高职教育专业组群的实践方略

本研究围绕"高职教育在办学实践中如何组建专业群，如何将专业组群逻辑应用到实践之中，如何根据区域产业集群的特征组建不同类型专业群"这些现实问题，对文本资料进行了深入分析，力图归纳总结出高职教育专业组群的实践方略。

1. 开放性编码

聚焦"高职院校在办学实践中如何组建专业群"这一问题，对253个高水平专业群的申报资料进行了开放性编码(见表3)。最终共得到9个概念化类属，以C1、

C2、…、C9 对其编码。

表 3 聚焦专业组群方略的开放性编码（文本举例）

序号	概念化类属	描述性文本举例
C1	产业调研	S1-01：包装产业是与国计民生密切相关的服务型制造业，具有产业链长、配套性强、服务领域广、跨界关联度高的产业特征。 S14-01：上游是基础硬件和系统软件研发，中游主要是行业应用软件开发测试系统集成，下游主要是面向行业用户提供管理运维服务，冷链物流智慧化位于新一代信息技术产业链的中、下游
C2	人才需求调研	S35-01：调研电梯产业链典型企业，分析电梯全生命周期上下游环节。从电梯设计、电梯零部件生产、整梯制造、自动生产线维护、电梯装调……基于电梯大数据的智慧监管等环节中，择取具有高职人才类型特征的岗位群。 S56-03：专业群针对农业灌溉产业，按照农业灌溉用水从水源到田间的全流程，对应水源治理工程、渠首取水枢纽工程、输水渠系工程、田间用水节水工程建设与管理的技术岗位群（一般划分为"师级、员级、工级"三级）
C3	摸清分工协作	S1-02：坚持深入调查研究，摸清职业分工协作规律。依据职业发展路径确定职业培养路径。 S27-02：本专业群面向交通运输基础设施建设、管理、养护产业链的设计、测量、施工、安全、检测、养护、管理等岗位。 S53-04：上游是软硬件基础性产业，下游是应用行业，上游和下游主要涵盖软件技术、计算机网络技术、移动互联应用技术、大数据技术与应用等专业领域，产业链中游主要聚焦信息安全与管理专业技术
C4	产业定位	S3-02：精准对接视觉健康服务产业链的验配技术、眼镜设计、视光仪器、镜片生产和视觉康复等岗位需求。 S5-01：服务江苏稻、麦、果、菜、茶等传统农业转型升级，对接优质粮油和现代园艺两大现代农业重点产业

续表

序号	概念化类属	描述性文本举例
C5	岗位定位	S1-03：职业调研与岗位分类，找出职业发展路径。 S3-01：精准对接视觉健康服务产业验光配镜技术、验光配镜设备和眼镜设计等核心岗位群。 S5-02：对接农业生产技术型、农业生产经营型、农业生产与村务管理型三类岗位群
C6	知识分析	S1-04：专家组对四类岗位群(职业发展路径)所需要具备的职业知识、技能、素质进行结构分析。 S4-02：对典型工作岗位所应具备的技术能力进行分析
C7	岗位打包	S43-03：本专业群就是围绕日化产业"加工、测评、研发、营销"四大核心岗位群的人才培养而组建。 S52-02：基于信息安全上中下游产业链和涵盖岗位域的分析，把相关岗位所对应的技术域归类
C8	专业命名	S1-05：与教育部颁布的高职专业教学标准进行比照，确定专业名称
C9	明晰映射关系	S54-04：针对高技术技能型工作岗位群，以汽车新能源技术专业对接新能源汽车研发领域，以汽车电子技术专业对接新能源和智能汽车零部件试验领域，以汽车检测与维修技术专业对接新能源汽车制造领域，以汽车营销与服务专业对接新能源汽车智慧服务领域，以汽车检测维修技术、汽车车身维修技术专业对接新能源汽车售后服务领域，专业链与产业链形成了"绿色减排、智能技术、智慧服务"的对接格局

注：表中高水平专业群申报资料分别编号为 S1、S2、…，如 S1-01 表示高水平专业群申报资料 S1 中第一个编码语义段落。

2. 主轴编码

主轴编码对初始概念进一步展开聚类分析，形成更有概括性和综合性的抽象编码。如表4所示，通过不断比较分析开放性编码所获得的9个概念化类属，本研究最终形成了3个范畴化类属，分别是产业调研与定位、职业岗位定位、建构成群。

表 4　聚焦专业组群方略的主轴编码

序号	范畴化类属	概念化类属	类属性质
D1	产业调研与定位	C1 产业调研	深入调研分析区域内目标产业集群,明晰产业集群在所属产业链条中的定位
		C2 人才需求调研	对区域产业集群内部的职业岗位进行人才需求分析,初步锁定具有高职人才类型特征的职业岗位群
		C3 摸清分工协作	对区域产业集群内部初步锁定的职业岗位群的产业逻辑关系进行深入分析
		C4 产业定位	根据区域产业集群的多维度特征明确所服务面向的产业链条及行业集中度
D2	职业岗位定位	C5 岗位定位	根据学校专业基础,明确所服务面向的职业岗位群
D3	建构成群	C6 知识分析	深入分析所服务面向职业岗位群的知识、技能和素养要求
		C7 岗位打包	基于知识关联性(技术链)将相关职业岗位打包成群,明确职业生涯发展路径
		C8 专业命名	根据专业教学标准和专业目录明确所服务面向职业岗位群的专业名称
		C9 明晰映射关系	明确专业群与职业岗位群的对应关系

3. 选择性编码

结合研究目标,经过反复比较分析与归纳,本研究将核心范畴确定为"高职教育专业组群的实践方略",初步构建高职教育专业组群实践方略的"碗状"模型。

如图 6 所示,高职教育专业组群是一个视野从产业到职业不断缩小的过程。高职教育专业组群过程包含三个核心步骤,分别为产业调研与定位、职业岗位定位以及建构成群。

产业调研与定位的目的是清晰定位专业群所服务面向的产业集群或产业链具体环节,因为不同区域的产业集群形态各异,应根据区域产业集群的高职人才需求规模以及不同职业岗位的分工协作特征来确定将要服务的目标产业。此外,当区域产业集群是由众多分散的中小企业自发聚集而成并且尚未形成完整的产业链条时,产业集群内部行业类型多样,在这种情况下就不能将专业群的服务面向聚焦于

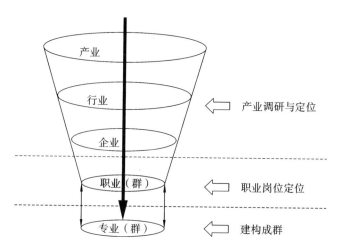

图6 高职教育专业组群实践方略的"碗状"模型

某一特定产业,而应定位于不同产业或行业的职业岗位群。

职业岗位定位的主要目的是在产业定位的基础上,进一步明确专业群所服务面向的职业岗位群。根据定位层次的不同,职业岗位之间的关联也呈现多样性特征,如定位于产业层面是产业链关联,定位于行业层面是行业业务关联,定位于企业层面则主要是生产程序的关联。在定位产业与职业岗位群的基础上,专业组群的最后一步就是建构成群,该步骤的主要工作是将职业岗位群转换为职业教育群。这需要首先对职业岗位所要求的知识与技能进行分析,根据知识基础的相关性对相关职业岗位进行打包,然后明确职业生涯发展路径,基于专业目录和专业教学标准对不同职业生涯发展路径进行专业群命名,最终明确专业群与职业岗位群的映射关系。

(原文出处:王亚南,成军,王斌.高职教育专业组群的逻辑依归、形态表征与实践方略——基于253个高水平专业群申报资料的质性文本分析.高等教育研究,2021年第42卷第4期,84-93页)

高职院校专业群生命周期及动态治理策略

近年来,生命周期概念已经被广泛应用于政治、经济、社会、教育等众多学术研究领域,并形成了一系列较为系统的理论观点,如企业生命周期理论[①]、产业生命周

[①] 李云鹤,李湛,唐松莲.企业生命周期、公司治理与公司资本配置效率[J].南开管理评论,2011(3):110-121.

期理论[①]、组织生命周期理论[②]等。高职院校专业群作为一个组织实体,同企业、产业一样,发展过程同样具有一定的生命周期,主要经历形成、成长、成熟、衰退直至撤销或重组的生命周期全过程。高职院校专业群在生命周期发展的不同阶段,其组织形态、管理运行、资源整合、课程体系、教师协作等方面存在着很大的不同。因而,政府、学校对专业群的治理必须根据专业群生命周期发展的阶段特征采取针对性的治理举措,通过精准治理有效发挥专业群资源整合的集群效应和复合型技术技能人才培养的育人功效。

一、高职院校专业群生命周期的内涵意蕴

从生命周期理论视角出发,高职院校专业群发展呈现出鲜明的周期性。专业群生命周期发展的根本动力来自产业发展对技术技能人才的需求。专业群生命周期发展进程可以划分为五个阶段,每一个阶段专业群的形态及运行特征都存在较大的差异性。专业群生命周期发展进程会因为学校专业群治理能力与水平的不同而呈现不同的发展趋势,并不一定遵循理想化的线性发展趋势。

(一)专业群生命周期发展的根本动力源于区域产业发展的人才需求

"促进教育链、人才链与产业链、创新链的有机衔接"是国家推进人力资源供给侧结构性改革的迫切需求。"高职院校的专业不是对学科体系专业分类的简单复制,而是对真实的社会职业群或岗位群所需要的共同知识、技术和能力的科学编码,是职业行动体系归纳的结果。"[③]区域产业链条会随着技术进步与发展、地区产业结构调整与梯度转移、社会需求变化而处于不断地延伸与萎缩之中,高职院校面向职业、面向区域的办学定位决定了专业建设要始终同区域产业链实现紧密的时空对接。因此,专业群建设绝不是不同专业之间的机械组合,而是基于产业链条上相互关联的职业岗位群而建构的能够实现跨界、协调、互通而又一贯的人才培养新载体。基于此,专业群生命周期发展进程与趋势必然受到区域产业发展对技术技能人才需求的影响。专业群组建的科学性,组建的规模与形态特征,以及是否需要调整优化,从根本上而言都是由区域产业发展的人才需求所决定的,学校应积极应对、充分挖掘区域产业发展的人才需求,绝不能仅凭自身的主观意愿开展专业群建设。

---

① 赵蒲,孙爱英.资本结构与产业生命周期:基于中国上市公司的实证研究[J].管理工程学报,2005(3):42-46.
② 宣勇,张鹏.组织生命周期视野中的大学学科组织发展[J].科学学研究,2006(S2):366-370.
③ 姜大源.职业教育教学思想的职业说[J].中国职业技术教育,2006(22):1.

(二)专业群生命周期呈现出鲜明的阶段性发展特征

高职院校专业群在建设过程中受到了行业企业、高职院校、政府、教师、学生等多个利益相关主体的交互影响。由于建设进程受到不同主体之间相互博弈的影响,便决定了专业群建设过程必然呈现出鲜明的阶段性发展特征。从理想状态出发,可将高职院校专业群生命周期发展的阶段划分为孕育筹备期、组建形成期、磨合震荡期、成熟运行期以及衰退老化期/蜕变重生期五个阶段。孕育筹备期,专业群发展的核心任务是开展专业群建设方案的规划与制定;组建形成期,专业群发展的核心任务是根据建设方案重构教学资源,组建新的专业群体系;磨合震荡期,专业群发展的核心任务是解决专业群的运行矛盾与冲突;成熟运行期,专业群发展的核心任务是打通专业协同的内部壁垒,发挥专业群在人才培养上的集群优势;衰退老化期/蜕变重生期,专业群发展的核心任务是精准诊断专业群建设过程中存在的问题症结,从而对症下药摆脱困境、蜕变重生。

(三)专业群生命周期发展进程受到学校专业群治理能力的影响

高职院校是专业群建设过程中的主导者,对专业群建设规律的认知程度以及在专业群建设上的资源拓展与整合能力会直接影响专业群生命演化进程。作为专业群建设主导者的高职院校,要在充分掌握区域产业发展对技术技能人才需求的基础上进行科学组群,而且要主动建立行业企业、政府等相关主体参与专业群治理的平台。因此,高职院校专业群治理能力,即高职院校在专业群建设过程中对专业群建设规律的把握程度,以及根据专业群建设的内在规律展开建设的行动能力是决定专业群生命演化进程的核心主导因素。如果专业群建设过于强调资源投入的外部驱动型战略,而忽略专业群改革创新的内生力量(专业群治理能力),将直接影响资源投入的转化效益,专业群建设将因为缺乏优良的组织制度和文化熏染而难以"自然成长",而过多的资源投入也将由于缺乏必要的治理能力支撑而导致边际效益的逐步衰减[①]。专业群建设事务的复杂性、建设成效的滞后性、建设过程中的多主体博弈等因素对专业群治理能力提出了较高的要求,专业群生命周期发展进程会受到专业群治理能力的影响。

(四)专业群生命周期并不是一个单向度的线性发展过程

受制于高职院校自身专业群治理能力水平和区域产业发展需求变化,高职院

---

① 成军,王亚南,张雁平.高职院校专业群治理:内涵、现实困境及优化路径[J].高等工程教育研究,2021(2):141-147.

校专业群生命周期发展进程可能在较长时期内停滞于某一特定发展阶段而难以到达下一阶段,也可能直接跳过某些阶段而直接到达发展末期,这个过程是非线性的,呈现出多种可能性。例如,某高职院校为了能够在高水平专业群建设项目遴选中获取优势,会主动将一些产业关联性较低但标志性成果较多的专业通过强行匹配的方式进行组群,在成功申报完专业群建设项目后,其后续工作便不会真正开展。这将导致专业群建设成效始终在低水平徘徊,无法真正发挥专业群的成效,专业群生命周期发展陷入停滞状态。除此之外,高职院校专业群生命周期的发展过程并不一定都从孕育筹备期开始,尤其是一些较为成熟的专业群,可能仅是因为应对产业发展的需求而新增了一个专业,这样该专业群就没有必要从组建形成期开始发展,而是直接从磨合震荡期进行演化。

二、高职院校专业群生命周期的发展阶段及特征

在高职院校专业群生命周期的不同阶段,专业群的组织管理、课程体系、教师团队、教学资源以及同产业需求之间的匹配性等都存在较大的差异,如表1所示。因此,高职院校要对专业群进行精准治理就必须对专业群各个发展阶段的形态特征、发展重心有深刻的认知与了解,才能够保证相关治理措施引导专业群健康发展。

表1　高职院校专业群核心要素在其生命周期发展不同阶段的特征

专业群生命周期发展的不同阶段	专业群建设的核心要素				
	专业群与产业发展的匹配性	专业群组织管理	专业群课程体系	专业群教师团队	专业群教学资源体系
孕育筹备期	专业群组建工作处于理念规划层面	专业群组织管理体系构建处于理念规划层面	专业群课程体系建构处于理念规划层面	专业群教师团队组建处于理念规划层面	专业群教学资源体系构建处于理念规划层面
组建形成期	专业群与区域产业集群初步形成映射关系	专业群初步形成责权对应的组织管理体系	专业群层次分明的课程体系初步建构完成	专业群能力互补的教师团队初步组建完成	专业群一体化教学资源体系初步构建完成

续表

专业群生命周期发展的不同阶段	专业群建设的核心要素				
	专业群与产业发展的匹配性	专业群组织管理	专业群课程体系	专业群教师团队	专业群教学资源体系
磨合震荡期	专业群产业面向不断优化调整适应区域的产业需求	群内专业在协同运行过程中产生合作障碍	专业群课程体系在运行中机制不顺	专业群内教师团队协同合作存在障碍	群内专业在资源共建共享上存在困难
成熟运行期	专业群有效满足区域产业发展的人才需求	各专业通过协同合作有效达成专业群建设目标	专业群课程体系有效支撑人才培养目标	专业群团队成员协同合作高质量完成教学任务	专业群教学资源有效支撑专业课程体系的运行
衰退老化期/蜕变重生期	专业群同区域产业发展需求之间不匹配	群内专业相互排斥，缺乏有效协同，运行效率低	专业群课程体系同产业发展、学生发展需求不匹配	专业群教师团队协作逐渐松散，协作困难，运行活力低	专业群教学资源体系无法匹配产业发展的新需求

（一）孕育筹备期

孕育筹备期是专业群生命周期发展的起点，该阶段的发展重心是如何根据区域产业发展的需求和自身的专业建设基础组建专业群，专业群治理相关主体要通过产业调研来协同研制专业群建设方案。该阶段，专业群还未成形，尚处于萌芽期，专业群的组建和建设都处于理念与文本层面。从专业群与产业发展的匹配性要素来看，专业群同产业发展的人才需求耦合匹配是该阶段专业群建设的核心任务。要实现专业群与产业发展的高度匹配，必须通过产业调研对区域产业集群发展对技术技能人才需求的规模与特征有充分的认知和了解，同时也要对学校现有的专业建设基础展开深入的调研，结合产业需求和学校建设基础，最终确定学校专业群组建的思路与路径。与此同时，在基本确定了学校内部专业群组建的方案之后，需要进一步确定组织管理、课程体系、教师团队、教学资源体系的建设方案，要根据专业群的内在规律和建设要求研制专业群建设的未来规划。从这一时期高职院校专业群的基本形态和运行特征来看,专业群尚未真正组建也并没有开展具体的行动,无论是课程体系、组织管理体系还是团队建设都尚处于理念、文本层面。

(二)组建形成期

组建形成期是高职院校专业群生命周期发展的关键阶段,该阶段的发展重心是如何将理念与规划转化为切实的行动。专业群组织管理体系建构是该阶段发展的重心,即明晰学校内部专业群建设的管理职责,通过切实的组织支持来保障专业群建设理念落地。该阶段,专业群正式形成,处于成长初期,专业群建设正式从理念规划转为切实行动,在孕育筹备期所形成的专业群建设方案要在该阶段转化为切实的行动。从专业群组织管理体系构建要素来看,是否根据专业群建设的需要组建相应的组织管理体系,专业群建设规划能够切实得到执行实施是该阶段专业群建设的核心任务。要确保专业群建设规划与理念能够得到有效贯彻实施,必须根据所组建专业群的属性特征确定与之相适宜、匹配的专业群组织管理模式,确定学校职能部门在专业群建设过程的相应职责与权限,确定具体在基层履行专业群建设职责的负责人,并对院系、专业群、专业之间在管理运行过程中的关系进行明晰。与此同时,在基本确定了专业群建设的组织管理运行体系之后,还需要进一步按照专业群建设规划,搭建教师团队,构建课程体系和教学资源体系。从这一时期专业群的基本形态和运行特征来看,专业群已经初步建构形成,已经有相应的组织管理运行体系来支撑专业群规划的执行,专业群课程体系开始执行实施,专业群师资队伍初步组建完成,专业群正式进入运行实施阶段。

(三)磨合震荡期

磨合震荡期是专业群生命周期发展中矛盾冲突较多的发展阶段,该阶段的发展重心是如何解决专业群在实际运行执行过程中存在的矛盾与冲突。该阶段,专业群正式步入改革深水区,专业群建设会遇到各种现实障碍,组织管理体系要积极应对实际运行过程中课程、师资、教学资源、管理运行等多方面的挑战。从专业群课程体系的建构与运行要素来看,以"底层共享、中层融通、高层互选"为特征的专业群课程体系是否能够真正得以有效贯彻实施是判断专业群是否度过磨合震荡期的核心指标。要确保专业群的集群优势和人才培养优势得到贯彻实施,必须彻底打破群内各专业之间在人才培养上的"各自为政",以提升学生能力发展为核心目标来构建专业群课程体系,以专业群课程体系有效运行为目标来组建教师团队,打通教学资源体系的组织壁垒。从这一时期高职院校专业群的基本形态和运行特征来看,专业群已经步入改革发展深水期,必须解决运行过程中遇到的一些棘手难题才有可能实现更高水平的发展。此阶段,专业群课程体系在运行实施过程中不断得到优化调整,而师资团队、教学资源体系也会随之进行动态优化。

(四)成熟运行期

成熟运行期是专业群生命周期发展中最为平稳有序的发展阶段,该阶段的重心是进一步理顺专业群运行实施过程中的堵点、难点,充分发挥专业群在人才培养、技术研究以及社会服务上的优势,有效对接区域产业发展的人才需求、科技创新需求。服务学生发展和区域产业创新发展需求是该阶段的核心事务,专业群治理主体要做好专业群运行的保障工作,有效发挥专业群的集群优势。该阶段,专业群正式步入发展成熟期,处于成长的高峰期,专业群建设的视角从内部转向外部,并以更加灵活敏锐的组织姿态有效对接区域经济社会发展多样化的需求。要确保专业群集群优势的发挥,必须释放专业群作为基层教学组织的创新潜能与优势,通过赋权增能、平台搭建等多样化的形式有效支持专业群与行业企业搭建产教融合平台,专业群通过与产业进行多维度、高频度的资源信息沟通,有效提升专业群服务产业能力。与此同时,专业群课程体系、师资团队以及教学资源体系都在产教深度融合之中不断实现迭代升级。从这一时期专业群的基本形态和运行特征来看,专业群已经步入发展的成熟稳定期,不仅打破了专业群内部资源融通的组织壁垒,更实现了同产业发展需求之间的同频共振,专业群课程体系、教学资源体系以及教师团队都在同产业发展的互动过程中不断实现优化升级。

(五)衰退老化期/蜕变重生期

衰退老化期/蜕变重生期是专业群生命周期发展的末期,该阶段的发展重心是如何找到制约专业群发展的问题症结。专业群问题诊断与评价是该阶段的核心事务,专业群治理相关主体要通过科学的评价诊断工具对专业群的发展状态进行测评、对问题进行诊断。该阶段,专业群正式步入发展的老年期,处于成长的衰退期,专业群无论是在服务区域经济社会发展还是在人才培养上都无法适应内外环境的需求,专业群组织运行低效,内部各专业之间沟通不畅,资源共享存在壁垒,无法紧跟产业发展的需求,对外部环境变化的反应迟滞。要确保专业群能够突破发展的瓶颈,必须借助科学的专业群评价体系与方法对当前专业群发展存在的问题进行诊断,基于诊断结果采取相适宜的改革举措,打破专业群发展的"天花板",助推专业群迈向更高水平。从这一时期专业群的基本形态与运行特征来看,专业群发展已经处于瓶颈期,在运行实施过程中存在着难以避免的冲突与矛盾,不仅无法有效对接产业发展对人才的需求,同时专业群内部之间也存在着资源融通的瓶颈障碍,无法有效发挥专业群的集群优势。危机中也孕育着新机,高职院校如果能采取科学的评价体系和诊断技术手段,对存在的问题与瓶颈进行科学诊断,采取精准的治理手段来干预专业群的衰退老化,专业群发展将迎来破茧重生。

三、基于生命周期的高职专业群治理模型建构

高职院校专业群治理的首要规律是要根据专业群生命周期发展的阶段性准确把握专业群的治理空间。专业群治理空间特指专业群治理过程中应明晰专业群治理的核心主体,根据专业群生命演化的发展阶段确定专业群治理的核心事务和评价重心。从专业群治理主体来看,专业群高质量发展目标的实现不仅依赖于院系层面作用的发挥,政府、学校、行业企业以及教师、学生都是专业群治理的核心主体。专业群治理是政府、行业企业、高职院校、二级院系、教师群体甚至学生家长群体等多元利益主体进行利益的表达并围绕专业群建设事务进行决策、执行实施的过程。从专业群治理的发展阶段来看,专业群治理并不是静态的而是一个始终处于动态发展的过程。这个过程从理论层面可以概括为孕育筹备期、组建形成期、磨合震荡期、成熟运行期以及衰退老化期/蜕变重生期,在不同的发展时期,参与专业群治理的主体不同,不同主体之间围绕专业群发展所发生的博弈互动关系也呈现出较大的差异,同时专业群治理的核心事务以及评价重心也完全不同。针对高职院校专业群的评价可以划分为专业群建设目标与产业需求契合度(评价重心是专业群组建与服务面向是否同区域产业发展需求相匹配)、专业群资源投入均衡度(评价重心是专业群建设过程中的资源投入与配置效率以及群内资源投入均衡性)、专业群运行实施顺畅度(评价重心是专业群管理运行、教学运行、群内教师协作是否高效有序)、专业群建设成效美誉度(评价重心是专业群在人才培养、技术研发、社会服务等方面的建设成效)四个方面。

四、基于生命周期的高职专业群动态治理策略

在高职院校专业群生命周期发展的不同阶段,专业群治理的核心主体、治理的核心事务以及评价重心都存在较大差异。因此,高职院校专业群生命周期发展特征决定了专业群的治理策略不能完全一致,应该根据专业群在生命周期不同阶段的发展重心采取相适宜的治理策略。

(一)生命周期前期:以产业需求为主要依据科学组建专业群

在专业群生命周期的发展前期,即孕育筹备阶段和组建形成阶段,专业群治理的核心主体是政府、学校和行业企业,核心任务是要根据学校服务面向的区域产业发展的人才需求组建与之相匹配的专业群。

首先,政府应搭建产业人才数据平台,加大对技术技能人才需求趋势的预测与研究。地方政府,尤其是省级政府应搭建产业人才数据平台,精准把脉产业发展对

技术技能人才的需求,"广泛汇集产业界、职业教育界、人力资源界等领域的研究人员和实践专家,持续、深入跟踪各行业、职业人才的需求,及时准确发布人才需求报告,引导职业院校专业设置、招生规模以及人才培养定位,促进职业教育与产业人才需求更为精准地对接。"[①]通过大数据分析为高职院校专业(群)建设提供精准的数据分析,帮助政府、院校进行科学决策。其次,学校应基于跨界理念组建多元主体协同参与的专业群治理的组织机构。

学校可以组建由行业企业为代表的市场力量、以教师群体为代表的学术力量以及以党政行政系统为代表的行政力量构成的专业群设置与调整委员会。该委员会主要负责研制学校层面专业群优化调整方案,拟定专业群管理制度体系、研制专业群建设质量评价体系等涉及专业群建设的一系列宏观治理事项。最后,学校应基于区域产业发展的人才需求特征科学组建学校专业群体系。学校应对所服务面向的区域产业集群的分布特征、产业人才需求规模以及未来需求趋势进行精准研判,基于已有的办学基础重新确立专业群组建的方向与路径,并结合产业的聚焦性、专业之间的知识关联性以及组织管理的统一性等方面综合确定专业群组建模式。

(二)生命周期中期:以整合互融为核心推进群组织运行优化

在专业群生命周期的发展中期,即磨合震荡期、成熟运行期,专业群治理的核心主体是学校、二级院系以及企业、教师,核心任务是推动专业群建设的理念、规划转化为切实的行动,真正发挥专业群在人才培养、社会服务等方面的集群效应。学校在专业群建设过程中肩负服务平台建设的职责,应优化完善专业群建设的制度保障机制,建立专业群质量评价监测体系,对专业群建设质量进行动态监测,通过办学资源的分配来引导院系层面专业群建构的具体路向。首先,学校可通过以群建院(系)落实专业群管理创新的具体职责,制定专业群带头人制度,明确专业群带头人在领导专业群建设过程中所应享受的权力和应履行的职责,将人财物等权力进一步向院系下放,让专业群真正成为集人才培养、技术研发、校企合作、社会服务等办学功能于一体的基层组织创新单元。其次,系统构建"底层共享、中层互融、高层互选"的专业群课程体系。课程是专业的细胞,专业是课程的组合[②]。院系应根据专业群课程体系构建的内在要求分层、分类地构建课程模块,以核心能力、专业能力、拓展能力为基本依据明晰课程体系的内在结构与实施顺序,以课程体系构建

---

① 陈子季.以大改革促进大发展 推动职业教育全面振兴[J].中国职业技术教育,2020(1):5-11.
② 林克松,许丽丽.课程秩序重构:高职高水平专业群建设的逻辑、架构与机制[J].高等工程教育研究,2019(6):125-131.

为载体保障专业群建设理念的落地。最后,基于专业群课程体系推进专业群组织运行的系统优化。根据专业群课程体系重新确立专业群内部组织运行机制,打破以单个专业为教学单位的层级管理逻辑和按专业将师资团队分割的现状,应对现有的教学组织进行整合与重组,形成矩阵式、事业部制、交互开放的组织形式,使整个治理体系更加弹性灵活①。

(三)生命周期末期:以精准诊断为抓手推进专业群蜕变重生

在专业群生命周期的发展末期,即衰退老化期/蜕变重生期,专业群治理的核心主体是政府、学校,核心任务是开发科学的专业群评价指标体系,基于深入的调查研究精准判断当前高职院校专业群发展的状态及存在的问题症结,通过切实的行动举措引导专业群走上健康的发展道路。首先,建立健全学校主导、行业企业参与、政府调控、社会参与的专业群评价体系。政府作为高职院校专业群建设的宏观调控者,应建立完善的专业(群)布局优化调整机制,打通产业人才数据平台和专业人才培养数据采集平台的隔阂,基于产业人才需求和专业建设成效建立专业(群)布局的优化调整机制。高职院校自身应发挥评价主体作用,将专业群质量评价纳入内部质量保障体系,在质量诊断与改进过程中凸显专业群评价,构建专业群质量评价与诊断模型,根据模型采集关键数据。其次,在对专业群的评价方法上应坚持定量与定性的统一。定量评价应采取大数据技术动态采集专业群建设过程中的关键质量信息,"可以基于海量、动态、及时、准确、全面的大数据进行深入和精准的'全样本'分析,从而提高专业群建设的科学性和有效性"②,结构化与非结构化数据都应囊括其中。定性评价应在定量评价基础上着重考察高职院校专业群在组群合理化、课程体系一体化、教学运行协调性等定量评价无法有效测评的关键质量信息。最后,对高职院校专业群存在问题的诊断与评价上应建立科学的决策模型。从专业群建设目标与产业需求契合度、专业群资源投入均衡度、专业群运行实施顺畅度、专业群建设成效美誉度四个方面出发精准诊断高职院校专业群发展状态与问题症结,学校、院系等相关治理主体采取联合行动、出台相关举措,有效破解专业群发展困境,推动专业群发展突破衰退期实现蜕变重生。

(原文出处:王亚南,成军,徐珍珍.高职院校专业群生命周期及动态治理策略.中国高教研究,2022年第8期,103-108页)

---

① 任占营.高职院校专业群建设的变革意蕴探析[J].高等工程教育研究,2019(6):4-8.
② 林克松,许丽丽.课程秩序重构:高职高水平专业群建设的逻辑、架构与机制[J].高等工程教育研究,2019(6):125-131.

高职院校高水平专业群建构：内涵意蕴、逻辑及技术路径

专业群建设是当前高职院校有效应对区域产业集群化、链条式发展的重要举措。高职院校通过专业群建设可以增强自身适应区域产业结构不断调整变化的能力，是一种兼具稳定性与灵活性的专业设置模式，专业群发展的生命周期要远长于单一专业。"专业群建设绝不是不同专业之间的算术加法，而是基于所服务的区域产业集群上不同职业岗位群的相互关联而建构的能够实现跨界、协调、互通而又一贯的人才培养新载体"[①]，是对传统专业建设范式的一种革命。当前高职院校已经日益认识到专业群建设的重要价值，但在建设思路上仍然未能超越传统专业建设路径的窠臼，缺乏建"群"意识，集中表现在专业群组建上的盲目性与随意性。而专业群组建作为专业群建设的首要工作，直接决定专业群资源整合的方向与路径，对于专业群建设具有"牵一发而动全身"的影响。然而，当前关于专业群组建的研究观点多元、莫衷一是，已经提出的专业群组建依据有"产业链""职业岗位群""学科基础""共通资源""专业目录"等[②③④⑤⑥]。为了提升高职院校专业群治理的科学水平，有必要对高水平高职院校专业群的组群经验进行学理分析，从而概括归纳出高职院校专业组群的内在规律及一般技术路径。

一、高职院校高水平专业群建构的内涵意蕴

以往"专业群组建"的话语内涵过于强调专业群的组建是一个静态的、结果性的并且完全可以通过人为干预进行控制的过程。而笔者认为，专业群组建是一个适应内外部环境变化而不断发展的动态化过程。因此，"专业群建构"一词所表达的内涵更贴合本研究的主旨。所谓"专业群建构"，就是在对服务面向的区域产业集群中的技术技能型职业岗位群进行精准分析与定位的基础上，开设并组建能够同职业岗位群精准对接的专业群。这是一个动态变化的生态化过程，人为的控制应该顺应专业群建构的内在规律，专业群建构应同区域产业集群之间保持动态的

---

① 王亚南.打造高水平专业群重在专业资源整合[EB/OL].(2019-05-07)[2019-11-02].http://www.jyb.cn/rmtzgjyb/201905/t20190507_231503.html.
② 袁洪志.高职院校专业群建设探析[J].中国高教研究,2007(04):52-54.
③ 宋文光,许志平.高职院校专业群建设的路径探析[J].中国成人教育,2008(02):98-99.
④ 张红.高职院校高水平专业群建设路径选择[J].中国高教研究,2019(06):105-108.
⑤ 任占营.高职院校专业群建设的变革意蕴探析[J].高等工程教育研究,2019(06):4-8.
⑥ 李桂霞.基于适应珠海产业结构的高职院校专业群建设探析[J].职教论坛,2009(24):34-36.

耦合匹配。

（一）专业群建构与区域产业集群应保持动态耦合匹配

促进教育链、人才链与产业链的有机衔接是当前推进人力资源供给侧结构性改革的迫切要求，对新形势下全面提高教育质量、推进经济转型升级具有重要意义。产业链伴随着技术进步与发展、地区产业结构调整与梯度转移、社会需求变化而处于不断地延伸或萎缩之中，而高职教育的"职业性"决定了高职院校专业群建设要与区域产业链实现时空对接。如图1所示，职业教育服务区域经济发展的本质属性决定了教育链、人才链、产业链"三链"之间具有内在的一致性，AB为教育链，AC为人才链，AD为产业链。人才链是产业链与教育链衔接的中介桥梁，教育链与人才链组成人才供给侧（ABC），产业链与人才链则组成人才需求侧（ACD）。教育链中的E点为学科专业体系，人才链中的F点为人才类型与规格，产业链中的G点为职业岗位群。人才链匹配产业链的实质就是要缩小BD（供需匹配度）以及EG（专业与产业匹配度）之间的距离，而缩小的关键就是要实现专业布局、服务面向与产业链条中的职业岗位群相匹配。高职院校专业群优化调整应始终以人才链与产业链对接度为指针，对核心专业"强链"、缺失专业"补链"、新兴专业"建链"、过时专业"撤链"，不断优化专业结构，提高专业布局与区域产业结构的匹配度。

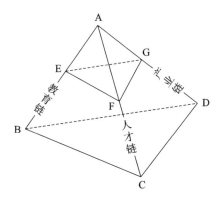

图1 "教育链-人才链-产业链"三链融合示意图

（二）专业群建构是一个动态的过程而不是静态的结果

专业群是专业的集合，但绝不是若干个看起来相关的几个专业组合起来就可以称之为专业群。"高职院校的专业不是对学科体系专业分类的简单复制，而是对真实的社会职业群或岗位群所需要的共同知识、技术和能力的科学编码，是职业行动体系归纳的结果。"[1]职业教育的职业属性决定了专业与产业、职业对接的"职业联系"是高职院校专业群建构的根本逻辑。因此,专业群的建构应竭力避免从学校、教师内部视角进行组群,也应避免照搬普通高校学科化的组群思路,避免学校专业组群脱离产业发展的人才需求。区域产业集群的发展都存在着一定的生命周期,尤其随着智能化时代的到来,职业世界呈现出了"工作过程去分工化、人才结构去分层化、技能操作高端化、工作方式研究化及服务与生产一体化"的特征[2]。新技术、新工艺的广泛应用,不仅对宏观产业布局调整带来强烈的冲击,对于产业内部职业岗位群的分布模式以及协作关系也带来革命性的影响。"产业的内涵和外延在迅速变化,产业转型升级、产业链延伸交叉,跨领域、复合型工作种类越来越多,大部分技术技能人员需要进行动态的技术能力调整。"[3]正是由于区域产业发展处于一种动态变化的过程,这从根本上决定了专业群的发展同样需要适应产业发展的变化而不断进行优化调整。

(三)专业群建构是一个生态化过程而不是学科专业的简单堆砌

如果用一种隐喻来对专业群建构过程进行类比的话,这一过程更多的是一种自然物的成长过程而不是人造物的建造过程。前者认为任何事物发展的根本动力源泉来自事物自身而不是人类的规划设计,事物的发展过程是事物自身结构逐步展开的过程,是结构中各种因素博弈互动的结果而不是人类意志的展开过程。人类只能在一定程度上"干预"事物发展的过程,无法对发展过程进行精准控制。专业群建构是一个生态化的过程,这意味着哪些专业组建成群应取决于学校所服务面向的区域产业集群发展的现状及其对技术技能人才的需求,而不取决于学校现有的专业基础和主观组群意愿。而且,专业群的发展变化有其自身的特有规律,专业群建构应始终与区域产业集群保持同频共振的一致步调。高职院校专业群的建构应尊重这一客观规律,对专业群建构过程的干预更应该顺应这一规律,不能完全基于自身的主观意愿进行控制。

二、高职院校高水平专业群建构存在的现实误区

专业群组建是专业群建设的首要问题,唯有实现专业群的科学组建才能够真正发挥"集群"优势。倘若所组建的专业群没有经过深入的产业调研就随意"拉郎

---

[1] 姜大源.职业教育教学思想的职业说[J].中国职业技术教育,2006(22):1.
[2] 徐国庆.智能化时代职业教育人才培养模式的根本转型[J].教育研究,2016(03):72-78.
[3] 任占营.高职院校专业群建设的变革意蕴探析[J].高等工程教育研究,2019(06):4-8.

配",那就不仅不能发挥专业群资源共享、协同发展的优势,反而会造成群内各专业之间的相互"扯皮"和"内耗"。

(一)专业群建构"临时抱佛脚"

部分高职院校开展专业群建设的动机不是出于服务区域产业发展的需要,而仅仅是为了通过专业群的"包装"申报政府的相关项目。在功利性动机之下,专业群组建的方法通常就是按照一定的评价标准对现有的专业进行"排队",然后按照政府项目评审的要求择优申报,就会出现某一个专业在不同的时间属于不同专业群的怪象。这一组群逻辑的最终目的就是成功申报项目,所以专业群组建仅停留于文本层面,在办学实践中并不会真正地按照申报书中所写的内容展开实质性的建设。之所以出现这一现象,主要是因为政府在进行项目评比时主要基于文本材料,在繁重的评比任务下,最为简便和客观的方法就是对专业群已经取得的一些标志性成果(学生技能竞赛获奖、现代学徒制试点、教学资源库主持单位等)和一些定量指标(就业率、技术交易到款额、培训服务到款额等)进行累加评比。显然,"建群逻辑"这些较为软性和主观的内容很难作为衡量专业群建设水平的主要依据。因此,在功利性动机下专业群的建构仅停留于文本层面,名义上的组群专业仍然在办学过程中各行其是,无法真正发挥组群发展的优势。

(二)专业群建构"新瓶装旧酒"

部分高职院校开展专业群建设时缺乏对区域产业发展现状的充分调研,专业群组建工作就是对旧有专业教学资源的重新整合。在缺乏对区域产业发展趋势及岗位人才需求进行深入调查研究之下,仅凭自身的主观经验就将一些原有专业组建成群。之所以出现这一现象,同当前高职院校专业群组建的工作模式有着直接关联,因为很多高职院校在开展专业群建设时按照科层化管理的逻辑将专业群建设任务层层分解与下放。然而,专业群的组建与优化必然涉及院系的调整与重构,"专业群建设的本质是打破原有的专业组织、制度、资源的约束和限制,通过跨专业的形式改变现有的基于工作岗位的窄口径的人才培养模式。"[①]由于牵涉到重大的利益调整,基层教学组织是没有足够的权限与动机进行"自我革命"的。所以,在这一工作模式下的专业群建设只能在既有的专业群布局架构下进行微小的调整,很难打破既有的利益格局,难以做到真正根据区域产业链与专业群的内在逻辑关联进行组群。

---

① 潘海生.中国特色高水平专业群建设的核心任务与建设路径[J].大学教育科学,2020(01):116-119,127.

(三)专业群建构"学科化"

由于众多高职院校教师主要毕业于学术型高校,他们对职业教育专业设置模式可能缺乏深入的认知与了解,往往以学科分类思维作为组建专业群的主要依据,仅着重考虑专业之间的学科基础,缺乏对专业所对应的职业岗位基础的深入调查,从而造成专业群与区域产业发展人才需求的脱节。"本科教育组建专业群的主要目的是促进学术知识的生产,因此本科院校更多地从科学研究突破的角度寻求专业群编组的知识逻辑;高职教育组建专业群的主要目的是促进技能型人才培养,因此高职院校更多地应从复合型应用人才培养的角度寻求知识逻辑。"[①]例如,机器人产业属于典型的交叉学科领域,涉及材料、感知、信息、控制、机械、智能等众多的学科门类,但如果按照传统的学科设置模式进行组群,各个专业将分散在各个院系,学生仅能够学习本学科范围内有关机器人的相关知识。而企业所需要的学生应了解各个学科领域内有关机器人的相关知识。这必然需要高职院校根据机器人产业相关职业岗位的需求打破学科专业壁垒,组建专门的培养机器人产业需求的专业群。

三、高职院校高水平专业群建构的内在逻辑及基本模式

高职院校专业群内部各专业之间的关联实质就是专业所对应的职业岗位群之间的关联,专业群建构的实质就是要对所服务的区域产业集群中的技术技能型职业岗位群进行精准分析与定位,并基于学校的办学基础和服务面向,根据职业岗位群所需知识、技术和能力素质的相关性组建并开设能够同职业岗位群精准对接的专业群。"职业教育是从职业出发的教育,职业是职业教育的逻辑起点。职业关系同样是专业群专业组合的依据,专业群不是人为组合而成的,它来自客观的职业岗位群对人才培养目标规格的需求。"[②]高职院校采取何种专业群类型与所服务的区域产业集群发展阶段、与内部技术技能型职业群分布的特征存在紧密的内在关联。可以说,高职院校专业群是对所服务的区域产业集群职业岗位群的一种映射。因此,根据专业群所对应的职业岗位群内部不同职业岗位之间的两种关联模式(学科技术关联与行业业务关联)以及高职院校对专业群的组织管理方式,可以将专业群分为以下四种基本模式。

---

① 徐国庆.基于知识关系的高职学校专业群建设策略探究[J].现代教育管理,2019(07):92-96.
② 吴升刚,郭庆志.高职专业群建设的基本内涵与重点任务[J].现代教育管理,2019(06):101-105.

(一)"强学科技术、弱行业指向、强组织管理"的学科技术型专业群模式

该类专业群强调群内各专业之间具有共通的学科基础和相关联的技术领域,但在所对应的职业岗位面向上并不聚焦于某一特定行业,专业群所面向的行业类别较多,而且在对专业群的管理上采取以群建院(系)的组织管理模式。例如,浙江某高水平高职学校的机械制造与自动化专业群以制造终端技术链为纽带,融合工业大数据和物联网相关技术,聚焦产品设计、工艺装备、制造检测和数据管理等四大环节,面向精密模具设计、多轴数控加工、系统集成和生产过程数据分析等岗位群。该专业群服务面向学校所在地区的汽车关键零部件行业、智能农机装备行业、现代五金行业等相关制造业。该类专业群较为注重各专业之间的知识关联度而不聚焦于某一特定行业,各专业之间具有相似的学科基础并处于同一条技术链条之中。选择这样一种组群方式的高职院校所处的区域一般中小企业占据主要地位,大型企业较少,区域产业集群呈现出"小企业、大聚集"的特征。基于以上分析可知,"强学科技术、弱行业指向、强组织管理"学科技术型专业群所服务的产业链条中包含的行业类别较多且缺乏主导型行业,在产业内部分工协作主要以中小企业为主,而且该专业群服务于不同行业之间工作内容一致性程度较高的职业岗位群。

(二)"强学科技术、强行业指向、强组织管理"的复合紧密型专业群模式

该类专业群既强调群内各专业之间具有共通的学科基础和相似的技术领域,又强调群内各专业所应对的职业岗位群之间具有十分紧密的行业业务关联,而且在对专业群的管理上采取以群建院(系)的组织管理模式。例如,北京某高水平高职学校汽车制造与装配技术专业群就是面向该区域的主导产业——高端汽车产业。学校先由校企合作专家组织力量对北京奔驰汽车有限公司等5家企业进行了职业岗位的调研分析,进而梳理出面向高职生就业的24个典型工作岗位,并将这些岗位归纳为"智能生产与控制""智能生产运行""智能质量管理""智能设备维护"4类岗位群,形成4种职业发展路径。该校根据各类岗位群所需具备的知识、技能、素养进行解构分析,确定"汽车制造与装配技术""机电一体化技术""汽车检测与维修技术""机械制造与自动化专业"组成专业群。可见,该类专业群聚焦于汽车行业,而且各个专业之间具有共通的学科与技术基础,各专业之间存在较高的知识关联度。选择这样一种组群模式的高职院校,所在区域一般中大企业占比较高,而且在产业链条中居于主导地位,人才需求的规模也较大且行业发展的成熟度较高,产

业内部岗位分工较为精细。因此,如若学校服务面向的区域产业集群仅是产业链条之中的某一片段,并且该职业岗位群对技术技能型人才需求量较大的话,就可以围绕产业链中具有共通学科基础的技术技能型职业岗位群设置专业群。

(三)"强行业指向、弱学科技术、强组织管理"的行业聚集型专业群模式

该类专业群不强调群内各专业之间具有共通的学科基础和相似的技术领域,但各专业所应对的职业岗位聚焦于某一特定行业并具有紧密的业务关联,而且在对专业群的管理上采取以群建院(系)的组织管理模式。该类专业群聚焦于特定产业链,基本涵盖了整条产业链条中所有的技术技能型职业岗位,由于所服务职业岗位群横跨整个产业链条,但产业链条中不同职业岗位群之间的能力素质要求相差较大,这导致各职业岗位群尽管聚焦于特定行业,但彼此之间缺乏共通的学科与技术基础,也就是各职业岗位群之间的知识关联度较低。例如,广东某高职学校珠宝首饰技术与管理专业群紧密对接珠宝首饰产业链,包括首饰设计与工艺、珠宝首饰技术与管理、珠宝玉石鉴定与加工等专业,群内各专业分别服务于珠宝首饰产业链的上游、中游和下游,具有共同的行业背景。因此,如若高职院校所面向的区域产业集群形成了较为完整的产业链而且产业链条内部职业岗位群跨度不大,就可以根据行业产业链上中下游不同的职业岗位群设置该类专业群。

(四)"强行业指向、弱学科技术、弱组织管理"的行业松散型专业群模式

该类专业群同行业聚集型专业群并没有实质性的区别,两者都聚焦于特定行业,广泛覆盖所服务产业的技术技能型岗位,各专业之间在学科与技术领域的跨度较大。不同的是,该类专业群并不采取以群建院(系)的模式,而是采取了一种较为松散的教学组织模式,例如成立跨院系的专业群建设委员会来负责统筹不同院系在专业群建设上的资源统筹与合作。之所以采取这种模式,主要是为了避免行业聚集型专业群在教学组织管理上存在的一些困境。由于行业松散型专业群聚焦于某一特定行业,而且试图覆盖该行业上的绝大多数技术技能型职业,这就极有可能导致不同专业之间缺乏共通的学科与技术基础。如果按照以群建院(系)的模式来进行管理,不同学科与技术背景的教师在合作上将存在较大的难度。而且,如果既要按照以群建院(系)的模式开展专业群建设,又要服务行业上的所有技术技能职业岗位群,这势必要扩大群中专业所覆盖职业岗位群的范围,而这无疑会增加教学管理的难度。因此,如若某高职院校所服务面向的区域产业集群形成了完整的产业链条,而且上、中、下游产业对技术技能人才的需求都很大,但职业岗位群之间的

学科、技术关联度不高,学校就可以组建行业松散型专业群,以更加灵活的方式提升服务区域产业发展的能力。例如,天津某高水平高职学校眼视光技术专业群,精准对接区域内视觉健康服务产业链的验配技术、眼镜设计、视光仪器、镜片生产和视觉康复等岗位需求,以眼视光技术专业(验配技术)为核心,包括医疗设备应用技术专业、产品艺术设计专业(眼镜设计方向)、眼视光技术专业(镜片生产工艺方向)、眼视光技术专业(视觉训练与康复方向)。其中,产品艺术设计专业并没有和其他专业在同一个学院进行管理,而采取了较为松散的跨院系合作,因为该专业在学科技术基础上同其他专业之间具有较大的跨度,而且将学生定位于某一特定行业之上也具有一定风险,因此采取跨院系的合作模式既有助于覆盖产业链条相关职业岗位群,也便于教学管理。

四、高职院校高水平专业群建构的技术路径

组建何种专业群,专业群内部各专业之间呈现何种逻辑关联?这不能够凭空设计规划,也不能完全基于高职院校已开设的专业进行临时拼凑,而是要依据产业发展的需求进行专业群的规划与调整。既然职业是职业教育的逻辑起点,专业群建构首先要对服务所面向的区域产业集群内部的职业分工协作展开深入的调查,根据服务面向的职业岗位群知识、技能与素质的要求来组建适宜的专业群,并根据所组建的专业群自身所独有的类型特征展开专业群建设。

(一)产业剖析:明晰服务面向的区域产业集群类型与特征

高职院校专业群建构应首先对区域产业集群技术技能型人才的需求展开深入调研,这是确保专业群建构科学合理的重要前提。唯有摸清区域产业集群的类型特征及其内部技术技能岗位群在产业集群内部的分工协作关系,才有可能组建适宜的专业群。而且专业群调研同传统的专业调研存在着根本的不同:专业调研一般聚焦于某一特定行业之中,调研的重点是要找到该专业所欲服务面向的职业岗位群;但专业群的调研不应聚焦于特定行业之中,而应将视野扩展到产业集群层面,根据区域产业集群的类型与特征、产业集群内部职业岗位群的协作关系及知识关联采取适宜的建群策略。一般而言,产业链上的企业可以聚集于特定区域,也可能是空间离散的。但产业集群内部的企业之间在地理空间是靠近的,而且产业集群内部企业之间一般而言构成了一条完整的产业链条或产业链片段,在横向上也构成了竞争合作链条。不同区域之间由于在经济发展阶段、资源禀赋之间存在着较大的差异,区域产业集群的规模、类型以及对技术技能人才的需求都会呈现出较大的差异。而高职院校专业群的组建必须首先明确区域产业集群的类型与特征,这是开展专业群建设的首要工作。基于前文对专业群与区域产业集群内在关联的

阐述，对区域产业集群的深入调研要重点关注如下方面：一是区域产业集群是否形成了完整的产业链条，即各个产业部门之间是否基于一定的技术经济关联并依据特定的逻辑关系和时空布局关系客观形成了一种链条式关联形态；二是区域产业集群内部是由众多分散的中小企业自由聚集而成的还是围绕某一主导企业形成的，即产业链条在内部结构上是由中小企业自由协作聚集而成的还是存在某一主导型的企业而其他中小企业依附其发展的；三是专业群所服务面向的区域产业集群包含行业类型的多寡，行业之间是产业链的协作关系还是提供不同产品与服务的并行关系。

（二）岗位定位：确指区域产业集群内部职业岗位群分布

通过对所服务面向的区域产业集群的调研可以基本明确组建何种类型的专业群，但这仅是专业群建构的起始阶段。更为重要的是，要深入调查区域产业集群对技术技能人才的需求，明确专业群所服务面向的技术技能职业岗位群，因为岗位定位是专业群进行建构的根本依据，也是后续专业群课程体系开发的前提。就岗位定位实践而言，应根据所欲建构的专业群类型特征采取不同的岗位定位策略。如若依据对产业集群的调查所欲建构的专业群为"学科技术型"专业群形态，则应广泛调查该产业集群内部不同行业之间具有共通性的职业岗位群。该岗位群应不具备行业的特殊性，而是不同行业之间具有共通的学科基础与技术关联的职业岗位群，并且调研企业的选择应尽可能包括不同的行业类别。若欲构建的专业群都聚焦于某一特定行业，则应围绕该行业产业链条中的技术技能型职业岗位群的分布展开深入调查，复合紧密型专业群形态调查范围局限于产业链一段，而其他两种专业群（行业聚焦型、行业松散型）则应对整个产业链的上、中、下游进行全面的调研，再将调研确定的职业岗位群按照不同岗位群的知识、技术、能力素质要求的关联性对岗位群进行归并与分类。如，浙江某高水平高职学校的鞋类设计与工艺专业群属于典型的"学科技术型专业群"，岗位定位为服装、鞋、箱包、饰品、家居、文创等多个行业共通性的职业岗位群。

（三）建构成群：基于岗位群的知识关联组建适宜专业群

在对区域产业集群内部技术技能型职业岗位群进行深入调研后，就需要进一步开展组群工作——根据知识关联度将所服务的岗位群进行归并与分类，最后基于国家颁布的专业目录确定专业名称。"从最根本的意义上说，专业群编组的逻辑只能在知识层面去寻求，产业链、岗位相关只是寻求专业群编组逻辑的线索，而非编组逻辑本身。不应鼓励学校把存在于一条产业链上，却无知识内在联系的专业生硬地组织到一个专业群中。"①根据职业岗位群之间的知识关联进行组群是一个需要充分发挥学校自身主观能动性的工作。尽管专业群所对应的职业岗位群是固定不变的,但这些岗位群之间如何根据知识关联度进行归类,如何确保归为一类的岗位群具有足够的知识容量和教育价值,又如何依据国家颁布的专业目录规范专业名称并确定组建专业群的内部主次关系?这些都需要高职院校综合考虑学校办学基础、教育教学规律以及国家专业设置标准与规范等多种内外因素。

(原文出处:王亚南,成军.高职院校高水平专业群建构:内涵意蕴、逻辑及技术路径.大学教育科学,2020年第06期,118-124页)

打造高水平专业群重在专业资源整合

从示范(骨干)校建设,到优质校建设,再到"双高计划",最为明显的区别就是将专业群建设摆在了一个更为突出的位置,在建设高水平高职学校的同时,着力建设一批服务、支撑、推动国家重点产业和区域支柱产业的高水平专业群。

教育部、财政部联合启动中国特色高水平高职学校和专业建设计划("双高计划"),准备集中力量建设50所左右高水平高职学校和150个左右高水平专业群,打造技术技能人才培养高地和技术技能创新服务平台。从示范(骨干)校建设,到优质校建设,再到"双高计划",最为明显的区别就是将专业群建设摆在了一个更为突出的位置,在建设高水平高职学校的同时,着力建设一批服务、支撑、推动国家重点产业和区域支柱产业的高水平专业群。专业群建设绝不是不同专业之间的机械组合,而是基于产业链条上相互关联的职业岗位群而建构的能够实现跨界、协调、互通而又一贯的人才培养新载体,实现从单一专业到复合专业的跨越。这意味着专业群建设是对传统专业建设范式的一种革命,必须走出一条不同于以往的新道路。当前,绝大部分高职学校已经开展专业群建设的实践探索,但由于受到学科思维的羁绊以及传统专业建设模式的影响,专业群建设容易走入如下误区。

一、误区一:专业群组建"随意拉郎配"

专业群组建是专业群建设的首要问题,唯有科学组建才能够真正发挥"集群"优势,倘若所组建的专业群在没有展开深入的产业调研基础上就随意"拉郎配",不仅不能发挥专业群资源共享、协同发展的优势,反而会造成群内各专业之间的相互"扯皮"和"内耗"。

---

① 徐国庆.基于知识关系的高职学校专业群建设策略探究[J].现代教育管理,2019(07):92-96.

当前专业群组建已出现一些不好的苗头:其一,"临时抱佛脚"。部分高职学校开展专业群建设的动机不是出于服务区域产业发展的需要,而仅仅是为了通过专业群的"包装"申报政府的相关项目,在功利性动机的指引下,专业群组建的方法通常就是按照一定的评价标准对现有的专业进行"排队",然后按照政府项目评审的需求择优申报,出现在不同的时间一个专业属于不同专业群的怪象。

其二,"新瓶装旧酒"。专业群如何组建缺乏前期充分的科学调研,专业群组建工作就是对旧有专业教学资源的重新整合,在缺乏对区域产业发展趋势及岗位人才需求进行深入调查研究基础上,仅凭自身的主观经验就将一些原有专业组建成群。

其三,组建"学科化"。由于高职学校教师主要来自学术型高校,他们对职业教育专业设置模式缺乏深入的认知与了解,往往以学科分类思维作为组建专业群的主要依据,仅着重考虑专业之间的学科基础,缺乏对专业所对应的职业岗位基础的深入调查,从而造成专业群与区域产业发展人才需求的脱节。

要想避免上述情况,专业群组建应对所服务面向的区域产业集群的类型与特征及人才需求展开深入调研,基于所服务面向的职业岗位群的内在逻辑关联设置与其相匹配的专业群。

二、误区二:专业群整合"形聚而神散"

专业群组建仅是专业群建设的起始阶段,更为重要的是如何打通专业之间有形无形的边界,实现群内资源的多维深度互融。有高职学校在专业群建设上仅重视前期的组建工作,将专业群建设等同于专业群组建,组建工作完成后,各个专业仍然是"各自为政",不仅各专业之间未能够形成良好的协同发展态势,反而存在着互相排斥与资源争夺的现象。

之所以会出现这一现象,是由于高职学校忽视了专业群组织管理制度的建立以及一体化专业群课程体系的构建,前者是专业群真正发挥"群"效益的制度保障,而后者则是群内专业资源整合的根本指针与依据。由于未能根据专业群的规模以及类型建立相匹配的专业群管理机制,造成专业之间的固有隔阂依然存在,专业间的资源整合困难重重。

同样,由于未能构建一体化的专业群课程体系,在师资、实训、教学资源库等资源的整合上也因为缺乏课程所提供的框架依据而步履维艰。要想避免上述误区,专业群组建之后的首要任务就是建立一体化专业群管理机制并开发专业群课程体系,从而为专业群资源整合提供制度保障和根本依据。

三、误区三:专业群评价"新瓶装旧酒"

建立科学而系统全面的专业群评价体系是推进专业群建设的重要抓手,但当前政府和学校对专业群的评价都重视不够,仍然主要聚焦于对单个专业的评价。如政府部门开展的高职学校优势专业、特色专业的遴选主要以单个专业为主,以专业群为依据的评价工作尚未开展,而且各高职学校在对内部各专业竞争力的评价上也同样以单个专业为主。尽管也有部分学校已经开始探索以专业群评价为依据进行内部资源的分配整合,但无论是理念上还是路径上都没有超越传统的专业评价模式。

专业群建设同单个专业建设无论是在理念还是在具体路径上都存在根本不同,专业群绝不是不同专业之间的机械组合,而是通过管理制度、课程体系、团队构建等建群举措实现群内专业之间互融共通,从而发挥集群优势达到培养能够胜任多岗位任务要求的复合型高技能人才目标。

要想避免上述误区,应根据专业群建设的独特性要求及建设重点,构建定量与定性互融、全面与重点兼备的评价指标体系。

四、误区四:专业群优化"闭门造车"

专业群建设是一个动态过程而不是静态结果,这是因为专业群与区域产业集群之间存在着紧密的互动关联。随着新技术、新工艺在生产、服务过程中的广泛与深度应用,专业群所服务的产业集群内部技术技能职业岗位的分布模式与内部关联都将随之而变,甚至某些岗位群会随着新技术的应用而消失,专业群同区域产业集群之间紧密的互动关联决定了唯有实现产教深度融合才能够保证专业群建设不会被淘汰。

当前高职学校专业群的动态优化调整同区域产业集群之间的关联度并不高,这表现为针对专业群的评价主要限于学校内部和政府部门,行业、企业以及第三方无论是在参与的主动性上还是在参与路径上都存在着明显的不足和缺位。

此外,一些高职学校在专业群建设上也缺乏行业、企业等产业主体的积极参与,缺乏产教融合的交流合作平台,从专业群人才培养方案的制定到实施,行业、企业的参与度都呈现较低的水平。因此,为了保持专业群建设的内在动力和外在活力,必须通过多维度、深层次的产教融合,实现人才链与产业链的持续动态匹配。

(原文出处:王亚南.打造高水平专业群重在专业资源整合.中国教育报,2019年05月07日第9版)

"双高计划"背景下高职院校专业群整合的模式建构及实现路径

"双高计划"实施以来,专业群成为高职院校内涵建设的核心抓手,从专业建设到专业群建设,既是应对产业融合挑战的客观要求,也是高职院校自身聚集办学资源、打造专业品牌的必由之路。尽管从国家到省级层面,各级政府都遴选了一大批高水平专业群开展重点建设,但仍有部分高职院校尚未意识到专业群建设的重要价值,专业群建设仍停留在理念与政策文本层面,群内专业之间"各行其是",缺乏有效整合,同区域产业需求之间也无法有效匹配。对于当下专业群建设而言,"整合"是专业群建设的核心理念,也是专业群建设的重要目标,唯有打通专业群与地方产业集群之间的信息、资源壁垒,以及专业群内部各专业之间的组织壁垒,才能够真正发挥专业群建设资源整合、提质增效、培养复合型技术技能人才的应有价值功效。因此,本研究尝试从整合视角出发,阐明高职院校专业群建设的本质内涵,并基于国家"双高计划"院校高水平专业群建设经验尝试概括归纳专业群整合的不同模式,最终系统提出高职院校专业群整合的实现路径。

一、高职院校专业群整合的内涵意蕴

整合的内涵是指把零散的东西彼此衔接,从而实现信息系统的资源共享和协同工作,形成有价值、有效率的一个整体。高职院校专业群整合内涵的实质就是要将彼此相对独立运行的专业依据产业逻辑和人才培养逻辑进行有效整合,打通专业群内部各专业之间存在的资源、信息壁垒,构建一体化课程教学体系并打造结构化"双师型"专业群教师团队,最终实现专业群人才培养、服务面向与区域产业集群人才需求、技术创新的动态耦合匹配。

(一)专业群整合的核心目标是人才链匹配产业链

高职院校专业群整合的核心目标是人才链与产业链的耦合匹配,这是由高职院校专业群的本质属性所决定的。"职业教育的'专业'不是对学科体系专业分类的简单复制,不是学科体系演绎的结果,而是对真实职业群或岗位群所需要的共同知识、技能和能力的科学编码,是职业性行动体系归纳的结果。"[①]基于以上阐述,高职院校的专业并不是对学科体系自然分化的结果,而是源自真实工作世界的职业岗位群,职业性作为职业教育的根本属性,决定了高职院校的专业同样具有鲜明的职

---

① 姜大源.职业教育教学思想的职业说[J].中国职业技术教育,2006(22):1.

业性,高职院校专业来源于职业世界,同所服务面向的职业岗位群存在着直接的映射关联。从专业建设到专业群建设并未根本改变专业的本质属性,职业性同样是专业群最本质的属性特征,只不过专业群所服务的职业岗位群的数量相较于单个专业而言有了质的提升,对高职院校教学运行管理、课程体系开发、资源体系构建等方面提出了全新挑战。高职院校专业群自身的职业性本质特征决定了专业群建设必须紧密对接区域产业链条对高素质技术技能人才的需求,根据区域产业链条中技术技能型职业岗位群的分布规律,结合自身人才培养特色尝试组建专业群,并且要紧密跟踪区域产业链条的动态变化对专业群建设方向与内容不断进行优化调整。因此,高职院校专业群整合不应将视野局限于学校现有的专业群建设基础,也绝不是对已有专业的简单组合,而是要视野向外,以产业需求为导向,根据区域产业集群(产业链条在区域的呈现形态)对技术技能型人才需求的特征、分布以及规模进行科学组群,同时,要将服务区域产业发展的能力作为评判专业群整合水平的主要指标。

(二)专业群整合需要从组群到资源开发系统谋划

高职院校专业群整合的实现不是一蹴而就的,而是一个需要顶层规划、系统筹划的过程。一般而言,高职院校专业群整合过程包含五大关键行动要素,分别是专业组群、搭建组织管理领导体系、构建专业群课程体系、组建专业群教师团队以及教学资源体系的开发,这五个方面存在着十分紧密的内在关联。组建成群是高职院校专业群整合的起始,专业群组建工作之于专业群建设具有十分重要的价值意义,具有"牵一发而动全身"的影响,专业组群的科学与否将直接决定专业群资源整合的方向与路径,也将直接决定复合型技术技能人才培养目标是否可以达成。因此,将何种专业进行组群需要综合考虑多种因素的影响,唯有专业组群科学合理才能够保证后续专业群整合的顺利推进。

搭建组织管理领导体系是避免专业群内部"群而不集"的关键,高职院校专业群整合不仅涉及人才培养模式的变革,对于过去以单个专业为主的传统教学管理运行模式而言也是一场革命性的重构,但如果专业群的改革仍然聚焦在课程、教学资源等低层面,而不寻求教学管理体制的变革,将无法打破专业之间有形和无形的壁垒,难以真正发挥专业群集群效应的优势。唯有通过院系调整和内部权责利的调整重构,才能够打破群内专业之间的组织壁垒,实现专业资源的高效整合。

课程体系是专业群建构的核心内容,是落实复合型高素质技术技能人才培养的关键载体,建构层次明晰、功能多样的专业群课程体系是专业群"集群"优势发挥的关键。

专业群教师团队的组建是保证人才培养理念落地的关键保障,组建数量充足、能力互补、结构合理的专业群教学团队是保证课程体系落地的实施载体,是专业群建构过程中最为活跃的革新主体。

教学资源建设是专业群整合的最后一个关键要素,是课程体系人才培养功效发挥、教师团队教学改革创新的物质基础,对专业群建构成效的发挥起到了十分关键的作用,需要进行全盘考虑、统筹推进。

(三)专业群整合可以根据整合水平进行层次表征

高职院校专业群整合层次根据专业群在五大关键整合行动要素上的差异表征为三个不同层次,见表1。第一层次是名义形式整合,这是专业群一种最低水平的整合,在这种整合水平下,专业群建设仅停留在名义层面,处于这一整合水平的高职院校往往出于项目申报的动机将几个关联度较高的专业组建成群,并没有深入考察成群的几个专业在人才培养、产业需求上到底存在何种内在关联。由于专业群整合仅停留在名义层面,因此高职院校也未能根据专业群建设的现实需求进行组织管理模式的变革和课程教学体系的重构。第二层次是内部资源整合,处于这一整合水平的高职院校认识到了专业群建设的重要价值意义,但其整合视野主要向内,并没有对区域产业集群的人才需求进行深入调查研究,而是在现有专业基础上进行优化调整,组建成群的主要依据往往是专业之间关联度的高低,为了提高专业群资源整合的深度,也会构建相应的组织管理领导体系,组建教师团队,并将原有不同专业之间的课程体系进行机械拼接,打通原有专业之间的资源共享壁垒。第三层次是产教深度整合,处于这一整合水平的高职院校将服务区域产业发展作为专业群建设的首要目标,在组建成群上十分注重考察地方产业的人才需求,根据区域产业集群的特征科学组建专业群,而且在组织领导管理体系构建上注重行业企业的积极参与,在课程体系构建上会根据职业岗位需求按照理实一体、工学结合的要求重构课程教学体系,并组建跨领域的专兼紧密结合的教师团队。

表1 高职院校专业群整合水平的层次表征

整合水平	行动要素				
	组建成群	组织架构	课程体系	教师团队	教学资源
名义形式整合	名义上组建在一起	未构建组织管理领导体系	未统一进行课程体系的建构	未组建统一的专业群教学团队	未进行课程教学资源的系统开发

续表

整合水平	行动要素				
	组建成群	组织架构	课程体系	教师团队	教学资源
内部资源整合	将关联度较高的专业组建起来	构建了相应的组织管理领导体系	将不同专业的课程教学体系进行整合	根据课程教学体系需要组建相应的教师团队	打通专业之间的界限，根据课程运行开发教学资源体系
产教深度整合	根据区域产业需求科学组群	校企联合构建了相应的组织管理领导体系	根据区域产业需求进行课程体系的科学构建	根据课程体系需要组建结构多元、能力互补的教师团队	校企共建一体化、多功能的教学资源体系

二、高职院校高水平专业群整合的模式建构

高职院校专业群整合具有其内在规律，应综合考虑院校自身建设基础以及区域产业集群的内在特征，在内外不同影响因素的作用下，高职院校专业群可以整合为不同模式，且其外在形态表征上也呈现较为鲜明的差异性。基于对"双高计划"高职院校高水平专业群整合经验的总结归纳，不同专业群在产业聚焦维度、知识关联程度以及组织管理强度三个维度上会呈现一定的差异性，据此，可以将高职院校专业群划分为以下四种主要的整合模式。

（一）"弱产业聚焦—强知识关联—强组织管理"专业群整合模式

该类专业群整合模式在三个关键维度上呈现以下特征：在产业聚焦性上较弱，群内专业并不聚焦于某一特定的产业或行业，群内专业之间在知识上有着较强的关联性，即不同专业在学科技术领域上的跨度不大，在专业群的组织管理上采取了一种较为紧密的管理模式，即不同专业被纳入同一院系进行集中管理。一般而言，该专业群所在的区域产业集群以中小企业为主，呈现小产业、大集群的特征，因此，

高职院校在专业群布局时不会聚焦于某一特定产业,而是会聚焦于多个产业,然后通过对所聚焦不同产业共性职业岗位群的深度挖掘分析,将知识关联度较高的职业岗位群聚集起来进行分类,这样就可以结合学校的办学基础明确专业人才培养的定位,而且因为不同专业之间在知识关联度上较为紧密,可以采取以群建院(系)的方式进行资源整合。例如,无锡职业技术学院数控技术专业群由机械制造与自动化、材料成型与控制技术、工业机器人技术、数控技术和数控设备应用与维护五个专业组成,专业群面向先进制造业,聚焦在航空发动机、燃气轮机叶片制造、汽车零部件等高端产业转型升级的人才需求,对接数字化设计、毛坯制造、智能工装制造、协同制造、单元安装调试、生产线维护维修等技术链条进行人才培养。该类专业群的形态特征如图1所示,以技术链条为专业群组建依据,分别面向不同的产业领域,并且采取了以群建院(系)的管理方式。

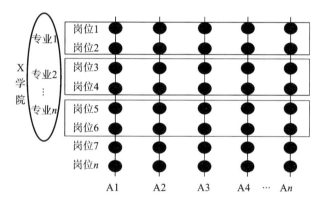

图 1 "弱产业聚焦—强知识关联—强组织管理"专业群整合模式

注:图中 A1～An 分别指代专业群所面向的不同产业领域;岗位 1～岗位 n 分别是群内不同专业所面向的职业岗位;X 学院特指高职院校二级院系管理单位;专业 1～专业 n 则指专业群所包含的专业。

除上述形态外,"弱产业聚焦—强知识关联—强组织管理"专业群整合模式还有另外一种形态,此类整合模式专业群尽管面向不同产业领域,各专业之间也具有共通的学科技术基础,但该专业群内每个专业分别面向不同的产业领域。例如,温州职业技术学院鞋类设计与工艺专业群面向时尚终端产品个性化、智能化设计与开发,针对服装、鞋、箱包、饰品、家居、文创等时尚产品的设计、研发、智造等岗位群,组成了以鞋类设计与工艺、服装与服饰设计、家具设计与制造、产品艺术设计四个专业为主的专业群。该专业群内不同专业分别面向不同产业,而且不同专业之间具有共通的学科、技术基础,并通过实体化的院系进行有效管理。

(二)"强产业聚焦—弱知识关联—强组织管理"专业群整合模式

该类专业群整合模式在三个关键维度上呈现以下特征:在产业聚焦上较强,群内专业聚焦于所在区域某一特定产业或行业,群内专业在知识关联度上并没有很强的关联性,即不同专业在学科技术领域上跨度较大,在专业群的组织管理上采取了一种较为紧密的管理模式,即不同专业被纳入同一院系进行集中管理(图2)。该类专业群所服务面向的区域产业集群规模较大,一般而言是该区域的重要特色产业,形成了十分完整的产业链条,产业链条从上游到下游对技术技能人才的需求量都较大,而且该产业链条不会特别长,即产业链中技术技能型职业岗位的种类、数量不会特别多,单个院系就能实现全部覆盖。正是由于区域产业集群呈现出这样一种特征,高职院校便可以将专业群的服务面向聚焦于地方特色产业,通过对该产业链条上相关职业岗位群的全面梳理,对知识关联度较高的职业岗位群进行打包归类,明确群内不同专业在整个产业链条中的服务定位,而且因为地方产业人才需求量较大,便可进行集中管理。通过组建产业学院的方式便可大规模培养针对性的技术技能人才。例如,日照职业技术学院服务现代海洋渔业发展趋势,围绕"海水良种选育—规模化海水健康养殖—水产品精深加工"产业链,构建由水产养殖技术、食品加工技术、食品生物技术、食品营养与检测和环境工程技术五个专业组成的专业群。这五个专业群分别覆盖了海洋渔业产业链条中的所有关键环节,同属于海洋渔业,都与水产品的生产加工相关,但五个专业分别属于四个专业大类,分别是农林牧渔大类、食品药品与粮食大类、生物与化工大类和资源环境与安全大类,群内不同专业之间在学科、技术领域上的跨度较大。由于该专业群所面向的产业集群是该区域十分重要的支柱产业,对技术技能人才需求较大,因此,该校采取

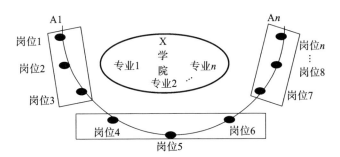

图2 "强产业聚焦—弱知识关联—强组织管理"专业群整合模式

注:图中A1~An分别指代专业群所面向的不同产业领域;岗位1~岗位n分别是群内不同专业所面向的职业岗位;X学院指高职院校二级院系管理单位;专业1~专业n则指专业群所包含的专业。

了以群建院(系)的方式进行管理,组建了海洋工程学院,将属于不同专业大类的专业纳入一个院系下进行统一管理。

(三)"强产业聚焦—弱知识关联—弱组织管理"专业群整合模式

该类专业群整合模式在三个关键维度上呈现以下特征:有较强的产业聚集性,群内专业聚焦于某一特定的产业或行业,群内专业之间的知识关联度不强,即不同专业之间在学科技术领域上的跨度较大,在专业群的组织管理上采取了一种较为松散的管理模式,即群内不同专业被纳入不同院系进行管理。该类专业群所服务面向的产业集群同样有可能是该区域的重要特色产业,而且产业链条不是特别长,一个专业群就可以服务该特色产业链条中全部技术技能型职业岗位群。但与前者不同的是,该专业群并未采取集中管理模式展开有效管理,而采取了较为松散的管理模式,即群中部分专业在其他院系,主要是因为在其他院系的专业并不聚焦于该产业,同时有可能服务于其他产业,而且因为知识关联度不高不宜采取集中管理的模式,开设聚焦于该特色产业的课程更为合适(图3)。例如,广西职业技术学院茶树栽培与茶叶加工专业群以茶树栽培与茶叶加工专业为龙头,汇聚茶艺与茶叶营销、广告设计与制作、电子商务等专业,紧密对接茶叶产业链关键要素环节"栽培—加工—品牌策划—包装设计—营销"等。从该专业群的组建来看,不同专业群聚焦于产业链条中从上游到下游的相关职业岗位群,基本实现了全覆盖,尽管专业群内各专业都聚焦于同一个产业,但各专业之间在知识、技术的关联性上较低,茶树栽培与茶叶加工主要以农业学科为基础,电子商务和广告设计与制作等专业则主要以商科为基础,群内不同专业之间在知识跨度上存在着较大差异。由于群内专业之间的知识跨度较大,该专业群采取了跨院系的组织管理方式,茶树栽培与茶叶加

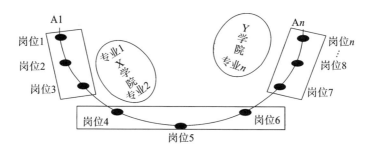

图3 "强产业聚焦—弱知识关联—强组织管理"专业群整合模式

注:图中 A1~An 分别指代专业群所面向的不同产业领域;岗位1~岗位 n 分别是群内不同专业所面向的职业岗位;X学院、Y学院特指高职院校二级院系管理单位;专业 1~专业 n 则指专业群所包含的专业。

工、茶艺与茶叶营销在农业与环境工程学院,而广告设计与制作、电子商务则分别在另外两个学院。

(四)"强产业聚焦—强知识关联—强组织管理"专业群整合模式

该专业群整合模式(图4)在三个维度上呈现以下特征:在产业聚焦上较强,群内专业聚焦于所在区域某一特定产业或行业,群内专业的知识关联度较强,即不同专业在学科技术领域上较为相近,而且在组织管理上采取了一种较为紧密的管理模式,即不同专业被纳入同一院系进行管理。该类专业群所服务面向的区域产业集群规模较大,通常是该区域内的重要支柱产业,而且该产业链条较为复杂,内部分工十分细致,该区域产业集群可能仅为整个产业链条的部分片段。正是由于专业群所服务面向的区域产业集群具有以上特征,高职院校通常会选择该产业链条中的关键片段进行服务,通过对该片段各部位职业岗位群的分析归类明确专业群的服务面向,通常这类专业群也适宜采取以群建院(系)的方式进行有效管理。例如,北京交通运输职业学院城市轨道交通运营管理专业群主要聚焦城市轨道交通产业链条的终端——运营服务生产领域,一般而言,城市轨道交通产业涵盖了设计咨询、建设施工、装备制造、运营及增值服务五大环节,主要有设计咨询、工程建设、装备制造和运输服务四大类企业。该高水平专业群主要聚焦于城市轨道交通产业链条的一个片段,根据城市轨道运输服务类企业以站务、乘务运营岗位为核心、以设备检修类岗位为保障的逻辑关系,设置了以运营管理、车辆技术专业为龙头,其他专业协同的专业群,实现岗位群全覆盖。由于所服务面向的职业岗位群所需的知识要求关联度较高,站务、乘务和维检修三大类岗位群工作内容交叉、复合而且需要掌握共同的专业基础知识,各专业之间具有十分紧密的知识关联度,因此,该专业群采取了以群建院(系)的管理方式,十分有利于内部资源的有效整合。

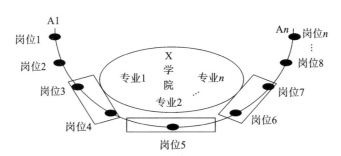

图4 "强产业聚焦—弱知识关联—强组织管理"专业群整合模式

注:图中A1~An分别指代专业群所面向的不同产业领域;岗位1~岗位n分别是群内不同专业所面向的职业岗位;X学院特指高职院校二级院系管理单位;专业1~专业n则指专业群所包含的专业。

三、高职院校专业群整合的实现路径

高职院校专业群整合是一项较为复杂的、涉及多主体参与的系统工程。从宏观层面来看,各级政府一是要抓紧建立健全专业群评价体系,基于整合理念重构专业群评价体系,明晰专业群建设的未来路向;二是要建立健全国家宏观指引、省级政府统筹以及院校自身动态调整的专业群优化调整机制。在中微观层面,高职院校自身一是要从学校到院系层面夯实专业群建设的组织领导管理体系,明晰院校与学校在专业群建设方面的责权关系,充分发挥专业群这一基层教学组织的自主创新能力;二是根据所服务面向的区域产业集群的自身特征科学组群,而且要根据不同类型专业群的属性特征分类开展建设。

(一) 转变评价导向:基于整合理念明晰专业群建设的方向指引

高职院校专业群整合的实现首先要构建基于整合理念的专业群评价体系。中共中央、国务院印发《深化新时代教育评价改革总体方案》,明确指出了"教育评价事关教育发展方向,有什么样的评价指挥棒,就有什么样的办学导向"[①]。专业群整合实现困难的关键在于基于整合理念的专业群建设成效评价体系尚未建立。如果忽视评价的"指挥棒"作用,专业群建设将可能仅停留在文本、理念层面,难以真正发挥其资源优化整合、复合型技术技能人才培养的应然功效。当前,我国高职院校专业群评价仍然是过去专业评价的翻版,评价的重点仍然聚焦在一些外显性的、静态的以及结果性的指标,过于偏重规模、硬件建设与资源投入,普遍将教育行政部门所公布的一系列教育教学改革项目、竞赛评价结果作为最主要的评价指标。在这样一种评价指挥棒的引导下,高职院校专业群建设存在着一定的功利化导向,会倾向将一些缺乏产业内在关联但建设成果丰硕的专业组建成群,通过"强强"联合去申报相关专业群建设项目,但申报完成后群内专业仍各行其是,在教学资源、教师团队、课程体系建设等方面都未能实现一体化设计与重构,仅仅是一种名义上的整合。基于整合理念重构专业群评价体系是高职院校治理能力现代化升级的关键。

首先,要建立健全学校主导、行业企业参与、政府调控、社会参与的专业群评价体系。高职院校自身应发挥评价主体作用,将专业群质量评价纳入内部质量保障体系的构建之中,在质量诊断与改进过程中凸显专业群评价,构建专业群质量评价

---

① 中共中央、国务院印发《深化新时代教育评价改革总体方案》[EB/OL].(2020-10-13)[2021-06-01]. http://www.gov.cn/zhengce/2020-10/13/content_5551032.htm.

与诊断模型,根据模型采集关键数据。行业组织应基于区域内行业人才需求对高职院校专业(群)布局、人才供给、培养质量进行全面评价,企业则应深度介入人才培养过程,基于人才培养质量结果对专业群开展质量评价。政府应发挥好项目评价的指挥棒作用,构建科学的绩效评价体系,通过示范性专业群建设带动高职院校专业群建设质量的提升。与此同时,应积极发挥第三方评价机构的重要作用,完善政策法规,培育第三方评价市场,引导第三方机构科学评价专业群。

其次,在评价指标体系的构建上应突出整合理念,将产教整合、专业间整合作为评价的重点。基于整合理念设计专业群评价指标体系是由专业群自身的属性特征决定的,高职院校人才培养与产业需求之间供求整合以及群内专业之间的运行整合是考察专业群建设成效的核心。产教整合强调专业群组建及人才培养是否能够和区域产业集群的分布特征及人才需求相匹配,行业企业是否充分参与到人才培养过程之中。与专业建设成效评价聚焦于本专业自身的建设成效不同,专业群建设必须整体考查群内各专业之间发展的协同性,专业间整合应凸显群内专业的协同发展,不能聚焦于静态的、结果性的指标,还应关注在人才培养过程中各专业之间在课程体系、教学运行以及资源开发上的协调性、一致性。

最后,在评价方法上应坚持定量与定性的统一。定量评价应突破当前项目获取数据累加评价的局限性,采取大数据技术动态采集专业群建设过程中的关键质量信息,"可以基于海量、动态、及时、准确、全面的大数据进行深入和精准的'全样本'分析,从而提高专业群建设的科学性和有效性"[①],结构化与非结构化数据都应囊括其中。然而,高职院校专业群建设成效不是所有质量结果都能通过量化信息进行考查,很多重要的质量信息还需要通过具有一定专业群建设经验的专家进行专业判断,定性评价可以较好弥补定量评价的不足。定性评价应在定量评价基础上着重考查高职院校专业群的组群合理化、课程体系一体化、教学运行协调性等定量评价无法有效测评的关键质量信息。如果仅关注定量评价结果,极易导致高职院校办学的功利化和短视化。

(二)打通产教壁垒:形成基于产业需求的专业群优化调整机制

高职院校专业群建设与区域产业集群之间应形成一种紧密的联动机制,这是专业群本质属性所决定的。高职院校专业群如何在区域之间布局,如何科学组群以及构建课程体系都应该扎根区域产业集群对技术技能人才的需求,这是专业群建设的根本指针。当前,高职院校专业群建设同区域产业发展之间存在着一定程

---

① 林克松,许丽丽."双高"时代高职专业群建设与治理体系改革的共同演进[J].高等工程教育研究,2020(5):134-139+164.

度的供需错配和失调,这是由于尚未建立起科学的专业(群)优化调整机制,尤其是地方政府尚未建立起基于产业需求的专业(群)布局与预警平台,学校也尚未充分认识到专业群建设同专业建设的区别。时下,专业群的设置以及组建都主要由高职院校承担,但高职院校教师并不具备开展大规模区域人才需求调研的能力,也无法精准判断未来行业发展的人才需求,在没有产业需求数据支撑的情况下,高职院校不得不"闭门造车",根据已掌握的行业局部信息开展专业群建设工作。基于产业需求构建多元主体协同参与、内外一体的专业群优化调整机制是实现专业群建设内外联动发展的重要支撑。

首先,政府要加强宏观调控,运用多维政策工具引导高职院校对接产业需求。国家教育行政部门要进一步做好专业目录的研制和修订工作,紧密对接新岗位、新技术、新职业和新业态,以专业目录为抓手统筹规划高职院校专业群布局、调整人才培养供给、开发国家教学标准体系,为省级政府以及院校专业(群)设置和布局提供基本依据。省级政府应统筹教育、人社、发改等部门联合筹建省级产业人才需求研究及信息发布平台,为政府专业(群)布局决策和学校专业(群)设置与调整提供基本的数据支撑。省级教育行政部门应以产业需求数据为基本依据,建立专业(群)设置与预警信息平台,从产业需求度和专业建设能力两个基本维度出发,对所辖区域内高职专业(群)建设现状进行精准掌控,从而做出科学诊断与评价。

其次,高职院校应联合行业企业在精准掌握区域产业技术技能人才需求基础上科学组群。由于不同区域产业集群在技术技能人才需求规模、分布特征上都存在着较大差异,需要高职院校在政府宏观指导下基于地方产业需求和自身办学基础进行科学组群。一般而言,高职院校科学组建专业群,一是需要对所面向的区域产业集群人才需求进行全面深入调研,在调研基础上根据学校自身办学基础精准定位所服务面向的职业岗位群;二是,通过对职业岗位群所需知识、技能和素养的综合分析,对现有专业教学资源进行优化调整和补充,明晰专业群与所服务面向职业岗位群、产业集群的对应关系。

最后,高职院校应根据专业群整合的不同模式分类开展建设。高职院校如何组建成群,采取何种整合模式将直接影响未来专业群建设的基本路径。在不同的整合模式下,高职院校专业群的课程教学体系构建、教师团队构建以及教学资源体系确立都存在着较大的差异性,高职院校应准确识别不同专业群整合模式的特征并有针对性地采取适宜的发展路径。例如,若专业群聚焦于区域内某一特定主导产业,并且群内专业之间的知识关联度跨度较大,就不适宜采取以群建院的组织管理方式,因为群内专业教师之间的学科、技术背景跨度较大,不适宜在同一院系下进行一体化管理。该情况下,较适宜采取松散的跨院系合作,组建相应的跨院系专业群组织管理机构,以某一院系为主导,其他院系的相关专业配合,联合开发课程教学体系。

(三) 夯实组织基础:构建责权明晰的专业群组织领导管理体系

组织建设是专业群建设的重要依托,是实现专业群内部资源整合的关键。"专业群的资源不仅超越了专业之间的共享,而且跨越了院系,需要在院系之间进行资源调配、资源共享和人事沟通。因此,科学、有序、有效的专业群建设是一个更为复杂的动态体系,需要打破原有以院系和学科专业为主体的管理模式,构建适合专业群建设的运行管理与组织机构,这也是目前高职院校专业群建设在运行中遇到的管理机制瓶颈。"[①]当前高职院校专业群整合建设进度之所以缓慢,很重要的原因就是基于专业群的内部组织管理体系变革尚未开展。从学校层面来看,没有相应的机构承担专业群建设的主体责任,由二级院系推进专业群建设必然仅停留在局部范围,没有组织变革为支撑的专业群改革创新将难以真正实现跨院系合作的有效整合。基于专业群的内部组织管理体系变革是高职院校专业群整合实现的前提基础。

首先,在学校层面建立以学校为主体,行业企业、政府等多元主体参与的专业群治理结构。学校层面专业群治理机构的实体化建设是推动专业群建设理念落地的关键,由于专业群建设牵涉到学校内部重大利益关系调整和重塑,只有从学校整体利益出发才能够真正摆脱局部利益的掣肘。学校层面专业群治理结构从成员构成上来看,要吸引行业、企业以及地方政府参与专业群建设,并通过建立相应的管理运行制度,保障相关决策部署能够得到有效贯彻执行。同时,为了保证决策的科学性,应同时成立相应的决策咨询机构,可由教务处牵头,多部门以及院系负责人联合参与,专门负责对学校专业群的布局与优化调整提供改革方案,并吸纳校内外相关专家对方案开展多轮论证。

其次,根据区域产业集群的分布特征科学决定专业群建设的组织形态与运行模式。在二级院系层面,到底是采取"以群建院"还是采取"跨院系整合"的组织形式,应根据所服务面向的区域产业集群的特征而定。两种模式都具有自身的优势和不足,"以群建院"能够加强资源的整合力度,确保资源整合一体化,但是,将学科、技术背景跨度较大的教师整合起来务必会增加运行、沟通等多项成本;"跨院系整合"更为灵活,但也有可能造成资源割裂。如若所服务面向的产业是区域主导产业,且该产业已经形成了较为完整的产业链条,对技术技能人才需求量较高,就算专业之间知识跨度较大,也可以采取以群建院的组织形式,但如果所服务面向的区

---

① 宋志敏."双高"建设中高职院校专业群建设及其指标体系构建[J].职业技术教育,2020,41(13):12-16.

域产业集群并非区域主导产业,专业之间知识跨度较大,就适合采取跨院系整合的组织形态。

最后,赋权增能,明晰专业群作为教学、科研、社会服务创新综合体的地位作用。不论采取何种组织形态,专业群都应该成为高职院校内部创新最为活跃的主体,"专业群是高于专业的人才培养单位,是在专业之上生长出来的层级;其本质不是严密的组织,而是共同体"[①]。应高标准遴选专业群负责人,彰显专业群负责人的专业权威,赋予专业群及专业群负责人对内部各专业资源之间的统筹权和在人财物等方面应享有的自主权利。学校职能部门应做好服务提供、问题诊断以及制度构建的角色定位,减少对专业群建设的直接干预,同时,要"厘清权属边界,建立以专业群事业部为运行单位的集约化管理、市场化运作模式,提高专业群对发展变化的响应度"[②]。

(原文出处:王亚南."双高计划"背景下高职院校专业群整合的模式建构及实现路径.中国职业技术教育,2022年第07期,53-60页)

[①] 赵蒙成.高职院校专业群建设的偏误及其纠正:微观组织变革的视角[J].教育发展研究,2020,40(9):63-70.

[②] 崔发周.高职院校内部行政组织机构优化策略——基于高水平专业群建设的视角[J].职教论坛,2021,37(1):33-39.

第三章 打造技术技能人才培养高地

搭建产科教平台,融汇"产、学、研、训、创"

党的二十大报告强调,"推进职普融通、产教融合、科教融汇,优化职业教育类型定位"。2023年全国教育工作会议进一步提出,"加快构建融通融合融汇的现代职业教育体系",科教融汇已成为高职创新发展的新方向。

一、把握科教融汇的重要价值

把科教融汇作为职业教育办学的新方向,对于高职教育创新发展具有重要的价值意义。一、科教融汇是统筹"三位一体"的必然要求。科教融汇是高职教育领域教育、科技、人才实行统筹安排、"三位一体"部署的必然要求,是打造教育、科技、人才共同体的重要载体。二、科教融汇是现代职教体系深化的关键路径。现代职业教育体系建设要满足产业发展、科技创新需求,高职院校应主动融入国家科技创新链,成为先进科技成果创新的"中试车间",服务先进科技成果的产业化。三、科教融汇是人才自主培养能力的重要支撑。科教融汇对于现代产业体系高端化、智能化、绿色化发展起到重要支撑作用,无论是高素质现场工程师还是高端技术技能人才的自主培养,均离不开科技创新要素的有机融入。

二、审视科教融汇的现实瓶颈

时下,高职教育在国家科技创新体系中的作用没有受到足够重视,科教融汇的深度及广度与产业发展需求、行业企业期望都存在较大差距。

一是适应性不足。高职院校的办学定位尚不能契合科教融汇的需求,强教学弱科研、重技能轻技术。"重点服务企业特别是中小微企业的技术研发和产品升级"是高职院校办学的重要导向,而很多高职院校未能通过科学技术研究充分适应区域产业发展对技术创新的需求。据国家知识产权局网站数据,2020年全国高职院校校均授权发明专利数2.69项,有959所高职院校授权发明专利数为零;据《2021年高等职业教育质量年度报告》统计,全国有217所高职院校2020年科研社会服务经费为零。

二是功能性不足。高职院校实现科教融汇缺乏基础平台的有效支撑,强产教弱科教、重人才培养轻科技创新。随着科技创新的复杂化、系统化,科学技术研究需要平台支撑,尤其是校企协同构建的技术创新平台。由于缺乏完善的科研平台与科研组织机制,高职院校教师之间无法形成紧密协同的科研共同体,难以形成完整的科研创新链条,科研供给与企业需求之间存在"两张皮"现象。

三是创新性不足。高职院校师资队伍尚不能支撑科教融汇,强理论弱应用、重数量轻转化。高职院校教师开展科研工作普遍较为重视论文、项目等理论成果,缺乏应用科研的意识与能力,科技成果市场推广意识不强、能力不高。加之很多教师缺乏企业工作经历,普遍缺乏对接行业企业技术创新的能力,难以将科学研究与人才培养和社会服务紧密结合起来。

三、探索科教融汇的关键路径

高职院校应发挥面向产业、服务产业的类型教育优势,融合汇聚行业企业、科研院校等优质科技资源,搭建"产、学、研、训、创"五位一体的产科教协同平台,着力提升办学关键能力,主动融入技术创新。

以科技赋能推动专业升级。在科教融汇的新价值导向下,高职院校开设的专业要能够立足新科技时代,及时跟上科技发展与产业发展,这是提升高职教育吸引力和竞争力的根本体现。高职院校要立足新经济、新技术、新业态、新职业的发展需求,适应产业数字化、智能化、高端化的发展趋势,借助5G、大数据、云计算等新科技,强化技术技能融合交叉,推动专业的现代化改革;将智能技术、数字技术广泛融入专业教学,以科技力量促进学生有效学习、深度学习,加快专业的数字化转型;聚焦"双碳"目标、可持续发展与循环经济等,推动专业的绿色化改造。同时,加快建立基于产业人才需求的大数据平台,为专业结构动态调整提供决策依据。

以产科教一体提升平台能级。产科教深度融合、一体化发展离不开平台支撑,高职院校应建立主体多元、层次高端、功能多样的产科教平台。强化平台思维,根据区域产业形态和对技术创新的不同需求,与政府联合,与行业协作,与企业合作,探索建立产教综合体、职教集团、产业学院等不同形态、不同类型的产科教平台组织;将多元主体合作深度和功能服务广度作为平台建设核心,建设集人才培养、科技攻关、技术服务、智库咨询等功能于一体的产科教融合平台,建立长期的技术创新合作机制以及专利开发转化机制,推进科技成果产业化应用。如金华职业技术学院依托浙江省现代农业职教集团、金华市乡村振兴学院的平台基础,利用学校实验农场的示范作用,与金华市农科院、农业龙头企业等开展深度合作,盘活体制机制和产业、科技、土地资源,争取更多的科研、实验和人才培养项目,努力打造区域性"乡村振兴创新综合体",促进区域产科教一体化发展。

以科教团队重塑师资结构。高职院校应以产科教平台为载体组建以应用研究为导向的科教创新团队,将分散的科研力量聚合成科研集群,产生集聚效应。组建跨院系、跨专业、跨校企的异质性混编的科教创新团队,以应用型科技项目为纽带,凝聚产业、学校、社会多元力量,校企联合开展科技攻关、产品研发、技术改造等工作;培育以企业科技副总、产业教授和学校社会服务型教授为核心的科教团队带头人,赋予其必要的人财物资源;通过企业挂职锻炼、访问工程师等项目创新教师企业实践机制,提升骨干教师的社会服务能力;增强教师基于产教融合、科教融汇的课程适应性理念与能力,促进科研反哺教学。

以自主培养革新育人模式。高职院校应主动将科教融汇作为人才培养模式改革的新方向,以产科教一体化育人为切入点,以产科教平台为依托,将科技创新要素有机融入人才培养全过程。探索建立一整套以教促产、以产助学、产学互动、学研结合的行动体系,形成"企业项目进课堂、能工巧匠上讲台、师资队伍下企业、师生作品进市场"的局面。同时,将开拓创新、敢为人先、精益求精等科学精神融入学生的职业精神培育之中,培养现代产业发展所需的新时代现场工程师及高素质技术技能人才。

(原文出处:王振洪.搭建产科教平台,融汇"产、学、研、训、创".光明日报,2023年02月14日第14版)

高职院校思政工作要"走心"

习近平总书记在全国教育大会上强调,"思想政治工作是学校各项工作的生命线,各级党委、各级教育主管部门、学校党组织都必须紧紧抓在手上"。高职教育是我国教育体系中的一种类型,高职院校建立健全思想政治工作体系是贯彻党的教育方针,解决好培养什么人、怎样培养人、为谁培养人根本问题的需要,也是完善人才培养体系、落实立德树人根本任务的需要。高职院校应紧紧围绕高职教育独特的人才培养目标定位,以高质量党建为引领,紧扣要点、抓住重点、突出亮点、聚焦难点,握紧打好加强思想政治工作"组合拳"。

紧扣要点强"决心",守牢思想政治工作生命线。要站在"为谁培养人"的高度,立足新时期社会主义事业发展对建设者和接班人提出的深刻要求,强化高质量党建统领思想政治工作,紧紧围绕思想政治工作制度建设、队伍建设、体系建设,着力于规范化、系统化和集成化,开展思想政治工作的流程再造和有机更新,构建务实有效的"大思政"工作格局。要站在"培养什么人"的高度,坚持将社会主义核心价值观作为学校人才培养的首要目标,将立德树人根本任务与高职教育培养高素质技术技能人才目标定位紧密结合起来,以此来规划和统领思想政治工作的目标和任务。要站在"怎样培养人"的高度,强化思想政治工作贯穿教育教学全过程,彰显德技并修的人才培养特点,健全全员育人、全过程育人、全方位育人体制机制,确保思想政治工作不偏向、不断档、不断层,努力培养一代又一代社会主义建设者和接班人。

抓住重点铸"同心",培养思想政治工作主力军。思想政治工作从根本上说是做人的工作。做好人的工作,关键在党,核心在教师。高职院校要把思想政治工作队伍建设作为重中之重,统筹抓好抓实队伍的"引""培""扶"工作,建立起一支专职与兼职协同、管理与教学协同、思政理论课与专业课协同的思想政治工作队伍,共铸当代大学生思想政治工作"同心圆"。要加大"引"的力度,高标准配置专职辅导员和思政理论课教师;要创设"培"的载体,充实好协同开展思想政治教育的队伍和力量;要健全"扶"的机制,在制度设计上进一步稳定军心、增强信心、扩大效应。

突出亮点善"用心",探索思想政治工作新路径。思想政治工作不能"自弹自唱",而应成为广大师生勇于展示自我的"大舞台"。高职院校要积极探索思想政治工作的多元化途径,尤其在充分结合高职教育特点的载体创新上多用心、出亮点。要在思政理论课的理论与实践结合上用心,坚持实践内化,积极探索"课堂、校园、社会"三位一体思政课程实践教学模式改革。要在以文化人、以文育人上用心,将思想政治工作与专业建设相结合,深入挖掘专业历史、文化、精神等德育元素,培育富有"工匠精神"的专业文化。同时,与师德师风建设结合,培育"德技双馨"的教师文化,与专业建设发展结合,与师生实践活动结合,培育蕴含"家国情怀"的实践文化,以深厚文化内涵来提升思想政治工作的吸引力、号召力、影响力。

聚焦难点树"信心",拧紧思想政治工作关键环。高职院校思想政治工作要横向到边、纵向到底,织紧织密全覆盖的育人网,尤其要增强聚焦难点的改革信心,积极推进思想政治工作的体系性优化重构与关键环节革新,提升思想政治工作的有效性。要强化思想政治理论课是落实立德树人任务关键课程和办好思想政治理论课关键在教师的认识,建立党委统一领导、党政齐抓共管的课程建设保障体系以及党政领导班子成员联系思政课教师、党政领导干部的思政课听课巡课制度等,充分彰显思想政治理论课教学改革时代特色、地方特色、校本特色,理直气壮办好思政课。思政课教师要注重以问题、现象为导向,跟热点、重节点、找痛点,实现教学线上与线下、课内与课外、校内与校外的深度融合,把思政课讲到位、讲透彻、讲精彩。

(原文出处:王振洪.高职院校思政工作要"走心".中国教育报,2019年06月05日第3版)

高职课程思政建设应厘清"三重逻辑"

《高等学校课程思政建设指导纲要》明确指出,"让所有高校、所有教师、所有课程都承担好育人责任,守好一段渠、种好责任田,使各类课程与思政课程同向同行"。充分发挥专业课程的育人主渠道作用,高职院校必须立足职业教育的类型教育特征,立足职业教育课程的内在规律,厘清课程思政建设的三重逻辑,真正实现育人与育才相统一、成人与成才相融合。

一、价值逻辑——高职课程思政建设的现实意义

为党育人、为国育才的战略要求。高职院校推进课程思政建设,就是要全面落实立德树人根本任务,紧紧围绕高素质技术技能人才的培养目标,将价值引领、知识传授、技能培养和职业素养养成融为一体,帮助学生塑造正确的世界观、人生观、价值观和职业观,这是培养担当民族复兴大任时代新人、实现技能强国的战略要义和必备内容。

青年学生全面成长成才的客观需要。当前国家大力推进技能型社会建设,高职院校努力培养青年学生成为"现代工匠",课程思政将体现社会发展的价值理性需要的思政教育和体现社会发展的工具理性需要的专业教育两者协同,符合"现代工匠"的人才价值内涵与标准,符合学生成长成才的需要。

职业教育课程改革创新的价值回归。专业课程是课程思政建设的基本载体,高职课程思政改革不仅要深刻反思"重知识传授、重技能培养,轻价值引领、轻品格塑造"的倾向,切实解决专业教育与思政教育、专业技能与职业素养"两张皮"现象,还要不断深化职业教育课程的育人内涵,全面架构职业教育课程的知识、技能与素养"三维"目标体系。

二、要素逻辑——高职课程思政建设的关键要素

推进课程思政建设,教师队伍是"主力军",课程建设是"主战场",课堂教学是"主渠道"。高职院校要从解决课程思政实施效果"好不好"的问题出发,聚焦课程思政的温度、广度和深度,优化教师、课程、课堂等关键要素。

教师情怀决定课程思政的温度。思政教学是铸魂育人的工作,是以理服人和以情动人的融合,不仅思政课教师要具备家国情怀、仁爱情怀、传道情怀,专业教师同样需要"情怀",以德立身、以德立学、以德施教,在课堂上打动学生、感染学生、引领学生。

课程资源决定课程思政的广度。课程思政的有效性来自课程教学素材和资源的鲜活性与深刻性,要求教师时刻关注社会、丰富思想,注重对思政资源的积累,通过与社会、行业、企业紧密对接的案例积累,挖掘专业教育中所蕴含的思想价值和精神内涵,营造鲜活的课堂育人环境与载体,切实提升课程思政的育人成效。

课堂设计决定课程思政的深度。好的课程思政就像"盐溶于水",使学生自然

而然地接受,达到润物无声的育人效果。而在现实中,教学内容、载体、组织、评价等层面的思政"有机融入"问题成了部分教师的"卡脖子"难题,这关系到课程思政的改革深度和育人效度,需要专业教师精准把握、精心设计、精彩呈现。

三、方法逻辑——高职课程思政建设的现实路径

课程思政的实施效果是内外共同作用的结果,高职院校要从课程思政实施的主体、内容、机制等层面,在实践中探索协同推进路径。

强化主体协同。立足学校全教师动员、全专业参与、全课程建设、全过程落实的"大思政"新格局的建设,坚持"思想同心、目标同向、育人同力、质量同优"建设理念,全面统筹育人资源,着力构建课程思政同向同行工作模式。着重加强马克思主义学院建设,为课程思政建设和实施提供坚实的理论、学术和队伍支撑;着重发挥专业学院在不同学科和专业上的特点及优势,积极打造"一院一品""一课一训"等课程思政的专业辨识度;着重构建教学研共同体,实施思政教师与专业教师结对,学校课堂与社会课堂、企业课堂对接,基层教学组织与基层党组织融合。由专业教师、思政教师和企业专家共同凝练专业精神和职业素养的核心要素与内涵,推动职业教育课堂由"思想教育灌输"向"课程思政融入"转变,不断增强课堂育人的时代性、针对性和实效性。

强化内容协同。彰显职教特色,确立"知识即美德、技术即价值、技能即素养"的课程思政核心理念,紧紧围绕政治认同、家国情怀、理想信念、文化素质、职业素养等优化课程思政的内容供给。其中,公共基础课程重点建设一批提高学生思想道德修养、人文素质、科学精神、法治意识等方面的鲜活课程,打造一批有特色的体育、美育类课程;专业课程从所涉专业、行业、国家、国际、文化、历史等角度,增强课程的思想性和人文性,提升引领性、时代性和开放性;实践类课程注重学思结合、知行合一,增强学生勇于探索的创新精神、善于解决问题的实践能力,以及创新精神、创造意识和创业能力。

强化机制协同。管理机制上,立足高职教育教学规律和管理特征,从制度上夯实以"专业群—专业—课程"为基础架构的课程思政基层教学组织机制,建构"职能部门—二级学院—教师—学生"的四维联动课程思政管理机制,形成"课程—教材—课堂"的课程思政三位一体建设机制,切实提升课程思政教学改革实效。研究机制上,建立健全交流共享、专兼一体、校企跨界等课程思政研究协同机制,强化问题导向、需求导向、创新导向,聚焦课程思政理念、标准、模式等理论研究,并应用于课程、课堂教学实践,推动课程思政教学创新。评价机制上,回归教育本质和初心,将立德树人等思政元素作为重要指标纳入督导评价、学生评教等课程教学质量监控与评价体系,客观量化评价与主观效度评价相结合,建立健全教师教书育人、学

生综合素养的评价体系与机制,增强教师教书育人的责任感和使命感。

(原文出处:梁克东.高职课程思政建设应厘清"三重逻辑".2021 年 11 月 09 日第 7 版)

基于"三教改革"的职业教育人才培养与评价改革创新路径

人才培养与评价是职业教育改革的核心问题,是彰显职业教育类型教育特征的主要着力点,人才培养与评价过程的差异是职业教育与普通教育的根本区别,唯有从人才培养与评价改革出发才能够找到职业教育创新发展的真正出路。20 世纪 90 年代,习近平总书记就提出了要"进一步转变教学思想,改革教学内容和教学方法。按照现代科学技术、文化发展的新成果和社会主义现代化建设的实际需要,更新教学内容,调整课程结构,强化基本知识、基础理论和基本技能的培养和训练,着重培养学生的分析和解决问题的能力"[①]。教育改革的核心问题是人才培养与评价的改革,教育政策出台、制度设计的逻辑起点都要以人才培养与评价为根本出发点。"三教改革"作为新时期职业教育改革的关键任务,同样是审视与考察职业教育人才培养与评价改革的重要视角,无论是普通教育还是职业教育,在具体育人层面,"谁来教"是根本问题,"教什么"是核心问题,"怎么教"则是关键问题,三者共同构成了职业教育人才培养与评价的逻辑闭环。

一、以"三教改革"为核心的人才培养与评价改革的内涵意蕴

职业教育"三教改革"直接关涉到人才培养质量,是职业教育人才培养与评价改革的核心内容,实施"三教改革"的最终目标是要培养德技并修的高素质技术技能人才。教师是教育教学改革的主体,是"三教改革"的关键,解决职业教育人才培养与评价"谁来教"的问题;教材是课程与教学内容改革创新的基本载体,是解决职业教育人才培养与评价"教什么"的问题;而教法改革则是职业教育人才培养的基本方法与手段,解决职业教育人才培养与评价"怎么教"的问题。

(一)教师改革:解决人才培养与评价"谁来教"的问题

百年大计,教育为本;教育大计,教师为本。"谁来教"是育人的根本问题,习近平同北京师范大学师生代表座谈时指出,"国家繁荣、民族振兴、教育发展,需要我

---

① 习近平.勇探改革路子办出特色水平——在与闽大师生座谈会上的讲话[Z].闽江职业大学内部资料,1993-10-05.

们大力培养造就一支师德高尚、业务精湛、结构合理、充满活力的高素质专业化教师队伍,需要涌现一大批好老师"①。职业教育要想实现高质量的发展同样需要一批高素质专业化的师资队伍为支撑,否则就不会有职业教育的现代化发展。职业教育现代化发展对师资队伍能力素质的要求同普通教育对师资能力素质的要求有着根本的不同,《国家职业教育改革实施方案》(以下简称"职教20条")明确提出要多措并举打造"双师型"教师队伍,这是职业教育教师改革的核心目标。

(二)教材改革:解决人才培养与评价"教什么"的问题

职业教育人才培养与评价改革的核心是课程,而课程改革最直观的体现形式就是教材。教材是实现技术技能人才培养目标的重要载体,无论教材的设计形式还是主要内容都深刻蕴含着"培养什么人""怎么培养人""为谁培养人"等根本问题。教材建设是职业教育课程改革的"最后一公里",是事关职业教育人才培养质量提升的重要战略工程。"职教20条"明确提出:"建设一大批校企'双元'合作开发的国家规划教材,倡导使用新型活页式、工作手册式教材并配套开发信息化资源。每3年修订1次教材,其中专业教材随信息技术发展和产业升级情况及时动态更新。"这些政策措施的出台表明教材建设已经成为职业教育人才培养与评价改革的核心内容。广义的教材不仅包括教科书,还应包含教学参考书、教学实施与教学媒体。教材是职业教育课程资源的核心部分,是教学活动的媒介和基本载体,是教师开展教育教学活动的基本依据,是学生展开学习活动、建构技术知识的重要载体依据。

(三)教法改革:解决人才培养与评价"怎么教"的问题

教学是学校教育中最为重要和最为基本的活动形式,任何先进的办学理念、课改模式都需要通过教学活动来落实;而推进教学改革的关键途径便是大力推动教法改革,"教学方法,是建立在连续的规则系统基础之上的教师传授学习内容以及学生实现学习目标的学习组织措施"②。教法改革不仅是教学方式的一种简单转变,而且需要从技术技能人才自身的学习规律与知识建构规律出发,重新思考教学内容的选取、整合、呈现以及传递的途径,构建以学生能力发展为根本的教学体系。"职教20条"中明确提出了要"适应'互联网+职业教育'发展需求,运用现代信息技术改进教学方式方法,推进虚拟工厂等网络学习空间建设和普遍应用"。

---

① 习近平.做党和人民满意的好老师——同北京师范大学师生代表座谈时的讲话[EB/OL].(2014-09-10)[2019-10-17].http://politics.people.com.cn/n/2014/0910/c70731-25629122.html.
② 戴勇."1+X"——现代职业教育和培训体系制度新构架[J].机械职业教育,2018(11):1-4.

二、以"三教改革"为核心的职业教育人才培养与评价问题症结

"职教20条"开篇就明确指出了职业教育具有自身独特的办学规律与使命,不能够照搬移植普通教育的办学经验与模式。然而,职业院校由于办学历史短,还不能够形成彰显自身独特价值定位的、成熟的人才培养模式,在办学上存在着较为普遍的模仿、移植行为,从而不可避免地造成职业教育人才培养与评价未能够契合技术技能人才成长规律,人才培养质量始终与日益增长的社会需求存在距离。以"三教改革"为基本视角来审视当前职业教育人才培养与评价现状,存在着如下亟待解决的问题。

(一)教师:来源固化、结构懒惰、单兵作战、成长缓慢

自改革开放以来,我国师资队伍建设取得了明显成效,师资队伍的规模不断扩大,教师素质不断提升,结构不断优化,职业教育师资管理制度不断创新,职教师资国际交流与合作的规模与层次不断提升;但与此同时,还存在着总体素质不高、"双师型"教师占比较低、师资培养体系不完善等亟待解决的问题。

其一,总体数量不足,来源较为单一。随着职业教育办学规模的逐步扩展和快速发展,尤其是高等职业教育,随着2019年"扩招100万"政策的贯彻实施,必然对高职院校师资队伍的规模与质量提出新的要求。如果客观审慎地对当前我国职业教育师资队伍的建设现状进行分析,仅从数量规模而言就难以满足职业教育大发展的需要。从中等职业教育师资队伍的规模来看,"2018年,中等职业教育学校共有专任教师83.35万人,比上年减少5677人,下降1.24%,生师比19.10∶1"[①]。中等职业教育师资队伍规模正呈现逐年下降趋势,生师比刚刚达到国家规定的20∶1的基本办学标准。从高职教育师资队伍的规模来看,《2016年全国高等职业院校适应社会需求能力评估报告》指出,"部分院校办学条件不达标,生师比超过18∶1的院校近800所。部分专业点的专任教师数不到2人,还有一部分专业点无专任教师。"[②]基于客观数据的呈现,当前我国职业教育师资队伍在规模上尚未能够支撑我国职业教育改革创新发展的需要。除此之外,在师资队伍来源上,中高职院校以普通高校毕业生为主,具有企业工作经验的教师占比较低,大多数专业教师未接受过系统的专业技能培训,普遍缺乏行业、企业一线的工作经历与经验。

其二,"双师"素质缺乏,领军人物匮乏。1999年,中共中央办公厅印发的《关于深化教育改革 全面推进素质教育的决定》提出,"加快建设兼有教师资格和其他专

---

① 安平.对高职教育"课证融合,一试双证"课程体系构建的思考[J].教育与职业,2014(26):124-126.
② 车明朝.学校课程与企业认证互通的深职样板[J].中国职业技术教育,2019(4):5-8.

业技术职务的'双师型'教师队伍"。自此之后,国家出台了一系列规章制度明确"双师型"教师概念的内涵与外延,并通过建立"双师型"教师培养基地推动职业院校师资队伍的发展。"2018年,我国职业院校专任教师133.2万人,其中,中职专任教师83.4万人,高职专任教师49.8万人。'双师型'教师总量为45.56万人。其中,中职26.42万人,占专任教师比例31.48%;高职19.14万人,占专任教师比例39.70%。"[①]从数据来看,我国职业院校"双师"素质教师占专任教师的规模正逐步提升,但也必须认识到,"双师"教师的统计口径主要基于证书获取,真正具备"双师"素质的教师数量规模可能要大打折扣。而且,当前职业院校尚未重视专业带头人队伍建设,导致部分专业带头人无法胜任职业教育改革创新发展对其能力需求的期待,同时由于没有明确、清晰的专业标准和资质要求,导致在办学中许多并不具备专业建设领导能力的教师进入到该岗位从事专业建设工作,极大弱化了专业带头人的专业身份和地位。

其三,队伍结构失衡,团队凝聚力弱。近年来,职业院校对引进教师的学历要求逐步提高,甚至部分高职院校、部分专业已将博士研究生学历作为基本要求,同时采取多样化的制度措施提升教师队伍的整体学历水平。但职业院校教师队伍结构仍然存在着部分失衡:在师资队伍年龄结构上,呈现以青年教师为主体的结构,尤其在一些新开设的专业,大部分教师都为青年教师,民办职业院校则呈现出明显的两极分化,中年骨干教师较为缺乏;在师资队伍学缘结构上,绝大部分教师都来源于普通高校毕业生,在教育教学能力、专业实践能力等方面普遍较为薄弱,真正具备"双师"素质的教师占比较低;在师资队伍专兼结构上,兼职教师数量占比较低,而且兼职教师参与专业与课程改革的深度亟待加强,同专任教师之间的互动也较弱。与此同时,当前职业院校教学团队建设较为缓慢,不但缺乏优秀的团队带头人,而且由于制度建设的滞后和管理体制的束缚,团队成员凝聚力不强,单打独斗较多、分工合作缺乏,难以胜任一些需要团队紧密协作方能够完成的具有挑战性的教育教学改革创新任务。

其四,培养体系不完善,成长效益偏低。从职业教育师资队伍的职前培养和职后培训来看,尚未形成体系化的培养体系,呈现典型的项目化运行形态。"我国一直以来的职业教育师资培养体系是以项目化培训为基本形式运作的,缺乏稳定的、制度化的职业教育师资培养体系。这种项目化的培养体系主要是依托教育行政部门发布的项目来开展职教师资培训的。"[②]项目化培养体系对短时期内提升高职院

[①] 杜怡萍,李海东,詹斌.从"课证共生共长"谈1+X证书制度设计[J].中国职业技术教育,2019(4):9-14.

[②] 徐平利.深职院——华为"课证共生共长"人才培养模式的经验与启示[J].中国职业技术教育,2019(4):15-18.

校教师专业发展水平具有一定的积极作用,但同样存在着一些弊端,例如:受益面较窄,无法实现全员覆盖;针对性较差,无法兼顾个体间差异;培训内容零散孤立,无法进行体系化培养。造成上述问题原因,是由于作为师资培养体系核心要素的专业标准、资格认证、课程设置三者之间存在着割裂,职业教育师资培养缺乏体系化成长路径,教师专业发展成效缓慢。

(二)教材:学科中心、形态单一、质量不高、研究薄弱

改革开放40多年来,我国职业院校教材建设快速发展,经历了从无到有、从规模增长到质量提升的发展阶段,基本形成多元协同参与的立体化教材建设格局,而且随着国家教材局的建立也已初步形成了"两级规划、两级审定、三级建设"的职业教育教材管理体系。教材建设质量的不断提升,有效促进了专业教学质量水平的提升,也为学生健康发展和高质量技术技能人才成长发挥了支撑作用。但同时,随着信息时代的到来以及新工艺、新技术的快速发展,我国职业教育教材建设也同样正面临着新的挑战与问题。

其一,职业教育教材设计仍然多以学科主线为逻辑。职业教育教材设计是一项十分专业化的实践活动,由于职业教育所传承的知识类型同普通教育有着根本不同,这必然导致作为知识学习载体的教科书在知识内容选取以及排序上会同普通教育有着不同的设计逻辑。然而,在过去很长一段时间,由于职业教育参照普通教育办学,职业教育教材设计上承袭普通教育教科书的编写体系与范式,十分注重学科理论体系的完整性与系统性,以概念、原理、理论等学科基本元素为主要构成,没有充分体现出职业教育实践导向、能力本位的要求,在结构编排与内容序化上没能够按照学生知识建构的内在规律进行设计。

其二,职业教育教材呈现形态较为单一。人工智能、大数据、物联网、云计算等新技术在生产服务过程中的广泛应用带来了工作世界的革命,岗位工作任务、技术变革给职业教育教材建设带来了极大的挑战。但当前职业院校教材仍局限于教科书,其他新形态的教材(如工作手册式、活页式教材)还未得到广泛应用,且传统教科书往往出版周期长、更新速度缓慢,新技术、新工艺、新材料无法得到充分体现。职业院校学生学习的知识主要是职业知识,职业世界的变动不居决定了教材建设应走一条多样化的道路,要充分利用行业企业的力量,运用现代信息技术,开发个性化、模块化、立体化的职业教育教材体系。

其三,职业教育教材质量保障体系仍待完善。职业教育教材管理体系的建设是维护教材市场秩序、保障教材质量的重要途径。为了确保职业教育教材建设"两级规划"管理的顺畅运行,在国家层面已经建立了责权明晰、分工明确的管理机构体系——"国务院成立国家教材委员会,负责指导和统筹全国教材工作;教育部成立教材局承担国家教材委员会办公室工作,负责全国教材具体管理工作;教育部职

成教司成立教学与教材处,负责指导中等职业教育教材建设工作。"①尽管国家顶层管理架构已经初步构建,但在省级层面教材管理机构建设进度不一,部分省份缺乏职业教育教材建设的专职管理机构与人员,"缺乏监管机制,没有对教材质量的严格审查机制,各种粗制滥造的教材自由地流入市场,而为了'占领市场',出版商们往往来不及对教材进行深入研究和仔细打磨,就草草地把教材出版并推向市场"②。

其四,职业教育教材研究亟待深化加强。作为一种类型教育的职业教育,其教材的设计、编写、形态以及内容必然不同于以经典学科知识传授为目标的普通教育。过去很长一段时间职业院校关注的焦点是课程改革,基于工作过程的系统化改革、项目课程改革都得到了大范围的推广实施,相关研究成果也十分丰富,但针对职业教育教材的研究还没有形成科学、系统、可以指导实践的理论成果。从研究内容来看,关于专业课教材研究的内容较多,公共基础课和德育课程教材研究较少,美育、体育、劳动类课程教材的研究更为缺失;从研究的方法来看,大多数研究仍然聚焦于对教材建设现状以及经验的梳理总结或者某门课程教材建设的经验,关于教材设计的基本理论研究鲜见,难以有效指导教材开发实践。

(三)教法:理论导向、教师中心、教技分离、监控缺失

自改革开放以来,我国职业教育先后引入了一大批先进的职业教育课程改革理念与模式,如 MES 课程、能力本位课程、学习领域课程,与此同时,项目课程、工作过程系统化课程等本土课程改革方案也在广大职业院校得到深入推广实施。它们改变了教师对职业教育教学规律的认知,确立了能力本位的职业教育教学思想,但由于受限于教师队伍、实训设备等学校教学支持条件,加上很多学校在制度设计中缺乏对课堂教学层面的关注,导致这些理念无法真正落实到课堂,落实到教学之中。

其一,"理论导向、知识本位"的传统教学观依然占据主导。1990—1996 年,习近平同志兼任闽江职业大学校长,对职业教育人才培养模式的创新进行了深入思考。他在与师生进行座谈时,针对学校的教育教学改革,提出:"学校性质本身决定了要注重强化技能训练与动手能力的培养";教改重点"要切切实实做到理论联系实际,科学技术服务生产"③。然而,在职业院校的课堂教学一线,许多教师仍然将学科理论知识的传授作为课堂教学的重心,轻视学生技术实践能力的培养,课堂教学的组织仍然围绕着理论知识的学习,着眼于对定义、概念、公式、定理等经典学科

---

① 傅永强,金祝年.高职教育课证融合的问题与对策[J].黑龙江高教研究,2016(11):174-176.
② 赵丽.新制度经济学视域下"双证书"制度的效率困境与对策[J].教育与职业,2017(10):98-101.
③ 徐国庆,伏梦瑶."1+X"是智能化时代职业教育人才培养模式的重要创新[J].教育发展研究,2019(7):21-26.

知识的传授,忽视学生职业能力的培养,无法根据职业知识的内在结构展开基于行动导向的教育教学,从而造成学生理论与实践脱节、学习与就业脱节。

其二,"以教师为中心"的课堂教学模式仍然没有根本转变。职业教育课程教学改革的核心任务就是要打破传统的学科本位的课程模式,构建实践导向、能力本位的课程新模式。新的课程改革模式对教师的角色有了新的期待,它要求教师在整个教学行动过程中,扮演一个组织者、协调人的角色,勤于提供咨询、帮助。一个好教师,还应该是一个学习情境的设计者、塑造者,一个学习舞台的导演。然而,当前在职业院校课堂教学中,教师仍然主要扮演着"经师"的角色:在教师与课程标准、教学大纲、教材的关系上,教师是被动的执行者,主要承担着"传声筒"的角色;在教师与学生的关系上,教师则是知识的传授者,课堂秩序的管控者,主要承担"裁判官"的角色;在教师同知识的关系上,教师仅负责将书本上的知识转移到学生头脑之中,主要担当"搬运工"的角色。

其三,现代信息化教学手段与课堂教学缺乏深度融合。随着大数据、人工智能、虚拟现实、模拟仿真等信息技术在教育教学中的广泛应用,当前职业教育课堂教学的形态与运行模式将得到极大改变。但当前职业院校信息化教学手段的应用还停留在初级阶段,未能够充分考虑到自身人才培养的独特性,信息化教学设施建设、软件资源开发、资源使用未能充分依学生的学习规律、课堂教学规律、知识传递规律进行系统规划与筹建,从而在一定程度上造成信息技术手段应用脱离教学实践的真实需求。例如,在当前我国职业教育信息化建设中,掀起了一股"慕课""微课""翻转课堂"的课堂"革命",然而,职业教育教学有其独特的逻辑规律,强调理实一体、工学结合,"慕课"作为一种改进了的网络课程,无论在技术上如何改进,本质上也只是一种信息传播手段,不可能完全代替当前理实一体的主流课堂教学模式。

其四,职业院校课堂教学质量缺乏完善的质量评价标准与监控机制。当前职业院校课堂教学质量所采取的评价方式仍然主要参照普通教育的模式——如采取纸笔测验、统考监控的方式,或者通过教学技能竞赛、职业资格证书获取率的考查。学校教学督导也主要关注教学秩序的监控,而更为重要的教学内容、教学方法、教学效果等内容却缺乏明晰的评价标准与机制。"在职业教育落后一些的地区,有些职业院校的课堂教学连基本规范也没有,学校对课堂中应该教授的内容和达到的教学目标没有基本要求,对课堂教学的状态没有基本的监控。"[①]由于当前职业院校教学质量评价与监控机制不健全,教师质量意识不强,教学方法改革仍然停留于理念层面,难以真正落实到课堂。

---

① 唐以志.1+X证书制度:新时代职业教育制度设计的创新[J].中国职业技术教育,2019(16):5-11.

三、以"三教改革"为核心的职业教育人才培养与评价改革路径

面对产业转型升级对高技能人才的需求,利益相关者对高质量职业教育的期待以及职业教育内涵发展的内在逻辑,都应该深化职业教育供给侧改革,提升教师、教材、教法"三教"质量。

(一)以教师改革为根本,构建"双师"素质师资队伍专业发展体系

当前,我国职业教育师资队伍建设仍然是我国职业教育发展最为薄弱的环节,强化职业教育内涵发展,提升职业教育育人质量关键是要打造一支高素质的"双师型"师资队伍。2003年9月,习近平同志在《浙江日报》"之江新语"专栏就撰文指出,要"拓宽优秀教师的来源渠道"[①]。1993年10月,在兼任闽江职业大学校长期间,他就曾提出,"进一步加强师资的培养、培训工作,努力建设一支具有良好政治业务素质、结构合理、相对稳定的教师队伍"[②]。习近平同志不仅将师资队伍建设列为政府发展教育的一项重要任务,而且提出了师资队伍建设的目标。2014年9月,习近平总书记鼓励教师要"加强学习,拓宽视野,更新知识,不断提高业务能力和教育教学质量""大力培养造就一支师德高尚、业务精湛、结构合理、充满活力的高素质专业化教师队伍"[③]。

要完成时代赋予的神圣使命,关键在于师资队伍建设质量的提升。我们必须认真学习习近平总书记关于加强师资队伍建设的重要论述,以师德为先,以"双师"素质培养为要,打造阶梯化、系统化、网络化的职业教育师资培养体系。

首先,要基于教师生涯成长路径构建体系化的职业院校教师专业标准。"教师能力标准是教师培养体系中不可缺少的要素,它既可起到规范教师培养内容、统一教师培养质量的作用,也可以起到指导各培训机构开发培训课程、确立培训方法的作用。"[④]为了能够实现职业院校师资队伍培养的体系化,应根据职业院校教师生涯发展的独特路径构建层次分明的专业标准。

其次,建立从国家到地方的阶梯化职业教育师资培训网络。为了能够更加高

---

① 段禹,吴叶林.高职院校"双证书"制度的实践困境及其优化策略论析[J].当代职业教育,2018(2):37-41.
② 习近平.勇探改革路子办出特色水平——在与闽大师生座谈会上的讲话[Z].闽江职业大学内部资料,1993-10-05.
③ 刘景忠.避免片面"考证热"须未雨绸缪[N].中国教育报,2019-04-25(2).
④ 代玉梅,薛晓峰.探索多维度校企协同育人模式改革[J].中国高校科技,2019(3):76-79.

效地开展职教师资培训工作,应该建立从地市、省一直到国家三个层面的职业教育师资培训机构网络。"三个层面的功能定位有所不同,国家与省市层面的培训应定位于国家重要职业教育改革思想宣传与专家型教师的培养。这个层面的培训覆盖面不会很大,但专业水准要高,所培养的专家型教师将在地市级教师培养与学校课程、教学改革中发挥重要作用。地市层面的培训应定位于教师的基本教育教学能力培养。这是规模最大、覆盖全员的培训,也是最为重要的培训,它必须使每位教师达到教师能力标准要求。"①

最后,构建契合教师生涯发展需要的职业教育教师资格证书制度。职业资格证书应严格根据专业标准展开职业能力认证,确保资格认证、专业标准与课程内容的紧密衔接,构建三位一体的师资培养、评价与认证体系。并且在职业教育教师资格证书的设计上应该从当前的"准入"证书转变为"水平"证书,以评价职教教师的职业能力水平为主要功能,建立资格证书定期更新维护制度,以证书为抓手推动职业院校教师专业发展的系统化,避免教师培训内容与培训需求错位,同时给教师更多的自主选择权利。为提升资格证书的权威性与吸引力,职业院校应将资格证书作为教师职称晋升、考核评奖、薪酬待遇考核的重要参考依据。

(二)以教材改革为抓手,形成具有职教特色的新形态教材开发机制

"职教20条"明确提出了要"健全专业教学资源库""遴选认定一大批职业教育在线精品课程,建设一大批校企'双元'合作开发的国家规划教材,倡导使用新型活页式、工作手册式教材并配套开发信息化资源。每3年修订1次教材,其中专业教材随信息技术发展和产业升级情况及时动态更新"。这些政策的出台充分表明职业教育教材建设正肩负着较为艰巨的任务,在当前职业院校师资队伍普遍缺乏企业工作经历的前提下,通过高质量教材建设可以有效帮助教师较为快速地掌握本门课程的工作体系结构与学生职业能力培养要求,有助于帮助从普通高校引入的年轻教师打破学科本位教学模式,确立能力本位教学思想。因此,为建设高质量的职业教育教材体系,必须坚持立德树人的根本任务,优化教材建设顶层规划设计,加强多方协同参与,构建具有中国特色、世界一流的职业教育教材体系。

首先,突出教材内容的德育主线,落实立德树人根本任务。习近平总书记高度重视青年人的思想政治培养,认为"青年一代的理想信念、精神状态、综合素质是一个国家发展活力的重要体现,也是一个国家核心竞争力的重要因素"②。"青年正处

---

① 邓泽民.加拿大终身学习理念下职业教育与培训体系构建及启示[J].职教论坛,2019(1):155-160.
② 戴勇,张铮,郭琼.职业院校实施1+X证书制度的思路与举措[J].中国职业技术教育,2019(10):29-32.

在价值观形成和确立的关键时期,是一个人成长、成才的关键起点""青年的价值取向决定了未来整个社会的价值取向,而青年又处在价值观形成和确立的时期,抓好这一时期的价值观养成十分重要"[①]。"要因事而化、因时而进、因势而新"[②]。教材作为国家意志的体现,是传承民族文化、弘扬爱国精神的重要渠道,更是引导学生树立正确的世界观、人生观和价值观的重要渠道。因此,职业教育教材建设要始终坚持正确的价值导向和政治方向,坚守马克思历史唯物主义世界观,将社会主义核心价值观融入教材之中,编写具有职教特色的德育思政教材并加强对各类教材的审核,牢牢把握意识形态工作的主动权。

其次,彰显教材设计的职教特色,贯彻能力本位的育人思想。习近平总书记曾针对职业教育发展提出以下论述:"理论教育与实践实训相结合,合理确定文化教育与实践教学的课时比例""突出实践环节,推进职业教育创出特色"[③]。习近平总书记的论述,不仅明确了创新职业教育模式的目标和意义,而且为职业教育人才培养模式如何创新指明了方向。根据习近平总书记的思想,职业教育作为以培养技术技能人才为使命的教育类型,其教材设计应坚持能力本位的思想,打破学科化的教材设计模式,联合行业企业共同研制反映行业企业新技术、新工艺、新流程、新规范的课程教学标准并联合开发活页式、工作手册式的新形态教材。

最后,完善教材开发的多方协同,推动教材市场的规范发展。职业教材建设牵涉众多的利益相关主体,如出版商、学生、教师、学校、政府等,这决定了必须最大限度满足各方的利益需求,有效降低潜在的利益冲突,通过建立完善的制度、规则来保证多方协同,确保职业教育教材市场平稳规范发展。这就需要进一步建立健全职业教育教材建设管理的组织体系,尤其省级教育行政部门应建立专门的职业教育教材管理机构,配备专职管理人员,针对行政辖区内职业教育教材建设进行统筹规划与管理,对违规使用教材的职业院校进行公示与处罚。同时要建立并完善职业教育教材编写与审定的责任追究制度,并对教材编写人员资质进行明晰,建立全国统一的职业教育教材质量检测平台,开展全国性的质量监测工作。

(三)以教法改革为突破,打造以能力本位为核心的课堂教学新模式

2014年6月,习近平总书记在对职业教育工作的指示中提出,职业教育要坚持"产教融合、校企合作,坚持工学结合、知行合一"。他还指出"要牢牢把握服务发

---

① 白逸仙.高水平行业特色高校"产教融合组织发展困境[J].中国高教研究,2019(4):86-91.
② 董文娟,黄尧.人工智能背景下职业教育变革及模式建构[J].中国电化教育,2019(7):1-7.
③ 习近平.干在实处 走在前列——推进浙江新发展的思考与实践[M].北京:中共中央党校出版社,2006.

展、促进就业的办学方向,深化体制机制改革,创新各层次各类型职业教育模式"①。习近平同志的论述,不仅明确了创新职业教育模式的目标和意义,而且为职业教育模式如何创新指明了方向。职业院校必须从职业教育的类型特质出发,以培植和提高学生的综合能力为重点,紧密结合学校的文化禀赋和专业特色,不断创新教育教学模式,教学过程应与行业企业生产服务过程相对接,加快建设能够满足学生多样化、个性化需求的信息化教学环境,完善课堂教学质量检测评价体系,通过课堂教学的改革创新,调动学生学习积极性。

首先,以能力本位为逻辑主线重建课堂教学的基本生态。以职业知识的习得与掌握为目标的职业院校课堂,不能完全通过学校本位的课堂教学模式进行传授,需要让学生在实践情境之中建构完整的职业知识,这就需要在真实或虚拟的职业"情境"之中展开教学,让学生体会知识的意义,同时教师教学还需要按照"工作"的任务逻辑将知识进行序化,从而让学生在完成工作任务的过程之中体验任务的逻辑,从而高效地建构职业知识。

其次,以学习者为中心重塑课堂中教师与学生的互动关系。职业院校课堂教学必须从教师的"教"向学生的"学"转变,根据学生学习的规律、知识建构的规律来重新定位教师在课堂教学中的角色定位与作用。在具体的教学实践中,教师应着眼于学生成长,积极采用情景教学法、案例教学法、项目教学法等有助于激发学生积极性的教学方法,并积极探索校企"双元"育人模式,通过现代学徒制试点,将课堂扩展到车间、田园等生产服务一线,让学生成为知识建构的主体,教师成为学生学习的"引路人"。

最后,以信息技术的深度应用为抓手推动课堂效能的提升。职业院校课堂教学生态的改变离不开信息技术手段的深度应用,尤其是随着虚拟现实、5G、云计算等新技术的重大突破,职业院校某些专业实习难的问题得到有效解决,而且新的信息技术手段还可以帮助教师更为精准地了解学生的学习状况,帮助教师进行教学辅助决策。因此,课堂教学生态的改变必须借助信息技术在职业院校课堂教学之中的深度应用,这就要求将信息化教学能力提升作为教师培训的主要内容,并加强对信息化在课堂教学中的应用情况进行检测评估。

(原文出处:梁克东,王亚南.基于"三教改革"的职业教育人才培养与评价改革创新路径.中国职业技术教育,2019年第28期,28-34+41页)

论高职院校创业教育制度环境的优化

高职院校的创业教育不仅要充分开发校内的课程资源、教学环境资源和教师

---

① 习近平.习近平就加快发展职业教育做出重要指示[N].人民日报,2014-06-24.

资源,还要从政府、企业和社会引入有利于其发展的其他关键资源。政府、企业和社会也需要从高职院校获取其发展所需的技能人才、教学环境、社会服务等资源。这样,高职院校与企业等外部组织之间就构成了资源依赖关系。由于高职院校自身的资源优势不明显,难以对企业产生较强的吸引力,企业能够从市场中其他途径获得比高职院校更优质的资源,因而形成了高职院校对企业的依附性资源依赖,并最终导致高职院校创业教育资源不足。因此,如何优化创业教育的制度环境,调整高职院校与外部组织,特别是与企业之间的不对称资源依赖关系,推动创业教育资源由依附性依赖转向共生性依赖,值得深入研究。

一、高职院校创业教育的资源依赖关系

资源依赖理论最早由普费弗(J. Pfeffer)和萨西克(G. R. Salancik)在1978年提出,他们在分析组织间权力关系的基础上,突出强调外部环境因素对组织发展和行动的影响。该理论强调组织要生存和发展就必须与其他组织进行相互交换[①],通过交换获取环境中的资源,包括人才、资金、物资、技术、顾客、社会合法性等。任何组织都需要依赖这些关涉其生存和发展所必需的外部资源。高职院校的创业教育是依托专业课程,在专业教育基础上进一步拓展创业意识、创业能力和创业精神等素质的教育,亦即1989年联合国教科文组织所提出的"事业心和开拓技能教育"。高职院校的创业教育面向全体高职院校学生,择优培养自主创业者的创业素养。它需要创业知识教学、专业技能实训、创业能力训练和创业实践保障等资源,涉及创业课程、师资、资金、场地、孵化、咨询与服务等多个方面。这些资源中的很大一部分需要从企业或政府手中获得。因此,高职院校的创业教育对政府、企业存在很大程度的资源依赖。

当然,政府、高职院校与企业之间并不是单向度的绝对依赖,而是相互依赖的关系。首先,高职院校的创业教育必须寻求政府的政策和资金支持,而政府也要依靠创业教育提供的创新创业人才带动社会就业、经济增长并维持社会的稳定。其次,高职院校需要企业的高层次管理和技能人才,开展技能培训和提供创业实践平台等,而企业也需要高职院校对其技术升级、工艺改进等方面给予技术支持,甚至提供有创新意识和创业精神的技能人才等。第三,政府希望企业积极参与创业教育,以提高高职院校创业教育的成效,而企业也希望通过参与创业教育获得政府在资金、土地和产业政策等方面的倾斜。可以说,政校企之间通过创业教育资源交换建立资源依赖关系的过程就是利益冲突、资源依存和秩序维持的博弈过程。在这个过程中,因为资源的关键性、集中度和稀缺性不同,彼此间的依赖程度也不同。

---

① 王诗宗,宋程成,许鹿.中国社会组织多重特征的机制性分析[J].中国社会科学,2014(12):42-59.

高职院校的创业教育与其他社会活动一样,资源配置过程会受到整个制度环境的影响。目前,由于高职院校自身的资源优势不明显,其创业教育资源仍然属于依附性依赖。也就是说,在高职院校创业教育的资源结构中,创业指导教师、创业实训平台和创业孵化服务等关键资源还是集中在企业和政府手中。因此,需要对当前高职院校创业教育制度环境进行优化,以建立制度框架下政校企三方共生性资源依赖关系。

二、高职院校创业教育制度环境存在的缺陷

调整高职院校与政府、企业等外部组织有关创业教育资源依赖关系的制度体系是优化高职院校创业教育制度环境的重要内容。当前,整个制度环境在创业教育资源的政策引导、高职院校的资源开发与管理制度以及企业的社会责任和利益导向机制等方面还存在不同程度的缺陷。

(一)创业教育资源的政策引导不足

政府是政策的生产者、生产关系的协调者和社会秩序的维护者。政府的政策、规定、意见等是调整高职院校与企业关系,保障高职院校获得创业教育关键资源的必要手段,也是高职院校创业教育可依赖的重要资源,但目前政府对高职院校创业教育的政策支持并不充分。

(1)政府资源投入的相关制度还不健全。相对于技术教育或普通教育来说,创业教育的溢出效应和公益性更强。英美日等国家颁布了一系列政令、法令来加强创新创业教育基础设施建设,并为从事创新创业教育的教师提供资助,对积极从事创业的学生提供帮扶等[1]。相比较而言,我国在这方面还有很大的差距。虽然国务院和教育部出台了一些鼓励大学生创业的政策,但有调查发现,高职院校毕业生最大的创业风险之一仍然是"缺少资金"[2],且只有3.84%的学生利用了政府扶持的创业基金[3]。

(2)公平获取资源的保障制度尚未建立。首先在制度设计上,拥有不同资源的企业被准入不同的平台,获得不同等次的资源,而高职学生通常只能进入门槛较低的平台,获得较低等次的创业资源。其次,在投资运作上,一些地方政府更多地将

---

[1] 闫佳琪,关晓丽.美国、英国和日本高校创新创业体系的多案例研究及启示[J].当代教育科学,2015(21):48-53.
[2] 上海教育科学研究院,麦可思研究院.2017中国高等职业教育质量年度报告[R].北京:高等教育出版社,2017:17.
[3] 陈荟宇.大学生创新创业发展中政府的作用分析——基于对河南省的调研[J].中国大学生就业,2017(2):39-43.

项目交给实力雄厚的大企业,而大学生初创企业资源有限,商机越来越少[①]。第三,在具体投资项目上,即便是倾向大学生创业的项目,也偏爱本科或更高学历层次的学生,高职学生获得的资源偏少。

(3)引导企业参与创业教育的制度亟待完善。国内外职业教育的实践表明,培养技能人才需要校企双方的共同投入与合作实施。创业教育是职业教育的重要内容,是更加贴近企业的职业教育,也更需要企业的合作和支持。虽然我国的相关政策对企业也做过类似的要求,但我国的《职业教育法》并没有赋予企业办学的主体地位和相关的权利与义务,在校企合作法律法规缺位的情况下,政府很难对企业的行为进行刚性约束。因此,相关政策对高职院校的要求是明确的,有具体的指标要求;对企业的要求则是指导性的,弹性较大,可操作性不强,缺乏约束刚性,这是导致企业参与创业教育积极性不高的一个重要原因。

(二)高职院校在资源开发与管理制度方面推动乏力

高职院校和企业之间由于历史上的同源性和现实中的互补性,已经形成了一定程度的"姻缘关系"。但由于二者在社会性质和主体利益上的不同,还没有发展到"血浓于水"的程度,高职院校要想获取创业教育资源还需要等值甚至超值的资源交换。由于资源开发与管理制度的缺位,高职院校很难形成足以吸引企业和其他社会组织的资源优势。

(1)高职院校缺少资源交换的制度自觉。一旦人们有了制度自觉,才会意识到制度的极端重要性,才会去检视制度的完备性与匹配度,才会主动去追求更好的制度。[②] 在校企合作的制度规定中,存在明显的校本主义倾向,高职院校往往要求企业为学校输入人、财、物等资源,校企共同完善人才培养方案、建设课程体系,共同开发教材、建设实习实训基地、组建教学团队等,却没有充分开发出能够让企业产生依赖的优质资源。究其根本,学校在校企合作中缺少资源交换的理念和主动性,一厢情愿地认为企业应该履行社会责任且不计成本地为创业教育提供资源。

(2)高职院校缺少资源开发的制度保证。在质量强国的背景下,科技资源是企业的关键资源之一,如果高职院校掌握了优质的科技资源,就能在与企业进行资源交换时占据主动。近年来,虽然高职院校一直在推动科技服务,但在职称评审、年度考核等激励专业教师科技创新的制度中,教研项目、纵向课题和学术论文等仍然是主要的考查指标,体现专业教师服务企业技术创新的指标却偏少。因此,企业对

---

① 宣杰,黄少波.略论大学生创业的制度环境——基于制度伦理的分析[J].高等农业教育,2013(3):19-21.
② 邓友超.以制度自觉支撑制度自信[J].中国高等教育,2017(19):48-49.

高职院校的科研能力和社会服务能力缺乏认同,他们宁可"舍近求远"与名校开展合作,也不会对高职院校产生较高的技术依赖和服务需求。① 同时,高职学生的创业多数属于低附加值生存型创业,很少能够参与企业链中的创新性、技术性和竞争性强的环节,也不能给企业的发展带来关键性资源。因此,企业对参与高职院校创业教育兴趣不大。

(三)企业的社会责任和利益导向机制缺失

1924年,英国学者谢尔顿(Shldon)提出了"企业社会责任"的概念,他认为企业作为社会成员应该承担起推动社会进步的义务,与社会共同发展。换言之,即企业不仅要创造经济价值,还应履行社会责任,创造社会价值。有调查发现,受访企业中对企业的社会责任"有点不清楚和完全不清楚"的比例高达57%;对"是否认同参与职业教育校企合作是企业的社会责任""有点不同意和完全不同意"的企业高达89%。② 这表明,目前我国企业的社会责任感总体上仍处于较低水平,高职院校要想在自身资源优势不明显的情况下从企业获取必要的创业教育资源还有很大的难度。其中虽然存在部分企业对利益认识狭隘的问题,但企业社会责任规范的缺失才是最主要的。我国多数民众与企业持同样的观点,认为学校的社会责任是培养高技能人才(包括创业人才),企业的社会责任是创造经济价值。因此,我国社会还没有形成推动企业参与培养创业人才的价值观念、伦理规范、道德观念等非正式制度。

同时,国家和社会对企业的利益导向机制不完善也是企业参与高职院校创业教育意愿不强的重要原因。国家和社会对企业的评价及其相应的激励措施能够在很大程度上影响企业对高职院校创业教育的资源投入。如果国家和社会对企业的评价主要考虑其创造的经济价值,形成以经济论英雄的评价标准、社会文化和舆论导向,那么企业参与创业教育主要考虑的就是高职院校能够回馈多少经济利益,即能否实现等价交换;如果国家和社会对企业的评价综合考虑了其经济价值和社会价值,企业必定会兼顾两者利益,将社会利益纳入企业经营战略,主动参与高职院校创业人才的培养。有研究发现,当前我国企业参与校企合作教育的首要动因仍然是追求自身利益③,这说明我国对企业的利益导向机制还没有完全建立起来。

---

① 胡正明.高职院校社会服务"三螺旋"模式研究[J].教育发展研究,2017(11):49-54.
② 孙健,贺文瑾.社会责任视角下企业参与职业教育校企合作的动力思考[J].教育与职业,2017(18):20-24.
③ 马永红,陈丹.企业参与校企合作教育动力机制研究——基于经济利益与社会责任视角[J].高教探索,2018(3):5-13.

三、高职院校创业教育制度环境的优化路径

制度环境是各种办事程序和行为规则的集合。[①] 优化创业教育的制度环境可将各种导致高职院校与企业等资源掌控方信息不对称的组织行为限定在可控的、可预期的和可理性选择的范围之内,使创业教育资源从依附性依赖走向共生性依赖,实现优质资源的多元、互联和共享。

(一)制度规约与秩序维护:制定有利于创业教育资源共生的政策法规

国家的政策制度是影响高职院校创业教育资源配置最重要的环境变量。在我国高职院校创业教育的起步阶段,政府通过政策法规建设,提供正式规约的引导,对高职院校获得外生性创业教育资源和激发内生性创业教育资源能起到关键性的作用。

(1)提供创业教育公共资源。高职院校的很多创业教育资源来自公共部门,需要政府通过政策干预来调整相关机构与创业教育资源配置相关的行为模式及其关系。根据国家创新创业的相关政策,制定可操作的条例办法和行动计划,在制度层面对工商税务部门、企业服务机构、创业孵化机构等落实国家创业教育政策,对高职院校创业教育在提供融资渠道、综合服务和实践支持等方面提出明确的要求。特别是政府主导的开发区、工业园、产业园、孵化器和城市配套商业设施,既要为学生创业实践提供多样性的辅导培训、政策咨询、劳资服务、投资引荐,也要制定区别于社会企业的扶持政策,将大学生初创企业"扶上马送一程"。

(2)引导企业投入创业教育资源。学校作为教育机构,缺乏调配和整合校外资源的权力和相应的手段。因此,政府可利用财政和税收杠杆,为银行金融机构、生产企业、中介服务机构提供优惠政策,并建立政策性补偿机制,引导相关机构和企业参与高职院校的创业教育,为学校创业教育和优秀大学生创业项目提供资金、师资、培训场地、信息咨询等方面的支持。

(3)激发高职院校的内生性创业教育资源。高职院校创业教育的发展归根结底要靠学校自身的创新性发展。因此,需要政府通过制度引导,激发学校进行创业教育资源的自我培育,引导学校将专业教育与创业教育相结合,开发优质的创业课程,培育创业文化,培养创业导师队伍,优化创业教育教学和实践平台等,形成有高职特色的创业教育组织形式。

---

① 邱成利.制度创新与产业集聚的关系研究[J].中国软科学,2001(9):101-104.

(二)资源优势与价值驱动:完善高职院校优质资源开发的制度机制

高职院校创业教育对外部资源的依赖程度越高,其发展就越容易受到限制。因此,要激发学校的内生驱动力,加强内生性资源开发的制度建设,提升高职院校优质资源的开发能力和专业化水平,以此吸引企业和社会组织的深度合作和资源投入。

(1)完善校企技术合作和创新创业团队合作机制。当前,企业发展对科技创新和技术转化以及高技能人才资源的依赖程度越来越高。因此,高职院校要通过制度建设,完善校企技术合作机制和创新创业团队合作机制,提高教师队伍的技术创新能力和科技服务水平,围绕企业的发展需求开展研究,以人才和技术为切入点,提高学校资源的附加值,以赢得校企资源交换的主动权,为创业教育换取更多的优质资源。

(2)完善高职院校的技术创新成果转化机制。学校要着力提高科研成果转化能力,给予学生有关技术创新、模式创新、组织结构创新等创业活动更多的资金支持和政策倾斜,带动更多的学生开展机会型创业。在此基础上,学校要积极引导和推动学生的创业实践融入合作企业的产业链,改变大学生创业企业的"被扶持"状态和创业教育资源的依附性依赖,逐步与合作企业形成利益共同体的共生性依赖关系。

(3)完善专业教育与创业教育融合机制。通过制度引导专业教师在专业教育中融入创业元素,以专业教学为主,有机融入创业教育的做法重在培养大学生的创新精神、创业意识和基本的创业技能[①];在专业教学中指导学生利用专业知识开展创新活动,在创新的基础上创业。特别是要利用专兼职师资队伍、校企实训基地、政校企技术孵化机构等已经成熟的专业实训平台和资源,将技术能力的提升和创业素养的培养有机结合起来,使大学生创业在依托产业基础、行业背景和技术资源的基础上,增强创业产品(服务)的专一性和不可替代性。

(三)价值认同与合作意愿:建立引导企业参与创业教育的价值导向

高职院校形成创业教育共享性资源依赖,需要通过正式和非正式制度引导企业和社会提高对高职院校创业教育的价值认同。

(1)建立利益共享机制,提高企业参与合作的意愿。首先,高职院校需要尊重

---

① 黄兆信,王志强,刘婵娟.地方高校创业教育转型发展之维[J].教育研究,2015(2):59-66.

市场规律,充分利用国家创新创业政策,以政府的科技孵化园、经济开发区等为平台,主动与大企业或中小企业群建立战略合作关系,共建协同创新中心、技术研发平台、博士后流动站、技能大师工作室等。其次,在制度框架内进行资源整合与共享,将政府的公共服务、企业的技术研发和学校的创业人才培养纳入一体化发展轨道,通过逐步扩大学校的资源优势来提高服务企业的质量。第三,推动政府建立社会人才流动机制、关键资源租用机制、政府购买服务机制以及配套的评价与激励机制,引导企业积极参与高职院校的创业教育。

(2)注重社会舆论引导,营造支持创业的良好氛围。从创业教育的社会性来看,社会价值认同是创业教育的重要资源。社会价值认同属于意识层面的文化与规范,社会以非正式制度的形式对人的行为选择提供硬约束,正式制度建设只有依靠文化和价值认同层面的非正式制度建设才能更好地发挥作用。从这个角度看,社会对创业教育的高度认同能够对企业和其他社会力量支持创业教育起到较大的引导作用。调研发现,创业氛围浓厚地区的创业教育获得社会资源相对容易。如很多选择创业的大学生的第一笔资金来自家庭;创业成功的校友会主动为学校的创业教育提供创业资源支持。这种依托于血缘、师缘、地缘开始创业实践的学生占据相当大的比重。因此,高职院校要积极通过开展校友会、校庆、同学会等活动,借助主流媒体的系列聚焦报道来关注创业者,使创业成功者的个人魅力和奋斗经历感染并激励社会大众,使我国民众更加向往创业,使创业成为当前社会经济发展的时代潮流和价值取向,从而引导更多的企业和社会力量助力高职院校的创业教育。

(原文出处:胡正明.论高职院校创业教育制度环境的优化.高等教育研究,2019年第1期,76-80页)

高职高水平课堂教学策略:突破惯性的五大转变

2019年,国家着手实施中国特色高水平高职学校和专业建设计划[①],而实现"双高计划"的最终落脚点在于实现高水平课堂。笔者在连续十余年对高职院校新教师所作的课堂教学艺术专题培训中,越来越觉得新教师的学科素养和专业能力在逐年提高,不管是高校毕业直接参加工作的硕士博士,还是已经在其他学校工作几年后转到高职院校工作的有一定教学经验的教师,或者是在企业工作多年转至高职院校工作的"双师"人才。但在纵向比较得出学科素养和专业能力不断提高的同时,也发现他们对课堂教学存在两个比较一致的困惑:一是对为数不少的学生上课没兴趣没热情等现象缺乏改善方法;二是不知如何切实帮助学生提高学业成绩。

---

① 教育部、财政部关于实施中国特色高水平高职学校和专业建设计划的意见[EB/OL]. http://www.moe.gov.cn/srcsite/A07/moe_737/s3876_qt/201904/t20190402_376471.html.

这是在每次培训前让教师自由表达教育教学体会、困惑和期许的过程中了解到的，这也是高职院校部分教师所面临并希望得到改善的问题。

很多教师容易将这两大困惑的产生和教学效果不佳归因于学生，进而产生无力改变之感并导致对自身教学行为缺乏审视和探究，这是困惑始终未能得到解答和解决的根本所在。若高职教师能从自我归因方面着力于教师教学理念和教学行为的改变，那么就能看到学生的内在潜能和乐学姿态。

每位教师都有自己的学生史，学生时代所接受的教育模式会很自然地带入现在的教育教学工作中，并且多数人会确信这些模式是正确的，因为它培养了你。而你在求学过程中所经历的一些创伤和痛苦，却在你现在接受它们的时候被忘至九霄云外。这种"原生"教学模式所带来的习惯力量和定势作用如此巨大，以致必须有一种更为强大的力量来使之发生根本改变，也才能形成符合学生心理和教育规律的课堂教学艺术，实现高水平课堂。

一、目标定位之转变

课程目标包含"知识与能力、过程与方法、情感态度价值观"三个维度，三维目标为教育"克服认知教育与情感教育分离的状况提供了观念和制度上的支持，对于培养认知与情感和谐发展的创新型人才具有重要的意义"[①]。但在高职多数课程教学中，"知识与能力"尤其是能力目标得到了最大程度的放大，其他维度目标却常被弱化，并且容易将"能力"转化为"技能"。这种倾向带给学生的暗示是"高职学生就是学习某种技能的"。这种认知会导致对未来工作定位不准和专业学习热情的降低，因为在他看来，所学内容与是否接受高等教育没有直接联系，只要有师徒结对条件，那么不经高校学习也能获得相关操作技能，甚至更为实用快捷。这种想法是有道理的，因为师带徒本身就是一种很成功的培养方式，"有着明显的优势，取得了较好的效果"[②]。可见，高职教育作为高等教育的半壁江山，其目标绝不仅仅是学技能，而应更为丰富立体。

（一）课程目标应由就业取向转为事业取向

以就业为取向是当下很多高职院校的共同追求，就业率高低成为评价高职院校人才培养质量的重要指标，这没有错。但如果过于强化就业取向，教育教学就会变得功利且缺乏情怀的培养和习得。笔者曾在机械类专业担任过教学工作，第一

---

① 李亦菲,朱小蔓.新课程三维目标整合的 KAPO 模型[J].天津师范大学学报(基础教育版),2010(1):1-10.

② 许春华,卢秀芳,孙维杰.跨专业"师带徒"在企业培训中的创新实践[J].山东电力高等专科学校学报,2012(5):57-61.

节课当我问学生"你们的专业是什么"时,他们的回答绝大多数是"接电线的"。没错,他们未来的工作很可能就是接电线,但在如此芳华之年就对自己做出这样的定位,不得不说是一种遗憾。

因为定位不同,其未来发展就会呈现不同格局。面对同一个职业,以赚钱眼光观照还是以实现自我价值的眼光观照具有天壤之别。前者会陷入日复一日的重复劳动而无自我觉知,后者却能在每日工作中发现他人看不到的乐趣和价值。笔者曾指导建工专业学生作职业生涯规划,建议他们以林徽因为榜样,去感受建筑之美;曾指导建工学院教师朗诵,建议他们自创诗歌以体现建筑人为城市之美、为百姓生活之幸福而付出的有意义的劳动,感动了无数人;曾指导后勤公司包括食堂师傅、宿管员阿姨、水电修理工等人员在内的团队参加诗歌朗诵,同样因为"我们是快乐的后勤人"的立意而让观众潸然泪下。他们之所以能深深打动观众,根本原因在于超越了对工作在职业层面的认知而达到了事业层面,使事业情怀得以真诚表达,立意高远。高职院校的课程教学也应使学生对未来工作的认知超越职业观念而上升到事业层面,上升到为国家、为社会、为他人创造美好生活的价值层面,唤起他们内心的崇高感和追求卓越的志向,才能使他们以满腔热情投入学习。

(二)课程目标应由技能训练转为智慧激发

高职院校强化技能训练的目标同样需要提升,使技能训练转变为智慧激发。技能训练侧重技能的"熟练",智慧激发则强调在反复训练中生出"巧"来,能在具体情境中举一反三、融会贯通,提高迁移创造能力。任何一项能力在实际应用时都会面临不同境遇,在不同境遇中能否化解并灵活运用所学技能,这便是智慧。如修筑铁路,地理形势、土壤硬度、海拔高度、气候特点不同,其要求便不同;如设计公园,其周围建筑风格、周边人群阅历背景、所处地势高低不同,设计理念和具体结构都会不同……在今天这个日新月异、充满变化的时代,技能训练要让学生不仅摆脱机械重复的劳动,而且能获得创造与突破的乐趣,如果我们的技能训练不能周全考虑与之相关的各种影响变化因素,那么培养出来的学生可能就是低水平的操作工,甚至是让人不放心的操作工。因此,我们的课程目标需"转识成智"[①],即由知识学习、技能训练转变为智慧激发,这就需要师生去寻找各种可能,将其中变与不变的因素进行归纳比较与融合,根据各因素之间可能产生的诸多后续情况做进一步分析和验证,将课堂这一仿真空间与实际空间做比较,才能使学生认识到并积极探索各种可能,进而习得智慧。

---

① 靖国平."转识成智":当代教育的一种价值走向[J].教育研究与实验,2002(3):11-16.

二、学生学习动力之转变

学习动力包括外部动力和内部动力。比较而言,内部动力更能对人的学习产生持久影响。但现在,很多学生的学习动力来自外部,为不挂科而学习,为评优而学习,为推荐而学习,为找工作而学习。过于强化外部动力,学生将无法感受到学习乐趣。而且当外部动力所指向的内容实现之时,或许便是学生新一轮茫然产生之时,即又迷茫于为什么而学习的目标定位之中了。所以,教师不可多作"你如果不好好学习,就会怎么样"这种基于外部动力激发的话语表达,而应努力激发其内部动力,使其学习是"自因自主"的[①],这样才能保证其可持续发展。具体方法为由教师之需转为学生之需,由无疑之教转为有疑之学。

(一)由教师之需转为学生之需

毫不夸张地说,当下的高职课堂中,教师所教与学生所需之间存在太大距离,即教学活动是出于教师教的需要,而非学生学的需要。激发学生学习的内部动力,就需有意识地将教师所教转化为学生的内在需要。笔者执教"小学语文教材研究"课程的第一堂课上,和学生一起分析了课程学习的意义后,设置了一个问题:"既然这门课这么重要,我们也都觉得有必要学好,那么怎样做才能学得更好呢?这个问题我还没有想周全,同学们一起来想想吧。"学生在讨论分享后确定了自始至终要执行的分组研究并上讲台汇报的方案。事实上,这个方案与笔者预设方案一致,但若以笔者立场下达任务,学生可能就觉得压力太大。但当其从学生角度提出,便转化为他们的需要了,压力感就会大大弱化甚至消失。有趣的是,当笔者以"这样你们的压力是否太大"这句关怀之语提示学生再好好考虑一下时,他们坚决地表示没关系。这一过程中,还出现了一个更有意思的情况,即讨论时学生提出了两种想法,一种是"以每个年级的教材分析为体例"组建小组进行研究汇报,另一种是"以文体或类型分析为体例"组建小组进行研究汇报,最后达成的共识是"分两轮进行研究汇报",第一轮按年级,第二轮按文体或类型,所有学生皆大欢喜。如果笔者采纳了一种而不采纳另一种,那么没被采纳的可能还不乐意。但假如不是经过学生讨论而只是教师单方面布置这两轮研究汇报的任务,那么很多学生定会觉得太忙太累压力太大或提出只研究一轮的想法。可见,当我们将教师之教通过恰当方式转化为学生之需,将外部动力转化为内部动力,学生接受任务就容易得多且能收获成就感,学习质量自然会成倍提高。

---

① 杨杏芳,赵显通."动力学的大教育"纲领与大学三种"智慧型"人才的培养[J].北京教育(高教),2020,(3):17-22.

（二）由无疑之教转为有疑之学

与无需之教与无需之学具有共通性的是无疑之教、无疑之学，这同样是学习兴趣和热情不高的原因。孔子的启发式教学和苏格拉底的产婆术，都以学生认知困惑和思想痛苦为教学起点，故曰"不愤不启，不悱不发"。当然，疑问的形成需要自觉的思维态度和思维习惯，提问习惯和能力也需要培养，在这个过程中，教师要有意创设矛盾的、凭常规思维无法解决但又是学生所熟悉所关注的生活情境，让他们在不得不去面对和分析中走出思维的舒适区显得极为重要。在"小学语文教学法"教学中，笔者就学生习惯性地认为完全合理的当下小学语文教学几大环节的合理性提出了质疑，如就导入环节提出"既然学生课前都作了预习，那你认为将学生当作没有预习似的运用那么多方法导入课文的环节是否有必要？"就生字词教学环节提出"你认为教科书要求学生掌握的生字词学生真的不会吗？教科书中没有列出的生字词难道学生就都会了吗？"就精读语段环节提出"老师凭什么选择这一段进行精读而不是那一段？你能说出自己合乎逻辑的依据吗？"等问题，这些问题的意义在于发现司空见惯的现象中的不合理之处并提出质疑，这些质疑出乎学生意料，带给他们的触动就特别大，引发他们学习和思考的动力就特别强，在真正的有疑之学中有力促进他们的发展。

三、课程教学内容之转变

目前，课程教学内容的决定权在教师手上，而大多数教师对教学内容的决定往往依据一些既定教材，并且由于一些教师在运用教材执教时缺乏对教材进行基于学情的整合，所以其课堂教学传达的大多是他人的思想，教学内容也大多为已经固化的研究结论。这种传达他人思想和固化内容的现象使很多高职课堂缺乏生气。因为不是"表达自己"，所以无法做到声情并茂，无法用全身心投入的姿态引领学生成长。积极扭转这种现象，由传达他人思想转变为表达自己观点、由固化教学内容转变为动态逻辑演绎，是高职院校教师实现高水平课堂的又一关键点。

（一）由传达他人思想转变为表达自己观点

传达他人思想是目前高职课堂的普遍现象，原因大致有三，一是将教材作为教学权威，不敢对其进行整合；二是缺乏将教材与学情进行统一思考的意识和能力；三是对专业人才培养目标定位和教学内容等缺乏自己的独立观点，因此只能传达他人思想。而这三点，归根结底是缺乏观点。所以，高职教师的努力方向，一定是要成为一个有观点的教师。观点可以是多方面的，比如专业的人才培养定位、学科的逻辑线索和诠释角度、课程对人才培养的作用意义、课程的核心思想和衍生观点、教育的宗旨和课堂的本质，等等。而要对教育教学形成自己的观点，就需促进自己对专业、学科、课程、教育、课堂等做出自觉的综合思考。这一过程中,通过一定的载体和平台可以实现事半功倍。笔者曾经的课堂也是忠实地传达他人思想的,而今更喜欢分享自己的观点,促使这一转变的契机至少有三:一是在小学教育专业建设和省精品课程、国家精品课程、国家精品资源共享课建设过程中,带领团队成员对人才培养定位、课程目标、教学内容、教学方法、教学手段等作出系统思考,进行高屋建瓴的顶层设计,并反复推敲字词,提出"全科与学术并举,理论与实践相融,课堂与走校互嵌"的专业建设理念,"重实践,强素质,善研究,能创新"的课程建设理念,"生长型课程"的课程发展定位,"师生共同研究式"的教学方法等,形成了自己独立的思想;二是通过主持课题研究和浙江省中小学教师专业成长培训,形成了自己原本就极为热衷的小学语文对话教学思想,并且在培训和指导广大教师的过程中形成了对话教学理论体系和教学模式,积累了丰富案例;三是通过不断前往小学观摩一线语文教师的日常课,明确了小学语文教学目前的真实状况,并将之与小学教师职前培养、专业人才定位以及自身的对话教学研究进行融合思考,从而使观点常用常新,跟上并引领教师成长和教学发展。

(二)由固化的教学内容转变为动态的逻辑演绎

目前,教学内容的固化也是学生没有学习兴趣的根源之一。一个显而易见的道理是,教师传授已经固化的教学内容,那就意味着剥夺了学生动态思考的过程,也就是说,是将前人经过漫长思考与实践得出的结论在短短一节课或几节课中传授给学生,结论取代了过程,研究过程中一路的风景学生是看不到的。所以,高超的教学艺术,必然有一个将固化的教学内容转变为动态的逻辑演绎的过程。所谓动态的逻辑演绎,一是指在真实或尽可能真实的情境中,基于学生需求和困惑的解决,再现结论的获得过程;二是在教学过程中,对所经历的学习进行"①基于问题提炼关键词确定研究方向和角度→②梳理关键词的横纵逻辑关系并形成主次分明条理清晰的金字塔型认知或能力结构→③对金字塔上具有逻辑关系的关键词的内涵外延进行诠释和充实→④扩充从关键词可能延伸出的其他概念→⑤用概括性语言对相关概念进行连缀陈述并形成自己观点"的全程体验。我们分明可见,这一过程中,①和②是将书"读薄"的过程,③和④是将书重新"读厚"的过程,⑤则又是将书读薄的过程。在这个"薄→厚→薄"的过程中,学生获得的认知便是动态的。若是实践型的课程,则可在实践过程中,更好地检验关键词的意义和作用,使学习过程不仅是动态的,更是知行合一的。

四、教师教学行为之转变

教师在课堂中的教学行为转变与否,将直接影响教学效果。在目前高职课堂中,教师说、学生听的课堂模式依然占多数,而实践型课程在教师指导学生实践的过程中,教师也比较习惯用已经定型的一些实践方法去干预和纠正学生在实践过程中出现的一些失误和差错,将学生从失误或差错中拉回到教师认为的正确方法中来。这样做的最终结果是要求所有学生的实践都达到教师确定的正确标准,而学生实践的目的也是奔着一个正确结果去的。这样的要求对于某些专业来说是极其必要的,因为这些专业的工作来不得半点闪失,但对于更多专业来说,我们不妨给学生多一些自由创造的时间和空间,让学生充分发挥其主观能动性,形成具有独到思想和个性特色的结果。基于此,我们不妨将课堂由师传生受转变为对话启迪,由预设强制转变为顺势而为。

(一)由师传生受转变为对话启迪

师传生受与对话启迪课堂的本质区别在于教师和学生在课堂中的角色定位不同。很显然,师传生受的课堂中教师是主导,掌握着课堂的话语权;学生的主要行为是被动接受,话语权很小。师传生受的课堂暗含着对师生关系的一种逻辑假设,即师生之间的不平等、不对等,学生的学习须通过教师的传授而获得。这种观念在学习资源比较匮乏的过去应该很有道理,也很有市场,但在现在这个"互联网面前人人平等"的泛在学习时代,"生不必不如师"的理想已经得到了最大可能的实现,师传生受的师生关系定位和教学方式已经极大地落后于时代发展。而对话启迪的课堂正顺应了"互联网+"的时代面貌,也回归了孔子和苏格拉底的教育理念和教育理想。对话启迪要求课堂中教师和学生的角色是可以实现相互融合和随时转换的,不同观点是可以线上线下同步发声的,是可以互相支持和包容的。对话启迪意味着课堂中教师行为不再是提问和评价,学生行为也不再是回答和被评价,而是互相探讨、合作共进。对话启迪的课堂要求教师在最大程度上去了解学生中可能存在的各种学情,并将之作为教学起点;要求教师以研究者姿态提炼出一个能够牵一发而动全身的课堂研究选题,从各种不同认知和实践行为中去解读、诠释、践行和提炼;对话启迪的课堂还意味着教师要放下架子,以虚心好学的态度向学生学习,向学生借智慧,要承认自己在很多方面没有学生考虑得周全和严密;对话启迪的课堂还意味着教师会让"你想到了而我没想到""你的想法启发了我""大家的探讨使我们形成了一个鲜明观点""你的思想让我不得不骄傲地说,你将成为这个领域的杰出人才"等话语时常出现于课堂中。当教师把这些话语作为课堂对话启迪的习惯用语,学生的学习热情便能得到很好激发,甚至超乎教师的想象。

(二)由预设强制转变为顺势而为

目前,我们的课堂大多还是周密预设的,这种周密课堂在班级授课制中有其突出优势,但也容易导致教师对学生过多干预和矫正,而对于高职学生来说,过多干预和矫正将使他们重新产生挫败感,失去学习热情。变预设强制为顺势而为,是高职教师应该具有的教学艺术。所谓顺势而为,是指接受学生出现的认知或实践失误,并顺着这样的失误引导其从另外角度作出重新研究。依然举建筑的例子,假设一个学生在用砖块创作一个艺术品过程中将墙砌歪了,大多数教师的做法是让他重新砌过,认为竖直的才符合规范要求。当我们对学生提出这样的要求,那就意味着学生的实践操作是不对的。假若我们换一种思维方式,在学生砌歪的作品前顺势而为,很真诚地对学生说:"砌歪的墙也许反而能成为一种特色,请你继续创作。"这样的引导是不将学生的作品看成错误,而是看作另一种思路的起点。教师尊重了学生并顺势而为,将使学生发自内心地愿意接纳教师建议,主动迎接挑战。当然,顺势而为的教学艺术对教师的内在学科素养提出了更高要求,因为所顺之"势"来自学生,可谓五花八门,需要教师在本学科之外拥有更为广博的知识储备及将"势"与各种知识进行逻辑链接的思维能力,将"势"与学生发展及人们生活需求进行融合并不断超越的创造能力。

五、课堂评价维度之转变

课堂评价的维度将决定教学设计和教学实施的方向和行为,起到特别重要的导向作用。因此,高职教师上述课堂教学艺术的形成,还有赖于课堂评价维度的改变和重新确立。不同专业和课程的评价维度当然应该有所不同,但有些内容是共通的。总体来说,我们需要在两大评价维度上转变思想和观念,一是由单向的评价学生成长转向为评价教学相长,从教师成长与否的角度观照学生的成长情况;二是由知识和能力获得情况的评价转变为课堂中教师和学生思维情绪状态的评价,因为对于高职学生而言,若其拥有良好积极的思维情绪状态,那么他在中小学学习阶段未能得到挖掘和显现的诸多能力都能在最大程度上得到培养。

(一)由评价学生成长转变为评价教学相长

单向的评价学生学习效果,是一种传统的评价方式。这种评价方式具有以下局限:一是学生学习效果很难在一次课中得到检验,所以在具体评价的操作上具有难度并缺乏可信度;二是忽视了教师的成长,使教学工作一味强调付出,而忘了教师的教学过程其实也是教师自身获得发展的过程;三是忽视了教师课堂成长感与学生成长的正向关系,即教师的成长感越强烈,学生的获得感、效果感也会越强烈。所以,在评价课堂教学效果时,我们不妨通过是否实现了教学相长来评价学生的学习情况。教学相长体现的是教师和学生之间的相互作用,不仅教师可以影响学生,学生也可以影响教师、启发教师,促进教师成长,在学生促进教师成长过程中,学生内心的满足和灵感的激发都会达到最佳状态,学习效果自然就会好。相反,假如教师在教学中没有自我成长感,学生的学习效果也会相应降低。以"春蚕""蜡炬"比喻教师并不贴切,教师应该是一棵大树,一棵实现和谐共生的大树,在其张开繁茂枝叶为学生提供成长环境、提供阴凉呵护的过程中,不断吸收阳光雨露和土壤营养,使自己不断壮大,使枝叶更繁茂,使绿荫更阔大,教师自己不断壮大是他为学生提供支持帮助的必要条件。当我们关注了教学相长这一评价维度,教师"学生非常棒""向学生学习""向学生借智慧"的学生定位和教学观念自然就能得以贯穿和落实,也就能很好促进教师语言的改变,而语言改变对于课堂学习效果的促进将起到巨大作用。同时,教学相长的维度评价将使师生关系得以重构,教学中师生的"原创性""独创性"才会得到发展[1]。

(二)由评价知识能力获得转变为评价思维情绪状态

一个人可持续发展的动力在于他对某件事情持久的热情,这种热情包括好奇心、坚持力等在内的诸多非智力因素。所以,如果课堂中学生的学习行为是被强制的,那么虽然看起来很认真,但其内心状态却是不尽如人意的,甚至是带着反感的,随着课堂时间增加和推移,其反感情绪会与日俱增,导致学习热情下降。所以,在高职课堂中,要特别积极地关注学生的学习状态,积极运用各种教学智慧调动其学习热情。观察学生课堂上的状态主要包括两方面,一是思维状态,即能否积极运用思维的力量去有效分析和解决所讨论的问题和情境,包括参与思维的态度、频次和效果等;二是情绪状态,即其参与课堂是迫于外在赋予的压力,还是其内在主动的需要,两者之间有鲜明区别。关注学生的思维情绪状态,需要教师做有心之人,且要摆脱功利之心,要以关爱与慈悲去真诚观照学生内心世界,真正做一个理解学生、悦纳学生的"明师",而不要让自己成为一个习惯于否定学生、批评学生的角色。唯有如此,课堂才能真正成为师生心灵交流、对话启迪的场所,成为教师和学生当下美好的生活场所。笔者在执教"大学语文"时,第一节课上问学生是否喜欢语文课,绝大多数同学都说不喜欢,问他们为什么,答案是因为小时候语文课总是要求背诵课文,很不喜欢背诵。由此我想,《大学语文》中有大量文言文,如果按以前他们所经历的语文课教学方式上课,他们定然是不喜欢并没有热情的。于是笔者决定换一种教学方式,采用了"以打开认知格局为宗旨、以朗读欣赏为介质、以对话启迪为方式"的教学策略,不把他们不喜欢的背诵等语文学习方式强加于他们,而使他们在放松状态下通过经典文学作品感受中华文化以及先贤思想的丰富和伟大,并结合生活实际带给他们一些超越原有认知的启迪,学生学习状态得到了很大改善。所以,将学生思维情绪状态作为课堂评价维度,教师就会积极改变观念和行为,关注学生所喜所好,改变其学习状态。

---

[1] 沈曙虹.学校课程品质的内涵与评价维度[J].江苏教育研究,2018(12A):3-9.

课堂是学生成长的主要场所,高职院校教师唯有基于高职学生的学习心理特点,在课程目标、学习动力、教学内容、教学行为、评价维度等多方面做好调整,才能实现高水平课堂教学,才能真正培养出具有可持续发展力的应用型人才。

(原文出处:邢秀凤.高职高水平课堂教学策略:突破惯性的五大转变.教育学术月刊,2020年第9期,100-105页)

内生式发展:高职院校课程思政建设的路径探索

自2014年上海部分高校率先探索,2016年习近平总书记作出重要指示以来,课程思政成为新时代思想政治教育发展的重要方向,各高校都在积极推动课程思政建设。所谓课程思政,即将思想政治教育元素,包括思想政治教育的理论知识、价值理念以及精神追求等融入各门课程中去,潜移默化地对学生的思想意识、行为举止产生影响[①]。课程思政作为新时代党加强高校人才培养和思想政治教育的新要求、新举措、新方向,势必要求课程建设的方式方法做出适应性调整,探索一种与其相适应的、新的内生式发展理念与建设路径,以更好落实立德树人的根本任务。

一、高职院校课程思政建设的现实困境

课程思政是教育的本质回归,就根本职能而言,它是一种致力于促使各类非思政课程包括通识课、基础课和专业课建立与思政课程同向同行关系的教学方法。经过多年建设,各高职院校课程思政取得良好发展局面的同时,仍存有诸多现实困境亟待解决。

(一)课程与思政相互建构的关系亟待厘清

课程思政在名称上沿用了思政课程的表达方式,仅仅对两个概念内含的词组做了顺序变化。但这个变化并非单纯文字游戏,而是具有实际内涵的。目前,仍有部分教师包括思政教师虽有很高的参与热情,但未能厘清课程与思政内在的建构关系,实践中简单套用思政课程的做法,未能挖掘专业课程内在特点,课程与思政、教书与育人形如"两张皮"的现象时有发生。具体实践中,我们亟须厘清思政课程与课程思政中课程与思政的不同关系。一方面,在思政课程中,课程因思政而存在。课程是为面向大学生开展思想政治教育而专门设置的,其理论视野、知识体系和教学方法,高度聚焦于大学生的政治态度、思想意识和价值观念,离开思政,就不存在思政课程,因为失去内容,课程本身就失去了标志性意义。另一方面,对课程

---

① 王学俭,石岩.新时代课程思政的内涵、特点、难点及应对策略[J].新疆师范大学学报(哲学社会科学版),2021(3):50-58.

思政来说,课程有其自身内容和独立价值,首先课程为传授相关的专业知识或通识内容而存在,思政的职能需要依托各类课程的内容和教学以潜移默化的方式得到实现。这意味着,在思政与课程之间存在某种"皮与毛"的关系,没有思政的渗透,课程不能冠以"思政"之名,但专业课或通识课本身是存在的。反过来,没有课程,思政职能会失去依托的载体。由此可见,课程思政建设,需走出"课程+思政"的简单做法。

(二)课程特质与思政元素有机融合的难点亟待解决

受现代学科建制的影响,在过去很长一段时间里,各高职院校课程体系建设不同程度出现"课程特质"与"思政元素"相分离的现象。课程思政作为一种崭新的教育理念和实践,具有"渗透式教学"的基本特质,更加强调思想政治教育过程的内隐性、柔和性与渗入性,也更加强调思政元素融入需与原有课程的教学目标相协调,做到"润物细无声"。然而,时至今日,仍有部分教师对专业课程中的思政元素挖掘缺乏合理研判和精挑细选,忽视专业课程自身内在的逻辑体系,对思政元素进行粗放堆积和生搬硬套;忽视专业课的教学特点和规律,不分时机,大水漫灌,导致专业课"思政化"。因此,如何"依据专业课程特质,融入和挖掘其思想政治教育元素,实现课程价值引领、知识传授、能力培养相统一,形塑课程特质与思政元素有机融合的高校课程体系"[①]成为各高职院校课程思政建设亟待解决的难题。

(三)教师育德能力与建设要求不匹配的堵点有待疏通

全面推进课程思政建设,教师是关键。习近平总书记指出:"教师是人类灵魂的工程师,是人类文明的传承者,承载着传播知识、传播思想、传播真理,塑造灵魂、塑造生命、塑造新人的时代重任"。相较于思政教师以"塑造灵魂、塑造生命、塑造新人"为其终极价值旨归,专业教师更加注重"传播知识、传播思想、传播真理";相较于思政教师具有较高的思想政治教育的知识储备和教学经验,能熟练运用思政教育的话语体系,专业教师则通常未经思政专业的系统培训,理论功底不深,对本专业之外的国家大政方针了解有限,没有统一用书,也缺少专业支持,在思政元素的挖掘、思政内容的融通、思政话语的转化等方面能力不足,课程思政意识还比较淡薄。这意味着,目前,制约课程思政建设的因素中,相对于"愿不愿"的动力问题,"会不会""能不能"的能力问题更为突出。

---

① 娄淑华,马超.新时代课程思政建设的焦点目标、难点问题及着力方向[J].新疆师范大学学报(哲学社会科学版).2021(5):188-196.

二、课程思政内生式发展的内涵及优势

内生式发展理论指向"自我导向"的发展过程,它推崇多元化的发展目标,尊重事物内在的发展规律。20世纪70年代末,这种理论开始被广泛关注并运用于经济社会发展的具体实践中。课程思政内生式发展策略关注课程教学的内在发展规律、人才培养的内在需要,强调挖掘教师和学生具有的内在课程思政生长空间和可用资源,更符合思政教育目标。它适用于各种教育类型,尤其适用于高职教育,因为高职师生中潜藏着巨大的课程思政需求和内在资源。高职院校课程思政建设要求在传授课程知识的基础上引导学生将所学到的知识和技能转化为内在德行和素养,注重将学生个人发展与社会发展、国家发展结合起来。可见,内生式发展理论与当前高职院校的课程思政建设实践具有高度的一致性。所以,从一定意义上说,内生式发展是高职院校课程思政建设的一种必然选择,具有三个方面的明显优势。

(一)内生式发展强调关注和体现学生的内在需求

课程思政建设的成效在学生。课程思政建设始终要以学生为中心,尤其以学生的获得感提升为核心指标。当今社会盲目追求学历和文凭的倾向依然严重,"高职生不如本科生"的成见根深蒂固。由此导致高职生普遍心态较低,在人生目标上,不敢"好高骛远",满足于学好一技之长,毕业后有一份好工作,安稳过日子。如此缺乏远大理想看似构成了课程思政的某种接受阻碍,其实完全可以通过优化教学内容,创新教学方法,使之成为思政介入课程的心理基础。中国传统学习理论强调"虚心",主张只有先把内心多余的东西清理出去,成为如赤子般的"出厂模式",才便于接受新的道理,获得新的认知。而相对本科生,高职生的最大优势恰恰在于内心中喧嚣的成分少,而朴实的成分多,这就非常符合"虚心向学"的特点。实践中,高职学生对如何胜任职场信心不足,存在困惑,在学习如何做事之外,对明白道理、懂得做人、学会沟通表现出强烈的渴望。因此,新时代高职院校课程思政建设应从简单增加内容转向深入分析学生的需求,找到他们的兴趣点和兴奋点,因势利导,关注当下的热点难点问题,根据学生"需求侧"的实际,不断调整和丰富课程思政"供给侧"的内容输出,突出"育人",教诲"道理",解读"责任心",劝勉"为他人着想",讲授审时度势的"大感觉"和为人处世的"软知识",让思想政治教育落到学生现实困惑和实际需要上去,变被动听课为主动学习,创造在其他课程中接受思政教育的心理基础,提高学生的获得感。

(二)内生式发展主张发掘和完善教师的内在资源

课程思政建设的关键在教师。高职院校专业教师普遍具有一技之长,有不少教师本身就由专业人员转入教学,常依托自身资源服务社会,对国家政策和市场需

求的变化更加敏感和深刻。而课程思政的重点之一在于引导学生关心国家发展，认同民族复兴的伟大事业，在这方面，高职教师以其鲜活的亲身经历，可以提供给学生更多的体验，这使得高职教师在课程思政建设中有其固有优势。高职教学中存在某种"培训"倾向，教师过于看重技能的掌握，一定程度上不善理论讲解，恰恰是这种注重技能的倾向同样构成开展课程思政的一项有利条件。因为注重技能，师生都深信在教学中，好的东西必须看得见，摸得着。如此心理导向下，无论核心价值观、文化道理，还是人生准则，只要能与职业生涯和专业技能相结合，展现出对现实生活的指导意义，就能顺利得到师生发自内心的接受和认同。因此，新时代课程思政建设应主张发掘和完善教师内在资源。这需要以内生式发展理念为指导，从简单插入专业外的教学要求，转向全面梳理教师现有的知识和技能，释放他们的内在动力、活力和能力，激活存量资源，引导教师深度开发在长期教学和科研过程中积累的案例、感受和能力，让以立德树人为导向的专业课程更加鲜活，学生更有亲近感，教师更有成就感，让课程思政建设走向常态化和长效化；推动专业课教师在知识传授中更加注重主流价值观引领，帮助学生塑造正确的世界观、人生观和价值观。

（三）内生式发展倡导整合和优化课程的内在空间

课程思政建设的基础在课程。课程是学校立德树人的主要环节和渠道。课程如果建设不好，那课程思政的功能也就无从谈起了。近年来，中国进入了经济发展从数量向质量、从低中端向中高端过渡的新时期。为了适应经济转型、产业升级的需要，国家大力推进高等职业教育高质量发展。在此背景下，高职课程必定反映中国社会宏观发展的要求、轨迹和趋势。在教育部关于高职专业设置和发展方向的引导和调控下，高职院校自会根据社会需求变化及其产出的就业机会，调整专业、课程、师资和教学。在这一点上，高职课程对国家要求、社会需求是敏感的，调整和优化是有力的。这就为各类课程进行课程思政建设提供了最强大的驱动和最友好的环境。以职业本身的演进为案例，介绍国家发展，展示社会进步，前瞻职业机会，永远能够得到学生发自内心的呼应。因此，新时代课程思政建设应遵循内生式发展理念，倡导整合和优化课程内在空间，强调各类课程与思想政治理论课同向同行，充分发挥课程所承载的思想政治教育功能，实现"全课程育人"格局[①]。从单纯让出教学时间，转向全面梳理各类课程的内在结构，在不与原有课程大纲、知识体系和教学流程相冲突的情况下，寻找具有思政内涵的生长点、结合点和调整点，形成教书服务育人、育人促进教书，专业教学与思想教育相得益彰的格局。

---

① 韩宪洲.增强高校思想政治工作实效性必须遵循"三大规律"[N].学习时报，2018-04-02.

三、课程思政内生式发展的实现路径

从课程建构知识、建构技能、建构理智再到课程建构精神①,内生式发展理念指导下的课程思政理念变革是深刻的;通过课程制度变革完善立德树人系统化落实机制,课程思政的建设任务也是繁重的。课程思政必须走向实践,并在实践中努力找准改革的发力点。内生式发展不只是高职课程思政建设的理念和思路,还内含了推进策略和实施路径,其中尤须重视五个环节。

(一)加强顶层设计,坚持整体推进

"内生式发展"在性质上属于个性化操作,针对每一门具体课程,设计相应的建设方案,难以标准化,无法采取"一刀切"的方式来推进,但这并不意味着每门课程都交由任课教师独立进行思政转化。思政教育是一门专业,课程思政内在地具有跨学科的属性,而并非每一个专业教师都有跨学科的设计和教学能力,个人积极性再高,仍然需要一个对创新足够友好的环境,需要获得必要的引导、指导和支持。尤其在开始阶段,教师对课程思政普遍生疏,不知从何下手,即使有勇气率先尝试,也拿捏不定分寸,难以确定探索是否符合要求,方向是否准确,方法是否合理,效果是否经得起检验。这就需要学校加强顶层设计,从组织体制、运作机制和政策配套上,鼓励创新,宽容试错,协调各方,整合资源,既能对个体探索者及时给予认可,又能为参与者提供交流机会,在学校内部形成跨院系配置教学力量的局面,使得每一门课程的探索都不是教师个人的"孤军深入",而是得到后方基地大力支持的"协同作战"。在此背景下,不但有利于单门课程的成功,也有利于带动全局,促使更多教师投入课程思政建设之中。其中,建立校级"课程思政研究中心"具有特殊价值意义,作为专业性松散型的工作平台,可以发挥沟通学校与教师、统筹课程建设、统一配置资源、组织专业支持、开展经验交流、固化建设成果等一系列功能,加快课程思政体系化的建设。

(二)集合优秀教师,打造先行课程

同样进行思政转化,不同课程难度相差很大,尤其是理工科的基础课和实训课,在各地高校中都被视为"最难啃的硬骨头"。即便不加区别地要求所有课程齐头并进,四处开花,最后仍然会形成参差不齐的局面。这就要求课程思政课堂的建设优先选择合适的课程,先行先试,取得成效之后,逐步推广。在各类课程中,最适合承担先行探索任务的是通识类的公共课,因为通识课结构宽松,可以用作思政转化的生长点较多,开发空间较大,还因为与专业课程联系广泛,学生接触面大,可以

---

① 伍醒,顾建民."课程思政"理念的历史逻辑、制度诉求与行动路向[J].大学教育科学,2019(3):54-60.

产生更大的育人效果和示范效应。为了提高先行课程为后续推广提供经验的效率,可以采用已得到其他学校证明的"项链模式",在统一设计的架构内,吸引不同专业中既有较高专业水平,又善于课堂教学,对课程思政建设具有主动性和积极性的教师,建立课程团队,共同开发课程。实践证明,聚焦优秀教师,主动打造先行课程,是师资队伍内生式发展的要求。一方面选择最优秀的教师,能够确保教学质量,有助于学生更快更好地接受课程思政这种教育形式;另一方面优秀教师在学校、群体中的影响力大,说服力、辐射力强,在他们的带动下能让更多教师在短时间内获得开展课程思政的实际经验,加深对教书育人重要性的体会和理解,为后续课程思政全面铺开准备师资力量。

(三)注重专业支持,优化课程设计

思想政治教育是一门专业化课程,课程思政要取得成效,必须借鉴思政教学的经验。对许多非思政教师来说,要在自己专业的知识框架体系内,强化立德树人的职责,需要从认知到实践上实现质的飞跃。跨专业的飞跃不可能一蹴而就,无论在课程设计还是课堂教学上,专业教师尤其是理工科或技能型教师很难一下子进入角色,也很难达到课程思政的综合要求。而且多年来,不少教师已经形成教学习惯,基本上根据教材的章节安排,按照知识点的排列顺序讲授,很少对知识点背后的道理进行解读,也很少考虑学生了解这些知识,在专业之外还有什么意义,导致课堂教学缺乏设计,教学效果难有起色。在推进课程思政建设的进程中,要求学校和教师转变观念,加强教书育人,很大程度上就是为了尽快改变教与学脱节的状况。而要在短时间内解决难题,实现突破,最便捷有效的方法就是为愿意开展课程思政建设但力有不逮的专业教师,提供教学理念和课程设计的支持。即强调专业支持的自主性,优化课程设计,促进课程思政内生发展。

(四)聚焦以点带面,突出延伸开发

一旦先行课程取得成功,第一批课程思政种子发芽,就可以在学校统筹和"课程思政研究中心"的主持下,动员各专业进入课程思政集中开发阶段。所有因参与先行课程建设而初步掌握了课程思政理念和教学设计能力的教师,可以立足自己主讲的课程,独立开展课程思政建设,真正实现专业知识教学与思想价值引领相统一、专业课程与思政课程相协同、思政元素与知识教学相融合,将全课程育人变为现实。在这个过程中,教师可以从"课程思政研究中心"获得技术支持,并与原来通过"项链模式"共同开发先行课程的在独立开展课程思政建设的教师保持联系,定期开展学术交流,取长补短,共同提升。如此既便于学校集中力量实现局部突破,又可以帮助教师积累经验,以利于再次投入课程思政实战,还可以形成示范效应,带动更多课程进行创新探索。在这个过程中,可以将更多教师吸引进来,从而加快

课程思政队伍建设,覆盖更多课程,形成以点带面、延伸开发的良好势头。

(五)建立长效机制,构建课程思政体系

在学校范围内整体推进课程思政建设,不但需要考量的增加,还要考虑质的提高和体系的完整。课程思政有底线,无上限。底线是课堂有纪律,教师必须本着对国家负责、对学生负责的态度,管好一段渠,种好责任田,不能误导学生。无上限则指教师应该在不断提高自身素质的基础上,努力通过优化课程设计和教学方法来取得更好的立德树人效果。这意味着,就特定学校来说,推进课程思政建设一定是分梯次的,不同课程之间既有启动思政转化的时间先后,也有建成后课程的水平高低,无法做到一个标准,同样的要求。有条件的课程先做,条件不够的稍后。教师态度积极、能力强的,可以做成示范课,而精力有限或能力欠缺的,能够达标即可。选修的学生较多且影响面大的课程可以举全校之力重点做,而专业强、选修人数少的,允许教师个人不断探索。最终形成不同覆盖面、不同教学效果和不同影响力的、能在不同程度上实现教书育人职责的课程思政体系。

(原文出处:倪淑萍.内生式发展:高职院校课程思政建设的路径探索.江苏高教,2021年第8期,105-109页)

基于多元整合的职业院校课程思政建设:困境与突破

全面推进课程思政建设是站在新时代的历史方位、从建设社会主义伟大事业的全局出发、落实立德树人根本任务的战略举措。2016年全国高校思想政治工作会议上,习近平总书记首次提出"各类课程与思想政治理论课同向同行"[①],吹响了课程思政建设的号角。《国家职业教育改革实施方案》《教育部关于职业院校专业人才培养方案制订与实施工作的指导意见》《职业教育提质培优行动计划(2020—2023年)》等职业教育重要文件,相继提出"推进职业教育领域'三全育人'综合改革试点工作,使各类课程与思想政治理论课同向同行,努力实现职业技能和职业精神培养高度融合"[②③]、"引导专业课教师加强课程思政建设,将思政教育全面融入人才

---

① 习近平在全国高校思想政治工作会议上强调:把思想政治工作贯穿教育教学全过程 开创我国高等教育事业发展新局面[N].人民日报,2016-12-09(1).

② 国务院关于印发国家职业教育改革实施方案的通知[EB/OL].(2019-01-24)[2021-05-25].http://www.gov.cn/zhengce/content/2019-02/13/content_5365341.htm.

③ 教育部关于职业院校专业人才培养方案制订与实施工作的指导意见[EB/OL].(2019-06-05)[2021-05-25].http://www.moe.gov.cn/srcsite/A07/moe_953/201906/t20190618_386287.html.

培养方案和专业课程"①等要求。多年来,各地职业院校根据政策要求,结合自身的实际,在课程思政建设上做了不少有益探索。

课程思政建设是一项复杂的系统工程,高质量推进课程思政建设需要系统思考、整体规划、协调推进。但职业院校在实施和运转过程中,课程思政的各构成要素之间因缺乏"协调"与"整合"而出现运行过程系统效能的损耗,影响课程思政整体功能发挥。课程思政的实施质量事关人才培养的质量,在职业教育提质培优的关键时期,课程思政建设已经到了升级改造提质的关键时期。为此,对课程思政建设中的各种要素进行系统整合,成为高质量推进职业院校课程思政建设的突破点。

一、课程思政多元整合的基本内涵

在词源学意义上,"整合"有融合、聚合、集成的含义。在学术界,"整合"是功能主义社会学领域的重要术语,美国社会学家大卫·洛克伍德提出的社会整合和系统整合之分被大家广泛接受。他在20世纪60年代发表的《社会整合与系统整合》的文章中指出,社会整合主要指行动者之间的有序或冲突关系,通过社会的共同价值、规范或信仰,使社会成员之间获得一定程度的合作、协调或秩序;系统整合主要指涉的是一个社会系统的各部分之间的有序或冲突关系,指通过系统优化,使社会系统各部门(子系统)之间在功能上相互适应、相互弥补、相互合作和相互促进,系统整合越好,子系统功能的互损性就越低,总体效益的优化程度就越高。②

本研究中所使用的整合概念包括社会整合和系统整合的双重整合。在社会整合的意义上,主要关注课程思政相关主体或个人之间的互动关系,强调通过沟通和认同,减少分歧、割裂和冲突,增进认同和共识,形成稳定、良好和有效的互动协作关系。在系统整合的意义上,主要关注课程思政的运作机制,强调通过制度和机制的创新,减少系统要素冲突、增进相互联系、形成有序状态、优化整体功能。课程思政的实质是高校依托各类课程进行思想政治教育的实践活动。在这个意义上,课程思政是高校思想政治教育体系的子系统。课程思政要发挥最大的实效,对内需要通过整合形成相对独立的课程育人系统,对外要与其他育人系统协同,共同构成高校思想政治教育系统。课程思政多元整合,就是将课程思政作为一个相对完整的课程育人系统,一是增强内部整体性,通过协调、渗透、互补、重组等方式,减少系统内各要素的冲突,形成合理结构和有序状态,达到系统整体功能的最优化,提升课程思政的整体实效。二是增强外部适应性,在保持其性质特点的前提下,通过一

---

① 教育部等九部门关于印发《职业教育提质培优行动计划(2020—2023年)》的通知[EB/OL].(2020-09-23)[2021-05-25]. http://www.moe.gov.cn/srcsite/A07/zcs_zhgg/202009/t20200929_492299.html.
② 程静.思想政治教育介体的整合[J].中学政治教学参考,2014(1):70-72.

定的方式,与其他育人系统一起协调发展,构成高校思想政治教育整体。这里的"多元"主要是指课程思政的多类型课程、多主体参与、多层次目标、多环节过程等相对独立的多结构要素。课程思政多元整合的意蕴主要体现在以下几点:一是整体协调。课程思政内部各要素都有其相对独立的功能,需要通过整合减少内部各要素的冲突内耗,形成良好的结构整体,实现功能的最优化。二是渗透融合。课程思政的各要素的联系,主要是通过渗透来实现的。通过相互渗透,促使各要素从内容到形式相互融合,形成联系紧密的整体。三是过渡衔接。就课程思政的实施过程而言,各类课程之间互补互促,突出特点;各年级段之间层次递进,注重连续;课程的教学、评估与管理等环节要减少断层,相互衔接。由此可见,课程思政的多元整合既是过程,又是结果。作为过程,课程思政多元整合是指总体联系,渗透互补,有机衔接,聚合重组等;作为结果和目标,课程思政多元整合是指整体协调,同向同行。

二、职业院校课程思政建设面临的困境

课程思政多元整合的思想就是将课程思政的多结构要素组成具有目的性、互补性、协同性等特征的有机整体,实现整体的优化,发挥整体的最大功能。对照课程思政多元整合的整体协调、同向同行的功能性要求,职业院校课程思政建设的困境集中表现在以下几个方面。

(一)教学主体的离散化

教学主体的离散化主要是指各课程的教师之间因缺乏有效协作而导致无法形成合力的离散化状态。职业院校课程思政教学主体,不仅包括思政理论课和专业课教师,还包括大量行业企业的兼职教师。为合力推进课程思政建设,有些职业院校组建了包括思政教师、专业课程教师和兼职教师在内的课程思政教学团队,但在实际的运作过程中,还处于离散状态。一是思政课教师的参与度和引导力不足。与专业课教师相比,高职院校的思政课教师教学工作任务普遍较重,主观上参与课程思政建设的意愿不强,因此,即使编入团队,也是被动式的参与。并且从整体上看,职业院校思政教师整体学历层次和理论研究能力不高,部分非马克思主义相关学科背景的思政课教师缺乏系统的理论功底,所以在引导力作用的发挥上还有些欠缺。二是专业课教师的参与热度不一。在职业院校中,专业院系内部还缺乏思想政治教育氛围,教学功利化思想仍然比较普遍。如,在教师职责范围的认识和界定上,部分专业课教师割裂教书与育人的关系,认为课程思政会挤占专业知识的课堂教学时间,所以上课局限于对专业知识和操作技能的传授。而且,高质量课程思政的开展,需要专业教师具备一定的马克思主义理论基础知识、思想政治教育教学

技巧以及过硬的思想政治素质。而绝大部分专业课教师未经过相应的思想政治教育理论培训,这也在客观上造成了他们参与热情的不高。三是"行业、企业"主体的边缘化。这里的"行业、企业"主体主要指在学生专业相关行业内的思想政治教育最有发言权的兼职教师。根据《高等职业院校的专业教学标准》,职业院校的兼职教师主要是从学生相关专业的行业企业中聘任,兼职教师应具备良好的思想政治素质、职业道德和工匠精神,具有扎实的专业知识和丰富的实际工作经验,主要承担专业课程教学、实习实训指导等教学任务。在职业教育的实践教学中,兼职教师承担着重要角色和任务,但是课程思政的实施过程中,兼职教师的责权利还不明确,参与积极性不高,在方案制订、资源开发、实践教学等环节存在缺位的现象。

(二)教学内容的拼贴化

教学内容的拼贴化主要是指课程思政的教学内容缺乏顶层设计,知识内容之间缺乏关联性、层次性和整合性。科学选择和组织专业教学中的思想政治内容是高质量开展课程思政的基本问题。职业院校的课程思政相对普通高校起步晚,教师缺乏较成熟的经验,又缺乏统一的编制标准,造成了课程思政实施过程中教学内容的选择和组织呈现碎片化的状态。一是知识内容的无序化。按照专业知识的结构逻辑机械性地开展课程思政,是当前职业教育课程思政的常态。专业课程的知识结构一般是按照学科知识的逻辑或学生学习能力的逻辑进行组织的,按照专业课的逻辑结构开展价值引导,貌似有序,实际上却无序。任何课程教学都受教学时间的限制,所以在课程思政的知识选择和组织上,教师的随意性较大,更谈不上按照思想政治教育逻辑对知识内容进行选择和组织。二是知识内容的堆砌化。因为课程体系内部缺乏规划,知识内容重复现象普遍存在。从横向上看,各类专业课程之间,尤其专业群内的各相关课程存在着较多相近甚至相同的思想政治教育资源,容易在实施过程中出现重复现象。从纵向上看,不同年级的课程思政教学内容缺乏层级区分和衔接,在内容上也存在较多的低水平重复。三是知识内容的零落化。这一点主要是指知识内容的关联性不强。一方面,课程思政的知识内容在逻辑上与思政课程的知识内容关联性不强。从形式上看,课程思政的知识内容是分散的,但就课程思政的整体来讲,其内容也应是一个整体,也就是说,课程思政的内容是形散神不散,要求与思政课程的系统内容同向同行。另一方面,课程思政的知识内容在实践中与学生职业情境的关联性不强。具体的知识内容选择和组织缺乏明显的主线和特点,没有紧密结合学生的职业情境进行整合。

(三)教学评价的简单化

由于对课程思政评价的复杂性、特殊性和规律性认识不够,职业院校在实践中往往还沿袭以课堂教学为基础的教学评价,不论是对课堂教学效果的认定,还是对教师课堂教学水平的评定,往往都被限定在一堂课上。[①] 有些职业院校没有建立课程思政的教学评价体系,只是在原有的专业课教学质量评价体系中增加部分指标作为课程思政教学的评价标准。把课程思政评价局限在课堂教学领域的做法存在以下缺陷。一是评价的内容单一,主要围绕教师是否在教学内容设计中体现思政目标和思政元素、是否在课堂教学中融入思政元素,而是否达到教育目标、是否有效回应学生需求等实效性维度的指标缺失,也就是评价内容上教与学相割裂。二是评价的主体单一,主要由学校教学督导或教师同行构成参与,忽视学生主体和社会主体的评价,造成对课程思政教学主体评价的不完整。三是评价的方式单一,主要采取对教案进行检查和现场听课的方式,割裂了课程思政"内涵和过程"的完整性。检查教案文本的评价方式割裂了课程思政内涵的完整性。课程思政不仅要求在课程知识点中融入思想政治教育,而且要求在课堂管理中融入思想政治教育。尤其在职业院校,课堂管理问题是职业院校课程思政的重要着力点,在课堂上培养学生良好的学习习惯和学习态度是全体教师课堂管理中不容忽视的问题。教案文本检查无法评价课堂管理中的思想政治教育。现场听课评价方式割裂了课程思政的过程的完整性。课程思政要求依托课程知识点和学生具体情况有机融入思想政治教育,并不要求每一堂课每一章节都要进行饱和式的思想政治教育,督导或同行凭随机听取的少数几节课很难从整体上对课程思政进行科学评价。而且,这两种评价方式,都忽视了课堂延伸的环节,如,教师通过课后作业进行的思想政治教育,课程思政应该覆盖课程的全过程,这是课程思政的应有之义。

(四)教学管理的裂隙化

教学管理的裂隙化主要是指教学管理的各层级及其内部,由于功能分割、沟通缺位、资源分散、协作匮乏等导致的课程思政建设力量的消散、分化乃至对抗,主要表现为层级化的裂隙与箱格化的裂隙。

从纵向上看,表现为管理层级化的裂隙。一般的教学管理自上而下主要涉及学校层面、职能部门层面、二级学院层面、专业层面、课程层面共五个纵向层级。在管理权力的性质上,各纵向层面以上下级的教学行政管理为主;在管理的方式上,各层级管理组织往往通过制定目标管理制度,根据自身行政职能将课程思政建设任务进行量化分解,分派给下一层级,形成任务层层分解、责任层层下压的压力传导机制。在这种指标决定政绩的管理体制下,各层级会优先站在自身的目标上推动任务落实,层级间的裂隙或冲突就难以避免,课程思政的协同效应就难以实现。

从横向上看,还存在管理箱格化的裂隙。管理的每个层级内部都有职能不同的单元,这些单元之间缺乏协调就会形成箱格化的裂隙。课程思政强调跨校企、跨

[①] 周彬.教学治理现代化:时代挑战与实践转向[J].教育科学,2019(4):17-22.

学院、跨专业、跨课程之间的横向联动协作。协作内容既包括行政管理的协同，也有教学专业自主权的协同。在校内，层级越往下教学专业自主权的协同单元越多，行政压力传导干预的效果递减越明显，随之而来的横向协同难度就越大。与此同时，横向协同难度的增加反过来又放大了纵向层级的裂隙。而且，在课程思政的校内外联动方面还没有得到应有重视。对课程思政的管理而言，纵向的合作沟通与横向的联动协作推进缺一不可。不仅如此，由于上述管理的裂隙化，还直接导致了其他教学支持系统之间的裂隙化。如，上层级分派课程思政建设任务的同时，往往不能提供足够的校内外资源支持，相关师资培训跟进不及时，也缺乏激励教师参与课程思政建设的配套政策。诸如此类课程思政建设任务与各种政策之间的不匹配是教学支持系统裂隙化的主要表现。

三、职业院校课程思政多元整合路径

（一）整合目标体系，促进思想共识

目标体系的整合实质是要推动课程思政的理念达成共识，这是高质量推进课程思政的前提条件。职业院校需要从三个层面明确课程思政的建设目标，一是宏观层面，明确学校课程思政的总体目标，强化思想共识。课程思政的总目标要紧紧围绕国家和区域发展需求，结合自身的发展定位和人才培养目标，回答好"培养什么样的人、怎样培养人、为谁培养人"这一根本性问题。对这一根本性问题思考和回答的过程就是凝聚思想共识的过程。课程思政的总体目标其实就是育人目标，应该符合职业教育的类型特点，突出职业教育的区域特色，体现职业教育的校本特色，才能不空泛而且有利于多元思想的整合，多元主体才可能围绕总目标开展工作，形成合力。二是中观层面，凝练专业或专业群课程思政的主题，达成行动自觉。职业教育具有明确的职业定向，主题的凝练要坚持国家对职业院校学生的意识形态要求，同时，要突出专业或职业对从业人员特殊的思想政治素质要求，体现职业素养和职业精神，提炼出具有专业特质的思政主题，明确具有专业特质的课程思政目标和定位，促使专业教师形成思想共识，从而使他们在行动上自觉地履行自己的职责。三是微观层面，确定具有课程和学情特点的具体目标，明确行动主线和着力点。依据专业课程所对应的工作岗位或工作任务的思想政治素质要求，将专业层面的课程思政目标进行分解，明确每一门课程的具体目标。不仅如此，要把"守好一段渠、种好责任田"的基本要求落实到位，还要结合学情特点如职业院校学生的需求点、兴趣点、成长点等情况，进行动态调整，使课程目标既保持与专业目标的整体性，也可以形成课程特色目标，使课程教师在具体落实过程中找到着力点，从而提升课程思政的针对性。

(二)整合教学主体,促进深度参与

目标体系整合有助于凝聚教学主体的思想共识,但主体离散化问题的有效解决,还要通过建立协同配合的组织制度和组织文化,促进相关主体深度参与。具体而言,一是建立协调配合的组织制度。建立由专业课教师、思政课教师和行业企业的兼职教师组成的课程协作组织,通过集体教研制度,在方案制订、资源开发、课堂教学、问题研讨等环节全程配合。核心要务是在专业课教师、思政课教师和兼职教师之间形成知识互补效应,通过集体教研,克服专业课教师和兼职教师在教学中由于思想政治教育知识和思想政治教育能力不足而出现的短板,同时,利用思政课教师的资源优势和兼职教师的实践特长优势,开阔课程思政的教学思路,最终达到提升团队课程思政教学水平的目标。二是建立负有责任意识的组织文化。《高等学校课程思政建设指导纲要》(以下简称《纲要》)明确提出要充分发挥教研室、教学团队、课程组等基层教学组织的作用。而充分发挥教学组织作用的关键是提高教学主体的积极性。整体性理论认为,任何决策的有效贯彻都必须调动参与人员的积极性。而积极性来自强大的驱动力,驱动力则源于主体利益的尊重和满足。对于"跨界"组成的课程思政集体教研团队,要正视和尊重团队成员的利益需求,激发他们参与课程思政的积极性、主动性和创造性。但同时要看到,课程思政集体教研团队是跨越单一行政部门甚至跨界(兼职教师来自企业)的异质化组织,具有典型的"松散耦合"特征,其"协调和控制的主要手段是隐性的观念和价值体系,而非显性的指令和规则"[①]。也就是说,要推进各主体的深度参与,不能采用传统的压力型管理机制,对课程思政教学团队而言,关键是要提升教学主体的思政使命担当意识,按照"守好一段渠,种好责任田"的要求,根据各自的权责和能力,对自己执行的相关工作负责。因此,从运行机理角度,既不能忽视利益机制,也要强化思政使命的责任意识,发挥文化机制在教学主体整合中的作用。

(三)整合教学内容,促进有机联系

课程思政的内容整合不是为了构建逻辑严密、设计合理、知识完备的实体课程,其核心是解决好课程思政中"思政元素"的选择裁定及相互协调的问题。课程编制的实质是预期教育结果结构化、序列化和现实化的过程。对课程思政而言,预期教育结果就是课程思政的目标体系。因此,课程思政的内容整合是根据课程思政的目标体系定位确定专业课程中的"思政元素",并将这些元素或内容结构化、序列化和情境化,使"碎片化"的内容形成有机联系。

结构化整合就是要着眼于学生未来生活、工作、社会参与等所需思想政治素养

---

① 金顶兵,闵维方.论大学组织的分化与整合[J].高等教育研究,2004(1):32-38.

定向课程思政内容构成模块或领域,避免"结构脱嵌",造成供需不匹配。①《纲要》已经明确了课程思政建设内容重点,职业院校需要结合区域发展需求、学校发展定位和人才培养目标将有关内容进一步明确化,形成对接预期教育结果的课程思政内容供给侧结构。如,针对职业教育的区域属性和职业定向特征,可以将地方优秀传统文化、行业性的职业道德和法律法规等纳入课程思政的学习领域。

序列化整合分为横向和纵向。横向整合是基于主题相关性和内容互补性的整合。专业群的各课程之间要按照专业确定的"主题"和课程"主线"相关性通盘筹划不同课程的"思政元素"。纵向整合是基于思想教育进阶性的整合。紧扣学生的身心发展的进阶规律,提前进行全局规划,使各个年级段课程思政主要内容与学生思想进阶统一。当然横向和纵向存在一定交叉,只有通过各教学主体的协调沟通,实现两者的辩证统一,才能避免出现"思政元素"的缺位或堆积重叠,使各课程的思政内容各有特点又相互补充。

情境化整合是基于职业情境的关联性将分散的思政元素有机融入真实情境中,是"在场化"的整合。情境化教学是职业教育的典型特征,在仿真的职业情境中,通过教育主体、教育客体和环境的互动关系,使碎片化的思政元素与职业情境深度耦合。因此,情境化整合不是思政元素的简单叠加或植入,而是深度融入专业学习过程并与学习过程成为有机的整体,是课程思政内容的活化和升华。"经此整合,学生能够利用统合后系统化、整体化的内在心理建构进行更加专业、更具深度的迁移,使学科课程内容实现自主、灵活地贯通,更好地由'发展中的学生'转变成'完整的个体'。"②对课程思政而言,这种内在建构过程就是学生"在场"的体悟和内化的过程,可以真正实现价值塑造、知识传授和能力培养三者的融合。

(四)整合教学评价,促进质量提升

课程思政的教学评价要变基于课堂教学的评价模式为基于课程全过程的评价模式,构建多元整合的评价体系,发挥课程评价的整体生成性功能,促进课程思政质量稳步提升。

一是建立多元主体整合的评议组。评议组主体应该包括教师主体、学生主体、管理主体和社会主体,其中,教师主体包括专业教师、思政教师。不同主体对评价的目的和重点不同。教师是课程思政的实施主体,在对课程思政的整体思考以及如何与其他课程协同上具有主导权和发言权;课程思政成效最终体现在学生身上,学生评价和对学生的评价是课程思政评价的主要内容。思政教师在课程思政的方向把握上有不可替代的作用。课程思政是落实立德树人根本任务的战略举措,因

---

① 赵志伟.我国高校"课程思政"的脱嵌性问题研究[J].中州学刊,2020(4):88-92.
② 王奕婷,陈霜叶.全球视角下的课程整合"新故事"[J].教育发展研究,2020(4):79-84.

此,教学管理部门对课程思政建设状况的评价也应该得到重视。由于各评价主体的价值取向和关注角度不同,在评价的过程中应建立和形成开放、对话、反思的评价态势。

二是构建覆盖全过程的评价指标。"课程思政建设的基础在课程,根本在思政,重点在课堂,关键在教师,成效在学生。"①课程评价要围绕这四个维度设计评价指标,在课程维度,既要考量单科课程的整体设计是否体现课程特点和学情特点,也要考量课程与其他课程的整体协同性以及是否体现专业群课程思政主题;在思政维度,主要考查教师在教学中是否把知识传授、能力培养与价值引领紧密结合,并积极提炼课程思政的教学元素;在课堂维度,既要考量课堂内的教学组织、内容呈现、方法运用是否合理有效,也要考查课前课后相关环节是否积极引导;对学生评价的维度,要围绕学生的获得感设计指标。以上四个维度已经体现了对教师能力和水平的评价,可以增加教师个人对课程思政建设贡献度方面的指标,以激励教师积极参与课程思政建设。当然,由于课程性质和特点不同,指标的设计也要体现差异,但在具体指标的设计上,不必追求全面性,而应突出关键性。

三是打造"开放、对话、反思"的评价模式。课程思政理念强调通过隐性教育方式对学生进行价值引导。从其教学过程看,课程思政是思政元素分散式的潜隐融入。从结果看,课程思政是对学生思想观念、情感、价值观等心理和精神层面的影响。无论是从过程还是从结果看,课程思政评价是潜隐性的思政教育评价,所以评价结果会出现模糊性和非确定性。有专家认为,"即使我们得到一个比较可靠的评价结果,我们也很难确定什么因素导致了这一结果,因为能够影响人的品德、价值观、情感形成的因素太多了"②。对课程思政尤其如此。因此,针对上述结构评价体系,要打造"开放、对话、反思"评价模式。所谓"开放",表现为评价主体多元、价值多元、方法多元。所谓"对话",即建立在多元评价主体之间进行平等对话的机制。所谓"反思",课程思政表现的是一个行动过程。在实践中对行动过程进行反思、体悟、总结、反馈就是隐性思想政治教育的一种评价。③ 所以,课程思政评价的核心是通过整合在开放的、对话的、反思的评价模式中展现评价价值。

(五)整合教学管理,促进联动协作

高质量的课程思政建设离不开强有力的组织保障和支持保障。

一是整合教学管理功能与层级,形成合作共赢的组织保障。从宏观层面上,建立政府、行业、企业、院校、社会组织等多元主体的咨询决策组织,参照校企主导、政

---

① 张大良.课程思政:新时期立德树人的根本遵循[J].中国高教研究,2021(1):5-9.
② 朱光明,蓝维.思想政治教育学科教育学[M].北京:首都师范大学出版社,2000:228-229.
③ 李克.高校隐性德育课程评价体系探析[J].教育理论与实践,2017(36):46-48.

府推动、学校企业双主体实施的运作机制,发挥多元主体在指导监督、总体规划、政策建议、过程管理、信息反馈等方面的课程思政建设指导功能。校企合作是职业教育的基本办学模式。校企在课程思政方面开展合作既是校企合作的应有之义,也是提高职业教育人才培养质量的必然途径。职业教育还具有鲜明的外部性、地方性、行业性特征[①],充分发挥地方政府、行业、社会组织等对课程思政建设的指导作用,有利于课程思政建设与地方、行业、企业的特点和要求的融合,加强课程思政建设的针对性和适应性。在中观层面上,要着眼于校内层级组织的整体性运作,加强对课程思政建设的统一领导,打破各层级行政单位各自为政的状况。成立课程思政建设工作领导小组,由学校、部门、学院和行业企业的相关领导和专家组成,统筹全校课程思政建设工作,明确多元主体在课程思政的教材建设、教学评价、师资保障、资源整合等方面的主体责任。宏观层面的咨询决策组织和中观层面的领导小组要与前述微观层面多元教学主体构成的课程协作组织协同联动,重点是要处理好行政管理权与教学专业自主权的关系,咨询决策组织和领导小组要尊重课程协作组织的专业自主权,要加强调研和统筹,发挥行政管理权的导向功能,通过政策的修订和管理的创新,增强教师的责任心和教学专业自主权,激发教师参与课程思政教育教学改革的积极性和主动性。

二是整合制度体系,形成相互协同的支持系统。制度体系整合的关键是弥合政策制度层面的裂隙。课程思政的边界由思政课拓展至职业院校的各专业各类课程,课程思政的管理不再是部分职能部门和教学组织单方面的工作,而是涉及各层级之间及层级内部协同合作的一个复杂性议题。学校层面要强化对部门和学院的统一调度,要将推进课程思政建设举措和成效纳入各管理层级的绩效考核;各职能部门要强化服务意识,加强纵横向的沟通交流,避免政策规则之间的冲突,健全经费保障、师资培训、资源整合等配套体系,增强政策的整体性、适用性,保障高质量课程思政建设过程的联动协作;院系层面要尊重专业和教师的专业自主权,完善管理制度,把教师参与课程思政教育教学改革情况作为考核评价、评优评奖、职称评定的重要依据之一。只有弥合组织、制度和支持体系的裂隙,形成上下协同的整体运作,才能形成管理中的协同效应。

(原文出处:朱瑾,邵建东.基于多元整合的职业院校课程思政建设:困境与突破.中国职业技术教育,2021年第29期,11-17页)

高职专业课程思想政治教育资源开发的策略探析

随着课程思政改革的全面深化,挖掘专业课程思想政治教育资源的重要性越

---

① 邢晖,郭静.职业教育协同治理的基础、框和路径[J].国家教育行政学院学报,2018(3):90-95.

来越引起关注。中共中央、国务院印发的《关于加强和改进新形势下高校思想政治工作的意见》(以下简称《意见》)明确提出,"要加强课堂教学的建设管理,充分挖掘和运用各学科蕴含的思想政治教育资源"[①]。可以说:"挖掘课程的思想政治教育资源是有效推进课程思政的先决条件。"[②]目前,关于如何有效挖掘专业课程的思想政治教育资源还缺少系统性的研究。本文重点就高职专业课程思想政治教育资源开发的策略问题进行系统论述,以期对当下高职专业课程的思想政治教育资源建设有所助益。

关于思想政治教育资源的概念,学界莫衷一是,比较有代表性的观点认为,"思想政治教育资源,是指在思想政治教育活动中,能够被教育者开发利用的、有利于实现思想政治教育目的的各种要素的总和"[③]。很明显,这里的思想政治教育资源泛指一切思想政治教育活动中可供开发利用的资源。而课程思政与一般思想政治教育活动不同,它是以课程为载体、以课堂教学为主渠道、以隐性教育为主要方式对学生进行思想政治教育的活动;也就是说课程思政在载体、渠道和方式上有自己的规定性,这也决定了专业课程思想政治教育资源的特殊性。为区别上述泛指的思想政治教育资源,笔者将专业课程的思想政治教育资源命名为"课程思想政治教育资源",特指在专业课程的思想政治教育活动中可资利用的各种要素。

要合理开发高职课程思想政治教育资源,既要遵循思想政治教育的原则,也要考虑课程思政的特殊要求,还要适合高职教育的特点。从具体策略来说,要立足以下"六个本位"——把握资源开发的方向、主题、主线,抓住资源开发的要点、特点和亮点。

一、立足思政本位,把准课程思想政治教育资源开发的方向

课程思政建设中,课程是基础,思政是重点,方向是灵魂。习近平总书记指出,要"使各类课程与思想政治理论课同向同行,形成协同效应"[④]。这个同向同行的"向"实质就是高校思想政治教育的育人导向。本位即取向,立足思政本位,就是要求课程思政建设必须在资源开发的源头上把准方向,要紧紧围绕高校思想政治教育的育人导向进行资源的挖掘、加工和利用。

把准方向最根本的是坚持正确政治方向。习近平总书记强调:"我国高等教育肩负着培养德智体美全面发展的社会主义事业建设者和接班人的重大任务,必须

[①] 中共中央,国务院.关于加强和改进新形势下高校思想政治工作的意见[Z].2017-02-27.
[②] 邱伟光.课程思政的价值意蕴与生成路径[J].思想理论教育,2017(7):10-14.
[③] 陈华洲.思想政治教育资源论[M].北京:中国社会科学出版社,2007:34.
[④] 习近平在全国高校思想政治工作会议上强调:把思想政治工作贯穿教育教学全过程开创我国高等教育事业发展新局面[N].人民日报,2016-12-09(1).

坚持正确政治方向"①。坚持正确政治方向的实质是坚持四项基本原则。《关于建国以来党的若干历史问题的决议》明确指出:"四项基本原则,是全党团结和全国各族人民团结的共同的政治基础,也是社会主义现代化建设事业顺利发展的根本保证。一切偏离四项基本原则的言论和行动都是错误的,一切否定和破坏四项基本原则的言论和行动都是不能容许的。"课程思想政治教育资源开发中,坚持四项基本原则,从源头上把准政治方向,防止少部分课程与思想政治理论课的异向异行,这既是导向更是底线。

把准方向最核心的是坚持育人导向。教育部印发的《高校思想政治工作质量提升工程实施纲要》,在坚持育人导向原则中明确指出"全面统筹办学治校各领域、教育教学各环节、人才培养各方面的育人资源和育人力量,推动知识传授、能力培养与理想信念、价值理念、道德观念教育的有机结合,建立健全系统化育人长效机制"②。这里其实也明确了课程思政教育资源开发的方向:要挖掘开发有利于理想信念、价值理念、道德观念教育的各种思想政治要素。理想信念教育资源主要是指马列主义、毛泽东思想和中国特色社会主义理论体系教育的相关资源。价值理念和道德观念教育资源主要是社会主义核心价值观、以爱国主义为核心的民族精神和以改革创新为核心的时代精神教育的相关资源。可以说,各类课程都蕴含丰富的思想政治教育资源,只有在源头上把握好课程资源开发的育人导向原则,才有可能做到资源开发的有序有效,从而落实好"同向同行"的要求。

二、立足专业本位,凝练课程思想政治教育资源开发的主题

以专业为单位凝练主题,主要是着眼于同一专业内不同课程思想政治教育资源之间形成的整体性关系。课程思政是一种新的整体课程观,"其核心在于挖掘不同学科和专业课程的思想政治教育资源,建立有机统一的课程体系,形成全学科、全方位、全功效的思想政治教育课程体系"③。高职教育的专业分类繁多,每个专业又包含不同学科的众多课程。在高职三年几十门课程学习中,如果不从整体上把握课程思政教育资源的开发,一方面分散的各课程资源很难形成合力,另一方面各课程资源也可能存在重叠交叉,造成学生学习中的接受疲劳。因此,如何从整体上思考和把握这些不同课程的育人资源,是课程思政教育资源开发的首要问题。

这需要从宏观高度来把握各课程资源的开发。凝练课程思政教育资源开发的主题,目的是将同一专业中各门课程的思想政治教育资源居于主体统摄之下,将每

---

① 习近平在全国高校思想政治工作会议上强调:把思想政治工作贯穿教育教学全过程开创我国高等教育事业发展新局面[N].人民日报,2016-12-09(1).
② 教育部.高校思想政治工作质量提升工程实施纲要[Z].2017-12-06.
③ 闵辉.课程思政与高校哲学社会科学育人功能[J].思想理论教育,2017(7):21-25.

门课程的思想政治教育资源作为整个专业思想政治教育资源体系的有机组成部分，使各类课程资源之间形成相互协同的有机整体。

凝练课程思想政治教育资源开发的主题，就是要提炼具有专业特点的思想政治素质教育的总体目标和定位。不同专业的人才培养规格其思想政治素质的要求和特点也有所不同，要以专业或专业群为基本单位，以专业人才思想政治素质的规定性为基本价值取向。《辞海》从学业划分的角度，将专业定义为"高等学校或中等专业学校根据社会分工的需要设立的学业类别"[①]。高职教育是职业教育类型的高等教育，与普通高等教育相比，其专业划分有更明确的职业定向，即更强调职业针对性。这种职业定向体现为高职各专业人才培养目标"质"的规定性。这种"质"的规定性一方面体现为专业素质的"质"，另一方面体现为思想政治素质的"质"。主题的凝练就是要从思想政治素质的"质"的规定性入手。专业人才思想政治素质的规定性，一般可分为两个层面：一是国家层面对高职生思想政治素质的要求，主要包括理想信念、价值理念和道德观念等意识形态，这体现为思想政治素质的方向性；二是专业或职业层面对从业人员特殊的思想政治素质要求，主要包括职业理想、职业态度、职业责任等职业精神，这体现为高职学生将来在职业生活中的必备品质。要将两个层面的规定性相结合，在坚持方向性的原则下，突出专业层面的思想政治素质要求，提炼出具有专业特质的明确主题。专业所设置的每门课程再紧紧围绕这一主题，有的放矢地进行资源开发，这样既有利于课程资源之间形成合力，也大大提高了资源开发效率。

三、立足课程本位，厘清课程思想政治教育资源开发的主线

各门课程都蕴含有不同的思想政治教育资源，资源开发必须以课程自身特点为基本取向，厘清资源开发的主线，将这些具有课程特色的资源挖掘出来，这也是习近平总书记说的"守好一段渠、种好责任田"[②]的基本要求。

首先，明确各课程思想政治教育资源开发的具体目标。凝练主题仅仅是明确了整个专业的总目标，具体到专业内的每门课程，也应该有明确规定。具体课程的思想政治教育目标是总目标的具体化。对高职专业课程来说，就是要依据该门课程所对应的工作岗位或工作任务的思想政治素质要求将总目标进行具体分解，并以此统摄课程思想政治教育资源开发。其次，以课程知识体系或教学体系为基本线索，确定资源开发内容。各类课程知识体系或教学体系有其自身的独特性，其承

---

① 辞海编辑委员会.辞海[M].上海：上海辞书出版社,1999:2259.
② 习近平在全国高校思想政治工作会议上强调:把思想政治工作贯穿教育教学全过程开创我国高等教育事业发展新局面[N].人民日报,2016-12-09(1).

载的思想政治教育资源也有自己独特的价值。课程思政是依托课程知识体系或教学体系开展的思想政治教育,专业课程知识是教学的主线也是思想政治教育的有效载体,所以必须以课程知识体系或教学体系为基本线索,确定课程思想政治教育资源开发的内容,形成与专业课程知识体系或教学体系相契合的资源。再次,要运用课程本身独特的理论、视域和方法,挖掘契合课程特点的资源。资源开发实践中,切忌牵强附会。要特别注意两类情况:一是同一课程的同一知识点,由于视角和方法不同,可以挖掘出不同资源;二是不同课程中存在相类似的知识点,蕴含较多同质化的思想政治教育资源。这在一些哲学社会科学类课程和带有跨学科性质的课程中较为常见,如"会计电算化",其课程育人资源与会计类课程和计算机类课程,在很多知识点上就蕴含有同质化内容。针对这两类情况,要坚持运用本学科或本课程的理论、视域和方法,挖掘出体现课程特点的思想政治教育资源,这样既可以减少与其他课程育人资源的同质化,也可以避免资源利用中的牵强附会。

四、立足学情本位,抓住课程思想政治教育资源开发的要点

资源开发中的学情本位,是指要根据学生学习情况抓住课程思想政治教育资源开发的关键点。实用主义教育观的代表性观点认为,"只有那些真正为学生经历、理解和接受的东西,才称得上课程"[①]。这种课程观的基本特点是,"从学习者角度出发来设计课程;课程与学习者个人经验相联系、相结合;强调学习者作为学习主体的角色。"[②]显然,这种课程观从课程的目的、内容和实施过程都强调和依赖学习者的参与。这为我们开发针对性的资源提供了理论视角和依据。

首先,从学习者角度出发,选择资源开发的需求点。课程思想政治教育资源开发要坚持方向性,体现党和国家对大学生的意识形态要求,但也要站在学生的立场上,围绕学生发展需要开发针对性的资源。这里的学生发展需要不是单纯的学生个性发展需要,而是个性发展需要与社会发展要求的统一。因此,要在充分调查研究的基础上,准确把握学生发展需要,选择其中重要的、典型的并适合融入思政元素的"需求点"进行有针对性的开发,实现课程思想政治教育资源开发与学生成长发展需要相契合。其次,从学习者角度出发,抓住资源开发的兴趣点。兴趣是最好的老师,抓住了学生兴趣点,可以大大提高资源开发的效度。不仅在内容选择上要贴近高职学生兴趣点,而且在资源呈现形式上也要贴近高职学生喜欢的方式。例如,可以运用时尚电影、流行歌曲、文体明星、网络游戏等流行文化元素对思想政治教育资源进行改造性开发。再次,与学习者经验相联系,挖掘资源开发的结合点。

---

① 丛立新.课程论问题[M].北京:教育科学出版社,2000.
② 丛立新.课程论问题[M].北京:教育科学出版社,2000.

"一盎司经验之所以胜过一吨理论,是因为只有在经验中,任何理论才具有充满活力和可以证实的意义。一种经验,一种非常微薄的经验,能够产生和包含任何分量的理论,但是,离开经验的理论,甚至不能肯定被理解为理论。"[1]杜威的这一思想对资源开发有同样的指导意义,课程思想政治教育资源如果离开学习者经验的依托,在教学成效上必然大打折扣。因此,资源开发要选择与学习者经验相联系的结合点作为实质性依托。这里的学习者经验包括生活和学习中的直接和间接经验。最后,从学习过程出发,找到资源开发的生长点。学习者既是学习过程的主体,本身也是重要的教育资源。学习过程中学生的行为、情感、态度等都是生成性资源的素材。教师要抓住学生学习过程中的问题与困惑,挖掘课程实施过程中的资源生长点,深挖资源开发的内容,丰富课程思想政治教育资源的内涵。

五、立足高职本位,突出课程思想政治教育资源开发的特点

简单地说,高职教育是服务区域经济社会发展需求,以就业为导向,以产教融合、校企合作为基本办学模式,以培养高素质技术技能人才为目标的教育类型。高职教育的这些属性对资源开发也提出了要求。第一,要尽可能挖掘更多的地域性资源。高职办学的地域性不是限制了资源的开发范围,相反,除了一般的通用资源外,还有丰富的地域性资源可资利用。地域性资源往往为学生所熟悉,有天然的亲和力,可以增强课程思政的实效性。同时,以地域性资源浸润学生,可以增进学生对地方经济社会历史等的了解,利于学生就业后对地方社会的适应。第二,要尽可能挖掘更多的行业企业资源。国务院办公厅《关于深化产教融合的若干意见》(以下简称《意见》)明确提出深化引企入校,"支持引导企业深度参与职业学校、高等学校教育教学改革,多种方式参与学校专业规划、教材开发、教学设计、课程设置、实习实训,促进企业需求融入人才培养环节。推行面向企业真实生产环境的任务式培养模式"[2]。开发贴近行业企业的思想政治教育资源融入专业课程,一方面是顺应引企入校改革的趋势,另一方面对学生了解行业企业文化、促进职业道德的养成等,具有很强的现实针对性。第三,要尽可能挖掘贴近岗位实践的资源。《意见》还明确提出产教协同育人,特别指出"实践性教学课时不少于总课时的50%"[3],"要坚持全员全过程全方位育人原则,把思想价值引领贯穿教育教学全过程和各环节"[4]。实践性教学特点在于贴近真实的工作岗位,课程思政教育资源不仅要在内容上贴近岗位,在形式和载体上也要适合实践性教学。

---

[1] 约翰·杜威.民主主义与教育[M].2版.王承绪,译.北京:人民教育出版社,2001:158.
[2] 国务院办公厅.关于深化产教融合的若干意见[Z].2017-12-19.
[3] 国务院办公厅.关于深化产教融合的若干意见[Z].2017-12-19.
[4] 中共中央,国务院.关于加强和改进新形势下高校思想政治工作的意见[Z].2017-02-27.

六、立足教师本位,形成课程思想政治教育资源开发的亮点

专业教师是课程思想政治教育资源开发的主体,课程思政是专业教师在专业课程教学中进行思想政治教育渗透的过程。课程思想政治教育资源的开发和利用都需要依托扎实的专业知识,只有依赖专业教师才可能对专业课程中的思想政治教育元素进行深度开发,并通过课堂教学进行合理利用。正是在这个意义上,专业教师是课程思想政治教育资源开发当仁不让的主体。

立足教师本位,要发挥专业教师的主观能动性,运用自身专长,挖掘有个性特点的资源,形成资源开发中的亮点。第一,要运用自身的研究专长,挖掘资源开发的深度。当下,高职院校中许多专业教师身兼多门专业课程教学,要求他们对这些专业课程中的思政教育资源进行高质量的全面开发并不现实。尺有所短,寸有所长,专业教师都有自己的研究领域和方向,教师在自己擅长的领域深挖思想政治教育元素,有利于形成以深度见长的课程思想政治教育资源。第二,要结合自身的广博兴趣,拓宽资源开发的广度。每位教师都有自己的兴趣爱好,要主动把自己的兴趣专长运用到资源开发中。与发挥专业领域的研究专长不同,教师要通过自己兴趣专长的方式而非从专业研究的视角,去审视、挖掘和呈现专业课程中的思想政治教育元素,起到"他山之石可以攻玉"之效。这不仅可以有效拓宽资源开发的广度,避免与其他专业教师开发同质化资源的现象,而且容易在教学中为不喜欢理论说教的学生所接受。第三,要结合自己的教学风格,提升资源开发的适切度。每位教师都有自己的教育思想、生活经历、个性特点和教学方法,由此形成自己独特的教学风格。不同风格的教师特点不一,理智型风格的教师长于"以理服人",情感型风格的教师擅长"以情动人",幽默型风格的教师喜欢"以笑博人",等等。专业教师要结合自己的教学风格进行资源开发,尽可能提升资源类型与教学风格的契合度。当然,课程思想政治教育资源的开发不仅要发挥教师个体的主动性,还要发挥教师集体的协同作用,形成资源开发的合力。

每种资源开发策略的侧重点各不相同。立足"思政本位"可以保证资源开发的方向性,立足"专业本位"侧重资源的整体性,立足"课程本位"侧重资源的契合性,立足"学情本位"侧重资源的针对性,立足"高职本位"侧重资源的职业性,立足"教师本位"侧重资源的特色性。除此之外,课程思想政治教育资源开发,还可以立足"时事本位",即从学科专业的视角,针对国内外社会热点事件进行挖掘和开发,形成专业课程中的时效性资源。总之,课程思想政治教育资源开发是一项综合性的工程,需要考虑资源开发中的各种相关因素,综合运用多种策略,才能开发出高质量的资源。

(原文出处:占建青.高职专业课程思想政治教育资源开发的策略探析.中国职业技术教育,2019年第04期,33-37页)

第四章 打造高水平"双师"队伍

高职院校专业教师团队建设的影响因素、现实困境及对策研究

一、问题的提出

《国家职业教育改革实施方案》和《全国职业院校教师教学创新团队建设方案》对专业教师团队建设提出了明确要求,计划打造360个满足职业教育教学和培训实际需要的高水平、结构化的国家级团队。国家层面的重视和实践层面的需要使得高职院校专业教师团队建设的研究显得尤为必要。当前,关于专业教师团队的研究较为丰富:一是内涵研究,很多学者从结构[1]、目的[2]、功能[3]等不同的角度探讨专业教师团队内涵,也因此延伸出科研团队、科研(技)创新团队、教师教学创新团队、教学科研创新团队、教学团队等不同的概念;二是过程管理研究,包括选才育才[4]、人员配备[5]、平台资源氛围[6]、评价指标体系[7][8][9]等方方面面,尤其是绩效评价,如徐旦基于Lawler-Porter综合激励模型提出了职业院校教学团队绩效评价形

---

[1] 徐庆国.高职高专"双师结构"专业教学团队构建策略[J].中国高等教育,2011(21):36-38.
[2] 邓小妮.高职院校专业"双带头型"教学团队基本范畴辨析[J].职业技术教育,2014(10):55-58.
[3] 胡柏翠,周良才.高职院校优秀教学团队建设的目标定与策略[J].职业技术教育,2010(23):78-81.
[4] 郭天平,陈友力."双高计划"建设视域下高水平教师队伍分类管理培育机制研究[J].现代教育管理,2019(8):66-70.
[5] 官卫星.高职院校专业教师团队建设的意义与途径[J].中国成人教育,2009(22):78-79.
[6] 何飞.论复杂性视阈中的高职院校教师团队建设[J].教育与职业,2010(36):69-71.
[7] 巩海霞,唐飞,涂俊梅.高职院校教学团队绩效影响因素研究[J].黑龙江高教研究,2012(10):103-106.
[8] 谢文德,徐琳.基于团队效能的高校教学团队建设研究[J].高教探索,2016(S1):120-121.
[9] 徐旦.基于Lawler-Porter综合激励模型的职业院校教学团队绩效评价[J].职业技术教育,2015(22):44-48.

成机制;三是发展路径研究,针对团队建设结构不合理[①]、团队意识淡薄[②]、建设制度不健全[③]等问题,学者们从博弈论[④]、文化培育[⑤]、团队生命周期理论[⑥]等多元视角提出专业教师团队建设路径。进一步梳理发现,从研究对象来看,已有研究成果以普通高校居多,而高职院校的相关成果偏少;从研究方法来看,国内研究大多是基于探索实践的思辨分析,实证方面的研究寥寥可数;从研究内容来看,多数研究主要关注专业教师团队内部建设情况,没有系统研究专业教师团队内外部影响因素及关系。因此,本研究首先界定了高职院校专业教师团队的概念,即以某个具体的专业为单位,由专业带头人、专业课教师(专业基础课和专业核心课)、行业企业兼职教师、相对固定的公共基础课教师等组成,为实现共同的专业建设和高素质技术技能人才培养等目标,彼此知识技能互补、能协同高效完成所在专业的人才培养、科学研究和社会服务等工作的教师群体。在此基础上,尝试通过质性分析的方法,重点探讨专业教师团队建设的内外部影响因素及现实困境,探寻高职院校专业教师团队高质量建设的对策。

二、研究设计与过程

(一)选取研究对象

本研究根据异质性典型案例抽样原则,选取了5个高职院校专业教师团队(分别用A、C、T、E、H五个字母代表)作为研究案例。这些专业教师团队从区位上来看,考虑了学校所处区域的东中西部划分,如A和C专业教师团队所属东部学校,T和E专业教师团队所属中部学校,H专业教师团队所属西部学校;从产业上来看,不同学校所在地的产业基础、产业优势和产业发展阶段不同;从学校类型来看,考虑了地方综合类和行业类,如T和H专业教师团队所属行业类院校,A、C、E专业教师团队所属地方综合类院校;从学校层次来看,兼顾了重点院校和一般院校,如A、T、H专业教师团队所属国家级重点院校,C专业教师团队所属省级重点院

---

① 邓小妮,邓院方.组织视域下高职院校专业"双带头型"教学团队建设[J].职业技术教育,2015(11):63-66.
② 杨菊仙.高校基层教学组织创新的价值取向与途径策略[J].江苏高教,2011(6):79-81.
③ 马力.基于教学发展的教学团队建设长效机制研究[J].北华大学学报(社会科学版),2018(5):138-142.
④ 张强,乔海曙,陈志强.高校教学团队建设博弈分析——加大教学投入的视角[J].高等教育研究,2011(6):78-83.
⑤ 陈远刚,符森.高校教学团队文化培育的机遇、挑战与路径探析[J].中国成人教育,2016(10):107-109.
⑥ 徐旦.职业院校教学团队组织结构的构建——基于团队生命周期理论的视角[J].教育发展研究,2015(9):78-84.

校,E 专业教师团队所属一般院校;从依托专业的层次来看,考虑了国家示范重点建设专业、高水平专业群、省特色专业、省优势专业等;从团队的层次来看,可以分为国家级、省级、市级和校级,如 T 专业教师团队属于国家级,A 专业教师团队属于省级,E 专业教师团队属于校级。所有这些考虑的因素,均与高职院校专业教师团队建设高度相关。

(二)资料收集

本研究主要通过半结构性访谈获取相关研究资料。由于高职院校专业教师团队组成人员复杂多元,为了能够较全面地呈现专业教师团队建设的整体概貌,每个专业教师团队分别选取了二级学院(或系部)相关领导、专业带头人、专业教师、行业企业兼职教师、公共基础课教师等不同身份的教师群体。为保护受访者,本研究对受访者信息做了相应处理并编号。以"A-Y-1"为例,其中第一个字母 A 代表受访者所在学校及专业(本研究一所学校仅选一个特定的专业教师团队),第二个字母 Y 代表受访者的身份(Y 为院系领导,Z 为专业主任,P 为普通专业老师,J 为行业企业兼职老师,G 为公共基础课教师),数字为受访者的序号。本研究在访谈资料基础上,还收集了大量高职院校专业教师团队建设相关的各种文本资料,包括各级政府与教师团队相关的政策、有关院系的"双高"建设学校的建设方案、专业调研报告、绩效考核制度、教师培养培训制度、兼职教师管理制度、专业教师团队申报书,以及行业标准、企业管理制度等。同时,通过考察个案所在的教室、实训室、活动及阅览室等工作场所以及部分合作企业获得一手的观察性资料。

(三)资料整理与分析

首先是资料整理。对每一份资料进行了编号、时间和地点等的标注。其次是录音整理。本研究将所有访谈录音转录成文本,然后进行初步的阅读,将访谈中与研究问题密切相关的内容进行归纳整理并标记。最后,文本资料分析。本研究遵循阅读原始资料、登录、寻找"本土概念"、建立编码、归类和深入分析的研究思路[①],用质性研究软件 NVivo 对访谈资料进行分析,以确定每一类属,并理顺类属之间的逻辑关系。

三、主要影响因素分析

高职院校专业教师团队建设受哪些因素影响?又是如何影响的?其影响程度如何?对这些问题的回答直接关乎专业教师团队建设的方向和成效。本研究借鉴

---

① 陈向明.质的研究方法与社会科学研究[M].北京:教育科学出版社,2000:257.

潘懋元先生"教育内外部关系规律理论"[①],并通过扎根理论三级编码的程序,初步厘清了高职院校专业教师团队建设的主要影响因素,即外部的区域产业、政府政策和学校管理等,以及内部的专业基础、团队带头人、建设策略和发展定位等,且内外因素间相互联系相互影响。

(一)区域产业是基础性因素

区域产业与高职院校专业教师团队建设呈现出一种"需求—回应—反哺"的互融共生关系。一方面区域产业一定程度上决定了高职院校专业教师团队发展的方向和特色。A、T、H等专业教师团队发展无不受益于区域产业。只有产业发展好,产业有需求,专业教师团队才具备良好发展的基础条件。

另一方面,专业教师团队要积极对接、适应市场需求,更好地融入和服务产业转型升级,体现其"地方离不开"的价值定位。访谈中,不少教师也表达了高职院校专业教师团队建设要对接区域产业需求之意,且越紧密越好,这对企业、学校和团队都是互利共赢的。

(二)政府政策是保障性因素

政府政策对高职院校专业教师团队建设起着重要的导向作用。中央提供政策导向为各校创造理念共识的基础,省级制定行动计划在很大程度上决定地方对中央政策的实施,市级的重视程度和财政实力则在实质上影响建设效果。可见,高职院校专业教师团队建设依赖利益驱动,但不同地区经济发展程度不一、政策支持力度不一,尤其是经费投入存在显著差异。相对来说,东部地区的政策支持力度大于中西部地区。

(三)学校管理是关键性因素

学校管理深层次地影响团队建设的成效和水平,主要体现在发展理念、重视程度、团队制度、二级管理和绩效管理等方面。①发展理念看不见、摸不着,但切实地影响团队发展。如T和H专业教师团队借"一带一路"倡议朝着国际化方向努力,而E专业教师团队却举步维艰。这和E专业教师团队所在学校领导的发展思路及频繁更换有很大关系。②重视程度主要是指高职院校专业教师团队所依托的专业是不是学校优先发展的对象,以及学校是否有能力给予经费、人才等特别支持。从专业地位来看,A、T、H、C和E专业都是相关学校重点发展专业,但学校本身的类型、层次、基础等不一样,获得的资源支持存在较大区别。A、T和H专业都是"双高计划"高水平专业群牵头专业,能够获得更多设备、经费、人才等支持,专业教师

---

① 潘懋元,王伟廉.高等教育学[M].福州:福建教育出版社,2013:31-48.

团队建设也将"更上一层楼"。而 E 校不是国家级或省级重点高职,E 专业也仅是校级重点专业,尽管学校重视,但专业和专业教师团队建设的支持资源捉襟见肘,硬件投入严重不足。③团队制度主要是指学校是否有专门的专业教师团队建设制度。据分析,5 个案例中只有 A 校和 E 校制定了专门的专业教师团队建设制度。④二级管理主要探讨兼职教师和公共基础课教师管理自主权问题。兼职教师管理涉及学校人事、教务、二级学院等单位。通常人事处负责制定兼职教师管理办法,经费在教务处,课酬标准及发放由教务处负责,二级学院负责具体的联络。但兼职教师并不归属学校管理,难免存在人员流动性大、重聘任轻管理等问题。这方面,T 和 H 专业教师团队凭借行业优势探索建立了专兼职教师常态化交流机制和管理考核机制,保障了兼职教师很好地融入团队建设。公共基础课教师与专业课教师同隶属于学校,但归口管理部门不一样。访谈中不少公共基础课教师表示,公共基础课的课程安排均由公共基础课教师所在部门(或学院)统一安排,不过公共基础课教师会依据不同的专业面向在教学内容上相应结合专业所需,但很少甚至不参与专业教师团队的教研活动。不过 T 专业教师团队的公共基础课教师通过"一对一"联系服务师生工作机制较深度地融入了团队建设。④绩效管理直接影响高职院校专业教师团队的动力和活力,是所有专业教师团队发展面临的共同难题。访谈中发现,无论团队规模如何,大部分教师认为始终存在专业任务偏重和团队人数不够的矛盾。客观上可能人数确实不足,但主观上团队内部激励机制缺乏也是重要原因。因而,团队考核激励机制不能没有,且教师之间的收入差距不宜拉得过大也不能过小,过大会激化教师内部矛盾,过小则容易损害部分教师的发展权益。

(四)团队自身是能动性因素

这是一种内在影响因素,主要包括专业基础、专业带头人、建设策略和发展定位等方面。①专业基础对团队的影响是深远的,无论是政府,还是学校本身,高职院校专业教师团队建设都遵循扶优扶强的原则,难以避免强者恒强、弱者恒弱的马太效应。依据专业基础和发展前景两个维度,可以将高职院校专业教师团队划分为 4 类,即成熟类(基础好前景好)、成长类(基础差前景好)、转型类(基础好前景差)和后进类(基础差前景差)。A、T、H 专业教师团队属于基础好前景好类型,这类专业教师团队发展较成熟,进入了良性循环。C 专业教师团队属于基础差前景好的成长型教师团队。E 专业教师团队则属于后进类型,基础差前景差,面临诸多发展困难。②专业带头人对高职院校专业教师团队建设至关重要,大多数高职院校都制定有专业带头人遴选培养办法,并对专业带头人提出了较高的要求。专业带头人不仅要有较高的专业水准和一定的行业话语权,更要有一定的团队管理能力,这样才能够引导并充分激发团队合力。③团队建设策略与建设成效显著相关。通过多个案例研究发现,高职院校专业教师团队的建设策略主要有以下方面:一是明确发展规划和目标。5个专业教师团队建设都有明确的发展规划,并制定有适用于自身的发展目标。二是扩大规模优化结构。一方面坚持类型特征引进人才,另一方面重点抓高质量兼职教师队伍建设。三是搭建多元教师发展平台。四是建立教师常态化培养培训机制。这适用于任何类型任何阶段的专业教师团队建设,教师个体素质能力提升了,团队实力也会水涨船高。五是增强团队交流合作,主要通过项目合作、教研活动、团建活动等形式。六是完善制度建设激发内在动因。重点完善团队培育、教师培养培训、绩效考核奖励等制度,通过制度实施影响专业教师团队建设成效。④在发展定位上,尽管教学、科研和社会服务很难相互割裂,但不同类型不同基础不同发展阶段的专业教师团队在定位上差别较大。

四、面临的主要现实困境

经过20多年的发展,我国高职院校专业教师团队建设取得了很大成效,涌现出了一批结构化、高水平、实力强的专业教师团队。但与高质量发展的现实需求相比,高职院校专业教师团队建设依然面临诸多现实困境。

(一)团队目标定位偏差

整体来看,高职院校专业教师团队对于目标定位仍存在理解和认识上的偏差,亟须制定明确的建设目标以及长远规划。具体来说,主要存在以下3种倾向。

一是"重教学、轻科研、轻服务"倾向。大部分高职院校专业教师团队的目标定位并没有将教学、科研和社会服务有效整合起来,主要还是局限于教学。如果专业教师团队一味只注重教学,目标定位单一,将不利于专业教师团队基本职能的整体发挥和长远发展。

二是"重眼前、轻长远"目标短视倾向。高职院校专业教师团队的发展需要长时间的孵化和培育,但多数团队既缺乏团队建设的长远规划,也忽视了团队成员的职业规划,没有从整体性、发展性的角度来系统规划团队及成员的发展方向、阶段目标。即使有专业教师团队发展规划,也只是为了立项而制定,并未发挥应有的作用。

三是"重形式、轻内容"功利行为倾向。高职院校和教师争取团队立项的热情和积极性很高,因为项目一旦立项就意味着资金支持,同时所立项目也是荣誉象征,是一件名利双收的好事。因而积极争取团队立项是各高职院校的常态,但也导致一些高职院校以获得国家级或省级团队荣誉为出发点,通过"拉郎配"盲目组成教学团队或者科研创新团队,为申报而申报,为立项而立项。但事实上,团队成员基本上各自为政地进行自己的教学、科研工作,团队形同虚设,并没有成为一个真正的专业教师团队。

(二)团队结构尚需优化

"结构化"是《国家职业教育改革实施方案》对专业教师团队建设的新要求。然而,目前在结构方面仍然存在专兼职教师结构、职称学历结构、能力结构和规模结构不合理等问题,严重制约着高职院校专业教师团队向更高水平和结构化方向发展。

一是专兼职教师结构不尽合理。专职教师和兼职教师均是高职院校专业教师团队的重要组成部分,尤其是兼职教师,在技术技能人才培养中发挥着不可替代的关键作用。然而,大部分专业教师团队兼职教师聘请情况不容乐观,与形成"实践技能课程主要由具有相应高技能水平的兼职教师讲授的机制"要求还有较大距离,兼职教师也尚未真正融入专业教师团队建设。

二是职称学历结构分布不均衡。职称和学历是反映教师的知识和技能水平、工作能力的重要标志。调查结果显示,高职院校专业教师团队的职称、学历结构总体上仍不太合理,高级职称教师比例和高学历教师比例都偏低,且存在明显的不均衡现象。特别是在高层次人才引进方面,尽管高职院校对高层次人才尤其是博士毕业生渴求迫切,但由于人才政策配套不到位、后继职业发展受限等多重因素影响,始终未能如愿。

三是成员的能力结构有待改善。能力结构反映的是专业教师团队的带头人和其他团队成员的能力素质。调研发现,当前专业带头人自身实力不强的问题仍然不同程度地存在,以至于在团队中的示范、带头、引领、辐射作用很容易被忽视和弱化,且团队成员能力参差不齐也是普遍现象。此外,专业教师团队的教学能力相对较好,取得了教学成果奖、教学资源库等颇具代表性的成果,而科研和社会服务能力则相对偏弱。

四是规模小、生师比结构需优化。研究表明,普通工作团队中规模与团队效能呈曲线或者倒 U 形关系,团队成员太多或者太少都不利于组织绩效[1]。总体来看,我国高职院校规模较小的专业教师团队仍有很多,甚至有些团队成员不足 10 人。此外,生师比偏高也是一个迫切需要关注和解决的问题。

(三)团队整体合力不足

目标定位明确、成员分工合作、多元力量凝聚、共建共享共赢,是教师团队建设比较理想的状态[2]。但由于高职院校尚未建立起真正的团队合作机制和工作模式,

---

[1] COHEN S G, BAILEY D E. What makes teams work: group effectiveness research from the shop floor to the executive suite[J]. Journal of Management, 1997, 23(3): 239-290.

[2] 徐珍珍,邵建东. 优化结构激发教学团队发展新动能[N]. 中国教育报,2019-08-27(4).

专业教师团队建设普遍面临以下 3 个方面问题。

一是合作意识不强。高职院校的教师们在深层的观念中奉行"专业个人主义"原则,在行为上维持着"孤立地探究"的日常工作习惯[①],以致教师团队的合作多是"人为的合作",即行政力量干预、制度安排的自上而下的合作,并非教师真实意愿的合作,很容易造成被动、虚假及流于形式等问题。

二是合作领域窄化。合作主要集中在教学领域,科研和社会服务相对松散。专兼职教师的合作以承担实践教学以及实训实习指导任务为主,较少参与专业人才培养方案制定与完善、专业课程体系重构、校内外基地内涵建设、项目化课程与教材开发建设、应用技术研究以及文化交流等。

三是合作平台欠缺。合作平台对团队建设至关重要,但无论是数量还是质量,当前高职院校建设的合作平台都不够完备,不仅不利于教师的合作交流和后续发展,也不利于吸引团队需要的高层次、高技能人才,甚至可能造成团队优质教师的流失。

(四)团队内部治理缺位

源于内部治理问题,多数高职院校专业教师团队处于低效率运行状态,主要表现为以下 3 个方面。

一是团队规范化管理程度不够。很多高职院校还没有制定专门的专业教师团队建设与管理制度,与之相配套的教师职称评聘、教师下企业实践等制度也不完善,另外,制度也难免存在重制定、轻落实的问题。

二是团队考核激励机制不健全。就目前建设情况来看,大部分高职院校并没有根据专业教师团队特点建立起完善的团队考核激励机制,没有将教师团队的绩效考核与个人的绩效考核有机结合,忽视了团队成员的个人价值实现与在团队创新中的贡献的对等性,存在激励手段单一、过度注重物质刺激和量化评价等诸多弊病。

三是专业带头人在夹缝中生存。专业教师团队建设需要教学、科研、社会服务和管理全能的复合型人才,但高职院校科层式管理痕迹明显,专业带头人并没有被赋予与责任相匹配的职权,基本处于整个学校行政管理链条中最末的执行端,很难自主地按照专业发展规划、团队建设计划来开展团队和专业建设工作。

(五)团队建设环境欠佳

近年来,我国高职院校专业教师团队的建设环境虽然在不断优化,但仍存在政

---

① 郭丽莹,陈莉敏.高职院校教师合作文化:内涵、现状与策略[J].教育理论与实践,2019(9):18-20.

府支持力度不够、校企合作不够紧密、院系专业基础薄弱等问题,影响了专业教师团队建设质量提升和发展潜力释放。

一是政府支持力度不够、经费投入不足。专业教师团队从无到有,从有到强,离不开经费的支持。但高职教育经费投入总体偏低,区域分配不均衡,使得专业教师团队的专项经费投入严重偏低。

二是校企合作不够紧密、双向流动不畅。一方面,教师企业实践流于形式,虽然高职院校鼓励教师参与企业实践,但对教师企业实践过程监管不力,评价考核不严,无法达到企业实践的预期目标和成效;另一方面,能工巧匠引入路径不畅,因为学历或其他条件受限,且高职院校的薪酬缺乏市场竞争力,很多技术技能人才不愿意到学校从教。即使技术技能人才顺利引进,也面临着适应性和发展性的问题。

五、对策与建议

基于高职院校专业教师团队建设内外部影响因素和现实困境的分析,结合教育内外部关系规律理论,高职院校专业教师团队建设还需从内外部共同发力,以形成良好的专业教师团队发展机制。

(一)强化政府引导,加大政策供给力度

高职院校专业教师团队建设得益于政府政策引导和推动。换言之,加大政府政策供给力度,专业教师团队将会获得更好更快的发展契机。

一是完善专业教师团队遴选培育机制。国家层面应持续开展国家级专业教师团队遴选,省、市级层面应定期开展不同层次专业教师团队的遴选培育工作。

二是明确专业教师团队发展政策导向。多年来,从中央到地方政府都高度重视高职院校整体师资队伍建设,出台了系列政策文件促进高职院校师资队伍的专业化发展。但在具体实践中,高职院校长期存在注重学校整体教师队伍建设(包括学历、职称、"双师"比等)、忽视专业团队建设,注重教师个体、忽视团队整体的现象。因而,与专业教师团队相关的各级各类政策在实施导向上要有意识地注重和突出专业教师团队的发展需求。

三是改革高职院校教师绩效工资制度。一方面适当提高绩效工资标准,另一方面拓宽教师收入来源,明确高职院校对外开展技术开发、技术转让、技术咨询、技术服务等取得的收入结余,可按一定比例作为绩效工资来源,且明确教师依法取得的科技成果转化奖励收入不纳入绩效工资,不纳入单位工资总额基数,从根本上解决专业教师团队激励欠缺、发展动力不足的问题。

(二)深化产教融合,搭建高端发展平台

校企合作强则专业强,专业强则专业教师团队强,一些发展基础相对较弱的专业教师团队对深化产教融合的需求更为迫切。

一是建立校企人员双向流动机制。通过在企业设置访问工程师、教师企业实践流动站、技能大师工作室等,或选聘企业工程技术人员、高技能人才、能工巧匠等到高职院校担任兼职教师,尝试校企兼职兼薪一体化管理模式,探索企业与学校间的人才交互共享,实现互兼、互派、互用。

二是拓宽政校行企深度合作领域。针对重教学、轻科研和轻社会服务的倾向,高职院校专业教师团队应全方位地对接区域政府行业企业需求,以教学合作为基点,进一步深化技术攻关、机器设备改进、专利成果转化以及其他社会服务等方面的合作,促进专兼职教师在专业建设、课程改革、社会培训、应用技术研究等多方面的优势互补和交流协作,全面发挥专业教师团队教学、科研和社会服务"三合一"的职责与功能。

三是搭建产教融合多元发展平台。高职院校专业教师团队建设不仅要关注产教融合平台的有无,更要关注产教融合平台的影响力、代表性和系统性问题。学校可依托产教联盟、职教集团等,联合行业领军企业,共建高端产教融合平台、"双师型"教师培养基地、技术技能研发中心、大师工作室等多层级的发展平台,并以此为载体开展产、学、研、训、创一体化教育教学活动,充分彰显专业教师团队合作育人、合作科研与合作服务的比较优势。

(三)细化院系治理,完善团队建设制度

制度建设是高职院校内部治理的根本遵循。

一是建立校级团队培育制度。专业教师团队建设根植于良好的培育机制,而校级专业教师团队又是最低起点。调查发现,大部分高职院校都没有明确的团队建设制度文件,仅有少部分高职院校制定了专门的校级专业教师团队培育制度并配套一定的建设经费。因而,从规范化管理的角度出发,高职院校有必要建立校级专业教师团队培育制度,并给予经费、设备和场地的支持,扎实稳步助推专业教师团队建设。

二是加强兼职教师队伍建设。兼职教师是专业教师团队的有机组成部分,是支撑专业教师团队高质量发展的重要力量。针对专业教师团队兼职教师短缺、流动性大和重聘用轻管理的现状,一方面从源头上提高兼职教师聘用质量,注重兼职教师的任职资格、专业水平以及教育教学水平,另一方面加强兼职教师的培养和聘用管理,通过学习培训、教学管理和专兼交流互动,提高兼职教师团队建设的融入

度和归属感。

三是推进教师分类评价改革。依据国家分类评价和多元评价的价值导向,高职院校应完善专业技术职务评聘办法,坚持分层分类原则,弹性设置评审条件,建立以能力和业绩成果为导向的全方位、多元化评价机制,更加注重国家级教学成果奖、全国职业院校技能大赛、全国职业院校教学能力比赛等标志性成果和技术服务、专利转化等高社会服务贡献的替代价值,破除"唯文凭、唯论文、唯帽子、唯身份、唯奖项"的顽瘴痼疾。

四是健全团队考核激励机制。高职院校应将教师个人的成长与团队的发展、学校的发展融合在一起,结合岗位聘任考核加强绩效激励,建立物质、精神、专业发展等不同层面的激励机制。

如在物质层面,提高科研项目与成果奖励标准,激励教师在国家级教改、科研、竞赛等项目和高水平学术成果上有所突破,同时采取项目化或团队化的奖励举措,使团队集体利益由全体成员共享;在精神层面,通过评选优秀教师、优秀专业教师团队等方式,树立专业教师团队发展榜样,增强专业教师团队集体荣誉感;在专业发展层面,将专业建设任务与教师职业生涯发展目标有机结合起来,给予科研立项、职称评审、评奖评优等适当倾斜,引导教师个体为实现团队目标而努力奋进。如此既能激励专业教师团队中工作业绩突出的教师继续保持发展动力,同时对于工作不努力的教师也是一种鞭策。

(四)优化运行机制,提升整体发展水平

高职院校专业教师团队的运行是一项复杂系统的工程,涉及发展规划、目标定位、结构能力、协同发展、经费保障等诸多方面,需统筹内外部资源,优化团队运行机制。

一是做好规划,明确团队目标定位。专业教师团队发展规划不可或缺,必须结合专业发展目标、任务和要求科学制定,而且必须明确团队教学、科研和社会服务具体的目标定位,以防止纯粹为了团队而建设团队。

二是精准引才,优化团队教师结构。为契合新时期高水平、结构化团队建设要求,专业教师团队需在精准引才上下功夫,加大政策支持力度,创新人才引进机制,通过年薪制、项目工资制等灵活用人机制,吸纳国家和省级相关人才、行业领军人才、大师名匠、博士等高层次人才加入专业教师团队,并充分发挥高层次人才的引领作用,打造专业教师团队发展新标杆。

三是系统育才,助推教师专业成长。根据不同教师需求,分层分类广泛开展教师学历提升计划、专业带头人培养计划、教师"双师双能"培养计划、新教师后备人才培养计划和骨干教师国(境)外研修计划等,优化专业教师团队人才发展梯队,系统提升专业教师教学、科研和社会服务能力。

四是协同发展,凝聚共识提升合力。专业教师团队建设整体水平取决于所有

团队成员形成的合力,来源于各个成员彼此之间的互动合作[①]。可尝试聚焦若干个突破口,探索课程组、项目组、工作室等小团队组织样态,通过项目化的运作方式,充分发挥小团队分工协作、灵活弹性、适应性强的优势。此外,还应常态化地开展教研、听评课、培训、党建等多元化活动,密切专兼职教师以及公共基础课教师之间的联系。

五是经费支持,更新设备硬件条件。经费投入和设备硬件条件很大程度上决定了专业教师团队的建设水平,尤其是工科类专业,投入多、成本大,且设备依赖性高,专业教师团队要想做大做强,高职院校必须进一步加大经费支持力度,而且是不间断的持续的经费支持。

(原文出处:邵建东,徐珍珍,孙凤敏.高职院校专业教师团队建设的影响因素、现实困境及对策研究.中国高教研究,2022年第01期,102-108页)

高职院校专业教师团队建设的特征差异及关系研究——以装备制造大类专业为例

一、问题的提出

十余年来,高职院校逐渐意识到教师团队建设的紧迫性和重要性。2008年,教育部将"双师"结构教师团队作为提高教学质量的重要举措,连续3年遴选了一批国家级教师团队。之后,国家示范性高等职业院校建设计划(以下简称"国家示范校")、优质专科高等职业院校(以下简称"优质校"),以及2019年出台的《国家职业教育改革实施方案》《深化新时代职业教育"双师型"教师队伍建设改革实施方案》《关于实施中国特色高水平高职学校和专业建设计划的意见》等文件,都把教师团队建设作为职业教育发展的重要内容。高职院校作为教师团队建设的主体,应将之摆在学校高质量发展更为重要的位置,着力培育与专业定位相适应的高水平教师团队,为学校高水平高质量发展助力。

当前关于高职院校教师团队的研究成果较为丰富,主要集中在内涵界定、建设问题、建设内容、建设路径、建设成效等方面,较好地回答了"是什么""建什么""怎么建""如何评"等问题。国外的相关研究则侧重于实证方面的分析和检验,Widmann A 和 Mulder R H 认为团队学习行为和团队心理模型对教师团队建设的

---

① 邵建东.高职院校教学团队建设的误区及对策[J].中国高教研究,2013(4):99-101.

绩效有影响[1]，Bouwmans M 和 Runhaar P 等的研究显示团队领导者在高职院校的团队建设实施和人力资源管理中具有关键作用[2]，Murphy D L 等认为比较评价量表和强迫选择量表可用于测量教师团队的反思实践，且能够提高教师团队的反思水平[3]。国内学者侧重于思辨研究，围绕高职院校教师团队建设进行了以下探索：一是高职院校教师团队的建设内涵[4]；二是高职院校教师团队的建设路径，包括选才育才[5]、人员配备[6]、平台资源氛围[7]等方面；三是高职院校教师团队的管理策略[8]。总的来说，当前高职院校教师团队研究尚未聚焦到专业层面，且国内研究大多是基于探索实践的思辨分析，较少使用定量研究方法。而我国高职院校有1400多所，所设专业数以万计，不同区域、不同类型院校、不同专业大类的教师团队，涉及面广，情况复杂，仅仅通过少数个案的单独研究，很难从总体上认识相关类别专业教师团队的建设情况，更难从整体上把握其本质特征。

此外，装备制造大类专业是高职院校建设的重点领域，专业点多面广，涵盖机械设计制造、机电设备、自动化、铁道装备等7个类别，专业建设水平较高，发展基础较好，发展潜力较大，具有很强的代表性和作为典型案例进行研究的价值。因此，本研究试图采用定量分析的方法从总体上把握高职院校装备制造大类专业教师团队的基本现状，分析不同层次、类型、区域高职院校装备制造大类专业教师团队的建设动因、建设环境、建设策略与建设成效情况以及存在的差异，并探索相关因素与建设成效的关系，以及可能产生的影响。

二、研究设计与方法

（一）研究工具

本研究采用自编的"高职院校装备制造大类专业教师团队调查问卷"，调查不

---

[1] Widmann A, Mulder R H. The effect of team learning behaviours and team mental models on teacher team performance[J]. Instructional Science, 2020, 48(1):1-21.

[2] Bouwmans M, Runhaar P, Wesselink R, et al. Leadership ambidexterity: Key to stimulating team learning through team-oriented HRM? An explorative study among teacher teams in VET colleges[J]. Educational Management Administration & Leadership, 2018, 47(5):694-711.

[3] Murphy D L, Ermeling B A. Feedback on reflection: Comparing rating-scale and forced-choice formats for measuring and facilitating teacher team reflective practice[J]. Reflective Practice, 2016, 17(3):317-333.

[4] 何农,冯拾松,傅拥军.高职院校专业教师团队的建设[J].职业技术教育,2008(26):83-84.

[5] 郭天平,陈友力."双高计划"建设视域下高水平教师队伍分类管理培育机制研究[J].现代教育管理,2019(8):66-70.

[6] 官卫生.高职院校专业教师团队建设的意义与途径[J].中国成人教育,2009(22):78-79.

[7] 何侃.论复杂性视阈中的高职院校教师团队建设[J].教育与职业,2010(36):69-71.

[8] 左彩云.高职教师团队的规范管理[J].教育与职业,2014(20):71-72.

同层次、类型、区域高职院校装备制造大类专业教师团队建设情况。问卷包括五部分,第一部分基本信息包括调查对象(教师)信息和装备制造大类相关专业现状;第二至第五部分分别是建设动因问卷(包括内生动因、控制动因[①]、外显动因3个因子),建设环境问卷(包括社会环境、制度环境、物质环境、文化环境4个因子),建设策略问卷(包括结构优化、制度规约、目标规划、能力提升、文化建设5个因子),建设成效问卷(包括团队效能、人才培养、科技服务3个因子)4个分量表,合计66个题项。问卷采用李克特式5点量表(Likert-typescale)进行评定,从"非常不符合"到"非常符合",分别用数字1~5表示,和序号一致便于统计。通过计算各分量表与总量表的内部一致性系数(Cronbach'a系数)来检验其信度,最终得出高职院校装备制造大类专业教师团队调查问卷的一致性系数为0.853,各分量表的信度值也分布在0.7~0.9之间,说明4个分量表的一致性程度较高且内部结构良好。

(二)样本选取与概况

本研究采取分层随机抽样的方法,选取东部地区的河北、山东、浙江、广东,中部地区的湖北、湖南、安徽、黑龙江,西部地区的重庆、四川、陕西、甘肃12个省份,共计207所高职院校的装备制造大类专业教师为施测对象,兼顾了区域、学校类型、专业类别等多个维度。

调查共回收问卷1843份,有效样本为1582份,其中361份由相关专业负责人填写。本次调查样本在人口学分布上具有广泛代表性,样本被试具体的人口统计学变量指标如下:男性994人,女性588人;教龄0~5年的327人,6~10年的247人,11~15年的455人,16~20年的191人,20年以上的362人;专科学历37人,本科学历801人,硕士研究生学历690人,博士研究生学历54人;初级职称267人,中级职称702人,副高级职称506人,正高级职称107人;一般高职677人,省级重点高职322人,国家级重点高职("双高计划"、示范、骨干院校建设单位)583人;行业类高职423人,地方综合类高职1159人;东部地区479人,中部地区772人,西部地区331人;机械设计制造类652人,机电设备类329人,自动化类297人,铁道装备类10人,船舶与海洋工程装备类21人,航空装备类28人,汽车制造类245人;非重点专业826人,省级重点专业505人,国家级重点专业("双高计划"建设学校、示范、骨干学校的重点建设专业)251人;专业负责人361人。

(三)数据分析

本研究采用SPSS 22.0统计软件包进行描述性分析和相关分析。通过 T 检验

---

① 控制动因指高职院校组织自身对专业教师团队建设行为的控制,如从行业企业引进高技能人才、提供参与项目研究机会等。

和方差分析等方法分析不同区域、类型高职院校装备制造大类专业教师团队的特征归结与差异表征,通过皮尔逊极差相关分析方法分析高职院校装备制造大类教师团队建设动因、建设环境、建设策略与建设成效的相关性。

三、数据分析结果

(一)基本特征描述

表1列出了样本在"高职院校装备制造大类专业教师团队调查问卷"中建设动因、建设环境、建设策略、建设成效四个维度的平均值和标准差。

表 1　高职院校装备制造大类专业教师团队建设水平描述性统计表

维度	总数(N)		平均值(M)	标准差(St)	题项数(Item)	每项平均值(M')
	有效	缺失				
建设动因	1582	0	64.22	11.53	16	4.01
建设环境	1582	0	69.46	11.62	18	3.86
建设策略	1582	0	57.50	11.86	15	3.83
建设成效	1582	0	62.65	12.89	17	3.69

从表1可以得到如下发现:①从建设动因维度看,每题平均得分4.01分,介于"4(比较符合)~5(非常符合)"之间,表明高职院校装备制造大类专业在教师团队建设上有着较强的动机。②从建设环境维度看,每题平均得分3.86分,介于"3(一般)~4(比较符合)"之间,表明建设环境在高职院校装备制造大类专业教师团队建设中有着中等偏高水平的地位,受到教师团队广泛但不是充分的重视。③从建设策略维度看,每项平均得分为3.83分,介于"3(一般)~4(比较符合)"之间,表明高职院校在建设装备制造大类专业教师团队时都较为普遍地注意到了建设策略这一维度的问题,但是建设策略的实施水平却没有很高。④从建设成效维度看,每项平均值得分为3.69分,介于"3(一般)~4(比较符合)"之间,表明高职院校装备制造大类专业教师团队建设整体取得了中等偏上的成效,但还有很大的进步空间。

(二)不同层次高职院校装备制造大类专业教师团队建设水平特征比较

为便于统计、比较分析和进一步探索不同层次高职院校装备制造大类专业教师团队建设在建设动因、建设环境、建设策略和建设成效4个维度的特征差异,本研究将高职院校根据学校办学水平划分为"一般高职""省级重点高职"和"国家级重点高职"("双高计划"、示范、骨干院校建设单位)3个层次。表2列出了3个层次高职院校在"高职院校装备制造大类专业教师团队调查问卷"中建设动因、建设环境、建设策略、建设成效 4 个维度的平均得分、标准差以及方差分析 F 检验之后的结果。

表 2　不同层次高职院校装备制造大类专业教师团队建设水平特征比较

维度	学校层次	总数(N)	平均值(M)	每项平均值(M')	标准差(St)	F 值	事后检验 Scheffe 法
建设动因	一般高职	677	62.91	3.91	11.71	8.973**	
	省级重点高职	322	64.41	4.03	11.55		
	国家级重点高职	583	65.65	4.1	11.15		
建设环境	一般高职	677	66.97	3.72	11.65	31.618**	一般高职＜省级重点高职＜国家级重点高职
	省级重点高职	322	70.02	3.89	11.02		
	国家级重点高职	583	72.05	4.00	11.32		
建设策略	一般高职	677	55.72	3.71	12.08	16.122**	
	省级重点高职	322	57.66	3.84	11.36		
	国家级重点高职	583	59.49	3.97	11.57		
建设成效	一般高职	677	59.56	3.50	13.07	42.115**	
	省级重点高职	322	63.04	3.71	11.99		
	国家级重点高职	583	66.04	3.88	12.17		

注：** 表示所标注 F 值对应的 $p<0.01$。

如表 2 所示，4 组 F 值对应的 p 值都小于 0.01，说明一般高职院校、省级重点高职院校和国家级重点高职院校在装备制造大类专业教师团队建设动因、建设环境、建设策略、建设成效 4 个维度上存在极其显著的差异，具体表现呈升序排列：一般高职＜省级重点高职＜国家级重点高职。这一结果表明，不同层次的定级正是对高职院校办学质量的一种肯定，重点高职院校在装备制造大类专业教师团队建设动因、建设环境、建设策略和建设成效 4 个维度上的良好表现与所处层次相适应。

(三)不同类型高职院校装备制造大类专业教师团队建设水平特征比较

为了比较不同类型高职院校在装备制造大类专业教师团队建设水平上的特征差异,本研究根据高职院校的办学主体和服务面向分为"行业类高职"和"地方综合类高职"两类。表3列出了这两类高职院校在"高职院校装备制造大类专业教师团队调查问卷"中建设动因、建设环境、建设策略、建设成效四个维度的平均得分、标准差以及独立样本 T 检验之后的结果。

如表3所示,4组 T 值对应的 p 值均大于0.05,说明行业类高职和地方综合类高职在装备制造大类专业教师团队建设动因、建设环境、建设策略和建设成效4个维度上不存在显著差异,不同类型的高职院校在装备制造大类专业教师团队建设上的表现较为相似。

表3 不同类型高职院校装备制造大类专业教师团队建设水平特征比较

维度	学校类型	总数(N)	平均值(M)	每项平均值(M')	标准差(St)	T 值
建设动因	行业类高职	423	63.76	3.99	12.16	−0.970
	地方综合类高职	1159	64.39	4.02	11.30	
建设环境	行业类高职	423	68.75	3.82	12.52	−1.413
	地方综合类高职	1159	69.73	3.87	11.27	
建设策略	行业类高职	423	56.89	3.79	12.62	−1.244
	地方综合类高职	1159	57.73	3.85	11.57	
建设成效	行业类高职	423	62.52	3.68	13.37	−0.248
	地方综合类高职	1159	62.70	3.69	12.66	

(四)不同区域高职院校装备制造大类专业教师团队建设水平特征比较

随着经济社会发展和进步,我国高等职业教育的建设和发展也取得了很大成就,然而与成就相伴的发展不平衡问题不容忽视。一方面,我国东、中、西3个区域之间的经济社会发展水平存在较大的差异,使得高职教育的发展环境参差不齐;另一方面,高职教育结合地域特色、融合区域经济的能力高低各异。教师团队是高职院校发展的核心力量和重要资源。本研究试图探索我国东、中、西部不同区域高职院校在装备制造大类专业教师团队建设水平的差异。表4分别列出了东、中、西部高职院校在"高职院校装备制造大类专业教师团队调查问卷"中建设动因、建设环境、建设策略、建设成效4个维度的平均得分、标准差以及方差分析F检验之后的结果。

如表4所示,4组F值对应的p值都小于0.01,这说明东部地区、中部地区和西部地区的高职院校在装备制造大类专业教师团队建设动因、建设环境、建设策略和建设成效4个维度上存在极其显著的差异,3个区域的高职院校在建设水平上呈降序排列:东部地区＞中部地区＞西部地区。这种差异表明,一方面,我国高职院校装备制造大类专业教师团队建设情况与区域经济发展水平相适应,经济社会发展水平越高地区的高职院校,装备制造大类专业教师团队建设水平也越高;另一方面,当前我国东部地区重视高职教育的改革发展取得了一定成效。

表4 不同区域高职院校装备制造大类专业教师团队建设水平特征比较

维度	学校区域	总数(N)	平均值(M)	每项平均值(M')	标准差(St)	F值	事后检验Scheffe法
建设动因	东部地区	479	65.16	4.07	11.21	7.018**	东部地区＞中部地区＞西部地区
	中部地区	772	64.51	4.03	11.58		
	西部地区	331	62.19	3.89	11.69		
建设环境	东部地区	479	70.85	3.94	11.16	9.409**	
	中部地区	772	69.55	3.86	11.74		
	西部地区	331	67.27	3.74	11.71		
建设策略	东部地区	479	58.67	3.91	11.28	6.381**	
	中部地区	772	57.57	3.84	11.99		
	西部地区	331	55.66	3.71	12.18		
建设成效	东部地区	479	64.66	3.80	12.29	14.305**	
	中部地区	772	62.64	3.68	12.83		
	西部地区	331	59.79	3.52	13.17		

注:**表示所标注F值对应的$p<0.01$。

(五)不同专业层次高职院校装备制造大类专业教师团队建设水平特征比较

研究高职院校专业教师团队建设离不开对专业层次的讨论。为进一步探索不同专业层次高职院校装备制造大类专业教师团队建设在建设水平上的特征差异,本研究将高职院校装备制造大类专业根据专业办学水平划分为"非重点专业""省级重点专业"和"国家级重点专业"("双高计划"、示范、骨干重点建设专业)3个层次。表5列出了3个不同层次的专业在"高职院校装备制造大类专业教师团队调查问卷"中建设动因、建设环境、建设策略、建设成效4个维度的平均得分、标准差以及方差分析F检验后的结果。

如表5所示,4组F值对应的p值都小于0.01,这说明高职院校不同层次的专业在装备制造大类专业教师团队建设动因、建设环境、建设策略、建设成效4个维度上存在极其显著的差异,3个层次的高职院校专业在建设水平上呈升序排列:非重点专业＜省级重点专业＜国家级重点专业。这一结果与不同层次的专业定级存在一定关联,专业层次水平越高,其装备制造大类专业教师团队建设水平也越高。

表5 不同专业层次高职院校装备制造大类专业教师团队建设水平特征比较

维度	专业层次	总数(N)	平均值(M)	每项平均值(M')	标准差(St)	F值	事后检验Scheffe法
建设动因	非重点专业	826	62.37	3.90	12.01	27.607**	非重点专业＜省级重点专业＜国家级重点专业
	省级重点专业	505	65.39	4.09	10.66		
	国家级重点专业	251	68.00	4.25	10.38		
建设环境	非重点专业	826	67.42	3.75	11.88	32.349**	
	省级重点专业	505	70.82	3.93	10.87		
	国家级重点专业	251	73.47	4.08	10.78		
建设策略	非重点专业	826	55.79	3.72	12.23	23.475**	
	省级重点专业	505	58.45	3.90	11.05		
	国家级重点专业	251	61.26	4.09	11.14		
建设成效	非重点专业	826	59.93	3.53	13.12	52.571**	
	省级重点专业	505	64.11	3.77	11.68		
	国家级重点专业	251	68.68	4.04	11.65		

注:**表示所标注F值对应的$p<0.01$。

(六)建设动因、建设环境、建设策略与建设成效的关系分析

高职院校专业教师团队影响因素复杂,但可借鉴的理论不多。研究通过调查探究和自下而上的数据分析,认为建设动因、建设环境和建设策略对建设成效有着重要影响,因此,对高职院校装备制造大类专业教师团队建设动因、建设环境、建设策略与建设成效做出如下假设。

假设1:高职院校装备制造大类专业教师团队的建设动因、建设环境、建设策略及相应子维度与建设成效及其维度有显著的相关关系。

假设2:高职院校装备制造大类专业教师团队的建设动因、建设环境、建设策略与建设成效有显著的正向相关关系。

运用皮尔逊积差相关方法对高职院校装备制造大类专业教师团队建设动因、建设环境、建设策略与建设成效之间的关系进行分析。结果表明:①建设动因、建设环境、建设策略与建设成效的 Pearson 相关系数分别为 0.723^{**}、0.830^{**}、0.850^{**},对应的 p 值均小于 0.01,高职院校装备制造大类专业教师团队的建设动因、建设环境、建设策略均与建设成效存在显著的相关关系;②4 组 Pearson 相关系数均为正值,表明高职院校装备制造大类专业教师团队的建设动因、建设环境、建设策略均与建设成效存在显著的正向相关关系。

四、研究结论与讨论

(一)团队建设动因普遍较强

高职院校装备制造大类专业在教师团队建设中普遍具有较强的建设动因。不同层次、不同区域高职院校和高职院校不同层次专业均表现出较大的差异。国家级重点高职院校教师团队建设动因最强,省级重点高职院校次之,一般高职院校较低;东部地区高于中部地区,中部地区又高于西部地区;国家级重点专业高于省级重点专业,省级重点专业又高于一般专业。但是行业类高职和地方综合类高职不存在显著差异。

"教师是第一资源和核心要素,大力发展职业教育,建立现代职业教育体系,工匠之师的培养尤为重要与迫切。"[①]在我国职业教育体系建设和改革的浪潮中,高职院校及专业建设越来越认识到教师对高职教育发展的重要意义。基于这样的认识,高职院校装备制造大类专业在教师团队建设中普遍具有较强的建设动因。有效的教师团队建设是由各方面的动因推动的,既是专业教师团队建设的内在需求,也是高职院校改革和装备制造大类专业发展的客观要求。从调查结果看,在 3 个

---

① 孙琳.新时代职业教育师资队伍建设改革定位及发展趋势[J].中国职业技术教育,2020(10):35-40.

层面的建设动因中,内生动因对高职院校装备制造大类专业教师团队建设的影响最大,外显动因的影响次之,控制动因的影响相对较小。说明团队建设的主要驱动力源于适应职业教育改革和发展形势、改进教育教学能力、提高科研能力和社会服务能力等教师团队发展的内在需求。

(二) 团队建设环境差异显著

我国高职院校装备制造大类专业教师团队建设环境处于中等偏上水平,不同层次、不同区域高职院校和高职院校不同层次专业均存在极其显著的差异。国家级重点高职院校好于省级重点高职院校,省级重点高职院校好于一般高职院校。东部地区建设环境最好,中部地区次之,西部地区建设环境相对较差。国家级重点专业好于省级重点专业,省级重点专业好于非重点专业。但是,行业类高职和地方综合类高职不存在显著差异。

团队的发展建立在相互信赖、互帮互助的环境和氛围中,良好的环境有益于教师团队的建设①。建设环境处于中等偏上水平的地位,说明建设环境在教师团队建设中受到广泛但并不是充分的重视。当前我国高职院校提供给装备制造大类专业教师团队建设的环境不算差,但是还不够理想,社会环境、文化环境和物质环境都处于中等偏上水平。值得一提的是,制度环境有相对较好的表现,说明教师团队建设在人才引进、培养和管理等方面的制度环境较为完善。高职院校专业教师团队培育离不开制定并完善一系列操作性较强的有效制度和规范文件,以保证专业教师团队高效、有序、稳定发展②。未来,广大高职院校要注意在社会环境、物质环境和文化环境等方面打造适应教师团队建设的优良环境。

(三) 团队建设策略差异显著

我国高职院校装备制造大类专业教师团队建设策略处于中等偏上水平,不同层次、不同区域高职院校和高职院校不同层次专业均存在极其显著的差异。国家级重点高职院校建设策略最优,省级重点高职院校次之,一般高职院校建设策略较差;东部地区最优,中部地区次之,西部地区相对较差,与东部地区高职院校相比,中西部地区需要完善建设策略,使之更加多元化、科学化;国家级重点专业最优,省级重点专业次之,非重点专业的建设策略相对较不完善。省级重点专业和非重点专业在教师团队建设策略上还需要继续改善,向国家级重点专业层次丰富、举措多元的建设策略看齐。

---

① 吴慧,金慧.促进高校青年教师专业发展团队建设机制研究[J].教育发展研究,2013(17):81-84.
② 邵建东,王振洪.高职"双师结构"专业教学团队及其整合培育[J].高等工程教育研究,2012(3):167-171.

建设策略处于中等偏上水平的地位,说明高职院校在建设装备制造大类专业教师团队时都较为普遍注意到了建设策略这一维度的问题,但是建设策略的水平有待提高。建设策略在结构优化、制度规约、目标规划、能力提升和文化建设5个子维度上发展较为均匀,都有待进一步的发展,为更好地建设装备制造大类专业教师团队,教育部门和高职院校应当采取层次更加丰富、举措更加多元的建设策略。

(四)团队建设成效差异显著

高职院校装备制造大类专业教师团队建设成效处于中等偏上水平,我国不同层次、不同区域高职院校和高职院校不同层次专业均存在极其显著的差异。国家级重点高职院校建设成效最佳,省级重点高职院校次之,一般高职院校的建设成效较差;东部地区最佳,中部地区次之,西部地区相对较差;国家级重点专业最佳,省级重点专业次之,非重点专业相对较差。但行业类高职和地方综合类高职不存在显著差异。

建设成效处于中等偏上水平的地位,说明高职院校在建设装备制造大类专业教师团队上普遍取得了一定的成效,但是成效水平有待提高。建设成效在团队效能、人才培养和科技服务3个子维度上都处于中等偏上水平,存在一定的进步空间。其中,一般高职院校、西部地区高职院校和高职院校非重点专业的装备制造大类专业教师团队更亟须采取有效举措,以期取得良好的团队建设成效。

(五)建设动因等四个维度关系密切

研究发现,高职院校装备制造大类专业教师团队建设动因、建设环境、建设策略与建设成效存在显著的正向相关关系。建设动因是高职院校装备制造大类专业教师团队建设的主要动力来源,是教师团队建设得以运作、维持和生成的重要条件,建设动因水平越高,建设成效水平也越高。建设环境是高职院校装备制造大类专业教师团队建设的必要环境条件,建设环境越理想,高职院校装备制造大类专业教师团队建设的成效水平也越高。建设策略是高职院校装备制造大类专业教师团队建设直接采用的策略和手段,是保证建设成效的重要因素,高职院校在装备制造大类专业教师团队建设中所采取的策略水平越高,教师团队建设的成效就越高。

(原文出处:邵建东,牛晓雨.高职院校专业教师团队建设的特征差异及关系研究——以装备制造大类专业为例.中国高教研究,2021年第4期,103-108页)

高职院校专业带头人专业化的制度制约及优化路径

当前高职院校专业带头人专业化发展整体还处于较低水平,无论是专业带头人选拔还是在使用过程中尚未真正认识到专业带头人之于高职院校内涵发展的重要价值,不仅选拔过程较为随意,在使用过程中也仅仅将其视为基层教学组织的管理者,没有认识到履行专业建设职责对个体能力素质的专业性要求,尽管有部分院校已经逐步开始重视这一问题,但由于缺乏清晰明确的能力框架标准,在培养什么、如何培养等方面依然未能形成统一的认知与行动,这在一定程度上制约了专业带头人专业建设领导能力的系统、可持续的提升。

一、高职院校专业带头人专业化内涵审视

高职院校专业带头人是指在"专业"这一基层教学组织中,肩负着专业发展规划、专业课程体系开发、专业教学资源整合、专业教学问题诊断与改革等专业建设职责,具备领导专业建设所应具备的素养与能力,能够通过多种途径影响专业教师并带领专业教学团队达成专业发展目标的教师。[①] 他们是师资队伍的"领头羊",亦是师资队伍建设的"牛鼻子"。高职院校专业带头人专业化是指专业带头人基于对自身所从事的专业建设工作价值认可基础上,内在地激发起自我发展的积极性与主动性,在履行专业建设职责的实践过程中,在与组织角色期待的互动过程中,通过多种途径实现自身专业建设领导能力提升的过程。专业带头人专业化的内涵具体包含以下三个方面。

首先,自我专业身份的意义建构是专业带头人专业化的首要前提。专业带头人自我专业身份的意义建构是专业带头人对自我身份的确认和对所属群体的认知及伴随的情感体验和行为模式进行整合的心路历程,其本质是对一种价值和意义的承诺和确认,是对其所属群体的角色及其特征的认可程度和接纳程度。专业带头人只有内在地认同所肩负的职责与使命,才能够激发专业带头人领导专业建设的动机,并能够在领导专业建设过程中通过与组织期待的互动过程达成自我专业身份的意义建构。

其次,专业建设领导能力的提升是专业带头人专业化的核心旨归。如图1所示,高职院校教师在不同的发展阶段,能力素质发展的重心存在着很大的不同:在初任教师阶段,需要重点发展课堂教学能力,既包括理论课也包括实践课,"如何上好课"是初任教师专业化发展的核心指向;骨干教师则需要进一步掌握课程开发能力,不仅需要上好一门课,更需要进一步掌握课程标准制定的能力、教材开发能力以及教学资源建设能力等;专业带头人专业化的核心指向则是专业建设领导能力的提升——需要专业带头人站在整个专业发展的角度思考专业建设的方向与路径,并带领教师团队达成专业建设目标。

[①] 王亚南,石伟平.转型发展背景下高职院校专业带头人角色定位的实证研究[J].中国职业技术教育,2017(15):14-21.

最后,专业带头人专业化实现与外部制度环境存在紧密的互动关联。高职院校专业带头人专业化的实现是内嵌于制度环境之中的,并不是专业带头人自我完成的,"制度与人的动机与行为之间有着十分紧密的内在关联,制度一旦形成,就深刻影响并决定着人的行为动机和行为选择"①。无论是专业带头人自我专业身份的意义建构还是专业带头人专业建设领导能力的提升都是在专业带头人与外部制度环境之间的互动过程中达成的。制度因素构成了专业带头人专业化的激励结构,制度变迁也将影响到专业带头人专业化的动机与方向。

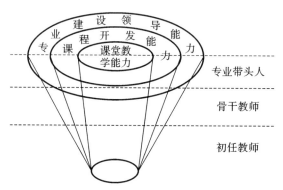

图1 高职院校教师专业化发展阶段示意图②

二、高职院校专业带头人专业化的制度制约

基于对当前高职院校内外部制度环境的分析,在高职院校组织领导"等级制"原则支配的运行逻辑下,专业带头人实际主要承担专业建设执行者的角色,专业身份未能得到充分彰显,而且在激励考核评价机制、师资培养体系上也未能针对专业带头人成长规律进行有针对性的制度设计,这在一定程度上制约了专业带头人专业化的实现。

(一)在科层管理"等级制"逻辑下,专业带头人专业身份弱化

组织内部成员结合起来的方式主要遵循着两种原则:专业化原则与等级制原则。"专业化与等级化原则之间的差别主要体现在两者在组织内部重要性和优先地位的争夺上"③,如果高职院校按照专业化逻辑来运行,专业权威将认为自己是最重要的,是第一位的,因为组织专业化职能的发挥需要依托其专业能力来实现,所以必须占据组织的核心位置。等级制即行政管理体系是为了帮助组织实现专业化

---

① 周继良.高校学生评教行为偏差影响因素的实证研究[J].高等教育研究,2018,39(2):59-72.
② 徐国庆.职业教育课程、教学与教师[M].上海:上海教育出版社,2016.
③ 刘圣中.现代科层制[M].上海:上海人民出版社,2012.

职能的辅助工具,但如果高职院校按照等级制原则来运行,组织的最高权威应该属于等级制的管理人员,高职院校不是绝对的完全的专业化组织,高职院校的建立、型构、制度化以及可持续发展需要一种秩序,而这种秩序就是等级秩序,服务于组织目标的专业能力只不过是组织目标实现的手段而已。

时下,高职院校内部组织管理运行过程中,等级制原则要优先于专业化原则,内部表现出了较为明显的科层化的特征,自上而下的等级化管理是高职院校管理运行的主要模式,也是内部资源整合的主要依据,层级式的控制、监督成为高职院校内部治理的常规手段。在韦伯看来,科层制是一种十分理想的组织类型,具有明确的专业化分工、严格的权威等级以及稳定的规章制度等特征。科层制已经深深根植于当前高职院校的管理之中,作为一种以工具理性为最高原则的行政管理的组织方式,注重效率和非人格化的管理方式广泛应用在高职院校之中,具有一定的合理性也具有一定的必然性。但随着高职院校办学功能的日趋复杂,市场竞争也日趋激烈,科层管理体制的精确性、稳固性、纪律性和可靠性的优点恰恰成为当前阻碍高职院校办学创新的障碍。

在组织领导"等级制"原则的运行逻辑下,高职院校在内部管理机构的设置上主要采用"直线—职能型"的形式,即在学校和系(部)层面设有行政职能部门或行政管理人员,专业级基层教学组织并不配备专门的行政人员,行政职能主要由专业带头人负责,这种组织架构下管理权力在上,工作职责在下。专业带头人实际上被纳入到了整个行政管理链条最末的执行端,这就不可避免地造成专业带头人承担职责的无限泛化的现象,"上边千条线,下边一根针"成为高职院校日常工作的真实写照,在等级制原则的运行逻辑下,完成上级各个部门下达的各项指令与任务成为专业带头人的首要工作。而且,上下级之间的职权关系会严格按照等级进行划定,在组织领导模式上采取自上而下的垂直式领导,专业带头人自身的专业建设自主权力十分有限——专业带头人专业建设活动必须在上级职能部门划定的范围之内开展,无论是在专业方向的把控还是资源整合上都必须首先获得上级领导的支持。因此,在高职院校实际的管理运行之中,专业带头人更偏向于一种基层行政管理者的身份,这也可以解释为何许多高职院校专业带头人具有讲师职称的教师就可以担任。

(二)在组织期待"执行者"定位下,专业带头人身份建构迷失

专业带头人专业化过程是一个专业身份逐步建构并对其身份所附着的价值和意义逐步认可与践行的过程。个体身份建构的过程深受整个社会制度、组织、文化的影响,因个人所处社会组织的多样性和复杂性,导致个人在不同情境下建构了不同的身份,所以专业带头人的身份建构与其所处的制度环境有着极为紧密的关联。高职院校专业带头人如何与外在的制度环境进行互动,建构自己的身份?这就必

须借助"角色"这一概念,"伯格(Berger)和卢克曼(Luckmann)将角色视作制度的代表,通过角色扮演,个体才能参与到社会世界中去。通过内化这些角色,相同的世界对个体而言,才会在主观上变成真实的。"[①]角色是制度与身份的中介,角色不仅内置于特定的关系之中(如专业带头人/院系领导),而且建立在一整套的制度环境之中。因此,进入角色不仅意味着面临他人的主观期待,同时意味着将不自觉地进入一定的结构与情境约束中。

通过对高职院校教育场域内专业带头人与其他相关主体间互动关系的实践样态考察,当前高职院校对专业带头人的角色期待同时存在着两种:一是专业建设的领导者,作为专业建设第一责任人的专业带头人亟须肩负起领导专业建设的职责,不仅需要作为专业发展的前瞻者有效预测产业发展需求、展开专业发展规划,更需要通过有效整合专业内部各种资源带领专业教学团队执行规划达成目标,专业建设职责的履行内在地需要专业带头人承担专业建设领导者的角色;二是专业建设的执行者,由于高职院校仍以科层化的组织领导模式为主导,内部表现出明显的科层化特征,自上而下的等级管理仍然是高职院校内部资源整合的主要依凭,在科层管理体制"等级制"原则的运行逻辑下,专业带头人在办学实践过程中被纳入行政管理体系的最末端,职责的下移并没有伴随着权力的下移,专业带头人要执行各个层级组织各个部门下达的各种指令,工作职责出现了无限泛化的现象,而且专业建设决策自主权有限,很难按照个人意志开展专业建设工作。"行政系统倾向于将他们看成是学术人员,而学术人员又将他们看成混迹于官场的学术边缘人。"[②]

在当前的制度环境下,对高职院校专业带头人的角色期待存在着两种完全相反的设定,而且这两种角色的行为特征是相抵牾的,无论是从专业建设的方向、团队领导模式还是在具体的时间分配上,专业带头人在身份践行过程中必然会时刻感受到两种角色期待之间所形成的张力。但组织的角色期待仅仅为身份建构提供了结构基底,专业带头人在身份建构过程中绝不是被动适应的过程,而是"个性化"与"社会化"相结合的过程。在当前科层管理体制"等级制"原则优先的制度环境下,基于对两种角色承诺高低的不同,可以从理论上将专业带头人身份建构结果分为四种类型:身份抗争、身份挣扎、身份顺从/身份妥协、身份游离。无论是何种建构结果,都意味着专业带头人无法在领导专业建设过程中形成积极稳定的价值归属感。

如图2所示,当对专业建设领导者角色承诺程度较高,而对执行者角色承诺程度较低时,专业带头人在身份践行过程中会抵制结构的配置与安排,由于组织没有

---

① Berger P L, Luckmann T. The social construction of reality: A treatise in the sociology of knowledge[M]. London: Penguin, 1967: 24.
② 潘雅静. 二级学院的专业主任制度与内部结构重组[J]. 探索与争鸣, 2007(9): 59-61.

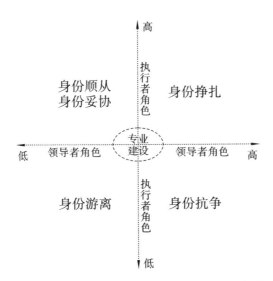

图 2　科层管理体制下高职院校专业带头人身份建构的迷失

为专业带头人践行专业建设领导者这一角色提供相匹配的制度环境,这将导致专业带头人身份建构始终处于一种抗争状态;当对专业建设领导者和执行者两种角色都具有较高的承诺程度时,专业带头人将极易因为时间、精力等客观因素的限制而陷入身份建构的"挣扎"状态,在到底是向"左"还是向"右"的两难困境中陷入挣扎与彷徨;当专业带头人对专业建设执行者角色承诺程度较高,而对领导者角色承诺程度较低时,根据专业带头人对执行者角色承诺的主动性与否,专业带头人的身份建构特征将呈现顺从或妥协两种状态类型,但两者在动机激发上主要基于外部因素,在专业建设过程中表现出较强的投机行为;当专业带头人对两种角色承诺程度都较低时,这将意味着专业带头人身份建构处于游离状态,呈现一种典型的流浪者心态,对专业建设走向何方抱着"走到哪里算哪里"的心态。

(三)在职称评审"指挥棒"指引下,专业带头人发展动机异化

由于目前高职院校在职称评审上基本参照普通高校教师的要求,过于强调科研论文、科研项目的数量和质量,专业带头人在履行专业建设职责过程中所做的许多诸如校企合作关系建立与维护、产业发展现状及人才需求调研、教学资源库建设、课程开发与教材编写、青年教师培养、教研活动组织等工作都得不到认可,在职称晋升竞争日趋激烈的背景下,专业带头人不愿意花太多精力在专业建设领导能力的提升上,而把时间和精力主要用到课题申请、论文发表和奖项申报上,在专业建设任务选取上也往往挑选那些有助于职称晋升的工作事项,对那些无助于自身职称评审的事项则会有意识地选择逃避。而且,当专业带头人完成了自身所设定的职称评定目标,他也有可能因为专业建设工作纷繁复杂,基于理性的利弊权衡后

"逃离"专业带头人岗位。从管理路径来看,专业带头人从理论而言是有机会凭借专业建设绩效竞聘到中层管理岗位,然而由于岗位数量有限,激烈的竞争必然会让大部分专业带头人望而却步,很难将其作为激励专业带头人工作积极性的常规手段。因此,在激励制度设计上由于高职院校未能根据专业带头人工作岗位和工作性质的独特性进行有效安排,造成专业带头人成就动机无法始终聚焦于专业建设质量的提升上。

在福利待遇、社会声誉完全与职称挂钩的情况下,专业建设在高职院校意外成为"公共田地",所有的教师都将目光和精力集中在了自家的"私田(职称晋升)"之上,尽管有的高职院校在职称评审标准的制定中将参与团队工作列入其中,但由于其评价困难以及权重较小,很难对职称评审结果产生实质影响。因此,只要和职称无关的事项都很难激发教师的积极性,形成了与职称挂钩的工作争着干、与职称无关的工作无人做的现象。这种以个人绩效导向为中心的职称评审制度将导致专业教学团队内部成员行为整合的高成本,十分不利于专业带头人带领团队达成专业建设目标,从而也会间接影响到专业带头人领导专业建设的主动性。

(四)在师资培养"项目化"运行下,专业带头人成长效益偏低

尽管专业带头人专业成长路径日益多元和丰富,但"由于我国尚未建立符合高职教育特点的教师资格标准和专业技术职称评审标准,也没有相应的资格认证体系,使得职教师资培养与培训缺乏科学与长远的规划"[①]。当前针对专业带头人的培养主要以项目化培训为主,培训运行始终围绕项目开展,尽管通过这种模式较为灵活而且易操作,却日益难以满足专业带头人专业建设能力系统提升的需求。其一,受益面较窄,无法实现全员覆盖。由于项目化培训具有临时性、突击性以及不可持续性的特征,最终可能仅是部分专业带头人受益,无法实现专业带头人队伍整体提升。而且这些培训项目存在福利化的现象,唯有工作业绩较好的专业带头人才有资格参加,那些工作一般亟需培训的专业带头人却鲜有机会,培训资源分布不均衡。其二,针对性差,无法针对专业带头人能力发展需求进行个性化定制。由于培训课程的开发没有以专业带头人专业标准为依据,培训计划以专家讲座为主,尽管也会包含现场考察、问题研讨等实践模块,但整体而言仍然缺乏现实的针对性,无法兼顾到专业带头人个体的差异与独特需求,极易造成培训内容与个体需求的错位,在没有兼顾到个体差异的情况下挫伤专业带头人的学习积极性。其三,培训内容零散孤立,无法进行系统化培养。由于未能够根据专业带头人能力标准框架对培训计划进行系统设计,专业带头人的专业学习呈现出随机的特征,所学习的内

---

① 邵建东,徐珍珍.现代职教体系下高职师资队伍建设的诉求、问题与路径[J].中国高教研究,2016(3):100-103.

容之间缺乏有效的内部关联;由于未能根据专业带头人能力发展的规律进行体系化设计,临时的培训任务往往会打乱专业带头人正常的工作计划,学习效果也很难保障。

三、高职院校专业带头人专业化的制度优化路径

要想从整体上系统推进专业带头人实现专业化,需要确立专业带头人在高职院校中专业建设领导者的角色定位,然后围绕这一角色的实现重构高职院校内部在专业建设上的权责分配体系,并以专业建设绩效为依据改革激励考核评价制度以激发专业带头人领导专业建设的积极性,最后则应以专业标准为依据构建规范性与灵活性兼备的专业带头人培养体系。

(一)身份彰显:确立专业带头人专业建设领导者角色定位

就专业建设而言,无论是学校还是院系层面,都很难像过往一样通过掌控关键信息而实现决策的科学性与及时性,以管理为职业的"软专家"不可能在具体的专业领域都具有超越下属的智能,不可能对所有的专业进行"精耕细作",尤其在知识密集型组织,一线教师往往收集并掌握着十分关键的信息,而如何充分利用好这些信息对高职院校办学功能的实现具有重要价值,这也意味着专业带头人在组织中所肩负的角色正悄然发生着变化——不仅需要基于自身对所处行业的深刻洞见来明晰专业建设的未来路向,更需要通过对内外部资源的整合优化以及自身示范引领作用带领专业教学团队达成专业建设目标。高职院校创新发展亟待专业带头人成为专业建设的领导者。专业带头人角色定位向专业建设领导者的转变绝不仅仅是外在名称的改变上,更重要的是角色行为模式的根本改变,从理论分析的角度来看,专业带头人从传统的执行者角色向专业建设领导者转变需要在思维方式、行动方式、运作方式等方面实现整体转型(如表1所示)。

表1 专业建设领导者角色与专业建设执行者角色特征差异

类型	专业建设的领导者	专业建设的执行者
思维方式	主动创新	领命形式
行动方式	全面领导专业建设工作:主动思考专业建设未来方向;拥有相应的人财物权力	监督执行上级布置的工作;不主动思考专业建设的方向;没有相应的人财物权力
运作方式	共同体工作模式:依靠核心团队开展工作	个人工作模式:上传下达、执行学校要求

续表

类型	专业建设的领导者	专业建设的执行者
权威来源	专业权威为主,科层权威为辅	科层权威为主,专业权威为辅
发展动机	强	弱
动力源泉	成就感、荣誉感	外部激励、管理压力、晋升压力

彰显专业带头人的专业身份,才能够真正推动专业带头人内在地认同组织所赋予的角色。首先,应基于专业带头人的岗位工作任务要求开发专业能力标准。这是推动专业带头人专业化的首要前提,也是系统推进专业带头人专业化的关键抓手。为了能够从源头上确立专业带头人专业建设领导者的角色定位,应基于专业能力标准在优秀的骨干教师群体之中择优选拔,同时建立科学公正的选拔机制,着重考察候选者专业建设能力并对候选者的学历、职称、教学业绩提出明确要求。其次,明确专业带头人领导专业建设的职责,增强专业带头人工作的专业性。作为专业建设的领导者应将主要时间与精力聚焦于事关专业发展的重大战略事项与对外沟通合作上,因此对专业带头人的管理应从过去严密、细致的过程监管向专业建设成效评价转变,并明确职能管理部门在服务基层教学上的责任定位,有效降低专业带头人行政性、事务性工作量。

(二)赋权增能:向基层教学组织逐步扩散组织内部领导力

加强基层教学组织建设,发挥其在教书育人、科学研究及社会服务当中的主体地位正是有效推动专业带头人专业化实现的制度前提。当前,高职院校基层教学组织的运行过于保守和封闭,由于垂直化的科层制管控在教育教学资源整合上具有绝对权威,对教育教学过程实行严密的规范和控制,基层教学组织仅仅履行着学校分派教学任务之"职",而缺乏履行专业建设以及教育教学之"权",在责任与权力不对等的情况下,基层教学组织逐步成为一个封闭的系统,自我组织和自我活力严重缺乏,很难灵活敏捷地应对外部环境的挑战。

首先,建立柔性化、扁平化的教学管理运行体制,激发基层教学组织的创新活力。"在一个知识密集型的组织中,如果不在组织成员中分布领导职能,要完成类似于教与学这样的复杂任务是不可能的。"[1]在传统的科层管理体制下,学校和学院(系)是管理的重心,专业一级的基层教学组织更多地承担执行者的角色,专业建设全靠学校和学院(系)一揽子运作无疑是低效的,决策延误或失误时有发生。因此,

---

[1] Gronn P. Distributed properties: A new architecture for leadership[J]. Educational Management Administration & Leadership,2000,28(3):317-338.

为了能够让组织更加灵活地适应外部社会的需求,应深化二级管理体制改革,通过纵向权责的调整,逐步改变自上而下刚性化的行政管理模式,将人才培养质量管理的主体与责任重心真正下移至"专业"层面,激发基层教师的创新活力,逐步缩短信息—决策链条的幅度距离,实现专业建设知识分布与专业建设决策权的最优匹配,真正实现"让一线呼唤炮火,让真正听得见炮声的人进行决策"。

其次,明确校院(系)两级管理的平台功能,服务基层教学组织。无论是校级层面还是院(系)级层面,各级管理者以及职能管理部门都是为基层教学组织服务而设置的,并不是越多越好、越全越好,基层教学组织不需要的就是多余的,逐步探索形成以基层教学组织为中心的教育教学资源分配机制,学校的人财物等优质资源应该在基层教学组织需要时就能够发挥作用,及时提供支持,而不是让拥有资源的人来指挥一线教学,从而减少内部协调运行成本,让真正了解外部市场需求变化的人来决策,并为基层教师组织的创新发展提供优质的服务支持。

最后,彰显专业带头人在基层教学组织中的领导者定位,发挥其学术影响力。在专业建设的未来方向以及具体路径上,以及在人、财、物等资源的分配使用上,专业带头人都必须拥有与其责任相一致的权力,让专业带头人真正成为专业建设的当家人。只有充分发挥专业带头人的积极性与创造性,通过办学权力的下放和办学风险的下移,才能够真正发挥专业带头人的带头作用,因为他们作为专业教学团队中的最高学术权威,理应成为专业建设改革的第一责任人,通过自身学术影响力的发挥带动其他教师提升自身的专业素养。职能管理部门则主要通过理念引领、标准制定、问题诊断等工作,从管理教学向服务教学转变,从直接干预教学向环境创设转变,激发基层教师在教学、科研与社会服务上的主动性,帮助专业带头人改善专业建设绩效,解决工作中遇到的问题与困难,而不是具体干预专业带头人如何开展专业建设。

(三)激励重构:基于专业建设绩效构建激励考核评价机制

为了有效提升高职院校专业带头人领导专业建设的主动性,高职院校需要在学校层面进行顶层规划,以专业建设绩效为依据构建激励考核评价机制,弱化职称评定导向对专业带头人领导专业建设工作积极性的消极影响。首先,对专业带头人的激励应坚持"软硬兼施",既要重视对专业带头人的精神激励,也要重视物质激励,制定具有吸引力的岗位津贴制度,保障专业带头人的工作条件和待遇,为专业带头人提供较为充足的制度、经费、人力和服务的多方支持,在评优、晋级等方面也应重点向专业带头人倾斜。除此之外,还应在全校范围内营造尊重专业带头人的良好工作氛围,对专业建设成效突出的专业带头人应授予较高的荣誉地位。其次,根据专业建设绩效建立激励考核评价机制,将考核结果与奖励津贴以及职称晋升相挂钩。根据专业带头人的职责要求和专业建设的要求开发专业带头人考核评价指标,在每个年度应根据专业带头人履职情况进行考核评价,由教学工作委员会组织开展实施,考核后按照考核结果发放岗位津贴,对于不合格的专业带头人应该解聘,从而建立"能上能下、能进能出"的竞争格局。最后,改变过往以个人绩效导向为重心的激励考核评价机制,从"个人为主、团队为辅"向"团队为主、个人为辅"转变——专业建设绩效的高低不仅会影响到专业带头人自身岗位津贴与奖励的多寡,也将影响到整个团队成员的收益获得,从而激励专业教学团队成员从关注个人所获向聚焦专业建设绩效转变,共同致力于专业建设质量的提升。

(四)路径规划:围绕专业标准构建专业带头人培养体系

高职院校专业带头人的专业发展路径亟待系统规划,传统的项目式运作模式已经日益难以满足高职院校专业带头人专业发展的需求,应根据专业带头人专业建设领导能力标准的构成与要求进行制度建设上的整体安排,而不是通过非制度化的临时性与不可持续性的项目式运作模式来达成专业发展的目标,这样不仅能够提升培训工作的针对性,也能够为高职院校专业带头人的专业发展明确路径,推动高职院校专业带头人在较短时间内实现专业建设领导能力的系统提升。首先,应根据专业带头人岗位工作任务的需要开发专业标准。教育部应成为专业标准开发的主体,并将这项工作纳入职业教育标准体系建设之中,就开发路径而言应结合行为事件访谈、工作任务分析法、德尔菲法等多种方法,围绕专业带头人真实岗位工作任务的需求进行系统开发,并针对所开发的能力标准明确不同发展阶段专业带头人所应达到的行为表现,从而指明专业带头人培养的方向与内容边界。其次,省级教育行政部门应基于专业标准进行课程体系的开发。省级教育行政部门可以依据教育部开发的专业标准也可以按照本省高职院校主要的专业大类开发新标准,但新标准必须涵盖专业标准内容,在标准确定的前提下就可以组织优秀专业带头人围绕标准开发专业带头人课程体系,编制课程标准,构建体系化的培养课程,并明确培养方法。最后,开展职业能力测评与认证,构建质量保障体系。在培训框架确定的基础上,可以允许多元主体(师资培养基地、高职院校、普通高校等)参与针对专业带头人的培养,但前提是要完善职业能力认证制度的建设,在完成某一课程模块的培训后都需要经过职业能力测评对其学习效果进行认证,这样既可以避免专业带头人的重复学习,也可以根据认证结果客观衡量培训机构的培养质量,从而督促培训机构聚焦到培训质量的提升。

(原文出处:王亚南,邵建东.高职院校专业带头人专业化的制度制约及优化路径.高等工程教育研究,2019年第2期,147-153页)

优化结构激发教学团队发展新动能

专业教学团队建设是教育教学质量提升的重要举措,是高职院校内涵发展、质量发展、特色发展的主要抓手。近年来,国家高度重视专业教学团队建设工作,已建立起国家级—省级—学校三级培育体系,《国家职业教育改革实施方案》将建设一批国家级职业教育教师教学创新团队纳入发展目标,中国特色高水平高职学校和专业建设计划("双高计划")也基于打造高水平专业群的需求提出了组建高水平、结构化教师教学创新团队的愿景。这意味着高水平高职院校发展离不开高水平专业教学团队支撑,必须将高水平专业教学团队建设放在更为重要的位置,坚持"四有四新",全面助力高职院校高水平发展。

一、有更优结构,契合新要求

职业教育的类型特征决定了专业教学团队建设的结构基础。早在2008年,国家便从"双师"结构的团队组成、专兼结合的制度保障、专业带头人等方面对高职院校国家级专业教学团队建设提出了基本要求。当下,"双高计划"的实施更是明确了高职院校专业教学团队建设高水平、结构化的方向和要求。为契合新时期新要求,高水平专业教学团队建设必须调整优化结构,主要从两个方面着手。

一是盘活资源存量,依据专业群结构调整重组内部构成。随着高职院校专业发展方式由过去注重单一专业向专业群建设转变,高水平专业教学团队结构优化要紧紧抓住专业群建设契机,坚持"双师型"特色,分类型构建结构化专业教学团队。

二是做优资源增量,增强发展后劲。高职院校一直面临教师数量紧缺难题,学校应兼顾高端研发型和市场应用型人才需求,增加教师资源供给,引进培育一批专业带头人、骨干教师、技术技能大师,实现重点建设专业领域行业领军人才、大师名匠、博士等各类高层次人才的全覆盖,并不断优化专业教学团队的年龄、学历、职称、专兼等结构比例。

二、有更好合力,凸显新优势

目标定位明确、成员分工合作、多元力量凝聚、共建共享共赢,是专业教学团队建设比较理想的状态。但当前高职院校尚未建立起团队合作机制和工作模式,普遍面临合作意识不强、合作领域窄化、合作平台欠缺三方面的问题。因而,高水平专业教学团队建设必须在合力上下功夫。

一是建立共同愿景,引导教师树立协同发展理念,增强团队认同感和归属感,使专兼教师充分认识到团队合作对于教育教学质量提升和自身专业发展的重要性和必要性。

二是拓宽合作领域,探索宽领域、深层次、多形式的合作内容。当前的合作内容还主要集中在人才培养方案、专业课程体系、教育教学资源开发等方面,需要进一步深化在技术攻关、机器设备改进、专利成果转化等科研项目、社会服务方面的合作。

三是搭建多元合作平台,联合行业领军企业共建高端产教融合平台、"双师型"教师培养基地、重点实习实训基地、技术技能研发中心、技能大师工作室等,并以此为载体开展产、学、研、训、创一体化教育教学活动,建立常态化互动交流机制,营造良好合作氛围,凝练特色团队文化,形成合作教改、合作育人、合作研究、合作服务融合共生的发展态势,凸显专业教学团队建设集群合作的新优势。

三、有更强能力,实现新作为

专业教学团队建设服务于技术技能人才培养高地、技术技能创新服务平台和教育教学科研能力提升载体的打造。与单一专业教师相比,专业教学团队建设具有更强的引领力、更广的辐射面和更深的影响力。为彰显专业教学团队建设的高水平特质,应积极参与国家职业技能标准、行业标准、专业教学标准等的制定,还需进一步提升服务能力。

一是柔性引进高层次研究团队。如通过建院士专家工作站等方式,参与国内外课题研究或技术攻关项目,发挥高层次团队的引领和标杆作用,提升高职院校应用技术研发水平和自主创新能力,增强专业教学团队建设的品牌效应。

二是选好培育好专业带头人。专业带头人是高水平专业教学团队建设的核心,担负着规划者、领导者、组织者和建设者的重要职责,其能力强弱直接决定专业教学团队建设的水平,因而,必须选择能够促进校企深度频繁互动、掌握行业企业最新技术动态、具备精深专业造诣、拥有较大行业影响力、能有效协调团队成员关系的教师担任,并将其专业建设与专业治理能力提升统一于专业教学团队建设进程中。

三是实施并完善教师能力提升计划。教师个体的专业发展是专业教学团队整体水平提升的前提,高职院校要广泛开展出国(境)研学、学历晋升、下企业实践等能力提升计划。一方面通过培养培训使教师适应新形态教学方法、思路和理念,具有较强的信息化教学能力,另一方面用好政府科技创新券等政策,既提升教师职业技能和专业水平,也帮助地方行业企业突破技术瓶颈,打造服务品牌和质量信誉。

四、有更活机制,激发新动能

高水平专业教学团队新动能的激发关键在于管理创新,完善运行机制,创设良好用人环境。

一是建立校企人员双向流动机制。一方面借"访问工程师"等项目推动专业教师向企业流动,兼任工程师;另一方面吸纳企业工程技术人员、高技能人才向学校流动,担任兼职教师,尝试探索校企兼职兼薪一体化管理模式,实现互兼、互派、互用。

二是探索多样化的教学组织形态。专业教学团队是一个上位概念,其下涉及不同专业方向、不同课程、不同项目的教学组织。高职院校可尝试探索课程组、项目组、工作室等分工协作、灵活弹性、适应性强的多样化教师组织形态,并提供必要的场地、设备、经费支持,从而释放更多专业教学团队建设活力。

三是完善专业教学团队考核激励机制。结合教师岗位聘期考核,并将个人与团体有机结合,给予物质、精神和专业发展方面的激励。此外,还要争取人人有任务、人人有责任、人人有发展,有效改变部分教师不努力的现象,深度挖掘团队教师的发展潜力。

(原文出处:徐珍珍,邵建东.优化结构激发教学团队发展新动能.中国教育报,2019年08月27日第4版)

高职院校教师绩效管理存在的问题及改进策略

《教育部关于深化高校教师考核评价制度改革的指导意见》提出高校教师考核评价制度改革的方向是"师德为先、教学为要、科研为基、发展为本",这些对高职院校的绩效管理与考核工作提出了新的目标和要求。绩效管理与绩效考核是高职院校教师、教材、教法改革的重要内容,也是高职院校管理水平的重要体现。科学合理的绩效目标管理体系、简化量化的操作流程,能激发高职院校教师教书育人、科学研究、社会服务及创新创业的活力[①]。当前,全国已有不少高职院校实施绩效管理,高职院校教师绩效管理存在哪些问题?需要采取哪些优化改进策略?笔者在对高职院校部分中层干部访谈调查的基础上,进行深入剖析和总结反思。

本研究采用访谈法,通过对全国32所高职院校的37位中层干部进行访谈,尝试对高职院校教师绩效管理中存在的问题及改进策略进行分析与阐述。这些中层

---

① 潘西明.高职院校绩效管理工作中目标管理法的应用研究[J].九江职业技术学院学报,2018(3):8-10.

干部年龄大多在 40～50 岁之间,在高职院校工作 20 年左右,担任中层干部的时间为 5～10 年,职称大多为副教授(副研究员),分别任职于学校的二级学院(系部)和办公室、人事处、纪委、组织部、就业中心、图书馆等部门。作为有一定资历的中层干部,他们既是高职院校绩效管理的参与者,也是绩效管理的执行者,对高职院校的绩效管理有着较为全面的认识。通过对这些中层干部的深入访谈,本研究收集到大量真实可靠的信息。数据分析主要使用演绎法和归纳法。运用演绎法紧密围绕研究问题,结合高职院校绩效管理的发展和实践对访谈文本进行分析;同时运用归纳法,从访谈材料中归纳、提炼高职院校绩效管理中存在的问题和亟须实施的改进策略。

一、高职院校发展中的绩效管理

2014 年 6 月颁布的《国务院关于加快发展现代职业教育的决定》(国发〔2014〕19 号)明确提出,要完善现代职业学校制度:职业院校要依法制定体现职业教育特色的章程和制度,完善治理结构,提升治理能力;建立学校、行业、企业、社区等共同参与的学校理事会或董事会;坚持和完善公办高等职业院校党委领导下的校长负责制;完善体现职业院校办学和管理特点的绩效考核内部分配机制等。为发挥管理工作对职业教育改革发展的推动、引领和保障作用,不断提高职业院校管理规范化、精细化、科学化水平,2015 年 8 月,教育部专门印发《职业院校管理水平提升行动计划(2015—2018 年)》。2017 年 3 月出台的《教育部等五部门关于深化高等教育领域简政放权放管结合优化服务改革的若干意见》(教政法〔2017〕7 号)进一步提出,要完善高校内部治理。可以说,完善内部治理是建立高职院校现代大学制度的核心,也是高职院校依法依章程行使好办学自主权、提升办学水平以及扩大学校影响力(声望)的关键。"相对的声望不仅影响消费者和工作人员的判断,还对院校的行动起主导作用。得到高度评价的院校立于整个结构之顶,它们常常引起强大的学术潮流,致使其他院校纷纷仿效它们,走它们的办学之路。在竞争性较强的高等教育系统中,各院校还努力在消费市场中开辟一块受保护的自留地,以确保自己拥有一种较为有利的招生经济。"[①]

现代管理学之父彼得·德鲁克说:"管理是一种实践,其本质不在于'知'而在于'行';其验证不在于逻辑,而在于成果。"20 世纪 70 年代,奥布里·丹尼尔斯首次将"绩效"与"管理"结合在一起,提出"绩效管理"概念。自此,人们对绩效管理从组织取向与个体取向两个方面展开了全面系统的研究。组织取向研究者认为绩效管

---

① 伯顿·克拉克.高等教育新论——多学科的研究[M].王承绪,等译.杭州:浙江教育出版社,2001:121.

理是为了实现企业战略发展目标、保持竞争优势的管理组织绩效的一种体系;个体取向研究者认为绩效管理是为了开发个体潜能、实现工作目标的指导员工工作的一套方法。事实上,组织绩效与个人绩效两者难以割裂,不但不矛盾,更应有机结合,好的绩效管理应该是把个人绩效目标融入组织绩效目标中,同时组织绩效目标涵盖个人绩效目标,让组织绩效目标与个人绩效目标相互促进、共同发展[①]。

高职院校办学时间不长,绝大部分没有形成完善的现代大学制度,也很少积淀起成熟的大学管理文化。许多学校还处在草创时期、人治阶段,亟须建立一套有效的管理制度。

而高职院校推行绩效管理,能在提升管理能力和办学效益以及提高教育资源利用率等方面起到一定的作用;能够充分调动教职员工的积极性、自主性、创新性,并且可以在很大程度上加强高等教育的科学性,提高教师的教学质量和工作效率。这就促使带有严重"企业经营"烙印的绩效管理逐渐成为一些高职院校的重要管理手段。

二、高职院校教师绩效管理存在的问题

绩效管理总体而言是一项好的管理制度,在高职院校特定发展阶段恰当实施,能有效提升管理效能、促进学校发展。但由于学校发展环境和管理者的能力水平局限,不少学校没能把绩效管理设计好运用好,出现绩效管理形式化、绩效管理责权不清、绩效考核方法僵硬、绩效考核的沟通反馈不足和激励措施随意化等问题[②]。访谈调查发现,在对高职院校教师的绩效管理过程中还或多或少存在其他一些意想不到的问题,远离甚至违背制度设计初衷。

(一)过度推崇导致绩效泛化

国务院颁布的《事业单位人事管理条例》规定,事业单位应当根据聘用合同规定的岗位职责任务,全面考核工作人员的表现,重点考核工作绩效。绩效管理主要是帮助教师查找问题及其原因,指明教师努力方向,提供榜样示范,从而促进教师发展。在实践中,一些高职院校试图建立一套科学的考核指标体系,但为了便于数据统计和分析,而对各项指标进行量化,使指标过多过细。教师的任何工作都计算"考核分",作为发放薪酬津贴的依据。某高职院校二级学院副书记D老师直接以"工分制"来形容学校的绩效管理制度,具体考核内容包括"工作量加上教学评价、学生工作、科研工作、国际交流、学生获奖、校企合作等"。除了常规教学工作和科

---

① 潘西明.高职院校绩效管理工作中目标管理法的应用研究[J].九江职业技术学院学报,2018(3):8-10.
② 洪芙蓉,黄群杰.高职院校部门绩效管理问题对策研究[J].佳木斯职业学院学报,2018(3):13-14.

研成果(本校教职工以学校为署名单位完成的科研项目、公开出版的学术论文及著作、获奖、知识产权、科技成果登记备案、标准制定、艺术作品等)按照相关标准计算考核分外,批改试卷、监考、指导学生、听课、教研活动、各类竞赛、专业建设专项工作、筹办会议、社会服务工作等都按一定规则标准折算为"工分"。某高职院校招生就业处处长T老师也提到学校的"考核分"有教学分、管理分、任务分、科研分等详细划分。教师所有工作都是为了挣"工分",没有"工分"就不做,或没有积极性做。不同职务和职称还设定不同的标准工作量和薪酬系数标准。这种绩效泛化行为,简单地把学校(教育)当作企业(市场经济行为),把教师当作计件工人来管理,表面上看似乎非常精细,实际上没有考虑教师的许多教育教学工作或成果很难量化,有些不适宜量化。这种做法显然是与现代大学制度背道而驰的[①]。教师工作变成主要为了完成考核任务,获得必要的"工分"以及相应的津贴,这不利于立德树人,不利于激发教师的责任心、事业心。

(二)制度依赖阻碍创新发展

现代大学制度的核心是在国家的宏观调控政策指导下,大学面向社会依法自主办学,实行科学管理。大学治理的本质属性是大学精神和大学制度的结合。世界一流大学大多有一套支持教师队伍培养人才、进行尖端科学研究的体制和政策,即所谓的软环境,而很少实施绩效考核。不少高职院校满足于绩效管理所带来的短暂成效,以为找到了治校良方,从而过度依赖绩效管理制度。某高职院校是一所艺术类院校,部分教师专业能力强,但是理论知识和科研素养相对较弱,面面俱到的绩效管理制度给该校教师带来困扰。该校二级学院副书记G老师指出,部分教师在绩效考核中分数低,难以适应这种管理制度,导致"晋升职称难,待遇上不去"。另一高职院校的图书馆馆长W老师也提到学校的绩效管理"太复杂,科学性不足"。这些院校管理者对绩效管理的认识存在偏差,没有从高职院校教师的整体特征出发,以人为本,把营造大学精神作为院校治理的重要内容。教育应当坚持立德树人,对受教育者加强社会主义核心价值观教育,增强受教育者的社会责任感、创新精神和实践能力。教育的主要目的是培养德、智、体、美、劳全面发展的社会主义建设者和接班人。教师是立德树人的主体,新时代要做"有理想信念、有道德情操、有扎实知识、有仁爱之心"的教师。过度精细量化的绩效管理极易弱化师道尊严,淡化师生关系,同时阻碍高职院校长远规划和制度创新,不利于提升高职院校治理能力现代化水平,不利于高素质技术技能人才培养。

---

① 邬大光.何为现代大学制度[N].中国教育报,2010-03-15(5).

(三)寻找漏洞造成负面绩效

当前,高职院校生师比较高,教师工作压力总体比较大,不但要积极参与教育教学改革,培养高素质技术技能人才,还要加强应用技术研发,完成各类量化考核任务。在这种制度环境下,不少教师为缓解压力完成考核任务,往往会避重就轻,选择相对容易的选项,寻找一些所谓的"漏洞"。如有的教师熟悉申请专利的基本流程,掌握了撰写请求书和说明书的套路,每年可以申请并获授权几十项专利,甚至有思政课教师申请鞋类制作方面的专利。这些专利主要是实用新型或外观设计专利,技术含量不高,转化应用的可能性很小。有的理工类教师掌握了发表SSCI论文的窍门,把相关研究成果细分或变换材料概念等,每年可以发表多篇甚至十多篇SSCI论文。更有甚者,有的教师实在拿不出必要的研究成果,就通过编造横向项目、联系相关企业、转入几万元或几十万元横向项目经费等,用以折算相应的考核分。访谈中,多位老师提到了学校教师为应付考核和谋求奖励,在科研工作中求量而不求质的现象。某高职院校的二级学院副书记D老师称教师的工作完全是"围绕分数"的。这些纯粹为了完成考核任务而产生的科研成果,制造了虚假的学术繁荣,产生大量学术垃圾,从表面上看一定程度上为学校带来了短期的效益,专利数、论文数、科研到款数等一些指标提高了,但学校的办学水平没有真正提高,教师的教育教学水平和研究能力没有真正提升,人才培养质量也没有提高,投入了大量人力物力财力,却没有产生多少真正有价值的绩效,反而产生不少负面绩效。

(四)功利行为影响学术生态

各类院校排名和考核评价的利诱、教育资源和地位的竞争、社会浮躁心理的驱使,加上当前一些不合理的激励性机制,极易产生学术功利化现象,影响学术生态。大学管理实践中各种计时和计量管理制度,实际上是把大学中的人作为"经济动物"来进行管理,其假设就是大学组织成员和其他组织成员一样,都是追求利益最大化和经济效益最大化的理性动物[1]。"教师的工作不是流水线上或程序化很强的工作,也不是容易度量其质量的工作。因此不能简单套用适用于企业或政府机关的现成制度。比如'计件制'或'记工分'等通行办法容易导致数论文篇数、急功近利的短期行为等。"[2]一些高职院校把绩效管理推向了极端,单纯以高额奖金来激发教师的科研潜能,以科研成果作为获取高额回报的渠道,致使片面追求"成果产量"的功利行为出现,导致重科研轻教学、重职称轻能力、重名利轻师德等现象出现,忽

---

[1] 郭德红,李论,刘钾.我国大学文化存在的不足与改进建议[J].北京教育(高教),2014(12):51-54.
[2] 钱颖一.大学人事制度改革:以清华大学经济管理学院为例[J].清华大学教育研究,2013(2):1-8.

视了对教师精神层面和个人价值的实现等高层次需要的满足①。部分教师为了取得层次更高的科研成果，或者为了获得较高的奖励绩效，往往功利超越理想、数量代替质量，去选择那些奖励高的项目，甚至诱发学术腐败现象。某高职院校信息化办公室主任 J 老师提到，"学校里有些教师为谋求科研奖励可以在几天之内完成 1 篇普通刊物论文，一年可以产出 3～4 篇"。2017 年，《肿瘤生物学》杂志因作者编造审稿人和审稿意见而撤销 107 篇论文，涉及的作者都来自中国。另外，社会上还出现了论文代写代发的乱象。参与其中的高职院校教师缺乏内在提升的意识，完成任务或评上职称后，更是缺少专业发展的动力。

三、高职院校教师绩效管理的改进策略

《教育部关于深化高校教师考核评价制度改革的指导意见》提出，完善教师考核评价制度是当前和今后一段时期深化高等教育综合改革的紧迫任务。在完善的中国特色现代大学制度和理想的大学文化形成之前，高职院校实施绩效管理是有一定必要的，但要不断完善实施办法，突出重点，不能平均用力，尤其要设法及时弥补一些漏洞，防止少部分教师为了达到考核要求，做出一些不够合理甚至负绩效的事情。高职院校管理者要充分认识到教师是办好教育的第一资源，是承担加快教育现代化、建设教育强国、办好人民满意教育历史使命的主体；牢牢抓住"教"这个核心，引导教师潜心教书育人。高职院校对教师进行绩效管理，要坚持教学学术化、学术权力本位、以公平促效率、以规范促发展的价值取向，从而使绩效管理服从公益性目标②；既要在不断提高教师待遇的基础上给教师适当的压力（相应的任务和要求），也要给予必要的拉力（支持和帮助），更要通过科学的绩效管理，激发教师发展的内生动力，努力让教师安心从教、热心从教、舒心从教、静心从教，让教师在岗位上有幸福感、事业上有成就感、社会上有荣誉感，让教师成为让人羡慕的职业③。

（一）突出重点工作，切实发挥导向作用

新时代高职院校需要承担人才培养、科学研究、社会服务、文化传承与创新、国际交流合作五大基本职能。高职院校教师主要围绕这五大职能开展工作，为此，高职院校对教师进行绩效管理，要与时俱进，不断创新，切实发挥绩效的导向作用。一要突出重点工作。学校或院系要把准备重点突破的工作设置为绩效考核目标，

---

① 刘宇文，彭科.法治化视野下高校教师激励机制探析[J].高等教育研究，2018(12)：47-54.
② 祁占勇.高校绩效管理的本质特征及其价值取向[J].教育研究，2013(2)：92-96.
③ 习近平在北京市八一学校考察时强调　全面贯彻落实党的教育方针　努力把我国基础教育越办越好[EB/OL].(2016-09-09)[2019-03-19]. http://www.gov.cn/xinwen/2016-09/09/content_5107047.htm.

有所为有所不为。要根据教师的专长,支持个人或团队联合承担国家级奖项、重大教改项目、教学创新、高端校企合作平台建设、精品课程建设等关乎学生成长成才的工作。教师担任班主任、辅导员,解答学生问题,指导学生就业、创新创业、社会实践、各类竞赛以及老中青教师"传帮带"等工作,酌情计入教育教学工作量。二要分类分层设定目标要求。根据不同类型专任教师的岗位职责和工作特点,把教师分为教学为主型、教学科研并重型、科研为主型、社会服务与推广型(或双师双能型)等类别;同时,考虑教师的职称级别,设置相应的工作目标要求,让每一位教师投入常规的时间和精力,稍微"跳一跳",就基本能完成工作。某高职院校宣传部副部长 C 老师就提出了"一师一案"的目标策略。同时,要通过制度规范,杜绝教师拼凑考核总分的现象,防止少数高级别职称教师做一些低层次研究、累计科研分的情况,引导各种类别各个层次教师扬长避短,做一些实实在在的事情。三要注重过程考核。院系对教师的绩效管理主要以工作完成情况(特别是完成质量)为主,但不能够开学初简单分解任务,平时不闻不问,等到学期末算总账,完不成任务就扣考核分;而是要及时落实工作要求,明确时间节点,定期(每周或每月)督查工作进展情况,及时帮助教师解决工作过程中遇到的困难和问题,引导教师以校为家,把所做的工作当作崇高的事业而不是任务,激发教师从事教育工作的责任心和事业心。正如某民办高职院校二级学院院长 H 老师所说:"年底考核这个时间段太长,促进效果不明显,老师们没完成任务也来不及调整了。如果每个月都由教研室汇总任务、及时督促,可能会好很多。"

(二)强化多元参与,促进院校共同治理

实现教育现代化需要院校治理能力现代化作保障。制度是第一生产力。绩效管理比较适合在学校初步发展阶段实施,主要针对一部分重点工作和容易量化的工作。进入内涵发展阶段后,高职院校需要着力强化现代大学制度建设,引导各利益相关者积极参与学校治理,逐步摆脱凡事都依靠考核推进的初级管理,形成院校共同治理的局面。一是制定向一线教师倾斜的薪酬制度。一线教师是学校办学的主体,承担学校主要的教育教学工作。学校的薪酬制度应该向一线教师倾斜,平均要略高于行政管理人员;教师教育教学等工作做得好的,绩效津贴可以超过院系领导,尤其是专业带头人、正高职称教师、高层次人才等可略高于校内正处级干部的岗位津贴。有条件的学校可以实施教师收入倍增计划,努力提高教师的待遇(包括基础保障性待遇和奖励性绩效)。比如,义乌工商职业技术学院在津贴系数方面明显向教师倾斜,教师专业技术职务四级岗系数为 3.0,与学校中层正职相同,三级岗系数为 3.5,与学校副校级领导相同。台州科技职业学院教授比中层正职待遇高。大多数教师安心于教育教学工作,不会刻意去谋求管理干部职务。二是提升中层干部的管理能力和威望。适应"放管服"的新形势,给予二级学院、系部、教研室等

基层教学组织更多的管理权限,不是简单依靠压任务、实施考核的手段来硬性管理,而是想办法提高管理效能、促进教师发展成长、提升工作成效,实现"高质量"发展。正如某高职院校二级学院书记 L 老师所说,"领导要有威信,有管理能力和管理艺术"。中层干部要在所在单位的管理中,加强顶层设计和工作规划,让教师们清楚一些重点工作安排和目标任务;带领相关教师开展相关教育教学工作,如有可能最好承担一些突破性的重大项目;同时为教师做好教学、科研、学生指导等方方面面的服务工作,着力构建专业领域的学术共同体。三是扩大教师的参与权和知情权。学校在内部管理中尽量避免行政化倾向,不要把教师视为被管理者,而要当作学校的主人翁。通过教代会、学术委员会等组织,切实保障教师的参与权、知情权与表达权,让教师有机会参与学校管理制度的制订和相关事务的决策,引导教师把教育教学工作当作事业、当作有志趣的事情来做。如浙江旅游职业学院基于各系部之间差异较大等情况,充分发挥教师的主人翁作用,由各系部教职工商议决定是否对教师工作进行"计工分"式的考核。其中,该校工商管理系根据多数教师意见,就没有实施"计工分"式的考核,而是通过加强团队建设、科学管理、文化氛围营造等方式,充分调动教师的积极性和创造性,加强内涵建设,取得了较好成效。

(三)注重精神激励,促进同向同行发展

在现实生活中,高校教师既有与普通人相同的工作动机与需求,也有着与其他行业人员在物质和精神需求方面的差异,他们有对物质生活的需要,更有自我实现、被人尊重等高层次的精神追求,具备"复杂人"的特质[①]。以往,一些高职院校建立了以量化为主要形式、以物质刺激为主要手段、以奖惩为主要导向的学术评价制度,在一定时段取得了预期效果。但实践表明,基于"经济人"假设的评价制度在激发教师学术研究和工作积极性的同时,容易强化教师的逐利心态,带来学术研究氛围浮躁、学术成果质量低下、追求数量不顾质量等问题[②]。因此,高职院校要尽量避免完全采用绩效管理的办法,特别是不要都用"计工分"的方式考核评价教师的所有工作,不仅要衡量教师做了什么、做了多少,更要衡量教师做成了什么、做对了什么,注重培育良好的激励文化,对教师进行精神激励,鼓励教师在适当满足个人物质需要的同时,提高对教育事业的责任心,把个人的发展与教育事业的发展紧密结合起来,促进教师与学校事业同向同行发展。一是要进行多元综合评价。学校要坚持"按劳分配、多劳多得、优劳优得""定性与定量相结合""以人为本与鼓励先进

---

① 李广海."复杂人"视域下高校学术评价制度变革路向研究[J].国家教育行政学院学报,2019(1):42-48.

② 李广海."复杂人"视域下高校学术评价制度变革路向研究[J].国家教育行政学院学报,2019(1):42-48.

相结合""目标管理、分类考核、按绩奖惩"等原则,建立督导、学生、行业企业相关人员等多元主体参与的评价机制,对教师教育教学、社会服务等工作的成效进行综合评价。某高职院校质量保障办公室主任S老师对学校绩效管理制度还算满意正是因为学校考核的内容兼顾多元,不存在偏重某一点或某几点的现象。二是构建教师表彰体系。访谈中,很多人谈及,教师更看重个人专业技术职务晋升和荣誉,对精打细算出来的、有限的奖金并不是很在乎,大多数教师还是希望切切实实为学生、为学校做点事情。学校除了为教师提供良好的工作环境、专业发展通道、职称晋升渠道、培训进修条件、相对稳定的福利待遇等,还应该构建教师表彰体系,设置学校教学杰出奖、课堂教学优秀奖、招生就业先进、继续教育先进、科研成果转化先进等多种荣誉奖项,定期评选并表彰各类优秀教师,用荣誉和精神激励教师。同时,积极推荐学校教师参与各类省市乃至国家级教师荣誉称号的评选。如金华职业技术学院开展三"十佳"[即"十佳"教师、"十佳"教育工作者、"十佳"班主任(辅导员)]、"学生最喜欢的老师"、"师德先进个人"等评选活动,并通过三"十佳"表彰大会或全校教职工大会,对在各自平凡工作岗位上用勤奋、执着、智慧和激情抒写了不平凡业绩的先进教师进行表彰;在学校主网页设置荣誉殿堂展示优秀教师的先进事迹;举办"最美金职人"系列展,在全校营造崇尚先进、学习先进、争当先进、赶超先进的浓厚氛围[①]。某高职院校二级学院书记Z老师也认为好的绩效管理主要在于团队文化和氛围的建设。三是融合教师与学校利益。学校兴衰基于教师,学校的发展离不开教师;同时,学校也是教师发展的重要平台。学校管理者既要考虑学校的发展,对教师讲责任和要求,也要考虑教师的正当利益诉求,通过合理的制度设计,努力把教师个人利益与学校利益紧密结合起来。比如,台州职业技术学院依托办学资源开展社会服务,举办了数控、模具等专业的中职教师培训班,相关培训费用全部由项目组支配,用于项目方案编制、参与教师课酬、参与教师劳务等支出。学校利用自身资源优势为社会提供服务,教师通过参与项目提升了能力并获得合理回报。

(四)遏制功利行为,重塑良性学术生态

功利化的学校管理制度,容易催生教师的功利化行为。教育部部长陈宝生指出:"五唯"(唯分数、唯升学、唯文凭、唯论文、唯帽子)是当前教育评价指挥棒方面存在的根本问题,是当前教育改革中最难啃的"硬骨头",但再难也要啃下来,要把教育评价改革作为"最硬的一仗"来推进,努力从根本上扭转功利化倾向、从根本上

---

① 邵建东.高职创新发展之路——金华职院的探索历程[M].武汉:华中科技大学出版社,2018:51.

祛除浮躁之弊,还教育清净、清爽、清新之风①。高职院校要发挥好教育评价指挥棒作用,针对高职院校教师的职业特点,改革完善教师评价制度,切实遏制功利行为,重塑良性学术生态。一是强化师德考核。立德树人作为教育的根本任务,需要一大批有理想信念、有道德情操、有扎实学识、有仁爱之心的教师。高职院校要把师德师风作为评价教师素质的第一标准,健全师德师风建设长效机制,在教师资格准入、招聘考核、职称评聘、推优评先、表彰奖励等一切环节,都要突出师德把关,严格执行师德"一票否决"制度②。通过强化师德师风考核,引导教师珍惜人民教师的称号,恪守师道尊严。二是实施发展性评价。高职院校要坚持发展性评价与奖惩性评价相结合,充分发挥发展性评价对教师专业发展的导向引领作用,合理发挥奖惩性评价的激励约束作用,促进教师长远发展,引导他们做真正有意义的事。学校要重点考核评价教师双师素质、教育信息化应用能力以及技术应用开发和社会服务等体现高职教师特殊性方面的发展情况;同时要实行人性化管理,有些方面不能机械地按年度进行考核,给教师一定自主规划的空间。学校重点考核教师三年聘期内的目标任务,并根据实际情况严格执行"低职高聘、高职低聘"等规定,而年度目标任务则可由教师申请跨年度适当调整。三是着力提升教师专业能力。学校要下大力气为教师减负,改变督查检查考核过多过频过度的现象,让教师从一些无谓的事务中解脱出来,减少教师的非教学工作,逐步减轻教师工作压力,让教师对教书育人保持专注,把精力投入到课堂教学、学科建设、专业建设、课程建设的全过程中,投入到教学科研、学生辅导、社会服务、文化传承创新的全过程中③。在中国高等教育逐步进入普及化阶段的背景下,学校要逐步降低生师比,多从行业企业引进专任教师或聘请兼职教师,这一方面可以提高教育教学质量,另一方面也可以增加全社会的就业岗位。同时,学校还要通过境外培训、行业企业实践、校本培训等路径,着力提升教师的专业能力,努力使教师成为政治素质过硬、业务能力精湛、育人水平高超、方法技术娴熟,立德树人、德育为先,以爱为核心的学生成长的引路人④。

(原文出处:邵建东.高职院校教师绩效管理存在的问题及改进策略.职业技术教育,2021年第6期,33-38页)

---

① 陈宝生.落实 落实 再落实——在2019年全国教育工作会议上的讲话[EB/OL].(2019-01-30)[2019-03-23].http://www.moe.gov.cn/jyb_xwfb/moe_176/201901/t20190129_368518.html.
② 陈宝生.落实 落实 再落实——在2019年全国教育工作会议上的讲话[EB/OL].(2019-01-30)[2019-03-23].http://www.moe.gov.cn/jyb_xwfb/moe_176/201901/t20190129_368518.html.
③ 叶美金,邬大光.减轻教师负担 拓宽发展空间[N].光明日报,2019-03-12(14).
④ 教育部.建设高水平专家队伍 振兴新时代本科教育[EB/OL].(2018-11-01)[2019-03-23].http://www.moe.gov.cn/jyb_xwfb/gzdt_gzdt/moe_1485/201811/t20181101_353413.html.

高职院校基层教学组织负责人岗位吸引力研究——以浙江省为例

基层教学组织是高校落实教学、科研、社会服务、文化传承创新等职能的基本单位,是高职院校承担立德树人根本任务的最基本单元,也是高职院校贯彻执行教学任务、制订教学计划、组织和检查教学、开展教学研究以及培养师资力量的基层单位。当前,高职院校都很重视基层教学组织的建设,但也普遍存在基层教学组织负责人队伍不稳定的现状。不同高职院校的基层教学组织,职能定位类似,但名称略有差异,多数称为"专业"或"教研室",也有的称之为"教学系"。专业(教研室)主任作为高职院校教学基层组织的负责人,是高职院校专业建设和教学团队建设的核心,也承担了基层教学科研的大量组织与管理工作。因此,高职院校基层教学组织负责人队伍的稳定,直接关系到学校教育教学核心工作的顺利开展。为此,了解教学基层组织负责人工作现状,分析存在的问题,进而提出相应的对策,对于保持高职院校基层教学组织负责人队伍的稳定,保证高职院校教学工作的顺利进行,推进教育教学改革,提升学校教学质量,具有重要的现实意义。

一、文献综述

(一)文献统计分析

对于高职院校基层教学组织负责人问题,一般作为高职院校基层教学组织的子问题进行研究,因此,直接文献数量较少。从"中国知网"关键字检索的情况来看,该问题受到关注主要在三个时间段,分别是1995—1998年、2007—2009年及2011—2016年,呈现出递增的周期性特点,这与高等职业教育改革推进的规律相符。

(二)现有研究的主要内容

1.基层教学组织负责人职责、能力要求与工作方法

在职责方面,一般认为高职院校基层教学组织负责人主要职责包括:组织一线教师有计划地完成专业教学任务;督导日常教学环节、协调教学与科研任务;组织教学研讨、改进教学方法;制定教师队伍培养计划等[①]。在具体的工作方法方面,任

---

① 潘文明,杨洪涛.谈高职高专专业教研室功能与教研室主任的作用[J].职业教育研究,2011(4):153-154.

莉枫[①]提出高职院校专业(教研室)主任工作中要注意工作方法,要多和教师沟通,做好教师的思想政治工作,要制定科学合理的教研室工作评估指标体系,要加强高素质的师资队伍建设。在对高职院校专业(教研室)主任素质能力要求方面,王前洪[②]认为,做好专业(教研室)主任要加强3个基本功(教学能力、专业理论素养和对专业建设的宏观驾驭能力)、增强4个意识(责任意识、表率意识、敬业奉献意识和前瞻意识)、提高4种能力(学习能力、研究能力、实践能力和沟通能力)、条理化4个环节(规范、执行、审核与记录、完善与更新)、克服3个难点(调动教研室教师的积极性、教研室活动的开展、课程教学运行效果监控)。

2. 基层教学组织负责人的培养、考核与队伍建设

在高职院校基层教学组织负责人的培养方面,王亚南等[③]提出应明确专业带头人的核心定位,培养专业主任在专业发展上成为前瞻者、在专业课程上成为规划者、在专业资源上成为整合者、在专业质量上成为守护者、在专业团队上成为打造者、在专业文化上成为塑造者、在专业教学上成为示范者、在专业创新上成为开拓者、在专业科研上成为引领者;廖晓珍[④]则以浙江育英职业技术学院为例,从考核的初衷、现状(过程、指标结果)、考核数据分析以及方式方法优化等多方面对基层教学组织负责人的考核制度进行了介绍。在高职院校基层教学组织负责人队伍建设方面,也有学者认为,要把握基层教学组织负责人选用标准,选要重德才、重业绩、重公认,育要重实际、重实用、重实效,用要重特长、重岗位、重竞争。

3. 基层教学组织负责人管理存在的问题及对策

对于高职院校基层教学组织负责人工作存在的问题,罗及红[⑤]认为主要问题包括专业(教研室)主任往往满足于做好常规的教学管理工作,专业教学研究定位与其承担的功能相矛盾,专业(教研室)主任普遍存在唱"独角戏"而响应寥寥的情况,专业(教研室)主任承担学院重点工作压力大、完成难度大等。而在高职院校基层教学组织负责人队伍管理上,则普遍存在工作职责权利划分不明确、受重视程度不高,专业(教研室)主任工作任务重、教学科研精力不够,活动经费不够,教研室的活动空间小等问题。对于完善高职院校基层教学组织的管理方面,孔德兰等[⑥]在对基层教学组织管理现状分析的基础上,提出加强专业建设和专业教学管理是基层教

---

① 任莉枫.如何当好高职院校的教研室主任[J].教育教学论坛,2013(40):25-26.
② 王前洪.做好高职院校教研室主任浅析[J].才智,2014(24):103.
③ 王亚南,石伟平.转型发展背景下高职院校专业带头人角色定位的实证研究[J].中国职业技术教育,2017(15):14-21.
④ 廖晓珍.高职院校教研室主任考核研究[J].决策探索,2018(5):49.
⑤ 罗及红.高职院校教研室主任工作现状及对策[J].文教资料,2019(30):178-179.
⑥ 孔德兰,周建松.重视和加强高职院校基层教学组织建设[J].教育与职业,2017(22):108-111.

学组织管理的关键,公共课程的教学组织建设和管理是提升人才培养质量的基础,基层教学管理队伍建设是提升教学管理水平的保障。在专业带头人培养制度优化上,王亚南等[①]提出应确立专业主任为专业建设领导者的角色定位,为专业主任赋权增能并扩散其基层教学组织的内部领导力,重构基于专业建设绩效的激励评价机制,建立围绕专业标准的专业主任培养体系等。

(三) 现有研究的进展与不足

现有研究主要有两个方面进展,一是较为充分地对高职院校基层教学组织的作用、组织形式、运转方式开展了研究;二是对高职院校基层教学组织负责人的职责、能力要求进行了多方面研究,为日后相关研究奠定了一定基础。但现有研究中还存在一些不足,例如,当前的研究主要针对高职院校基层教学组织的功能定位、负责人能力要求与选拔培养考核等问题,对于高职院校基层教学组织负责人岗位的吸引力现状以及相关对策等方面的研究,则尚未引起足够的重视。

二、高职院校基层教学组织负责人工作现状与存在的问题

本研究以浙江省高职院校为主要对象开展问卷调查,共收到来自全省 35 所高职院校的有效问卷 61 份。参与调研的高职院校基层教学组织负责人来自浙江省 10 个设区市,其中,男性 33 人,占 54%,女性 28 人,占 46%,占比无明显差异。在年龄结构上,50.94% 的基层教学组织负责人(专业主任)为 30~40 岁之间,43.4% 的为 40~50 岁之间。学历职称结构上,副高及以上职称占比 50%,拥有硕士研究生及以上学历的占比 83.02%,博士研究生占比 17%。从这一数据来看,高职院校基层教学组织负责人队伍多为年富力强、学历较高且具有相当专业素养的从业人员。从从业年限上看,参加本次调研的对象主要集中在 5 年以下,其中从业 3~5 年的占比 33.02%,小于 3 年的占比 34.91%,从业超过 10 年的占比 8.49%。

(一) 岗位意愿和认可度调查情况

从工作满意度来看,35.85% 的高职院校基层教学组织负责人表示喜欢这一岗位,50.94% 的老师表示一般,值得注意的是有 13.21% 的老师明确表示不喜欢这一岗位;在工作认同度上,绝大部分老师对高职院校基层教学组织负责人这一岗位的发展空间持怀疑态度,只有 26.42% 的老师肯定了这一岗位"会有发展空间",59.43% 的老师觉得"可能会有发展空间",14.15% 表示这一岗位不会有利于他们的发展。调研发现,随着从业年限的增加,高职院校基层教学组织负责人对这一岗

---

① 王亚南,邵建东.高职院校专业带头人专业化的制度制约及优化路径[J].高等工程教育研究,2019(2):147-153.

位的喜欢程度会往复变化,担任这一岗位3年内的老师与工作5～10年的老师态度相近,工作3～5年的老师对这一岗位的不满意程度最高,10年以上老师"无感"情况最为明显。

(二)岗位待遇满意度调查情况

在薪资满意度上,绝大多数老师对从事高职院校基层教学组织负责人岗位所获得的报酬不甚满意,觉得报酬"一般"的老师占比60.38%,对报酬不满意的老师占比29.25%,只有11位老师对岗位报酬表示满意。其中,从业10年以上的高职院校基层教学组织负责人对岗位报酬满意度最低,从业5～10年的老师表示"不满意"的最为明显,从业小于3年的老师对岗位报酬满意度整体情况略好,如图1所示。

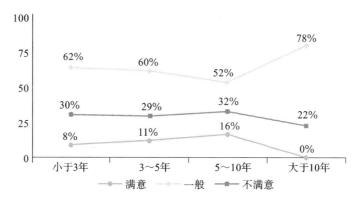

图1　从业年限与岗位报酬满意度统计

(三)从业原因与工作困难的有关情况

调研发现,高职院校基层教学组织负责人从事这一岗位工作的原因主要源自自身价值能否得到体现,工作是否能得到领导、教师认可等,其中,"有成就感,自身价值得到体现""可以得到领导、老师认可""领导的信任或挽留"为高职院校基层教学组织负责人愿意从事这一工作的前三种原因,占比分别为52.83%、49.06%、43.40%,"薪资待遇好""晋升空间大"等原因位列最后,占比仅为7.55%、15.09%,如图2所示。

制约高职院校基层教学组织负责人发展的最大困难和问题则主要集中在工作安排方面,有88.68%的老师认为"工作烦琐,压力大"是任职最大的困难和问题所在,"占用时间多,不自由"紧随其后,占比66.04%,"自主权小"和"薪资待遇低"并列第三位,占比均为50.94%。"教师不配合"(37.74%)"人际关系复杂"(25.47%)也是造成高职院校基层教学组织负责人发展困难的问题所在,如图3所示。

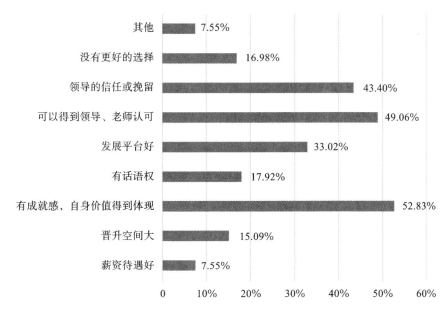

图 2　高校基层教学组织负责人从业原因统计

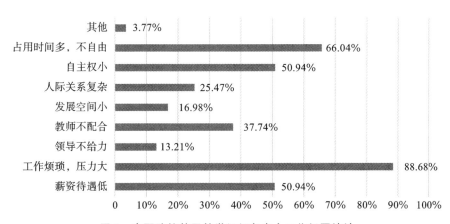

图 3　高职院校基层教学组织负责人工作问题统计

调研发现,担任高职院校基层教学组织负责人岗位时间短的老师认为"人际关系复杂"是制约岗位发展主要困难的占比较高(任职 3 年以下的占比 48.65%),任职 10 年以上老师则不认为这是影响工作的主要困难和问题。随着任职年限增加,高职院校基层教学组织负责人更加在意工作是否具有足够的自主权,任职 3~5 年的基层教学组织负责人认为"自主权小"的占比 65.71%,任职 10 年以上的则高达

77.78%。

通过调研,得出以下两点结论,一是应给予高职院校基层教学组织负责人群体积极正面的肯定。从调研情况分析,现任高职院校基层教学组织负责人大多具有正当年、高学历、重发展、有想法的特征,他们承担着本学院专业发展的主要工作,尽管存在工作烦琐压力大、工酬不符等问题,却始终坚持对自身发展的高要求和对岗位发展的美好希望。二是高职院校基层教学组织负责人发展阶段特征值得关注。从调研情况分析来看,从事高职院校基层教学组织负责人工作3年以下的老师更关注源自上级领导或部门的认可与信任;工作3~5年的个人成就感有明显提升,但对于工作自主权和自我发展平台的要求更加迫切;工作5~10年的个人成就感最高,但压力也最大,且对薪资不满意程度有明显增加;工作10年以上的个人成就感大大降低,对个体发展要求也显著下降。

(四)现场访谈情况

在问卷的基础上,课题组选择了浙江省内杭州、台州、绍兴、湖州、金华、宁波6个不同地区有代表性的10所高职院校现任基层教学组织负责人及相应的主管部门负责人开展访谈调研。

1. 现任基层教学组织负责人访谈情况

关于担任这个岗位的动力(原因)问题,通过10个院校15位专业(系部、教研室)负责人的访谈,除有2位表示是领导安排之外,其余均是自愿担任该岗位工作,具体理由依次为能为专业(学生)服务、锻炼提升自己能力、具有一定的资源和平台、有一定待遇、有成就感。可见接受访谈的大部分高职院校基层教学组织负责人都有较强的使命感,对岗位认同度较高。

关于是否愿意留任及主要原因问题,访谈结果显示,在15位基层教学组织负责人中,愿意继续担任该岗位的有10位,最主要的原因是觉得还能做贡献、专业还在变革和上升期、取得了一些成就、还想继续发挥作用、专业建设成果来之不易,其中有两位表示"如果有合格的接班人愿意推年轻人上"。而4位不愿意继续担任的,理由主要是感觉工作责任重大、事情太杂、怕做不好、难胜任。有1位希望这个岗位能让老师轮流做。可见大部分高职院校基层教学组织负责人具有较强的责任感。

关于担任该岗位工作中的主要困惑(困难)问题,访谈结果表明,现任基层教学组织负责人觉得担任该岗位最主要的困难包括以下几方面:首先,工作中需要落实学校多条线下来的各种各样的工作,日常事务太多太杂,造成没有更多的时间和精力沉心钻研专业建设工作;其次,作为没有太多行政权力的基层教学组织负责人,夹在院系领导和教师中间,协调、激发专业教师干事创业的热情难度较大;再次,部分受访者表示缺乏学习提升机会,在工作过程中实验室建设、校企合作等权限不够,感觉专业建设成效不明显,自己不满意。

关于增加岗位吸引力建议方面,调研结果表明,提高该岗位吸引力主要可以归纳为三点建议:一是工作上能给予信任、支持和肯定,专业建设有成效,工作有成就感;二是切实提高待遇,包括适当提高岗位津贴,在考核、职称及访学交流等方面给予明确政策倾斜;三是尽量减少事务性工作,专业内部能给予更多话语权和自主权。

关于对该岗位权责、待遇等意见建议方面,受访对象表示权利和责任应对等,要对不服从专业安排的老师有一定的制约权,待遇至少要与同级别的行政干部对等,要给予专业一定的经费支配权,并建议针对专业规模的大小,按系数区分专业主任的工作待遇,这样更能调动工作积极性。

2. 部门负责人访谈情况

关于挑选基层教学组织负责人标准问题,访谈结果显示,挑选该岗位人选的标准依次为政治素质过硬、业务素质过硬,具有一定领导能力、协调能力,有责任心,踏实肯干,有一定奉献精神,有一定的教学改革和科研业绩,高级职称者优先。

关于基层教学组织负责人队伍稳定性问题,受访的10位部门负责人中,有6人认为目前的队伍稳定,4人认为不稳定。认为影响队伍稳定的因素主要有:承担角色任务较多,太占用时间精力;沟通、协调能力不足,缺乏培训;责权不够明晰,待遇不够高;对专业建设系统规划、统筹能力较弱;事务性工作多,除岗位津贴之外又没有明确政策倾斜,导致个人发展空间有限,影响岗位吸引力。

关于增加岗位吸引力措施方面,受访者认为,要减轻基层教学组织负责人负担,尽量减少事务性工作,能更聚焦专业建设,提升工作成就感;给予更多实质性支持,在职称、访问交流、提拔等方面有明确政策倾斜;提高岗位津贴;对专业负责人评价机制和考核机制要更加有效;要有一定的人事权和财权,提升专业建设决策权、专业教师评价权、专业资源使用权等;领导关心,增加岗位能力方面的培训等。

关于对该岗位权责、待遇等的意见建议方面,受访者认为,要有实质性的政策支持(倾斜);提高待遇,建议至少与同级行政岗位的待遇一致;工作减负;并有一定的自主权。

调研结果表明,大部分高职院校基层教学组织负责人素质较高,有较强的使命感、责任感,专业建设有成效。工作能得到肯定、有成就感是他们从事该岗位最大的吸引力;基层教学组织负责人和部门负责人对该岗位稳定性的认识基本一致,2/3受访者认为稳定,1/3认为不够稳定;基层教学组织负责人和部门负责人都认为要进一步提高岗位待遇,适当提高岗位津贴,建议至少与同级行政岗位待遇一致;在职称评定、考核评优、访问交流、职位晋升方面,需要有明确的政策倾斜;要给予该岗位一定的自主权,以更好协调、分配专业教师工作;要尽量减少该岗位的事务性工作,更聚焦专业建设,同时需要进一步加强该岗位能力培训。

三、高职院校基层教学组织负责人岗位吸引力不足的成因分析

结合调研和访谈情况,半数以上的调研对象对工作状态或前景表示不满,一些访谈对象认为基层教学组织负责人队伍不稳定,这说明高职院校基层教学组织负责人岗位吸引力不足已成为较普遍的现象。分析其原因,主要与以下四方面因素有关。

(一)岗位责权界限不够清晰明确

部分受访者认为,高职院校基层教学组织的工作范围不够明晰;也有部分受访者认为,所在学校对于基层教学组织负责人岗位的工作职责基本明确,但普遍觉得工作内容较为宽泛,事务繁杂,疲于应付,不利于集中精力开展专业建设;还有部分受访者认为,虽然所在单位规定了该岗位的主要工作职责,但往往需要承担一些与岗位职责关系不紧密甚至无关的工作,特别是一些事务性的行政工作,分散了一些精力。可以看出,多数高职院校基层教学组织负责人认为目前所承担的工作范围与预期内的工作内容有差异,有时还需要承担一些额外的工作,工作量较大,工作压力也较大。

(二)岗位待遇与预期存在一定差距

在经济待遇方面,只有少数受访者对基层教学组织负责人岗位的经济待遇表示满意,多数则认为付出与回报不成比例,特别是受到绩效工资的政策限制,有些额外工作却没有经济回报或者缺少经费支持。在政治待遇方面,一些受访者认为自己在该岗位工作缺少话语权,人微言轻,在为本团队教师争取权益方面力量不够或缺少渠道;也有的受访者有意愿参与本单位的管理工作或对管理工作提出意见建议,但缺少一定的途径。在考核评价方面,有些受访者认为自己虽然工作敬业但认可度不理想,打击了自信心。这说明,有些高职院校在确定该岗位待遇时可能缺少科学的依据或统一的规范,对该岗位的考核评价制度征求被考核者的意见也不够,造成受访者岗位待遇与心理预期不符。

(三)岗位发展空间存在一定瓶颈

多数高职院校将基层教学组织负责人岗位认定为教师身份,依据设岗管理的要求进行聘任,专业技术职务的晋升即为该岗位的主要上升通道。但多数高职院校业务型管理干部的岗位职数较少,只有个别基层教学组织负责人能够走上业务

型领导岗位,满足不了该岗位职务晋升的需求。对于已取得高级职称的该岗位从业人员来说,发展空间有限,持续动力不足。同时,一些基层教学组织负责人由于缺少针对性的指导,其专业提升和个人成长的空间也较为有限,会遇到较长时间的瓶颈期,难以走上更高的台阶或难以在更高的平台上发挥作用。

(四)团队建设与管理需耗费大量精力

一些受访者,特别是资历浅、从业时间短的高校基层教学组织负责人,由于其自身还未达到一定的层次水平,也缺少一定的经验,实际上他们管理基层教学团队有较大难度,面临较大挑战。一些年长有资历的教师往往不愿意配合,而基层教学组织负责人虽然有一定的考核评价权限,但也不愿意得罪人,有对未来工作配合不顺利的顾虑。另有一些受访者认为,承担该岗位的工作需要花较多的力气来处理各种人际关系,协调工作有难度、耗精力。也有一些基层教学组织属于松散型管理,缺少规范的团队管理制度,也缺少一定的团队激励权限和资源,对于普通教师工作积极性的调动存在一定困难。

四、增强高职院校基层教学组织负责人岗位吸引力的对策

(一)提高岗位责权的匹配度

高职院校应尽可能统一规范基层教学组织负责人的岗位职责。在现有调研基础上进行归纳,可将高职院校基层教学组织负责人岗位职责分为六大类:一是专业建设,包括人才培养方案制(修)订、专业项目申报与实施、招生就业管理、教学诊改与质量跟踪等;二是师资建设,包括年轻教师培养、教学团队建设、教师科研教研提升、教研活动组织等;三是产教融合,包括开展校内外实训基地建设、校企合作项目实施、专业实训条件建设等;四是课程建设,包括课程模块设计与构建、课堂教学优化、课程思政建设、在线课程与信息化建设、教材开发等;五是社会服务,包括人才培养需求调研、科技成果转化、公共资源建设、提出政策建议等;六是文化建设,包括专业品牌打造、专业文化载体设计、专业建设的氛围营造、开展与专业建设相融合的创新创业活动等。对于超出范围的相关工作,应出台相应政策,使其转化为一定的工作量。

(二)提高工作配合的协作度

鉴于高职院校专业建设必须贯彻党的领导要求,在选用基层教学组织负责人时,应兼顾业务与政治素质,有一定奉献精神,同时,配齐基层教学组织负责人的工作助手和协助力量,分工协作,形成合力。一是配齐助手,有条件的基层办学单位(二级学院)可在基层教学组织内部配置教学秘书、党务干部等,分担一些相关的行

政协调和党建事务工作,让基层教学组织负责人尽可能从琐事中解放出来;二是背后支持,对于选用的基层教学组织负责人,领导应给予充分的信任与支持,尽可能下放权限,充分发挥其工作的自主权和积极性;三是配套制度,由基层教学组织的上一管理层级牵头,制定各基层教学组织统一的管理规范与工作制度,用制度来引导和管理人,减少基层教学组织负责人在人际关系处理方面的顾虑。

(三)提高回报激励的满意度

要以更全面、更有力的激励机制来激发高职院校基层教学组织负责人持续的工作动力。一是优化待遇环境,分配政策向基层一线倾斜,适当拉开承担专业建设主要职能的负责人和普通教师之间的待遇级差,也可设置一定的指标,在绩效控制范围内按照贡献程度来分层体现不同基层教学组织的分配额度,并根据工作强度和工作量大小,适度体现付出与回报的平衡性;二是强化基层治理,提高基层教学组织负责人参与基层治理的话语权,担任支部书记的基层教学组织负责人,可允许他们列席二级学院的党政联席会议,发挥其基层治理的政治功能,提高他们参与学院管理的建议权和话语权;三是加强荣誉激励,更加注重对基层教学组织负责人的价值认可和精神激励,在评优评先方面向基层教学组织负责人倾斜,推荐他们进入更高平台或成为更高层次的优秀人才,增强他们的价值认同和获得感。

(四)提高收获成长的认可度

对于高职院校基层教学组织负责人的个人成长方面,要提供全方位的支持。一是加强指导,请本校或校外有经验的专业带头人对担任基层教学组织的负责人进行对接指导,特别是对年轻的基层教学组织负责人多关心支持,解答和疏导他们工作中的困惑和问题;二是资源倾斜,加强培育基层教学组织负责人,对其成长给予更多的关注,学校能争取到的一些项目,在同等条件下,对基层教学组织负责人给予优先扶持;三是实质助推,经常性开展谈心谈话,了解基层教学组织负责人的思想动态,留意其个人成长的每一个关键环节,倾听他们的个人诉求,尽可能提供一些帮助,为他们的个人成长解决一些实质性的困难和问题。

(五)提高团队建设的活跃度

在发挥高职院校基层教学组织负责人的主观能动性基础上,进一步重视和加强团队建设,增强团队活力。一是明确团队建设导向,在二级学院层面明确基层教学组织团队建设的基本导向,统一各基层教学组织的思想认识,在全院维护基层教学组织负责人的地位和权威,统一明晰各基层教学组织教师的奖惩导向,赋予基层教学组织负责人足够的团队建设权限,让他们放手开展工作;二是构建有效的团建机制,鼓励基层教学组织适当开展多种形式的团建活动,给予一定的团建经费保障,通过活动加强沟通交流,增强团队凝聚力;三是给予利益分配权,对于基层教学组织负责人,在现有绩效分配框架内,给予一定的团队内部利益微调的权限,根据教师的贡献大小和个人表现情况,由基层教学组织负责人提出权限内的利益分配方案,使其能掌握更多调动教师积极性的主动权。

(原文出处:凌镜.高职院校基层教学组织负责人岗位吸引力研究——以浙江省为例.中国职业技术教育,2021年第11期,72-78页)

"双高计划"背景下高职"双师"队伍建设的定位、问题与路径研究

"百年大计,教育为本。教育大计,教师为本。"聚焦到职业教育,则应以"双师"为本。2019年,《国家职业教育改革实施方案》(以下简称"职教20条")和《关于实施中国特色高水平高职院校和专业建设计划的意见》(以下简称"双高计划"),明确提出高水平"双师"队伍的建设目标和实现路径。同年8月,《深化新时代职业教育"双师型"教师队伍建设改革实施方案》(以下简称"职教师资12条")正式发布,提出建设一整套教师标准体系、改革创新两项基本制度、完善三项保障机制、实施六大素质提升举措等改革内容,为职业院校打造高水平"双师"队伍指明前进方向与发展重心。国家系列政策和计划的出台明确提出了打造高水平"双师型"教师队伍,需要在实现院校发展与推进"双高计划"的结合上把准方位,在师资队伍建设与"双师"素质提升的结合上抓住主要矛盾,在职教理念更新与专业岗位实践的结合上掌握好节奏,在项目平台规划与制度环境构建的结合上厘清脉络。

一、"双高计划"背景下高职院校"双师型"教师队伍建设的定位

"双师"队伍的高水平,从静态看,是"双师"队伍发展到最佳水平及其综合实力的最强状态,对内实现了与技术技能人才培养,对外接轨了与经济社会发展的高度适应、协调与契合;从动态看,高水平"双师"队伍是以国际先进职教学校"双师型"教师队伍最高水平、最先进状态为参照体系的追赶和保持过程,是教师队伍数量、结构、质量,培养培训平台、项目、评价等多要素参与并耦合叠加的复杂作用过程,在"双高"建设中的作用十分突出。

(一)高水平"双师型"教师队伍是"双高计划"的关键任务

高水平高职院校的建设起点和核心是"双师"队伍的高水平建设,没有高水平"双师"队伍的高职院校不是真正意义的高水平。《中国高等职业教育质量2019年

度报告》显示,我国高职院校专兼任教师数超过48万人,其中,高级职称教师数由2015年的18.1万人增至20.2万人,增幅达11.6%;拥有博士学位教师数由7502人增至9876人,增幅达31.6%;324所高职院校的"双师"素质教师占专任教师比例超过75%,师资数量、质量和结构进一步优化。但是随着国家对职业教育期望值的不断提升,在"双高计划"背景下高职院校还需要建设数量更多、质量更高、结构更合理的高水平"双师"队伍。2019年9月,教育部等四部门在"双高计划"建设单位悬而未决之时即发布"职教师资12条",从教师培养补充、资格准入、培训发展、考核评价、待遇保障等方面提出了12条举措,为"双高计划"的全面推进夯实队伍基础,蓄积建设力量。这显然印证了高水平"双师"队伍建设就是"双高计划"的"先手棋",是弈活"双高计划""全盘棋"的关键。

(二)高水平"双师型"教师队伍是建成技术技能人才培养高地的重要保证

培养支持区域产业结构调整、满足当地经济社会发展需求的技术技能型人才,是高职院校的基本职能和立身之本。"双高计划"提出"打造技术技能人才培养高地"。表面上是从能力、意识和品质等维度对人才培养提出的明确要求和美好期盼,强调人才培养质量与职业岗位要求的对接性和胜任力;实质上是要求人才培养工作以"大国工匠"为最终培养目标,聚焦培养知识、能力、素养,注重人才成长的科学性与可持续性。高水平"双师"队伍,以其个体的高素质与团队的高水准,可在人才培养过程中构建起完整的专业知识链、岗位能力链和职业素养链,形成可持续人才培养与发展生态,为高职院校人才培养质量的提升提供可靠保障。

(三)高水平"双师型"教师队伍是建成技术技能创新服务平台的必备条件

服务区域产业结构调整、推动地方经济社会发展、介入国家行业改革创新,是高职教育和学校实现技术技能创新服务的路径和选择。"双高计划"就是要通过聚焦服务企业特别是中小微企业的技术研发和产品升级、服务区域发展和产业转型升级、服务重点行业和支柱产业发展,建立层次不同、功能相似的技术技能创新服务平台。在整体建设进程中,具备扎实的理论功底、丰富的实践经验和优秀的职业素养的高水平"双师"队伍,是创新服务不可或缺的项目设计者、具体实践者和持续完善者。高职院校技术技能创新服务平台的打造离不开"双师型"教师们的努力与奋斗,并且,平台功能实现的质量与水平在一定程度上取决于"双师型"教师队伍整体的质量与水平。

二、推进高水平"双师型"教师队伍建设面临的问题

"双高计划"落地意味着高职教育职能由服务社会发展向支撑引领社会发展转变,理念由工具理性向人本理性转变,发展战略由追随借鉴向中国方案转变[①]。"双师"队伍作为高职院校实施"双高计划"的关键,其建设水平的高低将直接决定这些"转变"是否能顺利或高质量实现。当前面临的突出问题,是社会日益增长的对高水平"双师"队伍的需求与高职院校"双师"队伍不平衡不充分发展之间的矛盾。

(一)产教融合平台功能与"双师型"教师队伍成长需求的不匹配

在现阶段,高职产教融合平台大多仍旧依托企业或学校单方面的建设投入,本质上还是教师社会实践基地、学生实习实训基地、教科研成果转化平台等功能性校企合作的简单复合体。简单说来,就是合作对象与形式没变,而合作领域与内容有所增加。于教师而言,在同一平台可以学习和实践的知识边界和技能范围获得了相对延伸和有限拓展,这是积极的一面。然而,由于这类产教融合平台存在重表面合作、轻实质管理的普遍情况,在"双师"队伍培养上的作用发挥受到了极大限制。

1.产教融合平台工作覆盖不全面限制了"双师型"教师的职业发展

产教融合平台是由学校和行业企业共享共用的,但是由于校企双方在平台运行理念与实践上存有脱节现象,即高职院校倾向于追求"产学研训创""大而全"合作的实现,而行业企业则更加看重符合自己需求的"小而精"经济效益的获得。如在教师的社会实践上,基于高素质技术技能人才培养和全方位技术技能创新服务的考虑,高职院校重视教师参与行业企业日常生产、产品研发、工艺改进和技术升级等工作的完整性,但行业企业出于对自身正常运行的考虑,不愿意同时多岗位接收教师入企锻炼或合作,只是会分阶段、分项目提供工作岗位和合作机会,这就造成了教师职业情境的局限性,制约了"双师型"教师的全面发展和"双师"队伍的水平提升。

2.产教融合平台资源共享不深入限制了"双师型"教师的职能定位

高职院校和行业企业作为产教融合的两大合作主体,只有在完成双方利益的

---

① 潘海生,周柯,王佳昕."双高计划"背景下高职院校战略定位与建设逻辑[J].高等工程教育研究,2020(1):142-147.

权衡博弈和有机融合后,形成统一的价值取向和共谋发展格局,才能在人财物等方面实现深度的资源共享,随之建立的平台也才能真正发挥出优势效应[①]。具化在教师层面,只要产教深度融合、校企一体化发展的局面尚未形成,"双师型"教师在产教融合平台中的职能作用发挥大小就会与校企资源共享中的隔膜厚度成反比。如资源共享不深入时,"双师型"教师与产教融合行业企业开展横向合作项目,在校内因为管理体制的约束科研资源利用会受影响,在企业则会受制于产品、技术专利的保护措施,给创新服务工作带来许多阻碍。

3. 产教融合平台技术力量不集中限制了"双师"的职责履行

产教融合平台是指在政府部门的主导下,校企双方发挥各自优势积极参与配合,对政校企三方现有资源和发展需求进行有机整合、协同推进,实现区域社会的全面发展[②],高效完成政校企在推动经济社会发展中各自承担的职责。从近年来高职教育政校企合作的实际情况来看,政府部门存在"缺位"或"越位"现象[③]、高职院校存在"内部治理不力"和"外部脱离市场"隐患、行业企业存在"运行压力"和"商业机密"的掣肘,致使政校企三方的管理、技术、支持力量不集中,各自为政的现象普遍存在,严重制约了"双师"队伍对职责履行的深度和广度。

(二)职后培训体系规划与"双师型"教师队伍建设目标不协调

当前,因高职师资培养规模和水平的限制,多数高职院校师资引进仍以高学历人才为主。由于未经过系统的师范教育和专业相关岗位锻炼,新入职教师的理论教学和实践教学能力存在明显短板,需要依托高职教师发展中心进行持续培养。高职教师发展中心,是学校对教师提供职后系统化、阶段化的培训和专业化、个性化职业发展指导的跨部门组织,业务涉及人事、教务、科技、督导等行政管理部门的工作内容。然而,因为我国教师发展工作起步较晚,且各级政府和院校的重视程度和支持力度不同,所以高职教师发展中心的建设并不乐观。

1. 教师发展工作相对滞后

高职院校的教师发展中心是职后培训体系的建构者和推动者。我国教师发展中心建设始于2012年前后,在30个各具特色的国家级教师教学发展示范中心公布

---

① 李俊.组织、协作关系与制度——从技能形成的不同维度透视职业教育发展[J].教育发展研究,2018(11):41-47+60.
② 翁伟斌.职业教育产教融合平台建设的现实诉求和推进策略[J].内蒙古社会科学(汉文版),2019(7):183-188.
③ 张建平.新时代高职产教融合的理论溯源、实践壁垒与破解路径[J].职业技术教育,2019(7):14-20.

之后逐渐兴盛。有研究表明,当前我国大学教师发展实践已经历了"引进、内化、模仿、伫立"等四个阶段,部分走在前列的大学已经在探索"伫立"阶段[①]。基于对全国高职院校教师发展工作的调研了解,我国大部分高职院校仍处在"引进"和"内化"阶段,即在行政指令下的教师发展中心机构建设和职后培训体系构建初级阶段,在教师教育教学和科研服务,尤其是近年来备受关注的教师信息素养的培养提升方面比较薄弱,同时在相应的信息数字化培训设施设备条件上与本科院校存有较大差距。

2.双师培训载体标准不一

《国家中长期教育改革和发展规划纲要(2010—2020年)》《高等职业教育创新发展行动计划(2015—2018年)》、"职教师资12条"等国家政策先后提出了校企共建"双师型"教师培养培训基地的意见,为高职院校"双师"队伍建设提供了建设契机与创新思路。

然而迄今为止,国家层面的"双师型"培养培训基地建设标准仍然缺位。在2019年3月,教育部组织开展《高等职业教育创新发展行动计划(2015—2018年)》"优质专科高等职业院校建设"等7个项目认定工作,通过各地各行指委两条渠道一共推荐认定了500个国家级"双师型"教师培养培训基地,在"双师"基地的建设上起到了"立标杆"作用。不过,美中不足的是这次认定工作没有统一标准,致使入选的"双师型"教师培养培训基地合作形式、管理机制、配备条件、师资水平和承接项目能力等方面的差异都比较大,所以在业界内的反响和认同有限。

3.教学创新团队基础薄弱

"双高计划"提到"组建高水平、结构化教师教学创新团队,探索教师分工协作的模块化教学模式",是指产业升级发展与新技术推动要求教师在技术技能的传承传授上更加专业化,技术技能的交叉复合以及职教课程的项目化、模块化教学趋势又对教师的分工协作和结构化构成提出了新要求[②]。2019年5月,教育部印发《全国职业院校教师教学创新团队建设方案》,对教学创新团队的目标任务、基本原则、立项条件、建设任务、进度安排、保障措施进行了全面部署。在内容要求的比较上,教师教学创新团队与高职院校一直建设发展的师资教学团队、专业教学团队和课程教学团队等团队项目是有本质区别的,是一项需要再次整合、系统规划、逐步推进的新工作。

---

① 李芒.我国大学教师发展者专业化的内在逻辑[J].现代教育管理,2020(2):78-84.
② 成军.深刻把握"双高计划"建设的关键[N].中国教育报,2019-06-04(09).

(三)教师评价制度导向与"双师"教师队伍主体地位的不一致

1. 评价制度引导有偏差

在当前的教师评价制度体系中,对于"双师型"教师所应具备的知识、能力、素养等方面的评价体现不多,仍旧集中在对教师的教育教学、科研创新、社会服务等能力范围内。尽管在破除"五唯"弊端理念的引导下,近年来教师专业技术职务评聘、教师教学业绩考核、专技岗聘期考核等教师评价制度均加大了对教师"双师"素质方面的评价占比,但仍没有形成以"双师"素质为主要内容的评价制度,与"双师"队伍在整个师资队伍中占据主导地位的实际极不相符。

2. "双师"素质认定有壁垒

迄今为止,由于国家层面仅对"双师"队伍的建设水平提出目标与要求,在"双师"认定标准与机制办法上始终没有明确的政策文件一以贯之,所以出现了各省市、各高职院校依据自身实际,制定出台各具特色的《"双师型"教师认定标准与管理实施办法》。同时,因为各地、各高职院校对"双师型"教师内涵理解上存有差异性,产生了认定导向不清晰、认定维度不全面、认定办法不实用等问题,这在一定程度上影响了"双师"队伍的建设和作用发挥,也挫伤了高职教师主动要求成为"双师型"教师的积极性和工作热情。

三、"双高计划"背景下高职院校"双师型"教师队伍的建设路径

(一)打造产教融合平台"升级版",构建教师可持续发展生态圈

在产教融合平台"升级版"的构建过程中,高职院校要先行先试、善作善为,以优质办学资源和高水平"双师"队伍为资本,吸引政府、行业企业投资入股,把合作平台提升到校企命运共同体的新层次[①],与合作的政府、行业企业共同经营、共享资源、共担风险,向实体化突破、向一体化提升。从"双师"队伍建设的角度看,产教融合平台升级建设要突显以下形态特征。

1. 产教融合平台的职业情境要集成化

"升级版"产教融合平台不再是单一的基地,而是综合的平台,可以通过构建灵

---

① 梁克东,成军.中国特色高水平高职院校建设的逻辑、特征与行动方略[J].教育与职业,2019(13):9-16.

活高效协调运行机制,满足校企教学、实践、生产、研究、培训等多功能需求。相对应地,进入平台工作的教师得到的工作场景与交流语境的视听感观,不再是来自单一的教室或实训实验室,而是更为贴合产、学、研、训、创等多样化需求的职业情境,教师可参与生产、研发、管理全过程,教师"双师"素质发展的全面性和完整性得以保证。

2. 产教融合平台的职能定位要多元化

"升级版"产教融合平台在政校企资源互补共享上有着更大的空间。对于"双师"队伍而言,需要根据工作职能的定位而不断更换角色定位。如满足学校需求的职能定位不仅是技术技能人才培养的组织者、实施者,还是技术技能创新服务的研究者、转化者;满足政府需求的职能定位是职业教育政策的宣传员、解说员、引导员;满足企业需求的职能定位可以是产品与技术的研发专家、推广专家,抑或是企业的管理中层、技术骨干。

3. 产教融合平台的职责履行要协同化

"升级版"产教融合平台在政校企工作职责履行上具有方向一致性和效应叠加性。高职院校"双师"队伍既可以与地方政府搭建平台,在经济、文化、社会服务等方面开展综合性、战略性的合作,教师社会服务在政府部门的支持和配合下,范围更加广泛、内容更加务实、举措更接地气、质量更有保障;也可以与行业企业合作成立研究单位,以高层次科研来引领专业的高水平发展,教师既可以对接项目融入企业专业化的研究团队,又可以吸纳高素质研究人员增强学校研究团队的实力。

(二)打造"双师"素质项目"增强版",构建教师多元化职后培训模式

职业教育的"跨界"特征,要求"双师型"教师不仅要有专业学科和职业教育知识,而且要具备基于工作过程的教学开发与实施能力[①],和基于工作过程的创新服务与推广能力,这也是"双高计划"对打造高水平"双师"队伍的基本要求。构建以"双师"素质提升为主要目的的教师职后培训进阶模式,需要筑牢以下教师发展基础。

1. 重视规划,打造教师发展示范中心

在教师发展规划上,既要充分参考借鉴国内外高校教师发展中心成功的建设经验与工作理念,又要紧紧围绕职业教育发展规律与形态特征,研制既能符合自身迫切需求又能突显自身特色亮点的未来蓝图。尤其随着VR、5G等信息数字化技

[①] 陆靓霞.高职院校教师双师素质提升研究[J].中国高教研究,2013(5):104-106.

术在教育教学中深度融合带来的教师需求变化,高职院校应在建设规划中予以重点考虑。在职后培训项目体系上,以开发对接新时期职教师资需求的新项目和延续改进经典培训项目两手并举,贴合教师对与专业相关的职业领域的教学技能、职业教育专业理论与应用能力等关注热点,从校本培训、海外研修和辐射推广三方面全力推进教师职后发展。

2. 统一标准,校企共建双师培训基地

首要任务是要从国家对"双师型"教师培养培训基地寄予的建设期望出发,研制涉及资质条件、建设任务、支持重点、成果评价内容的建设标准。再是根据高职院校实际情况,与所在区域高端行业企业合作,分专业建设培育国家级、省级、校级等不同层次的基地,通过组建专兼结合的培训专家团队,开发专业建设、职业精神、实践能力、技术研发等领域的培训项目,合力培育执教能力强、能改进企业产品工艺、解决生产技术难题的"双师型"教师。

3. 分层分类培育教学创新优秀团队

一方面,高职院校要聚焦重点建设的专业群,结合"三教"改革,对接模块化课程群,探索平台课、课程组、项目组、教练组、工作室等分工协作的多样化教师组织形态,组建多类型、结构化的教师教学创新团队,实施信息技术支持以及模块化的教学模式创新。另一方面,高职院校要探索团队带头人负责制下的结构化团队合作机制与组织模式,发挥优秀人才的团队效应,加大激励力度,分层次建设国家级、省级、校级教师教学创新团队,建构起逐级递进的教学创新团队培育体系。

(三)打造教师评价制度"组合版",构建"双师型"教师评价考核体系

高职院校应围绕新时期高水平"双师"队伍建设目标,一手抓周期性、常态化教师评价与针对性、递进性教师考核的有机融合,一手抓职业精神、技术技能、人才培养和创新服务实绩等彰显"职教师资"特征业绩评价条件的合理布局。从评价考核体系具体内容来看,应建立完善以下核心制度。

1. 建立"双师"素质认定机制

政府部门要加快推进"双师"素质认定工作机制的形成:一是构建分工明确的认定运行模式,国家层面要颁布全国高职院校"双师型"教师认定标准与办法,省级政府部门一方面负责省内教师认定工作的组织和实施,另一方面还需肩负与其他省份"双师"素质认定接轨并轨的重担,高职院校负责具体开展本校"双师型"教师认定工作。二是建立相对统一的认定管理机制,高职院校要结合实际出台"双师"素质激励政策,引导教师主动参加认定,将"双师"素质认定由外部要求转化为内生

动力;制定"双师"素质认定周期性滚动机制,规定每一个周期(如5年一个周期)内全员教师必须完成一次重新认定,保持"双师型"教师的个体质量和整体水平;结合高职院校教学工作诊断与改进制度的推进,建立"双师型"教师认定状态数据平台,实现"双师型"教师队伍建设的预警和动态调整功能。三是打造教师评价考核理想组合。探索将教师教学业绩考核、岗位聘期考核、职称评聘、"双师"素质认定四种定期评价和单项能力不定期考核(如专业、课程建设和课堂教学改革评价,教师职业技能测评等)构成具有职业教育特色的教师考核评价体系,为高职教师的个性化、专业化发展保驾护航。

2.完善职称评聘业绩条件

落实师德"一票否决",破除"五唯"弊病,建立以贡献、能力与实绩为导向的多元教师评价标准。一是在现有的教师职称评聘业绩条件中,加大"双师"素质要求比重,如将教师行业企业经历及基于工作过程形成的课程开发成果、工艺技术攻关、产品研发及推广等明确"双师"素质的指向性内容有机纳入,将评聘重心向有利于技术技能人才成长的方向迁移,建构完善"基本条件+代表性成果"的分类评价标准。二是可分步将专业技术岗位聘期考核工作与职称评聘工作并轨,建立统一的分层分类岗位业绩评价标准,实现专业技术岗位的动态聘任,向"岗位能上能下、人员能进能出、待遇能高能低"的灵活用人机制目标推进。

(原文出处:吴杨伟."双高计划"背景下高职"双师"队伍建设的定位、问题与路径研究.职教论坛,2020年第36期,99-103页)

高职院校中企业引进教师的适应性:内涵、问题表征与对策——基于组织认同理论的视角

《中华人民共和国国民经济和社会发展第十四个五年规划和2035年远景目标纲要》明确提出"增强职业技术教育适应性"的要求。2019年国务院印发的《国家职业教育改革实施方案》提出,职业院校的教师招聘要求为"具有三年以上的企业工作经历,并同时具备高职及以上的学历水平"。这些政策信号预示着新时期的职教师资准入制度更加重视企业工作经验和实践能力,企业引进教师将成为未来高职院校教师队伍的重要力量。以往高职院校企业引进教师通常是指从行业或企业临时聘请到学校从事实践教学工作的教师群体,因此也被称为外聘教师或兼职教师。但本研究中的企业引进教师更加强调正式性与全职性,是指高职院校根据专业建设实际需求,从行业或企业引进的专门从事教育教学工作,提供正式编制的专职教师。这类群体更加符合政策的指引方向,是深化职业教育工作本位特色人才培养

模式改革的关键力量[①];是观照现实、对接国际,推进职业教育内涵式提升,增强职业教育适应性的必然要求;是落实和巩固以跨界性和多样性为特征的职业教育类型地位的重要举措。从企业引进教师可以优化"双师型"教师队伍结构、强化学生职业能力、增强教学效果、提升高职院校人才培养质量。但是,高职院校的企业引进教师由于自身以及学校管理等主客观多方面因素的影响,存在发展目标定位模糊、对职业教育认识不足、教育教学的知识和能力欠缺、发展后劲不强等问题。如何破解这些问题,提高企业引进教师的适应性以充分发挥其应有作用,是高职院校面临的实践问题。为此,本文依据组织认同理论对上述问题进行深入分析,以期为提升高职院校企业引进教师的适应性提供借鉴。

一、组织认同视域下高职院校企业引进教师适应性的理论内涵

组织认同理论(Organizational Identification,OI)最早源于1958年,由美国政治学家、管理学家西蒙(Herbert A. Simon)提出。对于组织认同的概念界定而言,不同视角有着不同的定义。奥莱利(O'Reilly)和查特曼(Chatman)侧重于情感结构,认为组织认同实质上是一种吸引或期望,这种吸引或期望是基于个人与组织目标一致而达成的情感满意关系的自我定义。帕肯(Patchen)侧重于认知特征,认为组织认同不只是个体与组织之间的团结一致,也包含由此产生的个体对组织的支持态度与支持行为[②]。由此可见,对这一概念的把握可以从其所包含的维度入手,将其分为广义和狭义两个层面。广义上的组织认同概念包括三个维度,即认知、情感和行为;狭义上的组织认同概念仅强调认知维度。后者的界定更加突出组织认同的静态特征,前者的界定则凸显了组织认同的动态特征。本研究采用广义的组织认同概念,同时注重动态性特征,将组织认同视为由认知、情感、行为多重维度组成,既强调一种状态性的"静态结果",也强调个体与组织之间互动一致的"动态过程"。因此,组织认同视域下高职院校企业引进教师适应性的理论内涵包括三个方面,见图1。

(一)思想认同:对高职院校办学价值高度认同

企业引进教师也是以具有普通高等教育学历背景的居多,教师本身对高等职业教育认识不足。另外,由于高职院校在我国的发展历史相对较短,且受长久以来的偏见影响,企业引进教师对职业教育的认识整体来说比较模糊,很难树立正确

---

① 李玉静.新发展格局下增强职业教育适应性:内涵与定位[J].职业技术教育,2021(13):1.
② Michael Riketta. Organizational identification:A meta-analysis[J]. Journal of Vocational Behavior,2005(2):358-384.

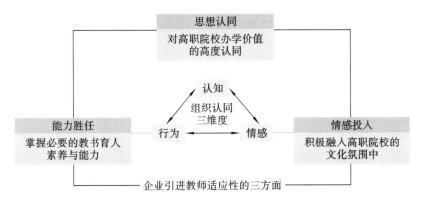

图 1　组织认同视域下企业引进教师适应性的理论内涵

的、积极的职教观。由于长期不在教育系统工作,企业引进教师难以深刻领会国家大力发展、快速发展现代职业教育的战略意图,更难以充分认识发展好高等职业教育对于培养我国高素质技术技能人才、促进就业、增加中等收入群体、实现精准扶贫、保障社会公平、实现产业转型升级以及国内外双循环经济战略等方面的重大意义。因此,组织认同视域下企业引进教师适应性的内涵首先表现为思想上对职业教育和高职院校的价值认同,即树立职业教育工作者的责任感和使命感。

(二)情感投入:积极融入高职院校的文化氛围中

大部分企业引进教师选择到高职院校工作,主要基于对高职院校工作抱着"求稳"的心理:工作自由,有事业编制还有寒暑假,甚至可以将一部分精力和重心放在校外,利用自己的技术或专长赚取额外收入。例如在一项调查中,50%的受访者认为学校的工作会比企业工作更轻松、工作强度更容易接受[①]。但是真正进入高职院校工作以后发现,高职院校工作不仅有巨大的教学工作量,还要开展科研、社会服务等工作。高职院校的教育教学和企业的生产管理工作相比更为复杂、烦琐,甚至更有难度。因此,企业引进教师的适应性除了包含思想上的认同,还需要有情感上的投入。这意味着企业引进教师应在转行之前充分了解高职院校教师的工作性质、工作内容、工作待遇和职业发展路径,确定自己更多是基于内心对教育事业的热爱而作出的职业选择。只有这样进入高职院校后才能够更加积极地参加师资培训、主动融入已有的教师教学团队并明确自身的优势与定位,在指导学生技能大赛、参与科研项目、搭建企业与学校沟通的桥梁等方面发挥自身优势,扭转高职院校人才培养与企业人才需求倒挂的困境。

---

① 史文晴,李琪,唐帅,等.中职学校企业工作背景教师从教动机影响因素分析——基于扎根理论的研究[J].职业技术教育,2020(25):37-44.

(三)能力胜任:掌握必要的教书育人素养与能力

企业引进教师的优势在于其掌握丰富的实践技术知识和相关的职业技能,他们相对了解行业动态、企业岗位需求以及本行业的新技术、新标准和新工艺,可以将这些重要信息转化成课堂教学内容,提高学生技术技能学习的实践性、时效性和针对性。如何将这些经验转化成学生可以吸收、掌握、学习的知识,需要企业引进教师具备一定的教育教学能力。企业引进教师大多是非师范专业出身,缺乏系统的教育理论知识和教学经验,格外需要接受师资培训,尤其是教育理论、教学方法、职校生学情等方面的培训,让他们参与到项目课程的开发与设计中,将工作岗位和工作过程转化为学习情境和学习领域,促进教学计划和教学内容有所革新,使实践指导更加科学合理并且富有成效,既知道"教什么",又知道"如何教",更知道"如何有效地教"。从教以后,企业引进教师也要密切关注行业企业的发展动态,不断提高新技术、新工艺、新设备等方面的知识技能,按照新技术的发展要求调整、完善专业教学内容,同时关注应用型科研,以研究促进教学,不断提升自身的教学能力。

二、组织认同视域下高职院校企业引进教师适应性的问题表征

职业教育以传授技术知识为己任,技术知识具有多元性和复杂性特征,表现为技术知识来源的双重路径:既包括技术科学理论知识,又包括应用技术实践知识。当前,高职院校招聘的新教师大多是从"校门"到"校门"的应届研究生,具有技术科学理论知识却严重缺乏技术应用的实践知识。引进的企业教师由于掌握丰富的技术实践知识和相关的职业技能,可以弥补高职院校师资队伍的缺陷。从现实来看,从企业引进教师还存在一些适应性问题,限制了企业引进教师应有效用的发挥。根据组织认同理论,其问题表征主要体现在四个方面。

(一)组织行为上的教学适应性问题:对职业教育教学能力掌握较薄弱

西方发达国家普遍建立了"行业背景优先"的职业教育教师培养模式和严格的职业教育教师准入制度,而我国高职院校在引进企业教师时,往往更加注重工作经历和实践经验而放宽学历要求,导致企业引进教师对教师身份应有的组织行为履行不到位,具体表现为职业教育的教学能力不足。很多高职院校的企业引进教师没有经过规范的教师专业训练,既没有教育学、心理学的基础学科知识,也没有与专业相匹配的教学方法等理论知识和教学技能的实践训练,在教育教学知识和教学能力方面整体表现较弱。尽管企业引进教师进入高职院校后也会参加相关培

训,但这类师资培训往往是短期且零散的,培训效果有限,只能大概了解基础的普通教育学和教育心理学知识,而对于职业技术教育学原理以及所任教专业的教学知识内容和方法知之甚少,不能系统、熟练掌握。因此,企业引进教师进入高职院校以后会对高职院校产教融合、工学结合的教育教学,以就业为导向的专业(群)建设以及基于工作岗位和工作过程的课程开发等工作表现出一定的不适应性,因为他们缺乏将企业实践技术引入课程的意识、能力和方法,很多企业引进教师不能将一些最新的行业先进技术有机融入教学内容,更不能自行开发设计课程内容。在实际教学过程中,企业引进教师不能充分了解高职学生的学情,缺乏教学设计能力,不注重教学方法的改进和信息技术手段的使用,难以有效组织实施项目化教学,与学生的互动不够,也缺乏相应的教学评价能力,难以用多元化评价方式引导学生学习。整体来看,企业引进教师作为教师身份应有的教育知识和教学能力水平还比较薄弱,教学实践的反思意识不足。

(二)组织行为上的科研适应性问题:缺乏对应用导向科研的积极关注

科研素养是教师进行教学创新的基础与保障。进入内涵式发展阶段,发挥科研功能、提升科研能力是提高高职院校办学水平的重要突破口。提倡高职院校教师教学科研一体化,加强高职院校教师的科研意识与科研能力,引导高职院校教师的科研行为,既是高职教师专业发展的需要,也是推进和深化职业教育改革的重要内容。此外,在现行的高职院校绩效管理体制下,科研也是企业引进教师职称向高教类职称转变和职称晋升的必要条件。然而当前高职院校科研仍存在"唯论文、唯课题"的倾向,甚至盲目模仿研究型大学的学术性科研[①],高职院校功利取向的科研现象普遍存在。企业引进教师本身就存在理论基础薄弱、教学实践匮乏的缺陷,其优势在于对生产技术的了解和掌握。因而,企业引进教师理应明确高职院校应用型科研的定位,也应明确自身在科研中的优势,不仅要有技术关怀,发挥科研对企业生产管理实践一线的服务作用,更应具有教育情怀,发挥科研对教育教学实践的促进作用。同时,高职院校也需要在应用型导向科研中提供足够的条件支持,例如考核上的倾向性、设备平台的支持、科研团队的搭建等。但在功利取向和学术性取向的科研风气影响下,企业引进教师为应对评职称、科研考核而产生的科研压力是真实存在的,会因缺乏对应用导向科研的积极关注,并未有效发挥出自身的优势与特长,也更加难以适应高职院校的科研工作。

---

① 郝天聪,石伟平.知识论视角下的高职院校科研定位探析[J].江苏高教,2021(6):25-30.

(三)组织情感上的人际适应性问题:缺乏团队合作的主动意识和意愿

"双师型"教师团队是高职院校的特色和关键。对"双师型"教师团队这一概念有"双证说""双重素质说""双职称说""双层次说"等不同层面的解释,但在实践中更多的是"双融合说",即拥有技术科学理论知识的普通高校毕业的教师和拥有实践经历的企业教师两类专任教师群体相互融合,组建成坚固的"双师型"教师团队。但由于工作场域的转换,企业引进教师对职业教育和高职院校的价值认同不足,自身掌握的教育知识有限,教学能力水平还比较薄弱,对职业院校教师的职业规划不够明晰,这些都导致企业引进教师在高职院校的"双师型"教师团队中融合程度不深,缺乏团队合作的主动意识和意愿。第一,企业引进教师的个人发展目标与教学团队的发展目标关联性不高。企业引进教师容易将自己视为"外来者"或者将教学工作视为"兼职工作",在工作过程中与其他教师的合作、交流不够,使"双师型"教师团队的优势难以充分发挥。第二,企业引进教师对高职院校教学团队的认同感和归属感缺失。认同感既包括自我认定也包括他者认可[1],在高职院校中,企业引进教师既是少数群体,也是"后来者群体",学校对该群体管理存在突出实用价值、忽略长期培养的问题,致使该群体认同感缺失,难以快速融入教学团队形成积极互信的"双师型"教师团队关系。

(四)组织认知上的管理适应性问题:企业理念与学校理念存在冲突

人们往往会根据社会职业身份和地位的不同,形成一种固有的行为方式与认知观念。由于学校和企业是两种完全不同性质的主体,企业引进教师进入高职院校以后,会面临工作场域和社会身份的双重转换。在新的环境条件下,企业引进教师原有的职业思维定式往往会产生"惯性作用",从而引发职业不适应性。首先,从学校方面来看,高职院校在从企业引进教师的过程中,容易受办学自主权不够充分的制约而很难独立定义自身所需人才的规格和特征,因此通常会出现某种意义上的"非理性决定"[2]。与企业的项目、绩效考核指标等量化标准不同,学校的考评机制更为复杂,也给企业引进教师带来不适应性。其次,从个人方面来看,由于企业文化与校园文化存在天然差异,二者的职业文化也截然不同。企业引进教师需要将工作对象从物化的企业产品或项目任务转移为鲜活的、具有多样性和复杂性的

---

[1] 韩利红.社会互赖理论视角下高职院校专兼职教师共同体构建研究[J].中国职业技术教育,2020(9):37-41.

[2] 范冬清.大学高层次人才引进风险:影响因素与对策建议[J].高等教育研究,2014(6):39-45.

学生,将企业"一切从产品出发,利益至上"的理念转化为"以人为本"的育人文化理念,这些转变仍需很长一段时间去适应。总之,由于工作场域的转变,企业引进教师转入高职院校以后仍会受到旧有企业管理理念的影响,同时对高职院校办学理念和发展理念了解不够透彻。两种不同经营理念的冲突和转变容易使企业引进教师对高职教师的职业生涯规划认识不够清晰,进而导致其发展后劲不足。

三、组织认同视域下高职院校中企业引进教师适应性提升的对策探析

当前,我国高等职业教育已经全面进入内涵式发展阶段,内涵式发展的核心在于办学水平的提高,办学水平提高的核心在于人才培养质量的提升,而决定人才培养质量的关键在于以企业引进教师为主力军的师资队伍。因此,对高职院校从企业引进教师存在的问题应加以重视。以组织认同理论为分析工具对现存问题进行深入思考,可以在入口阶段、起始阶段、过程阶段、结果阶段分别通过加强企业引进教师的招聘工作、建立针对性的新教师培训体系、强化对企业引进教师的培训管理、建立完善的科学评价制度体系四个方面加强企业引进教师的组织认同感,提升企业引进教师的适应性,见图2。

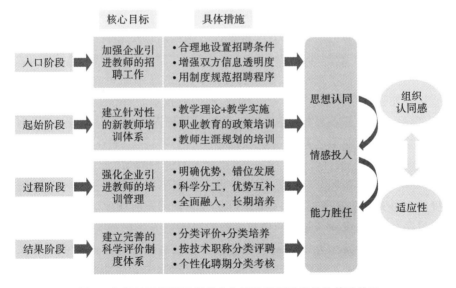

图2 组织认同视域下提升企业引进教师适应性的策略体系

(一)在入口阶段加强企业引进教师的招聘工作

完善引进企业教师的招聘工作就是从源头上解决问题。高职院校应理性审视

企业引进教师招聘工作的各个环节,积极采取相应措施完善招聘工作。首先,要结合高职院校专业的实际情况,科学合理地设置招聘条件,将要求落到细处实处,让招聘切实有效。高职院校引进企业教师绝不是为了解决眼前问题而找人填补空缺的短视行为,应是基于高职院校自身和专业的发展定位与方向选择合适的人选。因此,对于要引进企业教师的考察不能仅局限于其工作年限、技能水平、技术能力,更要综合全面地考虑其责任心、团队协作能力,甚至考虑他们投身教育的决心和事业心。其次,增强企业引进教师与学校双方的信息透明度,以免由于最初信息不对称给日后教师管理带来困扰。学校应开诚布公地向企业引进教师阐述高职院校教师工作的性质、内容、要求、前景、基本待遇、福利以及可能面临的困难与挑战。同时,学校也可以在正式面试前,到他所在企业走访调研拟聘企业教师的个人性格、工作表现、人际关系、工作成果等,了解他从教的真实动机和工作诉求。最后,要用制度规范招聘程序。学校应组建招聘工作专家组,秉持宁缺毋滥的原则,严格按照引进制度和招聘程序开展招聘工作,切实守好教师队伍的准入门槛。

(二)在起始阶段建立针对性的新教师培训体系

与普通教师不同,职业教育教师的备课、讲课、教学管理和教学评价都需要相对专业的业务能力。但由于企业引进教师存在教育知识缺乏、教学能力薄弱、教师职业发展规划模糊等问题,高职院校要特别注重对企业引进教师的职后培训。首先,要以"学缘结构"为依据,对于新引进企业教师的培训应和有职业技术师范教育背景和普通高校背景教师的"教学实践+专业实践"型培训区分开,重点采取"教学理论+教学实践"培训模式[①]。除基本的教育学、心理学基础知识之外,对企业引进教师要格外加强职业技术教育的专题培训,如职业技术教育学原理、职业技术教育心理学、项目式课程与项目教学法、基于工作过程导向的课程与教学法等,构建相应的课程菜单,让企业引进教师了解职教学生的学情特征、职业教育教学方法、职业教育的课程开发与设计等基本内容,弥补企业引进教师的"先天不足",充分发挥其优势。其次,要加强职业教育政策的培训。我国职业教育的快速发展与国家政策制度的大力支持是紧密相关的,要让企业引进教师领会国家大力发展现代职业教育的战略意图,意识到新时期职业技术教育对于培养我国高素质技术技能人才、促进就业、实现产业转型升级以及国内外双循环经济战略等方面的重大意义。最后,要对企业引进教师进行教师发展阶段的理论培训,引导企业引进教师树立自主筹划、主动发展、终身学习的职业生涯理念,帮助他们解决职业流动和新入职阶段的困难与困惑。

---

① 郭晓君.时代诉求与现实桎梏:高职院校教师岗前培训面临的双层境地[J].职业技术教育,2020(13):52-56.

(三)在过程阶段强化对企业引进教师的培训管理

作为一种类型教育,整合与跨界是职业教育的基本特征,这决定了职业教育系统的开放性,在师资队伍上表现为需要由具有技术科学理论知识的普通高校毕业教师和拥有应用技术知识、实践经历的企业引进教师两类专任教师群体构建形成专业的"双师型"教师团队。但在实践中,企业引进教师普遍感到很难融入专业教学团队,难以形成积极互信的团队关系,因此难以协同发挥应有作用。为此,高职院校要加强教学团队建设。首先,引导两类教师群体明确自身的特点与重要性,扬长避短,正确规划发展方向,做好教师职业发展规划,从而形成有序的、错位发展的教师团队,促进成员之间的共同协作和优势互补,最终发挥出"1+1>2"的团队效果。其次,要根据两类教师的特长进行科学分工,合理安排工作岗位并分配相适应的工作任务。对于企业引进教师不能过分强调实用价值而忽视企业引进教师的培养,要主动邀请企业引进教师全面参与学校工作,将企业引进教师个人职业目标与专业建设有机结合,充分发挥企业引进教师的优势,同时,将他们作为教师团队重要成员,使他们参与到校企合作平台建设、人才培养方案制订与修改、教学资源库建设、精品课程设计与开发等综合性的教育教学改革及教育管理工作中来。最后,学校要积极搭建"传帮带""结对"等合作机制,切实为两类教师创建合作环境和合作载体,明确团队合作的分工与责任,促进形成合作教学、合作研究以及合作发展的良好组织氛围与态势。

(四)在结果阶段建立完善的科学评价制度体系

高职院校专任教师大体上可以分为四类:教学型教师、科研型教师、教学科研并重型教师和社会服务与推广型教师[①]。分类评价与分类培养的原则对于从企业引进的专任教师也同样适用,针对上述四类不同类型教师的发展要求,健全对企业引进教师的考核评价制度,对不同类型、不同层级的教师制定不同的激励措施,可以有效减少企业引进教师入职后对教学科研、职称晋升等存在的畏难情绪,从而构建健康的组织文化。第一,对工作内容和绩效进行分类评价。课程教学和指导学生实习实训是教学型教师的常规工作,但实际上高职院校教师还有许多其他工作内容,如指导学生参加技术技能比赛、主持开展课题研究、参与课程开发、开展校企合作等,这些工作内容同样不能忽视。因此,要制定科学公平的评价考核指标体系,将不同的工作内容折算成相应的工作量,最终根据不同类型教师的评价指标要求计算出企业引进教师的整体业绩考核分数,以此为依据进行评价。第二,对企业引进教师进行专业技术职称分类评聘,用制度明确规定不同类型教师和不同层级

---

① 邵建东.高职院校教师绩效管理存在的问题及改进策略[J].职业技术教育,2021(6):33-38.

职称评聘的申报条件,详细说明工作内容、工作职责以及工作业绩之间的差异。第三,对于高层次企业人才或者学校急需的某种专业的企业引进教师可以实施聘期分类考核。除了上述基本的工作量和职称评聘要求外,可以设置个性化的可供企业引进教师选择的业绩要求,规则上允许这类企业引进教师在下一个聘期免除业绩考核,鼓励他们潜心于学校希望完成和突破的工作。综上,要健全包括基本绩效工资制度、专业技术职称制度、荣誉奖励制度等一系列考评制度,在考核与评价过程中要注重激励内容的内在化和激励方式的多元化,坚持过程与结果并重,充分发挥考评的正向激励作用。

(原文出处:陈江赟,孙凤敏,柯婧秋.高职院校中企业引进教师的适应性:内涵、问题表征与对策——基于组织认同理论的视角.职业技术教育,2022年第43期,47-52页)

第五章　提升学校治理水平

从"聚焦"到"聚力",激发产教融合新活力

"双高计划"是国家为推进职业教育高质量发展,办好新时代人民满意的职业教育而作出的重大决策部署。三年多来,"双高计划"项目有效推动了办学体制特别是专业群运行机制改革,提升了人才培养质量,职业院校发展面貌发生了全新变化。

一、聚焦关键:"双高"建设前期成效明显

深化类型教育内涵。"双高"院校立足区域特色和需求,坚守职业教育在人才培养和知识创新上的独特定位,以技术技能人才培养高地和技术技能创新服务平台为核心,系统构建技术技能人才培养体系,精准对接区域产业技术创新需求。"双高"院校在理念、制度以及行动上已充分彰显了类型教育的特点,并通过类型化建设目标和实践举措深化了职业教育作为类型教育的具体内涵。

走向专业集群发展。"双高"院校在充分的产业调研基础上,基于区域产业发展的需求组建专业群,实现学校专业链、人才链和区域产业链的耦合匹配;采用"以群建院"模式推进治理模式变革,打破原先以专业为单位的资源配置模式,激发专业群自身的创造活力;根据复合型技术技能人才培养目标,构建"底层共享、中层互融、高层互选"的专业群课程体系,为学生提供多样化选择。

推动产教深度融合。"双高"院校主动与高端企业合作,引入主流标准、先进技术、高端资源,弥补自身在理念、技术和信息等方面的不足;扎根区域产业发展土壤,与企业结成联盟,提升合作面、增强紧密度;与行业企业、政府共同搭建平台,集人才培养、团队建设、大师培育于一体,融产品研发、工艺开发、技术推广、创新创业于一身,实现产、学、研、训、创一体化运行。

强化多元精准服务。"双高"院校对接区域优势产业集群,组建协同创新技术服务平台,围绕重点行业技术需求开展有针对性的技术服务,打通行业转型"堵点",找到行业升级"融点";围绕乡村振兴、共同富裕等国家和区域发展战略,针对退役军人、残疾人、农民工等各种社会群体的技术技能提升需求,开展了定制化、体系化的技术技能培训服务。

促进院校智慧治理。"双高"院校与所在区域政府、行业、企业、社区等相关主体跨界合作，破解单一主体治理，明确多元主体间的治理权限，形成上下衔接、左右协调、高效运转的治理新格局；利用物联网、大数据等现代化信息技术搭建信息共享平台，充分发挥动态信息对学校治理决策的执行落实以及质量保障的监测监管等方面价值，打破"应用孤岛"和"数据孤岛"，实现基于数据驱动的科学决策。

二、聚力提质："双高"建设仍需攻坚克难

产教融合要破解"低活力"。"双高"院校要更加关注产教融合的运行过程，有效汇集政校企行等多方办学资源，构建利益深度契合的运行机制；要重点选择区域、行业的领先企业、标杆企业以及产教融合型企业作为合作对象，体现高端性；要因地制宜建立职教集团、产业联盟、产业学院等不同形态、不同类型的产教融合平台组织；要建立健全治理结构，使政企校等利益相关主体共同参与治理，增强校企之间的利益关联。

队伍建设要注重"混合型"。"双高"院校要着力打造一批高水平"双师"教学创新团队，创新团队协作的模块化教学模式，以高水平、结构化的教学团队支撑理实一体、多元灵活的课程体系；要开发专业（群）带头人能力标准，基于能力标准完善选拔、培养和发展机制，打造一支专家型、领军式的高层次专业（群）带头人队伍；要切实提升师资队伍实践能力和研发能力，打造一批精技善教、行业顶尖的高技艺"工匠之师"。

人才培养要敢啃"硬骨头"。"双高"院校要加强专业教学标准、课程标准、实习实训标准等标准化建设，做高标准的"引领者"；要创新专业群运行管理机制，打通专业群与区域产业集群动态耦合匹配的体制障碍，争做专业群改革的"示范者"；要以工作系统分析和职业能力研究为基础，开发综合化、立体化新课程，加强虚拟现实技术、智能技术在课堂教学中的应用，打造全新的智能课堂新生态，争做智能化时代的"引领者"。

国际合作要坚持"高质量"。"双高"院校要主动学习借鉴国外职教机构的治理模式和运行机制，积极引入国际优质教育资源；要构建境外高端人才引进与培育机制，加大对具有较高学术水平、具有丰富行业和企业工作背景的境外高端人才引进力度；要注重职教资源"走出去"，积极服务国家战略，紧密融入海外中国企业，打造学历教育、语言教学和技能培训为一体的海外办学机构。

融入区域要做到"先作为"。"双高"院校要通过主动服务区域经济社会发展，获取地方政府的大力支持；要立足区域重点产业、支柱产业和战略性新兴产业对高素质技术技能人才的需求，着力培养具有地方产业特色的技术技能人才，提升毕业生本地就业率；要针对中小微企业在关键技术研发、产品开发、创新设计等方面的

共性需求,建立技术服务平台,完善协同创新机制,将学校打造成为区域科技成果的孵化器和转化器。

(原文出处:王振洪.从"聚焦"到"聚力",激发产教融合新活力.光明日报,2022年08月23日第14版)

"双高计划"背景下高职院校治理现代化的理性思考及实践路径

"双高计划"是继"示范校"建设后,推动高职教育改革创新发展的又一项重大创新计划。"示范校"建设明晰了高职教育改革创新的发展方向并有效带动了高职院校办学基础能力的提升,而"双高计划"的实施旨在进一步推动高职教育的升级发展,提升高职院校服务产业、国家战略的能力。十九届四中全会审议通过《中共中央关于坚持和完善中国特色社会主义制度、推进国家治理体系和治理能力现代化若干重大问题的决定》(下文简称《决定》),开启了"中国之治",实现治理现代化是实现新时代中国梦的必要前提保障。因此,当"双高计划"为高职院校发展创造了良好的外部制度环境后,对创建中国特色高水平高职学校具有决定性影响的将是高职院校治理体系与治理能力。

一、"双高计划"背景下高职院校治理现代化的现实挑战

习近平总书记指出:"治理和管理一字之差,体现的是系统治理、依法治理、源头治理、综合施策。"社会治理的本质,是多维的参与型治理的建立而非刚性的行政管理的强化。从"行政化管理"向"社会化治理"转型,从"传统型管理"向"现代型治理"转型,从"单一性他治"向"多维性自治"转型,是从管理向治理变革的主要内容,也是治理现代化的核心要义。高职院校治理现代化是在"管办评分离"的宏观政策体制下,各利益相关主体围绕责权利配置、利益调整与激励所做的一系列现代化的制度安排,从而实现资源的优化整合以及利益的协调统一,保障学校有效实现办学功能。"双高计划"开启了一个崭新的时代,高职院校治理现代化面临新挑战与新问题。

(一)国家政策密集出台明确了高职院校亟待肩负的新使命

近年来,国家对职业教育发展日益重视,将职业教育视为促进经济发展的"助推器",维护社会稳定的"压舱石"。党的十九大报告以及《国家职业教育改革实施方案》(下文简称《方案》)和《关于实施中国特色高水平高职学校和专业建设计划的意见》(下文简称《意见》)等一系列政策的密集出台,为高职教育改革创新发展指明

了方向,也更加明晰了高职教育角色定位。"'双高计划'对高职教育战线而言,是要在后示范时期明确优秀学校群体的发展方向;对职业教育战线而言,明确如何引领新时代职业教育改革创新、加快实现职业教育现代化;对经济社会发展而言,明确如何服务国家战略和回应民众关切。"[1]国家赋予高职教育的角色定位已经发生了根本的改变,出台了一系列重大制度创新举措,如标准制度体系的建设、"1+X"证书制度改革、专业群的组建与管理等。新的角色定位以及待完成的改革创新任务,都要求进一步提升高职院校内外部资源整合能力并充分调动广大教职员工的积极性,而这都有待高职院校治理加快现代化。

(二)产业转型升级加快对高职院校治理现代化提出了新要求

高职教育人才培养定位于高素质技术技能人才,这从根本上决定了高职教育发展应同区域产业发展之间形成"同频共振"的互动关系,产业结构与人才需求结构之间相互依存、相互促进。高职教育作为区域技术技能人才供给的主体,其人才培养的规格与质量应适应产业转型升级需要,紧跟产业跃迁的脚步。当前,随着人工智能、大数据、云计算、物联网等新技术在工作场所的广泛应用,已经对生产模式产生了革命性的影响,一些传统的技术技能职业正在随着"机器换人"的步伐加快而被淘汰,而另外一些新兴的技术技能职业正在如雨后春笋般快速出现。区域产业转型升级步伐的加快对高职院校的专业设置以及人才培养模式都带来了新的挑战,"在生产型制造向服务型制造转变的过程中,服务在制造全过程中所占比重逐渐提升,生产不再是单一的标准性加工制造,而是融合产前、产中和产后,贯穿研发、设计、物流、供应、营销和售后的产业链条式制造过程"[2]。"现代技术的发展,使得人们凭借经验和技能已不能实现对硬技术的合理运用,特别是在现代技术发展日益极端化、复杂化和综合化的情况下,与硬技术相比,软技术更需要灵活地运用知识,更需要人的创造性劳动。"[3]面对人才需求规格与能力提升的挑战,高职院校必然需要探索产教融合、校企合作的新路径、新模式,需要通过打通专业之间的隔阂实现专业资源的融合互通,通过调整人才培养模式培养复合型知识型技术技能人才。因此,高职院校迫切需要进一步优化内部治理体系,提升治理能力,以治理现代化为抓手优化内部资源整合的力度,紧跟产业发展,服务产业升级。

---

[1] 谢俐.中国特色高职教育发展的方位、方向与方略[J].现代教育管理,2019(4):1-5.
[2] 李政."中国制造2025"与职业教育发展观念的转轨[J].中国职业技术教育,2015(33):38-44.
[3] 杨若凡,夏建国,刘晓保.技术视阈中的高等技术教育[J].江苏技术师范学院学报(职教通讯),2009,24(8):5-11.

(三)办学规模急剧扩张对高职院校治理能力和水平提出了新挑战

高职"百万扩招"是紧系国家之基、民生之本,关乎国运兴衰的重大战略决策,进一步明确了职业教育是国家经济发展和民生稳定的重要支撑。2006 年以来,国家通过高职示范校、骨干校、优质校等项目建设,发展模式已逐步从"规模扩张"转向"内涵提升",高职教育办学质量稳步提升,已经具备承担扩招任务的能力基础。但同时必须清醒地认识到,"百万扩招"绝不仅仅意味着学校规模的扩张,更对学校治理能力提出了全新的挑战,具体表现在以下三个方面:一是生源之变。高职院校生源主体从传统的应届毕业生为主延展至社会生源,农民工、退役军人、下岗职工成为高职院校生源构成的重要组成部分。二是教学之变。由于生源构成的复杂,不同生源之间因为社会经历各异、家庭背景不同、学习能力参差不齐,就导致传统的针对单一生源的教育模式将难以有效应对生源多样化的现状。无论是专业建设、课程开发还是教学方法都面临着全新的挑战,必定要经历"脱胎换骨"的改革。三是管理之变。针对传统单一生源的学生管理模式无法有效应对不同类型学生各不相同的职业发展需求,学校组织架构、资源配置、学籍管理、学制等方面都亟待进行重构。因此,高职"百万扩招"政策的出台不仅意味着高职规模的扩张,更意味高职院校办学定位与功能的转型升级,这就需要高职院校优化内部治理结构、增强治理能力,提升学校在服务国家重大战略上的能级。

二、"双高计划"背景下高职院校治理现代化的理性思考

《意见》明确提出要"健全内部治理体系,完善以章程为核心的现代职业学校制度体系,形成学校自主管理、自我约束的体制机制,推进治理能力现代化。健全学校、行业、企业、社区共同参与的学校理事会或董事会,发挥咨询、协商、议事和监督作用"。"双高计划"为高职院校治理现代化指明了方向与具体路径,高职院校治理现代化的内涵意蕴也逐渐清晰明确,治理主体、治理结构、治理方式、治理体系等与传统的管理模式都有本质的区别。

(一)在治理主体上亟待构建多元参与机制

"治理"与"管理"的首要区别体现在主体上,治理强调多元利益主体协同参与。高职教育的"跨界"特征决定了办学不能仅局限于学校内部,必须吸纳行业、企业、社会、政府等其他主体积极参与,因此高职院校的治理是多主体的而不限于高职院校本身。当前高职院校的行政力量在某种程度上依然发挥着主导作用,其他主体由于参与渠道缺失和相关制度建设的滞后,学术权力、学生权利、民主权利等还无

法积极有效地发挥应有的作用,具体表现在以下三个方面:其一,决策权力高度集中。当前,事关高职院校改革和发展全局的重大事项一般都由学校领导班子集中决策,而其他利益相关主体较少有渠道和途径参与其中。尽管有些院校也尝试建立了一些渠道,但尚未形成常规化、制度化的体制机制。"如果一个主体只想让别的'签约主体'无私奉献资源,而自己独吞决策权和'组织剩余',其他主体采取合作的可能将会越来越小。"[①]其二,行政权力与学术权力之间的协同合作关系有待进一步理顺。作为一个以知识的传承、创新与传播为使命的组织,学术权力在高职院校内部治理结构中应占据重要的地位和作用,但当前高职院校内部运行模式行政化特征较为明显,行政管理人员与行政权力在学校内部资源分配上占据着主导地位。为了进一步发挥学术权力在教育教学、科学研究以及社会服务等相关事务中的重要作用,应在制度设计以及权力配置上为学术权力发挥提供途径与保障。其三,行业、企业参与主动性不足。"产教融合"是高职教育办学的根本规律,而产教融合的实现不仅具体体现在人才培养过程中,更应体现在学校各个层面的治理结构与制度设计之中,但当前行业企业参与高职院校的治理并未落到实处,行业、企业参与高职院校办学仍然流于形式,缺乏强有力的组织保证,更无法以举办者的身份深度参与高职院校治理。

(二)在治理结构上亟待建立开放合作的平台

高职院校的培养方式呈现多元、协作、开放等特性。高职院校需要树立创新的理念,通过治理优化将各利益相关者的要求、力量和利益渗透到学校人才培养的各个环节中,并根据学生的特点进行有针对性的治理,从而更好地发挥利益相关者在人才培养活动中的作用,同时更好地满足各利益相关者的需要。当前高职院校尽管已经逐步建立了一系列协作共商的制度和平台,并将一些重要的利益相关者纳入高职院校治理结构之中,但各利益相关主体的角色定位还不清晰,协同运行关系还未能够有效理顺。其一,从横向权力结构来看,学术权力、行业企业权利、学生权利等其他权力类型的地位与作用有待进一步彰显。这些权力作为高职院校治理结构的重要力量,它同行政权力之间关系的协调是高职院校治理结构完善优化的核心任务,但当前高职院校无论是在学校层面的治理结构还是在二级学院层面的治理结构,学术权力、行业企业权利等还有待于进一步通过相关平台、制度的建设来纳入其中,亟待通过建立完善的规章制度保障各种权力之间的协调运行。其二,从纵向权力结构来看,基层教学组织运行较为封闭,二级管理体制改革有待深化。从我国高职院校内部组织运行来看,高职院校采取金字塔式的科层管理模式,机构设置是一种"校—院(处)—系—室"的结构,等级分明,而且每一层级都赋予了行政级

---

① 张建初.现代大学制度下的大学治理结构[J].教育评论,2009(5):20-22.

别。"管理权力在上,工作职责在下,学校行政职能部门掌握人、财、物等资源,审核、批准系(部)工作方案,评价、奖惩系(部)工作;而系(部)及其教研室在行政职能部门设计的政策、制度和资源环境中履行人才培养、技术研究、服务社会的职责。"[①]在这样一种职权分配下,基层教学组织趋向于封闭和保守,无法积极主动地根据市场变化及时、灵活地调整专业发展方向。

(三)在治理方式上亟待建立科学的管理与决策模式

处于转型发展时期的高职院校面临着巨大的竞争压力,必须解决好院校发展、学生发展与社会需求之间的矛盾冲突。在传统意义上单独依靠领导个体经验的管理模式已经无法满足高职院校的实际发展需求,亟须建立一种科学的学校管理与决策模式。通过开展院校研究能够全面认识学校发展的实情,深入了解学校的运转情况,实现为学校的发展定位、专业建设、社会服务等出谋划策,助推高职院校在竞争激烈的市场环境中寻求差异化战略、实现特色发展。当前,在高职院校开展院校研究尚属"新鲜事物",很少有高职院校构建基于院校研究的科学决策支持系统,鲜少开展系统化、科学化的院校研究。其一,高职院校已经设立的准院校研究机构无法真正担负起决策咨询的职责,已开展的院校研究实践缺乏规范的程序和科学的方法。尽管许多高职院校建立了高职教育研究所等研究机构,但在实际运行过程中,这些机构都未能够进入学校决策支持体系之中,"不行政、不学术"的组织定位,导致这些机构难以真正通过对院校自身的深入研究推动学校的发展。其二,高职院校普遍缺乏一支高水平的院校研究队伍来支撑学校管理决策的科学理性,由于专业标准的缺乏以及职称评定制度的制约,研究人员缺乏足够的动力去针对学校办学实践中的问题展开系统深入的研究,因此研究成果仍然以理论研究成果为主。其三,高职院校尚未构建基于数据支撑的信息化决策咨询系统。数据支撑是开展院校研究的前提基础,没有数据挖掘与发现就无法真正了解院校运行的真实状况,然而当前高职院校普遍未能建立起制度化、常态化的数据信息收集制度,而且各个业务数据系统之间相互独立,数据挖掘和分析难度很大。

(四)在治理体系上亟待加强以章程为引领的制度建设

高职院校治理体系的系统化表现在结构上相互关联、组织上协同合作、功能上彼此照应、程序上环环相扣、执行上点面兼顾。高职院校要想培养适应经济社会发展需要的技术技能人才,就要秉持高度合作、开放的教育理念。学校的各个组织机构、各项工作都要紧紧围绕这个中心,同时要与政府、行业企业等利益相关主体产生一些交集,通过对内外部组织和事务的统筹协调,以共同治理的行为来实现人才

[①] 陈寿根.公立高职院校内部治理结构改革的基本走向[J].职业技术教育,2012,32(33):46-50.

供给与需求的利益协调。治理是一种围绕目标、识别治理系统中各主体的关联性的系统思维，需要顶层设计与基层创新相结合，顶层设计既要"贯彻落实国家法律法规和中央文件精神"，又要"体现高职教育规律"；基层创新则包括"对已有办学经验进行总结提炼"和在实践过程中不断摸索创新。但当前高职院校相关制度的建设还缺乏系统性与规范性，以章程建设为核心的现代治理制度体系建设未能适应时代发展的需求。其一，章程建设普遍滞后。大学章程作为学校内部制度体系顶层设计的重要一环，是学校办学行为的根本依据和制度建设的核心要素。但当前高职院校普遍对章程建设的战略价值认识不到位，缺乏章程建设的内在驱动力，而且章程内容与学校制度建设缺乏有效的衔接，未能发挥其应有的功效。由于利益相关主体在章程制定过程中缺乏积极有效的参与而导致章程的效力也受到一定的制约，章程执行缺乏有效的监督机制。其二，高职院校办学治理行为还缺乏制度化规范。办学不能随性而为，而应该规划有章程、执行有规矩、评价有分寸、奖惩有依据。由于高职院校自身的绩效考核、激励机制、内部分配等相关制度不健全、不配套，行政权力与学术权力重叠交叉、界限不清，高职院校内部治理中还一定程度存在不作为乱作为现象。其三，民主参与和监督权未能得到充分体现。管理的民主化和治理的多元化是制约权力滥用的重要前提，也是高职院校治理体系高效运转的核心内容。但当前高职院校普遍未能形成各权利主体之间相互制衡的机制，尽管法律层面赋予了教职工参与民主管理和监督的权力，但在现实中，教职工代表大会还未能够发挥真正的民主监督作用，缺乏监督、审查学校发展各项重大决策的权力。

三、"双高计划"背景下高职院校治理现代化的实践路径

高职院校治理现代化需要坚持共同治理，聚焦民主治校、二级管理、质量保证等关键领域改革，以章程为统领完善学校制度，以理事会为重点紧密政校行企关系，以专业群为核心重构二级学院，以质量文化为引领推进内部质量诊断与改进，完善学校治理体系，全面提升学校治理水平。

(一)融合：形成利益相关主体共同参与的新格局

"现代大学共同治理不是主观选择的结果，而是大学发展的内在要求。"[1]治理的主要任务是在某种特定的体制框架下建立规范的治理结构、相互协调的治理机制，并实现利益相关者之间的良性互动。摆脱传统学校自我治理、封闭治理、单一治理的局限性，首先需要做好决策机制和执行机制的顶层设计，坚持"党委领导、校

---

[1] 洪源渤.共同治理——论大学法人治理结构[M].北京：科学出版社，2010：141.

长负责、教授治校、民主管理"的基本原则,以开放的姿态促进利益相关者对学校的科学治理和有效治理。如学校层面建立校务会、理事会、职教集团、决策咨询委员会、监事会等组织,院系层面建立院系理事会和专业指导委员会,吸收企事业单位、行业组织、专业机构和家长代表、校友代表等社会力量,全方位参与学校管理、专业建设、人才培养和质量评价等工作。高职院校作为一个"底部沉重"的学术组织,人才培养、科学研究、社会服务等基本职能都需要在院系层面达成,尤其在当前产教融合逐步深化的大背景之下,高职院校与市场之间的边界日益模糊,而基层教学组织必须能够灵活地适应外部产业发展的需求,这意味着高职院校的基层教学组织必须能够扩展与外界互动的深度,产教融合必须从过去的浅层次合作状态走向深入,甚至实现实体化的合作。例如,可以探索建立"产业学院""专业学院"等实体化组织机构,破解校企合作面临的体制机制障碍。因此,无论学校层面还是院系层面都要实现利益相关主体的多方协同合作,唯有多主体参与才能实现多力量融合、多渠道资金、多项目对接、全方位视角。

(二)先导:构建基于院校研究的决策支持新体系

院校研究是通过对本校管理问题开展系统和科学的、以提高本校管理决策水平的研究,是通过分析数据,为决策过程提供支持的一门专业,具有行动研究、咨询研究、自我研究的特征。开展院校研究对于系统提升高职院校人才培养质量、完善内部治理结构、深化高职教育改革发展具有重要意义。决策是整个治理结构以及治理决策的核心要素,科学决策是治理体系与能力现代化的应有之义,一般而言决策体系包含决策系统、执行系统、监督系统以及决策支持系统。当前,我国高职院校普遍已经建立了前三个决策子系统并且实现了规范化运行,但决策支持系统的构建仍然任重而道远。因此,为了帮助决策者明确决策目标,进行问题识别,建立或修正决策模型,提供各种备选方案,高职院校应该加快建立实体化的院校研究机构,从数据系统的构建、院校研究队伍的培育、院校研究机构与制度三个层面构建基于院校研究的决策支持体系。为了实现从"零星开展"到"有序发展",高职院校亟待建立专门化的院校研究机构,可尝试建立由专职人员构成的实体型院校研究机构,也可根据研究主题的需要建立各种类型的院校研究委员会,并且要通过制度化路径明确院校研究机构的功能定位及主要职责。除此以外还要建立并完善院校研究人员的专业发展制度,制定岗位胜任标准并建立院校研究人员培养培训制度,并基于院校研究人员专业发展的独特性建立相应的考核晋升制度。

(三)驱动:培育自觉自行的内部质量保障新文化

大学文化代表了一所学校的精神,文化共识带来治理共识,文化可以促进学校治理。质量文化是高职院校文化的核心,是高职院校坚持服务社会发展与学生个性发展的关键保障。培育质量文化可以通过正向引导促进内部质量保证体系的建设。正式制度是刚性约束,非正式制度是柔性引导,培育质量文化,使学校办学实践逐步由制度的强制性规范转向质量文化的柔性引导。通过行为引导,推动每个单位和个体参与质量建设,保证行为从自发到自觉。质量文化通过柔性引导凝聚多方力量(校、企、社会、校友)、动员所有人员(管理者、教师、学生)参与到质量提升工作中,解决质量保证"谁要干""谁能干""谁想干"的问题,从而真正以质量文化为引领,增强全校师生对质量目标、质量观念、质量标准和质量行为的认同感。在高职院校培育质量文化首先要确立标准化办学的意识。"高标准"是"双高"建设的基本立意,"双高计划"将标准的开发与应用作为重要建设任务,明确指出"校企共同研制科学规范、国际可借鉴的人才培养方案和课程标准,将新技术、新工艺、新规范等产业先进元素纳入教学标准和教学内容"。建立并完善标准体系是办学质量提升的必要前提,"学校应在国家专业教学标准基础上通过科学的标准开发范式,开发具有自身特色的人才培养方案,落地开发从专业设置、课程方案、校企合作、课堂教学到学生评价等一系列人才培养要素的校本标准,建立健全人才培养标准体系,以高标准来引领人才培养改革,提升人才培养质量。"[①]除了确立标准化办学的意识外,还应建立基于数据决策的质量诊断文化,充分应用信息技术,建立并完善学校的人才培养工作状态数据管理系统,基于数据精准判断学校人才培养工作的基本状况,并基于数据对人才培养质量的隐患进行精准定位与判别分析。

(原文出处:梁克东."双高计划"背景下高职院校治理现代化的理性思考及实践路径.中国职业技术教育,2020年第1期,26-30+61页)

"双高计划"引领下高职院校教育科研的价值与发展路向

"双高计划"是落实《国家职业教育改革实施方案》的重要举措,是职业教育"下好一盘大棋"的四大支柱之一,旨在集中力量建设一批引领改革、支撑发展、中国特色、世界水平的高职学校和专业群,带动职业教育持续深化改革,实现高质量发展。教育科研是教育领域的创造性认识活动,如何发挥教育科研在"双高"建设中的作用,认清"双高"背景下教育科研的价值、问题和发展路向,是当前"双高"建设院校需要积极思考和谋划的重要课题。

一、教育科研是"双高计划"实施的重要助推器

我国职业教育经历了规模发展、内涵发展,改革到了深水区,面临着诸多制约

[①] 梁克东,成军.中国特色高水平高职院校建设的逻辑、特征与行动方略[J].教育与职业,2019(13):9-16.

高质量发展的瓶颈问题。如产教融合、校企合作体制机制问题,现代大学制度建设问题,办学要素质量提升问题等,这些亟待通过研究先行以及研究与实践的紧密结合,在"双高"建设中破解。

(一)教育科研是高职教育内涵深化发展的急迫需要

职业教育是与经济社会发展最为密切的教育类型,高等职业教育是现代职业教育体系的重要组成部分,高职教育的"双高"建设承载着向世界输出职业教育"中国方案"的责任和使命。新时代新使命,高等职业教育如何准确定位、如何更好地满足经济社会发展对高素质技术技能人才的需求、如何更好地实现高职教育高标准高质量高水平发展,都急切需要教育科研[①]。通过深入开展教育科研,可以夯实职业教育作为类型教育的理论基础,为构建中国特色现代职业教育体系和深化高职教育内涵发展获得更强的理论支撑;通过深入开展教育科研,可以更好地指导高职教育改革实践,在院校改革创新实践中探寻具有普适价值的经验、路径、方法,将改革创新实践总结、归纳、演绎为理论创新,明晰高职教育内涵发展路径,提升高职教育整体发展水平。

(二)教育科研是高职院校治理水平提升的战略支撑

发展至今,我国高职院校已经日渐成为一个规模庞大、组织复杂、生源多样、利益相关者多元的超大型组织,正如马丁·特罗所讲,"在每一个现代社会中,高等教育的种种问题都与增长有关"。随着高职院校管理变得日趋复杂,单独依靠领导者个人智慧和能力已经无法应对新形势的要求,深化高职改革与发展所面临问题的复杂性已经无法依靠领导个体的经验管理模式,亟待向科学管理模式转型。《职业院校管理水平提升行动计划》明确提出了"实现职业院校治理能力现代化"的战略目标,"双高"建设背景下,基于实证证据支撑对本校管理问题开展系统和科学的研究,可以为学校管理决策提供科学依据,推动实现院校治理能力现代化。为此,开展系统和科学的教育科研对提高高职院校管理决策水平、完善内部治理结构具有重要意义,教育科研是高职院校深化改革与发展、提升治理能力水平的现实需求和应然路径。

(三)教育科研是高职院校核心竞争力提升的方向引领

地方离不开、业内都认可、国际可交流,是"双高计划"的目标追求,也是高职院校核心竞争力的具体彰显。教育科研在高职院校实现高质量发展、提升核心竞争力中可发挥方向引领的重要作用,如通过对产教融合、校企合作的政策、标准、制

---

① 刘红,匡惠华.2019年全国高职院校科研成果数据分析——基于中国知网的数据[J].中国职业技术教育,2019(36):17-26.

度、路径、方法等研究,可以为高职院校产教深度融合、校企深度合作指明路径方向;通过对区域经济社会发展和产业转型升级现状的调研和发展预测,可以支持学校专业结构布局的优化调整和专业办学的准确定位,使高职院校的专业结构与区域经济社会发展的产业结构相匹配;通过对人才培养模式的教育理念、课程结构、教学内容、支持条件等研究,可以促进高职院校的人才培养更加符合区域产业对新技术人才的需求;通过对高职院校内部质量保障体系以及教学工作诊断与改进制度的研究,有利于精确把握、及时跟踪人才培养状态,及时发现潜在的教学质量隐患,在促进内部质量保障制度体系和运行机制的完善上发挥方向引领作用。

(四)教育科研是高职院校教师专业发展必备的核心素养

高职院校核心竞争力提升的关键是教师,教师是教育教学改革创新的实践者,也是高职院校教育科研承担的主体,只有实践者与研究者高度融合,高职院校的教育科研才可能是生动的、有效的。教师将教育实践与教育科研融为一体,才能在教育实践中有效实现自我的专业发展。教育的价值决定了教育者就是研究者,高职院校教师需要具备强烈的教育科研意识,尤其是职业教育"跨界"的本质特征对"双师型"教师提出了教育实践与职业实践的双重要求。高职院校教师还要有积极的教育科研行动,充分利用教育理论尤其是职业教育理论指导开展教育教学改革创新,并在教育教学改革创新中开展教育研究,把实践创新提升为理论创新。

二、当前高职院校教育科研发展存在的问题

尽管教育科研在高职院校内涵发展中发挥了一定作用,也积累了很好的经验成果,但是,高职院校教育科研在科研理念、科研内容、科研方法、科研组织和科研实践中还存在一些问题,要认清问题及问题的症结,才能更好地开展教育科研,使教育科研在"双高"建设中发挥应有作用。

(一)在科研理念上,功利导向严重

高职院校教师教育科研意识普遍淡漠,做科研写文章主要是为了职称晋升,功利导向严重。高职院校科研论文的主要产出都集中在有职称晋升需求的教师群体,所以从教师群体看,阶段性特征特别明显,教师一旦评上教授,基本上就不做科研,更不做教育科研了。所以很多院校增加了聘期考核的科研要求,有的学校在对二级学院考核的突破性项目中专门增加对教育科研的要求,要求具备学院重大教学改革创新项目的理论成果,并给予加分激励。

(二)在科研内容上,宏观理论研究占主导

高职院校教师对教育科研价值的认识上存在偏差,在选题上普遍缺乏问题意

识,因为选题不是自己在教育教学一线碰到的问题,没有切身感受、体会和深度思考,又缺乏扎实的调查研究,写出来的论文往往深度不够,创新价值欠缺。宏观理论研究要有深厚的理论功底和对国家宏观政策、职业教育发展历史的深刻把握,高职院校教师一般不具备这样的条件,即使是经过系统学习和专门训练的教育学博士或职业教育学博士,如果没有一定的实践积累,也很难在宏观理论研究上出高质量的成果。

(三)在科研方法上,基于文献的思辨研究占主流

高职院校教师的科研方法以基于文献的思辨研究为主,基于调查的实证研究和在教育实践中开展的行动研究较少,不善于从教育教学实践中发现问题,基于问题导向开展教育研究[①];不善于在教育实践中融入教育研究,理论研究与教育实践两张皮运行。

(四)在科研组织上,分散研究无法形成合力

在科研组织上缺乏团队合作,教育科研成果基本上是教师个人独立完成居多,所以很难出重大研究成果。教师以课程、专业为单位形成教学团队,但是没有形成科研团队,申报课题时课题组成员也是根据申报需要临时组合的,课题立项后很少能真正参与课题组进行课题研究,课题研究和结题基本上是课题负责人完成的。教育科研要像结构化教学团队那样分工协作开展模块化教学,只有分工协作开展教育科研,才能出更多的高质量成果,才能解决教育教学改革中面临的现实问题。

(五)在科研评价上,重结果轻过程

高职院校在科研评价上普遍存在重结果、轻过程。重结果易于评价,按照课题立项的层级、论文发表杂志的层级来评价教师科研成果,但忽略了教育科研的价值所在,教育科研的价值不仅仅在结果,更多的是研究的过程,通过教育科研可以修正教育教学改革实践的目标、内容、路径和预期成效,使教育教学改革实践更贴近学校现实基础,更具有普适推广价值。只重结果的科研评价,不利于培养教师教育科研的意识和能力,不能真正发挥教育科研对学校教育教学改革的推进作用。

三、"双高计划"引领下高职院校教育科研的发展路向

"双高计划"的落地预示着高职院校进入了新一轮的改革发展期,是新时代高职院校新的发展平台,"双高"建设院校要积极抓好教育科研,服务学校高水平高质量发展,引领我国高职教育的科学发展、创新发展。

---

① 赵淑琪.高职院校教师教科研能力现状调研及提升策略[J].教育与职业,2019(21):85-88.

(一)探究规律,丰富现代职业教育科学理论体系

职业教育进入了类型教育改革发展的新时代,面临着一系列新要求、新变革和新任务,需要深入探索形成职业教育的新特征、新规律和新理论。职业教育科学研究在理论创新方面有着不可替代的作用,构建并丰富现代职业教育科学理论体系,是职教战线共同的责任和使命。"双高"建设院校更应担当职业教育改革先锋、发挥科学引领作用,在三个层面加强职业教育理论研究,在构建新时代中国特色职业教育科学理论上建立话语体系。一是加强职业教育基础理论研究。围绕以职业为职业教育逻辑起点、教育为职业教育逻辑归宿这一根本命题,充分运用社会学、经济学、管理学、教育学等理论,从行业企业与职业院校的跨界合作、产业链与教育链的需求整合、共性与个性并蓄的框架重构等角度,从职业教育生存发展的社会价值、特色发展的教育逻辑和科学发展的体系架构等层面,深入研究支撑职业教育类型特征的基础理论,丰富职业教育学理论的深度和广度。二是要加强职业教育应用理论研究。围绕"以跨界性、职业性和应用性的知识为特征的职业教育"这一基本原理,聚焦产教融合、校企合作、教育教学标准开发、专业(群)建设与课程改革、人才培养与教学创新等职业教育具体领域,以"双高"建设的具体实践为基础,在职业教育实践中开展职业教育应用理论研究,进一步丰富现代职业教育科学理论体系[①]。如针对各层次职业教育的课程改革,深入开展聚焦职业、能力、工作过程与行动导向的理论研究,形成系统化的课程开发模式与教学模式,丰富职业教育课程理论和教学理论,为职业院校开展课程教学改革提供理论支持和方法指导。三是加强职业教育重大项目的理论研究。把握我国职业教育发展的时代机遇与时代脉搏,主动开展战略性和前瞻性研究,如围绕1+X证书制度、职教高考、职业教育层次结构等重大改革方向开展理论研究,为重大改革政策的建立与实施提供理论依据和理论指导。

(二)聚智咨政,服务国家职业教育发展重大战略

重大战略推动重大变革。职业教育科研是促进职业教育发展决策科学化、服务职业教育重大战略科学设计的重要手段,"双高"建设院校要以服务国家职业教育发展重大战略为己任,围绕职业教育重大前沿问题,以及政策、制度、标准制定等方面问题,开展决策咨询研究。其中,尤其要聚焦三大领域的教育研究,发挥重要的智库作用。一是重大战略与政策的前期研究。"双高"建设院校要主动承接政府及教育行政部门委托的研究课题,围绕国家战略顶层设计对职业教育的需求,以服务党和政府决策为宗旨,以政策咨询研究为主攻方向,以调查研究为先导,强化问

---

① 丁帮俊.基于质量与贡献导向的高职院校科研分类评价研究[J].职业技术教育,2017(35):12-16.

题导向、需求导向、创新导向,开展针对性、前瞻性、储备性政策研究,形成调研方案或建议方案,为政府决策提供专业化、建设性、可行性的对策建议,着力提升职业教育发展的综合研判与战略谋划能力。二是重大战略与政策的实施路径研究。针对职业教育服务国家战略的方法与路径展开深入调研,研究典型范式,汲取经验教训,形成系统性的研究成果指导职业院校服务国家战略的实施。如围绕国家"双高计划"这一重大发展战略,以实证研究、行动研究、应用研究等方法路径为依托,结合学校改革实践积累一批可复制、可借鉴的改革经验和模式,丰富"双高"建设的制度体系和实施路径。三是重大战略与政策的评估研究。针对职业教育改革发展的国家重大方针政策、重要改革举措、重点规划项目的实施情况,围绕政策举措本身的可行性、完善性和风险点,政策举措实施后取得的实际效益和社会影响等开展持续跟踪评估研究,为政策举措调整或完善提供建议,推动政策举措进入"执行—评估—改进—再评估—再改进"的良性循环。

(三)顶天立地,聚焦院校改革难点发挥科学引领

当前,我国职业教育尤其是高职教育总体环境发生重大变化,迅速扩大的办学规模、多种多样的学校类型、复杂多元的学生个体等现实因素,使得高职院校的管理日益复杂,依靠传统经验的管理模式已经无法满足院校实际发展需求,亟须建立一种科学的院校管理与决策模式。尤其我国高职教育迎来"双高"建设的新阶段,各层次高职院校在新一轮竞争中,需要明确自身发展现状,确定科学可行的目标,从而在未来竞争中获得先行优势,而这恰恰离不开院校研究的支持。一是增强院校研究意识。打造院校发展的范例与样本是"双高"建设院校建设的重要目标,"双高"建设院校更加需要注重院校研究,以国家战略"顶天",以院校实践"立地",全面认识国家战略的宏观导向,深入了解院校发展的运转实情,通过院校研究为院校的发展定位、人才培养、内部治理等提供科学决策支持,推动院校从经验管理向科学管理转变。二是要聚焦院校研究重点。着力于新时代高职院校的内部治理以及院校改革发展的重点、难点,以高校管理实践与创新发展中的具体问题为导向,赋予院校研究以显著的实践取向和强烈的应用价值,研究成果直接服务于院校发展与管理决策。金华职业技术学院依托研究基地,充分利用本校专业门类综合、代表性强的特点,深入开展院校研究,并根据不同研究主题建立若干院校研究小组,重点围绕专业群建设、面向多样化生源的人才培养与教学管理改革、1+X证书制度试点、产教融合平台建设、高水平教师教学创新团队建设等关键领域深入展开院校研究,既服务学校"双高"建设,又致力于在院校比较研究中形成具有中国特色、世界水平的可复制、可借鉴的院校发展范式,通过成果发布、宣传交流等途径辐射带动全国高职创新发展。三是探索院校研究方法。首先立足于本校研究,建设由专职研究人员、管理人员、教师和校外专家等组成的院校研究队伍,构建基于数据支撑

的学校决策支持系统,广泛收集本校内部运行、资源利用和办学效益的数据和信息,对管理问题开展系统和科学研究[①],基于大数据分析开展精准化的内部质量保证体系诊断与改进,提升本校管理与决策水平。建立院校研究协同体,加强同行之间的交流互动,采取院校比较研究等多元化的方法,促进不同院校在竞争激烈的市场环境中寻求差异化战略、实现特色发展。

(四)基层创新,扎根教学一线反哺教育教学实践

实践是理论的源泉,理论要反哺实践。教育科研要扎根教学一线反哺教育教学实践,只有这样教育科研才具有生命力。只有在教育研究中鼓励基层创新,才能磨砺提升教师队伍素质,也只有在基层创新中深化教育研究,才能收获丰硕的成果。"双高"建设院校要树立人人都是研究者的理念,营造人人重视教育科研的氛围,让教育科研成为广大教师教书育人的行动自觉。金华职业技术学院在推动基层教育研究方面,主要立足于教学研究,多部门协同、多层面并推,引导广大教师在教育教学改革实践中积极开展教育科研。一是顶层设计、项目引领。学校教务部门根据不同的发展阶段,围绕学校重点工作,统筹规划专业、课程、教学等层面的改革项目,比如在"双高"建设中,布局了"三引领、三融合"的技术技能拔尖型人才培养改革项目,"三贯通、四模式"的1+X证书制度试点项目,"五个一批"新技术课程群建设项目和教学资源建设"五个一百"计划,在具有探索性的项目建设中厚植教育研究的土壤,培育教学创新的范式。二是建立机制、创设载体。学校在国家示范校建设期间就推出了校、院、专业三级教研制度,经过十多年的不断完善,不同层面的集体教研已经成为学校教学文化的重要内容,成为广大教师的行动自觉。学校示范验收后推出了"四说""四重""四促""四接"等教研活动载体[②],"双高"建设学校又推出了"新四说",即立足产业链说高水平专业(群)、立足"三教"改革说新技术课程、立足"互联网+"说新形态课堂、立足标志性成果培育说专项性改革,对于"双高"建设阶段推进高水平专业群建设,深化教师、教材、教法"三教"改革,提高课程教学质量,培育标志性教育教学成果具有积极意义。三是平台支持、提升能力。学校成立教师发展中心,建有2000多平方米的教师教学研讨活动场所,围绕人才培养、课程综合化改革、模块化教学等教师教学实践中共同的问题开展研讨,通过头脑风暴互相启发,破解教学实践中的难题。学校建立教研校本培训的项目体系,针对新教师、骨干教师、专业主任分层级开展专项培训,提升教师的教学能力和教育科研能力,激发教育教学研究的基层创新活力。2019年,学校获得了全国职业技能

---

① 郝天聪,石伟平.全面深化改革语境下的职业教育研究——近年中国职业教育研究热点问题分析[J].教育研究,2018(4):80-89.
② 张雁平.高职院校教学创新的推进策略与实施路径[J].中国高教研究,2016(4):101-104.

大赛教学能力比赛一等奖3项,是全国唯一荣获3个一等奖的院校,这是教育科研扎根教学一线反哺教学实践的生动案例。

(五)平台效应,集聚职业教育教育科研战线智慧

职业院校是职业教育研究的主战场。当前高职院校普遍设立了职业教育研究机构,每年发表的论文成果超过15万篇,研究能力在不断增强。建立职业院校教育研究的协作与交流平台,完善职业教育研究的协同创新机制,有利于凝聚职业教育战线的研究智慧,提升我国职业教育科学发展的水平。"双高"建设院校要率先搭建平台、形成合力,分享教育科研理论成果和实践成果,包括信息共享、数据共享、国内外联动、调研平台建设等,为向世界职业教育输出"中国方案"贡献智慧和"样本"。一是集聚研究力量。立足职业教育的开放性,建立柔性人才流动运行机制,积极吸引并聘用知名学者、具有丰富决策咨询经验的在职或退休党政干部、院校管理者、国外智库知名专家组成专兼职一体化的职业教育研究队伍,形成"政学研用"人才交叉流动的良好格局,集聚多元化、高层次的研究力量,造就一支坚持正确政治方向、德才兼备、结构合理并富有创新精神的职教研究咨询队伍。二是发挥智库效应。加大对职业教育研究机构的投入,提升智库的平台定位,健全媒体合作机制、学术交流机制、人才引进与培育机制、智库与党政部门的对接机制等,建立一套治理完善、充满活力、制度完备的智库管理运行机制,有效发挥咨政建言、社会服务、舆论引导、改革引领等关键作用。三是构筑交流平台。推动建设互助合作的学术研究共同体,积极打造职业教育研究智库联盟、论坛等交流合作平台,构筑不同研究平台之间的战略协作关系,加强与国内外职教研究智库的交流合作,建立制度化的沟通交流机制,促进资源有效整合,营造职教研究协作生态链。

(原文出处:成军."双高计划"引领下高职院校教育科研的价值与发展路向.中国职业技术教育,2020年第18期,26-30页)

制约职业院校学生发展的结构性矛盾需破解

除一些办学水平比较高的专业外,许多专业的教育教学改革滞后,校企合作不紧密,人才培养目标定位落后,所培养的学生无论是职业素养还是能力结构,都不能很好地满足岗位工作需求。习近平总书记在教育文化卫生体育领域专家代表座谈会上强调指出,人力资源是构建新发展格局的重要依托。要优化同新发展格局相适应的教育结构、学科专业结构、人才培养结构。要大力发展职业教育和培训,有效提升劳动者技能和收入水平。今年,全国普通高校毕业生达874万人,再加上新冠疫情影响,人力资源市场结构性矛盾突出,"招工难"和"求职难"情况同时存在,尤其是产业转型升级急需的高端技术技能人才严重短缺。

一、我国职业院校学生发展存在四种结构性矛盾

(一)层次结构矛盾

2017—2019年,高职高专院校招生逐年增加,分别招生350.74万人、368.83万人、约468万人(含扩招百万)。近年来,经过多方共同努力,我国高职院校毕业生基本素养持续提升,就业率稳中有升,就业情况总体较好,绝大多数省份的高职院校毕业生就业率达到93%~97%左右,月收入也持续稳定增长。中职学校则相反,学校数和在校生持续减少,2016—2018年分别比上年减少309所、222所、442所,招生数分别比上年减少7.91万人、10.91万人、25.38万人,同时升学比例逐年提高(部分省份达30%以上),中职毕业生直接就业人数明显减少。一些高职生从事原本中职生能胜任的岗位工作,相应提高了企业劳动力成本,并在一定程度上推动了产业向外转移。矛盾最突出的是本科及以上层次的高素质技术技能人才严重短缺,无法满足经济转型升级、产业结构调整和战略性新兴产业的发展需求,求人倍率在2左右。

(二)区域结构矛盾

我国各地产业分布、职业院校数量以及生源数量都存在不均衡,区域性结构矛盾凸显。一方面,东部地区产业集聚,用工需求大,就业形势比较好,甚至出现部分学校招生不足情况。而中西部地区就业岗位少,大约有7500万农民工还得跨省务工。另一方面,区域内各职业院校学生在学校所在地就业的比例极其不平衡,部分产业比较集聚、用工需求大的地市可达70%~80%,有些地方却只有30%左右,甚至更低。这既不利于校企合作开展现代学徒制培养,也会影响教育教学的针对性,还不利于职业院校的可持续发展。

(三)专业结构矛盾

职业院校专业设置面广点多。2019年,经各省级教育行政部门备案的高职专业和教育部审批同意新设的国家控制高职专业共计744个,涵盖19个大类,专业点58085个。但职业院校专业设置分散,同质化现象严重,结构很不合理,呈现"三多三少"现象:文科类多、理工类少,传统专业多、新兴产业专业少,热门专业多、重大民生领域专业少。会计、电子商务、市场营销、机电一体化技术等7个专业在高职院校超过1000个专业点,而汽车造型技术、藏药学等专业点只有个位数。大多数职业院校主要基于办学基础、办学成本和就业面向等多种因素设置专业。计算机应用、会计、文秘、营销等服务类专业,由于办学成本低、易于教学、见效快,设置的学校很多;而物联网、工业机器人、高档数控机床、人工智能等一些新兴产业发展急

需的专业,由于需要一个较长的建设周期,并且对教学设备、实训基地、教师等办学条件要求更高,一般学校不敢轻易开设,明显滞后于社会经济发展。这次新冠疫情还反映出,预防医学、护理、老年服务等重要民生领域的专业设置缺口较大。

(四)能力结构矛盾

随着社会经济发展和产业转型升级,许多工作岗位的技术技能和职业素养要求发生重大变化,呈现综合化、智能化、信息化、高端化等趋势。如东部沿海地区的"机器换人"工程,推进制造业生产方式由"制造"向"智造"升级,企业工人不再是简单的、熟练的手工操作,而是需要复杂的智能化的管理和操作,需要团队协作和解决综合问题的能力。即使是普通的机械制造专业,也需要自动化专机设计与改造、自动化工夹具设计、自动化设备调试维护等新的技能。除一些办学水平比较高的专业外,许多专业的教育教学改革滞后,校企合作不紧密,人才培养目标定位落后,所培养的学生无论是职业素养还是能力结构都不能很好地满足岗位工作需求。

二、职业院校学生发展的结构性矛盾应从源头上破解

针对上述情况,职教界需要在精准研判的基础上,通过完善职教体系、调控招生指标、优化专业布局、深化教学改革等,从源头上破解职业院校学生发展的结构性矛盾,切实提高人才培养质量,扩大更高质量的就业,促进职业教育与产业结构、经济发展阶段的协同协调发展。

(一)完善职教体系

当前,高职高专的在校生数、毕业生数和就业率都已达到较高水平,基本能满足社会经济发展需求。破解层次结构矛盾的关键是通过强化高职、扩大本科、稳定中职,进一步完善现代职业教育体系。一方面,要大力发展本科层次职业教育。在全国22所本科层次职业教育试点学校的基础上,允许更多优质或高水平高职院校举办本科职业教育,同时推进并大力支持有意愿、有条件的地方高校向应用型高校转型,积极扩大中职和高职升本的规模,加快大批量培养本科及以上层次的高端技术技能人才。另一方面,稳定中职学校办学规模,提高中等职业教育发展水平。初中毕业生就读中职学校,要按照直接就业和升学两种培养目标,培养基础性技能人才,同时为中高职以及中本贯通培养夯实基础。

(二)调控招生指标

我国人口、产业和职业院校分布均不平衡。为破解区域结构矛盾,一方面要想办法使东部地区的劳动密集型产业有序地向中西部地区转移,另一方面教育行政部门要精准调控各类招生指标。一是继续实施好全国职业教育东西协作联合招

生,把"当地的用工需求"作为安排招生计划(包括人数和专业)的重要因素,尽可能把招生与后续的招工有机结合起来。二是引导并支持职业院校结合对口扶贫、山海协作等工作,在传统用工来源地多招生。三是有针对性地出台相关政策,允许职业院校通过降分、降费和订单培养等措施,优先招收本地生源。此外,在实施"示范""双高"等建设计划的同时,还要注重区域职业教育的均衡发展,整体提升职业院校的办学水平。

(三)优化专业布局

从三个层面优化专业布局,使职业教育专业特色化、集群式发展。国家层面,通过"双高"计划、提质培优行动计划、国家级资源库、精品课程、教师团队等项目,重点支持建设工业机器人、物联网、人工智能等经济社会发展急需但紧缺的专业,引领相关产业发展;对部分高技能人才紧缺但需求量不大的专业,可以由少数有相关办学基础的职业院校开设,面向全国定向招生或委托培养。省级层面,综合考量职业院校专业优势、各地市主导产业以及对技术技能人才的需求等因素,统筹布局,通过实施高水平专业群、特色专业、优势专业等建设计划,重点扶持前瞻性、战略性优势专业,支持不同职业院校做大做强各自有特色的专业,引导职业院校错位发展。院校层面,要建立专业预警与退出机制,做好专业动态调整的"加减乘除",积极打造若干有特色的专业群,提升专业的规模效益和竞争优势。

(四)深化教学改革

职业院校要加强专业内涵建设,精准对接市场,及时把握新技术发展背景下的岗位和能力结构变化趋势,适时调整人才培养定位或开设有特色的专业方向,深化人才培养模式改革;校企紧密合作,结合学生职后发展通道系统建构专业课程体系;产教深度融合,通过现代学徒制等方式,切实提高技能人才培养的有效性和针对性。高水平专业群、国家级重点建设专业或国家级教师教学创新团队,要担当作为、开拓创新,着眼培养高端技术技能人才的目标定位,全力建设具有中国特色、世界水平的专业,并引领带动其他职业院校相关专业的发展,整体提升学生的技能水平和综合素养。

(原文出处:邵建东.制约职业院校学生发展的结构性矛盾需破解.光明日报,2020年10月20日第14版)

基于整合理念的职业教育质量生态研究

在我国不同时期,"质量"代表规模、结构、功能、内涵等不同的含义。从2006年开始,国家出台一系列政策举措,如,建设国家示范校、重点校、"双高"校,推动职业教育由规模发展转向内涵发展。而内涵发展需要一套完整闭环的质量保证体系提供价值导向和运行纠偏。目前,依靠业务条块管理制度支撑的内部质量管理和依靠政府项目推动改革创新的外部评估仍是多数职业院校质量管理的常态,职业教育质量价值的多重性没有在决策中清晰地体现出来。因此,以整合理念为理论支撑,建立政府、职业学校、行业组织、企业、社会多元整合的职业教育质量生态是职业教育的必要选择。

一、职业教育质量价值的多重性

职业教育从一出现起,就承担着传递生产力的使命。因而,世界各国都将高质量发展职业教育作为重要国策。质量是主体对客体的特性能否满足其需要及其满足程度所做出的肯定性价值判断[1]。职业教育质量是人们对职业教育作为"社会活动"的价值判断而非事实判断,是对职业教育作为"传递过程"有效性的反映。职业教育作为类型教育,有自己的"类的规定性",即职业教育的质量不仅要符合教育规律,还要符合经济规律,这是由职业教育的跨界特质所规定的。高等职业教育是经济发展和科技革新的产物,是国家工业化的直接推动力[2];与其他类型教育相比,中等职业教育服务区域经济发展的特征更为明显[3]。因此,职业教育被赋予比普通教育更多的社会职能,其质量价值也因此具有多重性。

一是合目的性。根据国际标准化组织(ISO)的定义,质量是一组固有特性满足要求的程度。职业院校以遵循市场规律和信号为导向,以满足学生、企业、家长等不同利益主体的需求为目标,这是对传统质量观的本质变革,体现了强烈的市场信号[4]。因此,职业教育质量是指职业院校提供的职业教育、技能培训、技术革新和终身学习服务等满足政府、企业、受教育(培训)者及社会人员等多方价值主体规定的或潜在需要的程度,它规定了职业教育质量保障体系建设的目标依据。

二是合发展性。质量本身是一个发展变化的概念,没有创新发展就无所谓质量。职业教育应为生产、管理、建设和服务一线培养用得上、留得住、能发展、善创新的高素质技术技能人才。我国产业转型升级背景下新产业、新业态、新技术、新职业在迭代发展,参与职业教育主体也在发展,职业教育的质量标准也必然要随之

---

[1] 胡弼成.高等教育质量观的演进[J].教育研究,2006(11):24-28.
[2] 周光礼.国家工业化与现代职业教育——高等教育与社会经济的耦合分析[J].高等工程教育研究,2014(3):55-61.
[3] 姜大源,石伟平,邬宪伟,等."中等职业教育发展问题"专家笔谈(一)[J].中国职业技术教育,2018(25):5-15.
[4] 孙芳芳,闫志利.评估与诊改:职业教育质量保障的理论演进与范式融合[J].中国职业技术教育,2019(3):69-73.

发展，以确保教育链、产业链、人才链和创新链相匹配。

三是合差异性。我国不同地区的经济发展水平、产业结构、支柱产业等各不相同、各有特色，职业教育的发展也必然要同地区的产业发展一致。而且，职业院校的发展历史、资源积累和专业结构、产业关联也不尽相同，也必然要求职业院校在内涵发展的过程中去同质化，探索错位发展、特色发展的道路，以形成适应地方产业发展的人才培养、技术服务和质量管理的特色模式。

四是合开放性。从教育社会学的角度看，教育是一种社会事实，教育的制度、目的与内容等都受社会制约，并具有社会功能[1]，加之职业教育的跨界特征，可见职业教育不是一个封闭的系统，而是与周围环境有千丝万缕联系的一个社会子系统。它既要同教育系统内的其他类型教育子系统进行资源交流，也要同教育系统外的经济系统进行资源交流，通过与内外部系统的资源交流提升发展动力和适应能力。可见，适应内外部环境的高度开放的职业教育才可能是高质量的。

二、当前职业教育质量生态存在的主要问题

基于职业教育质量价值的多重性，职业教育必然要同周围的社会环境及其中的其他子系统建立相互依存、互为因果、共生共荣的关系，即生态系统理论所谓联系的原理、共生的原理[2]。按照教育生态学的观点，教育机构与社会其他主体之间的相互作用以及物质、信息、能量之间的流动，均会影响教育的发展变化。因此，职业教育的质量不能依赖边界封闭的组织内部质量管理，而要建立内外连通、资源平衡的质量生态系统。在职业教育质量生态系统中，职业院校与政府、企业、行业组织、社会团体等各生态主体之间通过政策、技术、人才、资金、信息、标准等资源交流（输出与输入），维持人才培养、技术服务、培训服务、终身学习服务等质量要素所需资源的动态平衡，体现出多元性、开放性、协同性、系统性的特点。以此考察当前职业教育质量生态，主要存在四个方面的问题。

（一）生态结构失衡，多元合作浅表化

职业教育质量评价的主要内容是人才培养和服务贡献[3]，这两方都需要多元主体的协调合作，以整合优质资源共同保障职业教育的质量。在质量生态系统中，任何一方不可能长期依靠过度"消费"他方利益来稳定地获利。只有取得双方或多方

---

[1] 吴康宁.教育社会学[M].北京：人民教育出版社，2019.
[2] 吴康宁.教育社会学[M].北京：人民教育出版社，2019.
[3] 现代职业教育体系建设规划（2014—2020）[EB/OL].（2014-06-23）[2021-06-20]. http://www.moe.gov.cn/srcsite/A03/moe_1892/moe_630/201406/t20140623_170737.html.

利益的均衡和共赢,即协同进化,才能维持质量生态系统长期有效地运行[①]。但在实践中,企业常常因利益回报难以平衡,而不愿与职业院校深度合作,行业组织和社会团体的桥梁纽带作用也十分有限[②],"学校一头热、企业一头冷、行业组织一边站"的现象仍普遍存在。

(二)生态链条断裂,资源循环难闭合

职业教育质量生态系统要通过政策链、资源链、信息链、技术链、人才链等生态链条不断与环境进行物质、能量、信息的交换,这些交换活动不是单向的"给予",是闭环状态的资源循环。如,企业通过课程将人才规格、岗位技术标准、生产案例等输入学校,再通过专兼教师加工重构后传递给学生或企业员工,同时将技术问题转变为技术革新项目及研发成果,输送到企业一线,实现资源的良性循环。资源链、信息链以及技术链和人才链在其中始终发生着作用。事实上,这些链条并不完整。如企业的核心技术是否能够流向职业院校,先进设备是否能为学生所用,技术人才是否能与专职教师融合;学校的教学资源、技术研发力量的规模、结构及成果等能否平衡或补偿企业的投入等问题,一直是职业教育质量生态系统中资源循环链条中的瓶颈。

(三)生态要素离散,协同融合理想化

在职业教育质量生态系统中,影响人才培养和社会服务的很多要素分散或部分分散在学校之外。其中,师资最为显著。职业教育强调教师个体的专业知识、操作技能和创新能力:即"双师"能力,也注重教师群体的"双师"结构、师资团队和专兼融合。职业院校从企业聘请技术人员参与课程建设、技术攻关、实习实训等工作,与专职教师融合,组建"双师"团队是我国职教政策和学校制度的一贯要求。企业作为社会经济单位,技术人员是其核心利益所在。在参与职业教育投入与收益不平衡,且政府对企业的保护(补偿)体系不完整的情况下,技术人员投入职业教育要损耗企业大量的人力资源和机会成本,职业院校所谓的"专兼融合"在实践中很难实现。

(四)生态指标单一,系统评价差距大

在质量生态系统中,外部环境对职业教育的规模需求、人才规格和技术标准等信息资源的输入是维持其高质量发展的必要条件,也是检验其质量生态是否平衡的主要指标。同时,这也决定了其质量评价是多主体参与、多角度透视和多方式综合的系统评价。当前,职业院校探索了多种质量评价方式,但大多数院校的质量评

---

① 王仕卿,韩福荣.基于产业集群的质量生态实证研究[J].科学学研究,2006(S2):438-443.
② 肖香龙.基于协同理论的多元平台校企协同发展研究[J].现代教育管理,2014(1):39-42.

价体系还没有完全建立起来,主要表现为评价主体单一,外部参与少;评价方式碎片化,没有形成质量管理闭环;评价指标固化,集中于教学评价;评价形式单一,主要为结果评价。因此,评价结果很难得到各生态主体的认可。

三、多元整合的质量生态建设路径

职业教育质量生态是职业院校与政府、企业、行业机构、社会组织等生态主体之间通过政策、资金、人才、技术等资源的交换,满足人才培养、技术创新、社会培训等各生态要素发展所需,并使各主体利益达到动态平衡的状态。整合理念较好地阐释了质量生态的内涵,指复杂系统的各种要素重新组织成具有一定层次结构并与环境发生关系的有机整体,使系统得以整体优化的思维。在办学主体、师资、课程和评价等方面多元整合,可使职业教育质量生态系统的整体结构、生态要素和生态环境更加优化、同化和结构化,实现职业教育质量持续改进和提高。

(一)多元主体整合

在职业教育质量生态系统中,学校和企业并不能完全满足系统中各主体之间的利益平衡和统一,不能有效地解决主体地位指向不明的问题[①],也不能有效解决系统中资源循环与动态平衡的问题。职业教育质量生态系统的平衡需要政府、行业组织、学校、企业等生态主体共同维护,始终保持着稳定的资源交换。其中,政府是关键性主体、行业组织是指导性主体、学校是根本性主体、企业是实质性主体[②],共同维护职业教育资源的稳定流动、循环和传递。

(1)多元主体的质量观。职业教育的宗旨是服务,职业教育质量提高能为企业和社会提供更多高素质技术技能人才、技术创新成果和终身职业技能培训资源,这是各主体共同的质量目标,也是协同发展互惠互利的成果。同时,职业教育的质量保障需要各主体持续输入职教资源,围绕人才培养和服务质量,以产教融合为逻辑起点,加强来自不同主体的各层、各类资源在数量、类型、规格和形式等方面的职业教育转换,实现同化与结构化。没有多主体协同和资源的持续投入就不会有职业教育质量。

(2)多元主体的利益基础。职业教育质量要素包括多个方面,涉及各主体的利益。实践证明,偏重学校利益,强调人才培养的资源单向度输入,轻视企业等其他主体的利益回报,不注重培训服务和技术服务等资源输出,都会破坏整个质量生态的系统性、协调性和稳定性。事实证明,培养高素质技能人才、技术研发和社会服

---

① 叶鉴铭.校企共同体:企业主体学校主导——兼评高等职业教育校企合作"双主体"[J].中国高教研究,2011(3):74-76.

② 张健.论校企合作多元主体的治理[J].中国职业技术教育,2018(18):44-49.

务等能力越强的职业院校,获得政府、企业和社会投入的资金、设备和人才也会越多,这是资源交换的结果。

(3)多元主体协调机制。质量生态系统的资源结构及其循环流动的数量、类型和节奏取决于各主体的特质,又受制于质量协同关系。因此,除通过政策法规、体制机制等规范各主体在职业教育中的社会责任、义务、权益之外,还需要建立一套激励机制,特别是需要政府建立一套利益补偿机制,实现硬性约束与柔性激励相结合。当前,职业院校服务企业的能力普遍较弱,各方彼此输送的资源不平衡,以此协调不同主体的利益诉求、疏导利益矛盾以及补偿利益差异,确保各主体利益的动态平衡。此外,行业主管部门、行业组织的桥梁和引导作用也至关重要,能引导技术技能人才、技术成果、教学资源和行业信息等在政策链、技术链、人才链、信息链、标准链中顺畅流转。

(二)多元师资整合

教师是职业教育质量生态系统中的资源转换器,承担吸收、选择、创新和输出资源等职能,在职教资源的同化与输出过程中起主体作用。他们不仅教书育人,还承担技术研发、社会培训和资政启民等重要任务,是职业教育质量生态最为核心的质量要素。在职业院校中,并不是所有专业教师个体都具备完成多类型任务的职业素养,因此多数职业院校根据专职教师的专长分层分类安排工作任务,如教学型、科研型、教学科研并重型、社会服务型,等等。同时,师资来源从学校向企业和社会延伸,建立跨界融合的师资结构。

(1)技术技能人才循环机制。多元师资整合的核心是人才资源的循环流动,这是职业教育质量生态保持平衡的关键。学校里长于专业理论和研发的专业教师、行业管理机构中的技术管理人员和企业专业技术人员相互流动,才能实现生态系统内人才的有序循环。建立人才循环机制,推动人才在多组织间流动。如,建立技术技能人才"旋转门"制度,在人才流动上打破体制界限,使他们能够在政府的孵化基地、企业、技术服务机构和学校等不同组织间有序流动;还可建立技术技能人才共享机制,按教学任务或技术项目建立跨组织团队,政府提供专项补贴或进行强制性考核。

(2)师资知识技能结构整合机制。多元师资整合的实质是专兼教师团队知识共享、技能同化和职业能力序化,使知识流动、资源循环、信息传递的顺序关系更加清晰。专兼教师知识共享是专兼教师团队在技术交流、项目合作和团队反思(任务反思和社会反思)等活动中获取、消化、吸收其他团队成员创造的知识成果,促进已有知识的价值最大化并优化已有知识结构。技能同化主要是对他人缄默知识或技术技能经验的再加工,并通过实践验证建构到已有的技能结构中,从而引导他们进行更高水平的认知活动。职业能力序化,即将专兼团队中分散在不同个体身上的专业知识、操作技能和技术创新等,以人才培养、技术革新等不同任务的质量标准为参照,进行方向性的关系再造和功能融合。

(三)多元课程整合

课程质量是职业教育质量的核心内容,职业教育质量生态系统中政策供给、知识流动、资源循环、信息传递都以课程为载体,通过收集、甄选、重构、序化等环节,以教学内容、教学活动(包括实习实训活动、创新创业活动、社会培训)及其进程安排的总实施方案的形式输出。课程说到底是社会对未来成员(学生)加以控制(亦即社会控制)的一种中介[①],职业教育课程集中反映国家意志、人才规格、技术需求和社会期待,是各生态主体根本利益的集中体现。这里的课程是资源综合体的概念[②],强调职业教育生态资源的有序流动和有机融合。

(1)课程资源多元融合。职业教育课程是提升知识、技术和能力所需资源的基本单元,课程建设是各主体对于理论知识、技术技能、职业态度、规范标准、社会文化等教学内容选择、解构、改造的博弈过程。这一过程要有各主体对优势资源的持续投入,也要保证课程要素选择与各主体现实要求的一致性。

(2)课程资源社会共享。课程资源是多主体共建的,也应由各主体共享,甚至向社会开放,以资源共享促进资源整合。我国职业院校数字化校园、教学资源库、线上课程建设迅速发展,网络课程资源非常丰富,但对外开放程度相对有限。职业院校可借鉴美国高校将网络教学资源分为非营利型、营利型、内部使用型、整合开放型等模式[③],与政府、企业、行业组织合作,充分发挥学校教学科研优势、公司资金设备优势和政府部门政策优势,共建共享,推进职业教育网络教学资源建设的规模化、产业化和市场化。同时,尽可能提高课程资源的公共属性,为社会成员的终身学习服务。

(3)课程改革驱动机制。职业教育的课程结构和内容反映产业技术发展和职业岗位的新水平和新要求。如果想避免课程内容比产业需求"慢一拍",最直接的做法是企业等用人单位将新的技术成果、生产案例、岗位需求、产业规范和质量标准等直接融入课程设计和质量评价中,使职业院校的课程能真实地反映先进技术、应用场景、工作过程和职业标准;同时,职业院校要主动对接国际职业标准,引进国

---

① 吴康宁.对教学内容的若干社会学分析[J].教育评论,1993(4):42-47.
② 这里选择课程而不是专业,是因为专业是人为设置的结构单位的概念,在不同时期所指的范围不同。如,各职业院校现在更注重部署专业群,专业群设置的依据和逻辑也不一样。而且,对于技术技能人才培养,专业里所设置的课程,即使是专业群里所设置的课程,也不能够完全涵盖学生解决问题所需要的知识、技能和能力。因此,对于质量生态中资源的输入和输出而言,内外资源应以课程为单位,而不是以专业或专业群为单位。
③ 张学波,徐春华,徐美仙.美国名牌高校远教运营之道[J].中国远程教育,2004(8):54-56.

际先进课程,提高职业教育对技术进步的反应速度。

(四)多元评价整合

完善职业教育质量评价制度是国家发展现代职业教育的重要制度安排[①]。根据职业教育的类型特点,评价主体应由校内延伸到校外,评价方式为自上而下的考核评估与自下而上的内部质量诊改相结合,评价内容由课堂到基地、理论到实践、校内到校外、教学到技术革新不断拓展,结果应用有利于学生成长、教学改革、"双师"融合、社会服务等方面的互动、反思、改革和创新。因此,建设多标准联通、多主体参与、多类型兼顾的多元评价体系不可或缺。

(1)多标准联通。职业教育质量反映各生态主体的利益和各生态要素的属性特点,这就规定了质量标准体系建设要以经济社会发展水平、行业的职业资格标准和企业的技术标准或技术规范为依据。同时,专业教学标准和课程标准的研制应与职业能力标准对接,专业教学标准和教师专业标准对接,其中教师专业标准还要与技术研发能力指标及社会服务能力指标对接,以增强质量标准体系的兼容性和系统性。

(2)多主体参与。职业教育的教学、科研、社会服务等质量要素体现各主体的利益和需求。因此,质量提升和质量评价需要学校、行业组织、企业、研究机构和其他社会团体共同参与。无论是政府部门的督导评估,还是学校内部质量诊断与改进,都需要各主体共同参与,在政府制定规则标准、职业院校自我监控、社会评估机构评价的框架下建立内外部评价有机结合的质量评价体系,以提高质量评价的有效性和职业教育的社会适应性。

(3)多类型兼顾。教育质量评价是教育过程的"指挥棒"[②],是导向性很强的质量保障方法。职业教育的评价方式有结果评价、过程评价、综合评价,以及注重特定时间段内相对进步程度的增值评价。不同的评价方式目标不同,测量方式、指标体系、预期结果及预期外结果等也不尽相同。因此,不可能用一种评价方式获取所有的质量信息或看到职业教育质量的全貌;也不可能用一种评价方式涵盖所有主体的利益需求。当前,职业教育常态化的评价方式是结果取向,虽然操作性强,但对质量发展导向的准确性不足、评价面狭窄、发展性不强。因此,对职业教育的质量评价应兼顾不同的评价方式,确保对投入、过程、结果有准确的判断,也为政府、企业和社会提供能够比较各个学校效能的信息来源。同时,不同的评价方式还可

---

① 国务院关于大力发展现代职业教育的决定[EB/OL].(2014-06-22)[2021-06-20]. http://www.gov.cn/zhengce/content/2014-06/22/content_8901.htm.

② 朱新卓,严芮,刘寒月.基于过程的教育质量及其评价[J].高等教育研究,2015(5):78-85.

以通过彼此评价指标的嵌套、补充和转化来提高指标体系的综合性,以形成质量管理闭环。

(原文出处:岑建,韦清.基于整合理念的职业教育质量生态研究.职教论坛,2022年第38期,123-128页)

第六章 提升国际合作水平

中非职业教育合作的理念与路径

联合国教科文组织在2004年的《波恩宣言》中指出:"教育是有效发展策略的关键,职业技术教育与培训则更为关键,在新时代,职业教育的作用更为强大,它可以减少贫困、促进和平、改善环境、提高人的生活质量,有助于实现可持续发展。"21世纪初,中国政府加强与非洲国家在职业教育领域的合作。2000年,中非合作论坛创设,作为论坛框架下教育与人力资源开发的重要组成部分,中非职业教育合作取得了丰硕成果。随着"一带一路"倡议的深入推进,中非职业教育合作进入全新的发展时期。

一、中非职业教育合作的缘起与演进

2018年,在以"合作共赢,携手构建更加紧密的中非命运共同体"为主题的中非合作论坛北京峰会上,习近平主席明确提出未来3年中非合作将实施产业促进、设施联通、贸易便利、绿色发展、能力建设、健康卫生、人文交流、和平安全等"八大行动",承诺要"在非洲设立10个鲁班工坊,向非洲青年提供职业技能培训;支持设立旨在推动青年创新创业合作的中非创新合作中心;实施'头雁计划',为非洲培训1000名精英人才;为非洲提供5万个中国政府奖学金名额,为非洲提供5万个研修培训名额,邀请2000名非洲青年来华交流"[①],中非职业教育合作迎来空前的发展机遇。回溯历史,中非职业教育合作有其深厚的历史根源和稳固的现实基础。

(一)中非关系为开展职业教育合作提供了土壤

中国和非洲历来是休戚与共的命运共同体,是合作共赢的利益共同体。加强同非洲国家团结合作,是中国外交政策的重要基石。中国外长连续30年开年首访非洲,习近平主席先后9次踏上非洲大陆,这些都传递着中非关系的历久弥坚和构建更加紧密的命运共同体的强烈信号。在"一带一路"发展背景下,中国与非、亚、欧的联系更加紧密,中非合作处于历史最佳时期,这为教育国际化、职业教育"走出

---

① 习近平在2018年中非合作论坛北京峰会开幕式上的主旨讲话[EB/OL].[2020-01-07]. http://www.xinhuanet.com/politics/2018-09/03/c_1123373881.htm.

去"、中非教育合作等提供了新机遇,也提出了新的更高的要求。

(二)中国积累了丰富有效的职业教育发展经验

新中国成立70多年,中国职业教育取得长足发展,建成了涉及信息技术、资源与环境、能源、交通运输、旅游、机械制造等专业,已经培养了5000多万名毕业生。党的十八大以来,我国对职业教育的重视程度以及推动职业教育改革发展的力度达到前所未有的水平,在国务院《关于加快发展现代职业教育的决定》和教育部《高等职业教育创新发展行动计划(2015—2018年)》等文件指导下,取得了较多成果。2019年,《国家职业教育改革实施方案》出台,《职业教育法》也正迎来首次"大修",从立法和政策层面,将职业教育定性为具有与普通教育同等重要地位的教育类型[①]。目前,我国已建立世界上最大的职业教育体系,为国家和地方产业发展提供了有力的人力资源支撑。

(三)中非职业教育合作培养人才是促进非洲工业化和经济发展的关键

由于社会偏见、经济社会发展水平等原因,非洲职业教育在独立之初的近半个世纪内处于停滞甚至倒退状态,直到近些年才逐渐得到重视。非盟在《第二个十年教育行动计划(2006—2015)》中强调,职业技术教育"赋予个人掌握自己生活和未来的重要权利"[②]。非盟2007年颁布的《非洲职业技术教育和培训振兴战略》指出,"非洲各国政府……清醒地认识到:技术与职业教育培训对国家的发展至关重要"[③]。2014年颁布的《促进青年就业的职业技术教育大陆战略》主要包括五方面内容:以技能需求为导向,建立全面连贯的职业教育体系;重新定义"行业"和"职业",明确培训目标;制定具体的培训和课程内容,在情境中实习;加强师资培训,保障教学质量;完善职业教育基础设施,提高设备利用率等[④]。

当前,非洲要实现工业化还有一个根本性障碍,就是劳动力素质较低。因此,推进中非教育合作是中非产能合作的前提,特别要加强符合非洲国情的职业教育、技术培训,为非洲的工业化发展储备人才资源[⑤]。回顾中非职业教育合作历程,大

---

① 教改之问5:职业教育迎来春天,自身活力如何激发[EB/OL].(2019-12-30)[2020-01-17].https://www.thepaper.cn/newsDetail_forward_5376476.
② African Union. The Second Decade of Education for Africa(2006—2015):Plan of Action[R].2006.
③ African Union. Strategy to Revitalize Technical and Vocational Education and Training(TVET) in Africa[Z]. Final Draft of Meeting of the Bureau of the Conference of Ministers of Education of the African Union,2007.
④ 翟俊卿,钦夏昱.非洲职业教育的新发展——非盟《促进青年就业的职业技术教育大陆战略》解析[J].职业技术教育,2019(9):69-70.
⑤ 刘鸿武,胡洋,宁彧.推进中非产能合作的思考[N].中国社会科学报,2016-06-24(4).

致经历了三个发展阶段。

初始阶段。20世纪50年代,来自埃及、几内亚等非洲国家的首批留学生来华学习。截至1963年底,中国政府先后与阿尔及利亚、几内亚等非洲国家政府签订了双边经济技术合作协定,帮助其开展工程建设、农业技术等各领域的职业技术人才培训[①]。随着中非关系的日益深化,中非职业教育合作的规模和形式不断延拓。

兴起阶段。20世纪80年代,中非高等院校校际交流与合作兴起,以中国在非洲援建了第一个职业教育机构——苏丹恩图曼职业培训中心为标志。2015年,中国对恩图曼职业培训中心进行了改扩建。该中心至今仍是苏丹最重要的职业培训机构之一,已为当地培养了数以千计的技术人才和劳动力[②]。

深化阶段。21世纪以来,中非合作论坛成立,中非教育交流与合作深化发展,逐步建立合作机制,一批实质性项目相继落地。在每三年一届的论坛行动计划中,中非职业教育合作被作为中非教育与人力资源开发的有机构成,纳入中非合作的整体框架设计之中。2003年《亚的斯亚贝行动计划》中提到要帮助非洲国家培训人才,接收非洲来华留学生;2005年中非教育部长论坛中提到:中国帮助非洲国家培训专业人才,其中包括技术、科学和管理等专业。2006年《对非洲政策》更是提出了关于"人力资源开发和教育合作"。截至2007年,规模最大的职业教育培训机构——埃塞-中国职业技术学院交付使用,总占地11.4万平方米,开设了机械、电气、计算机等10余个专业。同年,宁波职业技术学院与贝宁CERCO学院合作开办了中非(贝宁)职业技术培训学院,开始培养实用技术人才。2015年中非合作论坛约堡峰会后,随着"一带一路"国际合作走深走实,中非合作的转型升级以及职业教育的国际化发展不断加快,职业院校不断扩大对外开放,在引进国际先进经验的同时实施"走出去"战略,配合中国企业在海外开办职业教育,为所在国及中资企业培养培训急需的技术技能人才。

二、中非职业教育合作的发展质效

经过多年发展,中非职业教育合作项目运行良好,取得了良好的发展质效,已逐渐形成"授人以鱼"与"授人以渔"相结合,政府与民间层面相结合,"请进来"与"走出去"相结合,以及学校与企业相结合的"四结合"发展特征,形成了项目化运作、协同化发展、多元化参与的实践格局。

---

① 张郁慧.中国对外援助研究:1950—2010[M].北京:九州出版社,2011:106-107.
② 陈明昆,张晓楠,李俊丽.中国对非职业教育援助与合作的实践发展及战略意义[J].比较教育研究,2016(8):1-6.

(一)"授人以鱼"与"授人以渔"相结合的发展理念

关于中非关系,习近平曾指出,中非关系最大的"义",就是用中国发展助力非洲发展,最终实现互利共赢、共同发展。不仅"授人以鱼"——提供不附加任何政治条件的对非援助,更"授人以渔"——加强人力资源开发合作和技术交流,帮助非方培养更多适用人才①。"授人以鱼"与"授人以渔"相结合的经验是在中非关系长期发展过程中探索出来的,20世纪60年代《中国政府对外经济技术援助的八项原则》中指出"中国政府提供的技术援助,要使受援国的人员充分掌握这种技术",就是强调这一原则在职业培训、人才培养中的重要作用。进入21世纪后,我国政府发布的两份《中国对非洲政策文件》,以及中非合作论坛框架下制订的系列行动计划,都将职业技术培训实践纳入了中非合作的顶层规划中。2015年10月16日,习近平出席2015减贫与发展高层论坛并发表主旨演讲,引用了"授人以鱼,不如授人以渔",认为扶贫必扶智,让贫困地区的孩子接受良好教育,是扶贫开发的重要任务,也是阻断贫困代际传递的重要途径。这一经验不仅适用于世界上最大的发展中国家——中国,也同样适用于发展中国家最为集中的非洲。正如丹比萨莫约所说,"单纯的援助不能促进非洲的发展,反而让非洲陷入依赖援助,非洲所需要的是相互合作,共同开发非洲大陆"②。正是在这一理念指导下,中国与非洲国家积极探索、努力实践,在职业教育交流与合作领域取得了丰富的成果。

(二)政府与民间相结合的发展格局

中非职业教育合作与交流主要分为政府与民间两个层面。在政府层面,对外援助彰显大国担当,由政府统筹开展的中非职业教育合作通常具备援助性质,是我国政府通过"授人以渔"帮助非洲国家提升自主可持续发展能力的重要途径。我国政府为助力非洲人力资源开发,主要开展了早期成套援非项目、中非技术合作项目过程中的各类就地职业培训项目,20世纪80年代开始举办的"请进来"援外培训班,以及援建职业教育与培训机构、援助各类教学物资等③。据不完全统计,截至2019年,我国共计向非洲国家援建了10余所职业教育学院与培训机构,见表1。表中最近的一个项目——中国援乌干达工业技能培训与生产中心项目,于2020年1月15日竣工,在乌干达首都坎帕拉纳曼威工业园区举行了移交仪式。

---

① 习近平时间|授人以鱼更要授人以渔[EB/OL].(2018-09-03)[2020-01-23]. http://www.sohu.com/a/251622976_119038.
② 刘亚西,陈明昆."一带一路"倡议下的中非职业教育合作:内涵、类型与特征[J].教育与职业,2019(11):29-36.
③ 刘亚西,陈明昆."一带一路"倡议下的中非职业教育合作:内涵、类型与特征[J].教育与职业,2019(11):29-36.

在民间层面，根据《2019中国高等职业教育质量年度报告》，共有40多所高职院校与非洲国家间开展交流合作，其形式主要包括代表团互访、项目考察、学术交流、文艺演出等。一些国际性研讨会、学术论坛，如"一带一路"教育合作高峰论坛、职业教育国际开放论坛、中国国际消费电子博览会等，也已成为推动中非职业教育援助与合作的重要平台。

表1 中国支援非洲国家建设的职业教育与培训机构情况①

序号	职业教育与培训机构名称	援建时间
1	援恩图曼职业培训中心	20世纪80年代
2	援坦桑尼亚心脏外科诊疗培训中心	2006年
3	援埃塞-中国职业技术学院	2007年
4	援助埃及苏伊士运河大学渔业与水产教学培训中心	2011年
5	援乍得妇女培训中心	2012年
6	援布隆迪职业技术学校	2014年
7	援贝宁职业技术学校	2014年
8	援利比里亚职业技术培训学校扩建	2015年
9	援萨摩亚残疾人培训中心	2015年
10	援塞拉利昂抗埃培训中心	2015年
11	援赤道几内亚职业技术学校	2016年
12	援纳米比亚青年培训中心	2017年
13	援乌干达工业技能培训与生产中心	2018年

（三）"请进来"与"走出去"相结合的发展路径

中非合作开创了"南南合作"的典范。为积极响应国家教育国际化号召，落实教育部《推进共建"一带一路"教育行动》要求，金华职业技术学院等一批国内高职院校坚持把服务"南南合作"作为与非洲国家开展合作办学的最大初心。2014年至今，金华职业技术学院每年接收由卢旺达政府选派的30名学历留学生，并组织来华留学生开展民俗村考察、民间技艺体验、走进金华"新农村"等系列活动，每年至少举办10期沙龙活动讲述"一带一路"故事，让留学生走进中国、了解中国、热爱中国，打造非洲应用型技能人才的"异地摇篮"。同时，学校推动优势专业"走出去"，扎根卢旺达辐射非洲，依托穆桑泽国际学院，积极帮助提升非洲高职教育水平，选派8名专职工作人员负责学院日常运维，选派首批2名专家常驻卢旺达海外分校进

---

① 资料来源：国际经济合作事务局官方网站。

行一线管理,并在当地系统开展劳动力市场调研,深入了解卢方教育培训需求,确保对接精准。在穆桑泽国际学院下设电子信息、设备制造、建筑施工技术、旅游酒店管理、农产品加工与检测 5 大专业,帮助卢方全面提升职业教育水平,有力增进了中国职业教育的国际影响力和美誉度。

(四)学校与企业相结合的援助主体

2015 年 12 月,教育部批准同意开展全国首个有色金属行业职业教育"走出去"试点项目,在赞比亚实施职业教育办学试点,开启职业教育校企协同走进非洲进程[①]。中国赞比亚职业技术学院专门为在赞中资企业培养专门人才,8 所合作院校已派出近 70 名教师,为当地培训 600 多名员工;推动中国职业教育标准正式进入赞比亚,促进当地劳动力培训及就业发展,建设了 3000 平方米实训室、数控车床、铣床、钻床、刨床、电工操作台等实训设备;还建立了首家由职业院校申办的独立孔子课堂。金华职业技术学院也重视发挥与企业的协同作用,科学遴选合作伙伴,与已经或有计划在卢旺达投资的中资企业洽谈并达成不同程度合作意向。"爱司伯"公司捐赠两台直联式家庭手扶拖拉机作为教具运抵卢旺达,"非洲妈妈"公司合作创设"非洲留学生创客中心"已投入运营,上海容大教育集团捐赠价值 68 万元的 RDTS 教学平台和 30 个学习账号,为中卢合作办学提供了可靠的经费来源、教学设备、实训基地等保障。

三、中非职业教育合作的主要瓶颈

中非职业教育合作在服务国家"一带一路"倡议中作出了积极贡献。但随着中非职业教育合作进程深入推进,新形势、新矛盾和新挑战不断涌现,中非职业教育合作在动力、合力、能力、活力等方面存在一些发展瓶颈。

(一)动力上:持续发展"供给难"

政府是中非职业教育合作强劲的助推力量。近些年,政府不断加强系统谋划,着力推进高等教育国际化进程,但中非职业教育合作领域,依然缺乏强有力的政策供给。一是缺乏人事政策红利。中非职业教育合作是一个需要耗费极大人力的工程,依赖职业院校大量优质教师资源的供给。但目前无论是政府层面还是学校层面,均缺乏教师参与中非职业教育合作的激励政策,制约了教师主观能动性的发挥。二是缺乏稳定的资金投入机制。一方面职业院校办学经费紧张,另一方面中非职业教育合作成本较高,迫切需要多渠道拓宽经费来源,为中非职业教育合作提

---

① 赵鹏飞,曾仙乐,宋凯."一带一路"职业教育校企协同走进非洲[J].中国职业技术教育,2017(29):72-75.

供经费保障。

(二)合力上:资源统筹"共享难"

中非职业教育合作的稳步推进需要全局性、战略性、综合性的智力支持,不同国家需求不同,单靠一所或几所职业院校的力量是远远不够的,只有结伴而行、抱团发力才能实现资源共享、优势互补和协同发展。就目前而言,各职业院校虽有合作意识,但仍处于相对独立的状态,大多凭借自身的发展基础和资源优势找寻服务突破口,并没有形成院校间常态化的合作交流机制,自然无法有效整合职业院校力量而形成特色的服务品牌。因而,职业院校在中非职业教育合作的过程中不可避免地带来合作力量较为分散、服务对象区块划分、受益范围受限等问题。

(三)能力上:服务水平"提升难"

整体来看,我国职业院校服务非洲职业教育的能力有待提升。一是优质教育资源输出不足。与国际对接的专业标准、课程标准和职业资格标准等标志性职业教育成果输出相对不足,且多语种课程、教材、培训包等资源开发滞后。二是师资队伍国际化素养不高。中方师资主要存在专业教学能力、外语授课能力、国际文化融合等方面问题,而外方师资则良莠不齐,流动性大,稳定性差。三是管理专业化程度不高。尽管不少职业院校在组织上成立了专门化的管理机构,但配套管理细则、培养培训制度等不完善,影响了服务的质量和成效。

(四)活力上:多元融合"深入难"

服务活力根植于多方利益主体的联动机制,需进一步强化统筹协调。一是需求对接不够精准。由于缺乏对非洲国家本土需求的深入研究,职业院校在专业设置、课程体系等方面还存在一定的随意性和盲目性,使得服务内容和区域需求不相适应。二是合作机制有待深化。职业院校虽有与企业一道"结伴而行"的意识,但大多尚未建立国际视野下与跨国企业、国际商会、区域职教组织等深入合作的校企互动机制,产教融合有待向纵深发展。此外,职业院校在助推跨文化交流方面,普遍缺乏丰富、灵活且能充分展示职教发展成果和活力的交流渠道。

四、中非职业教育合作的深化路径

职业教育服务于社会经济各个领域,在配合落实国家"一带一路"倡议,主动服务"一带一路"建设过程中,前景广阔,空间巨大。中非职业教育合作要与时俱进、行稳致远,不能只停留在对历史经验的借鉴上,而是要主动把握其历史演进规律,通过筑牢合作理念、创新实践路径、深化内涵建设、构建协同格局等深化路径,努力构建中非职业教育共同体,搭建中非民心相通的桥梁,为中非可持续发展提供不竭的、优质的人力资源支持。

(一)筑牢合作理念,引领方向"走得正"

中非职业教育合作是基于中非关系的合作,是中非合作论坛框架下的重要内容。一要突出思想引领。要以习近平对非外交战略思想为指导,以历届中非合作论坛行动计划、产教融合、教育开放等为原则,引领中非职业教育合作的正确方向。二要加强顶层设计。要制订中非职业教育交流与合作的相关规划,出台推进职业教育对外交流与合作的相关意见,鼓励职业教育"走出去"。三要深化融合发展。坚持真实亲诚、合作共赢,做到更好地与产业输出结合,与我国的政治、经济、文化、产业基础相结合,与非洲国家的需求相结合。通过中非专业与专业之间、专业群与产业链之间,专业集群与产业集群之间的融合发展,更好地适应新技术引发的快速职业迭代,提升职业教育服务中非产业发展、"一带一路"国际合作的能力,服务国家战略和区域发展。

(二)创新实践路径,拓展领域"走得稳"

中非职业教育合作广度和深度都有待拓展,需要创新多元实践路径。一要推进深度合作。要深化与国际组织及专业机构的职业教育交流与合作,搭建相关智库、联盟、论坛、职教研究基地等平台;积极参与非洲职业教育治理,深度参与非洲职业教育规则、标准、评价体系的研制。二要探索海外办学。深化政校行企合作,支持有条件的职业院校开展海外办学,推动中非职业教育学历学位互认、标准互通、经验互鉴,建立人才培养(培训)基地,重点破解人才不够用、不适用、不被用等问题。三要创新合作模式。孔子学院是对外推广汉语言和中国文化的重要载体,在非洲,"语言文化+职业技术教育"特色化办学是孔子学院提高办学层次和水平的有效模式[1]。一方面,可继续探索将汉语言教学、文化推广与职业教育结合发展,将职业教育纳入非洲孔子学院发展规划,实现共同发展。另一方面,可根据非洲国家需求探索量身定制合作路径,实现职业院校与孔子学院错位发展。如卢旺达明确提出,要以信息通讯产业发展促进国家实现知识型经济转变,并把制度环境和人力资源作为国家核心竞争力。为此,金华职业技术学院精准对接卢旺达劳动力市场人才需求,充分发挥高职院校"汉语+技能"优势,探索"先技能培训后学历提升"的特色人才培养模式,精心设置专业和课程,科学制定技能培训和学历培养计划,为卢旺达及周边地区培养了一大批符合非洲需求的高素质技术技能人才。

(三)深化内涵建设,注重质量"走得好"

中非职业教育合作重点在质量,关键靠能力。一要坚持需求导向。要从中非

---

[1] 马丽杰.非洲地区孔子学院与职业教育结合的探索与实践[J].职业技术教育,2016(35):78-80.

区域经济发展和产业转型升级的需求导向出发,按照"当地要什么、我们干什么"原则,立足专业设置与当地区域产业结构的深度对接,促进教育链、人才链、产业链、技术链的有机衔接。二要接轨国际标准。带动中国标准真正"走出去",输出与国际对接的专业标准、课程标准和职业资格标准,为行业、企业培养掌握先进标准的本土人才。三要提升师资水平。要多措并举,着力破解中方师资专业教学能力不强、双语教学水平不高、国际文化融合不适等问题,切实提升师资国际化水平。四要重塑管理体系。针对非洲学生的特点和发展需求,建构具有调和、互动、柔性特征的中非合作专业治理体系,激发专业办学活力,提升技术技能人才培养的针对性和有效性。

(四)构建协同格局,强化保障"走得远"

中非职业教育合作是一项系统工程,涉及全球背景、中非合作政策、教育合作项目实践的各个环节以及人财物等各个方面。非洲国家发展情况、学员需求各不相同,因此,需要构建协同格局,保障中非职业教育合作行稳致远。一要强化政策牵引。发挥政策杠杆作用,强化产业和教育政策牵引,支持有条件的学校和企业与非洲国家相关职业教育机构合作,探索校企共招、联合培养专业学位研究生;探索建立体现产教融合国际合作发展导向的教育评价体系,鼓励高职院校积极服务、深度融入国际区域合作和产业发展,推进产教融合创新。二要健全合作机制。要建立对非职业教育援助机制、中非高级别人文交流机制、非洲来华留学生质量保障机制等,充分发挥学校、行业、企业的积极作用,与一些民营企业建立合作关系,鼓励企业在学校设立奖学金,使学校获得企业资金支持;还可以考虑校企结合的方式,通过"厂中校、校中厂"模式,将教学与实践结合起来。三要凝聚多方合力。发挥青年、妇女、华人华侨等其他社团、群体的作用,注重对非洲青年的职业技术教育培训,帮助其拓展就业创业平台,开办高质量华人子弟培训班,为中资企业、当地政府、医院等提供职业汉语、医学汉语等方面培训。加强妇女技能培训、女企业家对口交流等,共同促进妇女地位提升与全面发展。

(原文出处:梁克东.中非职业教育合作的理念与路径.职业技术教育,2020年第41期,69-74页)

职业院校参与"一带一路"建设的挑战与推进策略

"一带一路"是新时期我国构建全方位开放新格局的重大倡议,也是中国教育国际合作交流的顶层设计,是中国教育逐步走向世界教育中心的路线图,是在更高层次、更大范围推进教育国际合作交流的重要抓手[①]。作为教育体系内重要的教育类型之一,职业教育可以为"一带一路"建设提供其他教育类型不可替代的人才和技术技能支撑,在共建"一带一路"中具有基础性和先导性作用。正确认识职业教育参与"一带一路"建设的时代需求,探究推进过程中的挑战与瓶颈问题,提出针对性的解决策略,对于提升"一带一路"职业教育行动的质量和水平具有重要意义。

一、职业院校参与"一带一路"建设的时代需要

(一)深度嵌入国家对外开放战略的需要

改革开放40多年来,对外开放一直是我国经济持续快速发展的重要动力。2013年,习近平总书记提出"一带一路"倡议,为推动区域教育开放,特别是职业教育的对外开放提供了新契机。2016年,教育部印发《推进共建"一带一路"教育行动》,对职业教育应在其中发挥的重要作用提出了明确要求,为职业院校"走出去"提供了基本遵循。立足新时代,党的十九大报告提出"推动形成全面开放新格局",并深刻指出"要以'一带一路'建设为重点,坚持引进来和走出去并重,遵循共商共建共享原则,加强创新能力开放合作,形成陆海内外联动、东西双向互济的开放格局"。职业院校作为"一带一路"倡议中经济建设的重要支撑,需要担负起时代赋予的历史使命和责任,与国家战略同向同行,与大局需求同频共振,切实服务教育强国建设和大国外交实践。

(二)打造职业教育"中国方案"的需要

尽管"一带一路"共建国家的国情不同,但作为整体社会经济发展的工具,职业教育的实施、改革和发展在不同层面对增强国力都有重要影响[②]。"一带一路"沿线大多为新兴经济体和发展中国家,从教育发展水平看,有超过15%的国家高等教育处于精英教育阶段,高等教育毛入学率平均水平仅为10.0%,远低于30.0%的世界平均水平[③],这些国家普遍对发展职业教育愿望强烈,亟需职业教育的先进经验。我国职业教育经过20多年的快速发展已建成世界上规模最大的职业教育体系,拥有1.25万所职业院校,10万个专业点,2682万名在校生,每年培训各级各类技术技能人员200多万人,覆盖所有制造业和服务业,每年向社会输送技术技能人才近

---

① 陈宝生."一带一路"是教育国际合作交流的顶层设计[EB/OL].(2016-11-28)[2018-11-01]. http://www.moe.gov.cn/jyb_hygq/hygq_bzsy/201611/t20161128_290202.html.
② 李军."一带一路"国家职业教育培训发展研究[J].职业技术教育,2017(31):68-73.
③ 刘志民,刘路,胡顺顺."一带一路"沿线73国高等教育大众化进程分析[J].比较教育研究,2016(4):1-8.

千万名,就业率保持在 90% 以上①,我国职业院校已经具备了"走出去"的坚实基础,需要适应"一带一路"共建国家的需求,提供"中国方案"、形成"中国品牌",进而提升我国软实力。

(三)缓解"一带一路"建设专业人才缺口压力的需要

国家信息中心发布的《"一带一路"大数据报告 2018》显示,截至 2018 年 9 月,中国已与 106 个国家和 29 个国际组织签署了 150 份"一带一路"合作文件。随着"一带一路"朋友圈的扩大,越来越多中企进驻共建国家。商务部数据显示,2017 年,中企在"一带一路"共建国家新签对外承包工程合同 7217 份,合同额 1443.2 亿美元,占同期中国对外承包工程新签合同额的 54.4%,同比增长 14.5%。这些工程的建设需要依靠数量庞大的各类专业人才来共同完成。目前"一带一路"共建国家处于工业化中期阶段和初期阶段的分别占 25.0% 和 21.9%②,近半数共建国家的工业体系尚未建立或完善,劳动力市场所需的技能人才与当地教育和培训所能提供的存在明显的不匹配,专业人才缺口巨大。中国职业院校除了能够承担属地国劳动力的培养任务,也能肩负起外派骨干人员的培养培训任务,为中企输送具有跨文化交往能力的一线生产指挥和管理人才。

(四)促进职业教育更高质量发展的需要

中国职业教育要提高国际话语权,关键在于提升自身质量。习近平总书记在主持中央全面深化改革领导小组(编者注:2018 年 3 月改为中央全面深化改革委员会)第十九次会议审议通过《关于做好新时期教育对外开放工作的若干意见》时指出,要统筹国内、国际两个大局,提升教育对外开放质量和水平。职业院校服务"一带一路"和实现职业教育更高质量发展相辅相成,多元的国际合作办学诉求可以倒逼职业院校克服自身不足,按照相关领域专业教育质量的国际标准和基本要求进行改革,持续改善教学条件、加大教学经费投入,促进教师队伍的建设和专业化发展,建立科学规范的教学质量管理和监控体系,提高教学管理水平,从而促进学校和相关专业进一步办出特色和优势,形成高水平的、具有中国特色又符合"一带一路"建设需要的人才培养体系,推进职业院校高质量发展。

---

① 翟帆,樊畅,杨文轶.在服务经济社会发展中提质升级——党的十八大以来我国教育改革发展述评·职业教育篇[N].中国教育报,2018-09-07.
② 国家信息中心"一带一路"大数据中心."一带一路"大数据报告(2017)[M].北京:商务印书馆,2017:57.

二、职业院校参与"一带一路"建设面临的挑战

"一带一路"建设全面推开以来,一批具有国际办学经验和优质办学资源的职业院校先试先行。2017年,329所高职院校在国(境)外与"一带一路"共建国家开展了351项国际合作,面向"一带一路"共建国家接收学历留学生5736人、培训10.35万人次[①],总体上呈现出较好的发展态势。但同时,职业教育参与"一带一路"建设也存在着一些问题。

(一)职业院校参与"一带一路"建设的支持政策体系尚不完善

职业院校参与"一带一路"建设离不开政策体系的有力保障和大力推动。目前,国家层面鼓励扩大开放的政策导向十分明确,但具体到支持政策上则缺乏系统设计。一是配套政策的兼顾性不够。教育部牵头制定的《推进共建"一带一路"教育行动》设计了"四个推进计划",即留学推进计划、合作办学推进计划、师资培训推进计划、人才联合培养推进计划,但惠及主体仍是普通高等院校,少有惠及职业院校。二是职业院校参与"一带一路"建设无法可依、无章可循。2002年出台的《高校境外办学管理办法》已于2015年废止,新办法尚未出台,导致职业院校"走出去"面临盲目无序的境地。特别是在优质教学资源"走出去"过程中,中(外)资企业捐赠给职业院校海外分校的专款、设备面临复杂的手续和高额的关税,外派教师办理出境审批时间过长、手续偏多,薪酬待遇也缺乏政策标准。三是区域政策供给不足,地方推进共建"一带一路"的主体性、支撑性和落地性还未凸显,缺乏政策层面的协同和细化。

(二)职业院校在对外教育援助中发挥的作用较为有限

2006年至2015年间,"一带一路"共建国家接受的各类援助中社会基础设施与服务类援助占比最高,达到总量的37%,而在社会基础设施与服务类援助中,教育援助占比位居第二,约占22%[②]。反观我国现有高等教育援外布局,绝大部分以本科高校为依托开展各类教育援助。如2013年至2016年期间我国完成的33项对外教育援助中,涉及职业院校的仅4项,且均集中在基础设施建设方面,缺少对受援国教育培训的援助。援助政策中对职业院校的项目限制,很大程度上制约了职业

---

① 童卫军.《高等职业教育创新发展行动计划(2015—2018年)》2017年执行绩效报告[J].中国职业技术教育,2018(19):37-43.

② 滕珺,丁瑞常,陈柳,等."一带一路"沿线国家教育受援格局研究——基于"发展援助委员会"近十年官方数据的分析[J].比较教育研究,2018(4):10-18.

院校参与"一带一路"建设的领域、渠道和热情。

(三)职业院校对参与"一带一路"建设的实践路径不够明晰

培养技术技能人才是职业教育的本质属性,职业教育在"一带一路"建设中的战略定位和作用已经非常明确,无论是"一带一路"共建国家还是"走出去"企业,都对职业院校有着强烈的诉求。《推进共建"一带一路"教育行动》提出,鼓励中国优质职业院校"走出去",探索开展多种形式的境外合作办学,合作设立职业院校、培训中心,合作开发教学资源和项目,开展多层次的职业教育培训,培养当地急需的各类"一带一路"建设者。但在实际操作中,"一带一路"共建国家的具体战略诉求与优先方向不尽相同,国内职业院校在合作对象的选择以及合作方式上暴露出盲目性和无序性,缺失系统设计,现有合作模式表面性、单一化倾向明显。如职业院校和企业应该是参与"一带一路"建设的两个主体,两者之间是一种协同关系,但是目前职业院校还没有形成与合作企业以及产品"走出去"相配套的发展模式,依托专业优势与跨国企业合作的职业院校还非常少。

三、职业院校参与"一带一路"建设的推进策略

"一带一路"建设将中国的对外开放带入了崭新阶段,其显著标志之一就是我国的开放由适应性开放转变为引领性开放[①]。要实现引领性开放,需要通过制度保障、优化布局、多元创新等策略,实现我国职业院校更大范围、更深层次、更高水平地"走出去"。

(一)制度保障:提高支持政策的精准性

各级各类教育有着各自不同的特点和需求,支持政策应当充分关照职业院校与普通高等院校在职能、内容、教学方法和评价方式等方面的差异,制定更具针对性的支持政策。当前政府层面的政策引导和拉动,有力推动了职业院校参与"一带一路"建设由系统架构走向系统实施,如何切实发挥职业院校在"一带一路"建设中的作用,需要各级支持政策从注重顶层设计、方向指引进一步落实到瓶颈突破和路径实践上,以政策的精准性来解决操作层面的问题。

所谓精准性,就是要针对职业院校参与"一带一路"建设中所面临的瓶颈问题,在机制、平台、制度保障等方面给予政策支持。在职业教育资源从本土型向外向型转化的过程中,既需要大到政府资源与项目配套、政府多部门协同,以及政校企利益、资源的多元化配置等政策空间,也需要小到学校国有资产海外输出或购置、教

---

① 苏娜.以"一带一路"建设为重点推动形成全面开放新格局[N].湖北日报,2017-11-05.

师外派审批流程简化、学历证书海外发放等政策通道。关于对参与领域支持的精准性,对职业院校而言,目前在开展人员交流、来华留学生教育等方面虽不存在明显的障碍,但在海外办学、学历互认与衔接、承接政府间协作项目等领域,职业院校还需要获得更为精准的政策与项目支持。地方政府出台支持政策要针对区域特色产业的"走出去"战略,结合本地区的国际化程度确立职业院校参与"一带一路"建设的具体项目,设立相应的职业院校支持专项。

(二)优化布局:增强职业院校援助功能

我国现行教育援助的精准性不足,需要从平台、领域、资金、专业等多维度对教育援助重新布局,赋予职业院校通过教育援助参与"一带一路"建设的更大机会、空间和作为。平台上,要开辟职业院校申请国家援外建设资金的通道,依托国内优质职业院校新增职业教育类援外基地,搭建职业院校参与"一带一路"建设的更大平台。领域上,要从浅层次的交流式援助、资源单向输出援助走向实质性的办学援助和宽领域的全面协作。

2015年习近平总书记在出席南南合作圆桌会时宣布,未来5年中国将向发展中国家提供"6个100"项目支持,其中包括100所学校和职业培训中心;在2018年举办的中非合作论坛上,习近平总书记提出,未来3年和今后一段时间在非洲设立10个鲁班工坊,向非洲青年提供职业技能培训。在此形势下,更应加快对外教育培训中心和教育援外基地建设,重视发挥职业院校在教育援助中的重要作用,加强软实力的输出,积极开展优质教学仪器设备、整体教学方案、课程标准、配套师资培训等方面的援助。资金方面,要在中国政府奖学金中单独设置职业教育类别,同时引导各地政府参照设置专门针对职业教育的省政府奖学金、市政府奖学金。目前我国已经有近一半的省份设立了"一带一路"建设相关专项资金,地方有条件统筹留学生政府奖学金资助安排,吸引更多共建国家学生来华接受职业教育。专业方面,既要突出技术技能型人才的培养培训优势,与普通高校的教育援助形成专业互补,也要突出职业院校不同区域专业办学的产业依托优势,与区域内优势特色产业的"走出去"紧密结合,形成不同区域在开展教育援助上的专业互补。

(三)多元创新:丰富职业院校"走出去"模式

职业教育"走出去"既是对传统职业教育国际化发展模式的突破,也是职业教育国际化走向深入的必然阶段。职业院校全面参与"一带一路"建设,需要一批具有丰富国际办学经验和优质办学资源的职业院校先行先试,探索与"一带一路"建设相配套的职业院校"走出去"的新模式。

一是伴随企业和产品"走出去"。产教融合是我国职业院校改革发展的主线,体现在参与"一带一路"建设上,就是要以目标国的经济社会与产业发展需求为切入点,通过产教融合找准合作点和面,找到共同利益。参与"一带一路"建设的企业最清楚共建国家的经济需求以及与之匹配的人才需求。因此,"企业走到哪里,职业教育就要办到哪里"。可供选择的模式主要有两类:一类是以满足企业需求为核心的短期培训;再一类是校企联合举办学历教育,共同制定面向"一带一路"共建国家或中企境外公司的人才输出订单培养计划,在中国企业"走出去"的落地国招收本土学生。

二是依托院校协作"走出去"。院校协作是我国职业教育发展的重要制度优势,有利于在职业院校"走出去"上形成合力。如依托全国有色金属职业教育教学指导委员会,以中国有色集团作为试点企业,北京工业职业技术学院、南京工业职业技术学院等8所合作院校在赞比亚开展职业院校"走出去"试点工作。8所学校结合各自办学特色、集聚校内优质资源共同组建校企一体的跨校专业教学团队赴赞比亚开展实践教学,为谦比希铜冶炼有限公司、中色非矿多家企业开展仪表工、液压钳工等项目的员工提供操作化、可视化、流程化的培训,实现需求与资源的精准对接。

三是带着教学标准"走出去"。近年来我国职业院校高度重视和大力推进教学标准建设,建立了覆盖重点行业领域、具有国际先进水平的中国职业教育标准体系。只有坚持带着标准"走出去",以标准引领和提高人才培养的总体质量,才能实现"一带一路"共建国家职业教育质量的实质等效。尤其要依托海外"鲁班工坊"建设,全面促进中国职业教育先进教学资源和教学标准在海外落地。除此之外,也可以采取间接"走出去"的模式,如开展跨国远程教育,通过网络学院等形式提供职业教育服务,加大对留学生的吸引力度,招收共建国家来华留学生,加强"一带一路"国别研究,尽快发布一批"一带一路"共建国家的职业教育情况概览,总结编写中国职业教育参与"一带一路"建设的经验案例,为职业院校与共建国家开展多层次、多形式的职业教育合作提供参考。

职业院校参与"一带一路"建设正处于探索阶段。现阶段,应强化职业院校参与"一带一路"建设的组织性,防止一哄而上、无序竞争。遵循"先重后轻"和"先易后难"原则,既要对关系全局的重大项目优先部署、重大政策优先落地,也要积极激发广大职业院校的基层创新动能,通过改革试点、大胆探索,不断丰富我国职业院校参与"一带一路"建设的路径和模式,逐步提升职业院校参与"一带一路"建设的规模与整体质量。

(原文出处:杨剑静.职业院校参与"一带一路"建设的挑战与推进策略.中国高教研究,2019年第1期,34-37页)

"一带一路"背景下高职教育输出助推经济国际化的若干思考

经济全球化的发展趋势要求我国经济不断提高国际化水平。浙江省是我国经济发展的前沿地带,其对外开放程度处于全国前列。2017年,浙江省实现进出口总值2.56万亿元,同比增长15.3%,规模稳居全国第四位,增速在沿海主要外贸省市中居第二位。同时,浙江省的高职教育也较为发达。高职教育在我国产业转型升级和经济社会发展中发挥着重要作用,为我国产业转型升级和经济发展提供应用型技术技能人才支撑。同时,我国高等职业教育的发展经验、发展成果对发展中国家具有较强的指导和借鉴意义,职业教育的输出可以在服务"一带一路"共建国家中大有作为。笔者基于高职教育服务"一带一路"的独特性视角,以浙江省为例,分析目前高职教育输出存在的主要问题,提出高职教育助推经济国际化的主要途径及其支持保障建议。

一、"一带一路"为经济国际化提供广阔空间

"一带一路"倡议的提出,为我国经济国际化发展指明了方向。以浙江省为例,"一带一路"为浙江品牌、浙江特色"扬帆出海",提升经济国际化水平搭建了平台,提供了广阔空间。

(一)有利于拓展对外开放的战略视野

浙江省位于我国东部沿海地区,地理优势明显,开放型城市集聚,开放型经济基础扎实,是"一带一路"建设的桥头堡。"一带一路"的提出,有利于浙江省拓展对外开放的战略视野。《浙江省开放型经济发展"十三五"规划》提出,要进一步建设以"宁波—舟山"为核心的"海上门户"、以杭州为龙头的"网上丝绸之路"战略枢纽,要以"金华—义乌"为重点连接"一带一路"的战略支点,鼓励以温台为龙头的民企民资参与"一带一路"建设先行区,带动全省全域开放。

(二)有利于形成对外开放的特色载体

近年来,浙江省海洋经济、电子商务、跨境贸易等发展迅猛。借助"一带一路"的东风,浙江省将原有基础和优势进一步发挥,随着舟山渔企参与"海上丝绸之路"实施远航拓展,杭州跨境电商发展带动"空中丝绸之路"的搭建,宁波港串联海陆空推动"万里甬新欧"桥头堡的构筑,金华、义乌"万里义新欧"商品进出口新丝路的常态化运营,以及各区域联动所产生边际效应的辐射作用,浙江省有望成为"一带一路"倡议的"门户省"与"中坚省"。

(三)有利于促进对外开放的多元交流

"一带一路"既是推动经济发展的"金钥匙",也是我国在对外开放中促进人文交流的"立交桥"。通过"一带一路"的经贸合作,浙江省与"一带一路"共建国家的人员流动和教育科技文化交流得到进一步加强和深化,同时也带动有实力的浙江省企业"出海"拓展业务,实现浙江省经济发展和人文交流国际化水平的稳步提升。

二、高职教育在服务"一带一路"中的独特作用

高职教育人才培养以产教融合、校企合作为核心,是与经济社会发展结合最为紧密的教育类型。共建"一带一路"的60多个国家中,大多数国家与我国同样处于发展中国家行列,这些国家的经济社会发展需要依靠大量技术技能型人才的支撑。历经20多年的发展,我国高职教育走出了一条具有中国特色的发展之路。高职教育服务"一带一路"建设可在以下几个方面发挥独特作用:

(一)输出我国高职教育的理念、模式和产业技术标准

对于同处发展中国家的"一带一路"共建国家而言,我国高职教育已形成了丰富的办学模式和方法体系,可向"一带一路"共建国家传播我国职业教育理念,主导工程技术、项目设计与管理、小语种等方面技术技能型人才的培养合作。在社会分工越来越细化的产业发展背景下,高职教育对应的专业门类齐全,专业设置调整更新速度加快,高职院校在办学过程中始终保持与行业发展同步,许多院校参与我国相关行业和产业技术标准的制定。在面向"一带一路"共建国家的教育合作中,可将我国自成体系的产业技术标准作为标准化的教学内容,在某些国家尚未建立产业技术标准体系的某些领域抢占先机,使我国成为这些国家部分行业标准和产业技术标准的引领者、主导者。

(二)培养适应经济全球化的技术技能跨界人才

人才是发展经济必不可少的基础条件,没有适应国际化环境的新型人才,就难以敲开别国市场的大门,难以在"一带一路"建议中掌握话语权。伴随着经济全球化,在工程技术、创新型国际贸易、境外基础设施投资建设管理等领域中通晓国际规则的高素质、外向型、复合型技术技能人才越来越受到欢迎。面对这样的人才需求,高职教育不断深化改革,越来越重视复合型的跨界人才培养。

(三)面向海外开展技术技能培训

高职教育以产教融合为特征,注重实践教学,注重立足岗位培养学生解决实际问题的能力。可以借助高职教育的这一优势,与"一带一路"共建国家开展广泛的

技术培训合作,接受当地政府和企业的委托,根据当地的产业发展现状和产业工人受教育现状,面向当地人才急需产业开展技术技能培训,批量解决当地经济社会发展所需普通层次的技术技能型人才短缺问题。

(四)服务企业拓展海外业务

"一带一路"为中国品牌走出国门开辟了道路,而企业"走出去"不仅需要在当地大量招工,也需要技术力量、培训力量和管理力量的支撑。高职院校可与"走出去"的企业开展全面合作,使校企合作从国内走向海外。可根据企业需求制定人才培养方案,以满足当地工作需要为目标,一方面承担企业在当地的技术人才和管理人才的培养任务,另一方面开展企业驻海外人员的针对性培养,以满足"走出去"企业的人才需求。

(五)促进与"一带一路"共建国家的科技文化和教育交流

通过高职教育的合作带动,有利于加强国与国之间的学术交流、民情交流和文化交流。以技术合作为核心,聚焦国内、省域内与"一带一路"共建国家共同关注的具有实践和战略意义的发展问题,开展国际技术交流,助力共建国家的科技创新;设计与"一带一路"发展密切相关的研究论坛,强化学术交流;充分了解当地的风土人情和文化传统,传播中华文化,加强双方文化理解,打造友好互信的合作氛围与伙伴关系。

三、高职教育输出存在的主要问题

近年来,我国围绕"一带一路"倡议,在高职教育国际化方面进行了大量积极的探索,虽取得了一些成效,但也不同程度地存在一些问题,主要表现有:

(一)人才培养与经济国际化需求的匹配性不足

高职院校虽然注重校企合作,也搭建了多种多样的合作平台,但与企业拓展海外业务的需求对接仍然不够紧密。高职院校的专业建设和人才培养需求调研普遍停留在国内产业发展状况和趋势上,对于有海外业务拓展需要的企业人才需求的针对性调研较少,企业"走出去"所需要的复合型技术技能人才培养不足,相关人才较为紧缺。

(二)师资队伍与高职教育输出需求的匹配性不足

高职院校师资队伍建设近年来虽然更加注重有海外留学背景的人才引进,但面向"一带一路"共建国家开展教育合作的师资力量不够,实际参与企业拓展海外业务过程和相关项目的教师不多,真正了解企业面向"一带一路"共建国家拓展业务需求的师资欠缺,助推企业"走出去"的师资力量还较为薄弱。

(三)课程开发与海外业务相融合的匹配性不足

高职院校注重产教融合,但与合作企业联合进行课程开发仍然主要集中于一般的业务性项目,企业海外项目拓展由于涉及对外政策、国外技术标准、法律环境等方方面面的内容,都需要进行全新的探索和实践。而企业拓展海外业务本身处于摸索阶段,用于课程开发的成熟案例比较欠缺,同时企业与不同国家的合作方式各不相同,难以形成具有统一参考价值的实践案例,课程开发对接企业海外业务拓展滞后。

(四)高职院校开展的社会培训与"走出去"企业实际需求的匹配性较低

企业拓展海外业务急需大量技术技能型人才,不仅需要一定的技术培训师资,也需要专门的培训基地,以面向"走出去"企业对在当地新招募的人员开展必要的技术技能培训,使他们掌握基本的工作技能。但是,目前此类培训平台和资源还较为缺乏,适应企业"走出去"所需要的培训服务还相对不足。

四、高职教育输出助推经济国际化的主要路径

借助"一带一路"建设的东风,我国相关优势产业、特色产业纷纷"走出去",有实力的企业也在积极布局海外业务。高职教育发展与我国经济发展和产业转型升级密切相关,跟随相关产业的海外扩展,高职院校需进一步加强产教融合,将高职教育资源转化为教育国际化资源,在人才培养、技术输出、联合办学、资源开发、职教援助等方面进行国际化拓展。以浙江省为例,目前全省有独立设置的高职院校47所,其中国家示范校6所,国家骨干校5所,国家级重点专业、示范专业、中央财政支持专业共115个,中央财政支持国家级实训基地68个,办学实力全国领先。根据《浙江省高等教育国际化发展年度报告》,截止到"十二五"末,全省25所高职院校设立了中外合作办学项目54项,占全省总数的近一半,在境内有中外合作办学机构3个,师生国际交流和双语课程情况呈逐年上升趋势,国际合作区域从发达国家向世界各地扩展,全省高职教育的国际化水平逐年提高。针对存在的共性问题,浙江省积极开展高职教育输出助推经济国际化的路径探索。

(一)实施适应企业"走出去"的针对性人才培养改革

浙江省高职院校大力发展教育国际化,鼓励高职院校围绕"一带一路""中国制造2025"等国家倡议和战略举办中外合作办学项目,通过引进国际标准进行本土化改造,摸索适应经济全球化的人才培养模式改革,注重在中外合作办学中培养具有

国际视野的跨界复合型人才。"十三五"初期,浙江省高职院校招收外国留学生、派出交流(交换)生3600多人。同时,重点针对职业教育发展较为落后的地区,优先拓展与东南亚发展中国家和非洲国家的合作,主动与当地政府开展应用技术人才联合培养,以优质的职业教育资源吸引上述国家和地区的留学生前来就读。例如,金华、义乌等地外贸发展迅速,当地高职院校面向"一带一路"共建国家招收留学生超过1000人,其中学历留学生占了一定比例,并承担了部分政府委托培养任务。这些举措,让更多海外学子了解中国经济和中国技术,传播中国制造标准和中国产业文化。

(二)加强有利于我国高职教育输出的师资培养

浙江省高职院校注重开展多形式的产教融合、校企合作,在此过程中强化职业教育师资的能力。一方面,与"走出去"企业加强合作,选派师资参与企业海外业务项目的策划、设计与实施;另一方面,注重在企业海外业务拓展地培养当地师资。浙江省民营经济发达,如以温州为代表的企业境外投资呈现"多点开花"特点,投资办厂、资源开发、收购兼并、融资上市及设立境外工业园等多种形式并举,在共建"一带一路"60多个国家和地区经商创业人数达38万人。企业境外办厂需要大量用工,远水难以解近渴,通过加强当地职业教育师资培养来满足人才供给更可行。在合作办企业的基础上,要加强与职业教育合作需求和意愿较为强烈的国家对接,在企业海外业务拓展需求和当地职业教育需求较为集中的区域建立"一带一路"师资培训基地,承接职业教育师资培训项目,将我国职业教育的理念和经验通过师资传递到"一带一路"共建国家,为企业"出海合作"储备资源。

(三)开发服务于企业参与"一带一路"建设的课程资源

浙江省高职院校在中外合作办学、联合办学过程中,将适应国际化办学的课程资源开发和双语教学内容开发作为教育国际化的重要评价指标,大力推进课程资源的国际化。"十三五"初期,全省共有32所高职院校开设了全外语课程,如浙江旅游职业学院、宁波城市职业学院开设双语课程超过100门。在课程资源建设的进一步深化过程中,要将企业发展案例作为职业教育输出的教材内容,鼓励高职院校以项目化的方式联合组建开发团队,面向各个产业领域开发共建"一带一路"职业教育欠发达国家适用的教材和培训包。同时,借助外语师资,将教材和培训包转化为多国语言版本,输出职业教育的中国方案和中国模式。

(四)开展对接经济国际化的社会培训平台建设

浙江省高职教育关注"一带一路"建设所需人才的针对性培养,更注重企业海外业务发展用工需求的自我"造血"功能的发挥,通过搭建社会培训平台,满足"一带一路"共建国家技术培训的需要。例如,浙江省宁波市建立"一带一路"产教联盟,积极打造"一带一路"职业技术培训基地,直接服务于"一带一路"共建国家的技术培训需要;金华职业技术学院在非洲卢旺达设立海外分校,共建穆桑泽职业技术学校,为当地开展职业教育培训提供支持和援助。在鼓励职业教育集团化发展的背景下,高职院校要与"走出去"企业进一步建立职业教育集团,由院校派师资加入企业海外培训部门,在调研论证当地产业现状和文化风俗的基础上,共同开展"出海"员工的培训,并与当地的企业骨干共同开展适应海外公司、办事机构和业务需要的针对所聘用当地劳动力的上岗培训和各类技术技能提升培训。此外,通过加强职教集团与"一带一路"共建国家政府的合作,直接在海外建立职业教育培训机构,扩大职业教育培训的成果和影响力。

五、为高职教育输出提供支持和保障的建议

目前对高职院校服务"一带一路"、助推企业"走出去"方面的政策支持还处于探索阶段,且经济政策多、教育政策少,政策出台的系统性和支持力度不够,同时经费保障欠缺,资源统筹的力度也不够。面向"一带一路"共建国家推进高职教育输出是一项长远的系统工程,在院校自主实践的基础上更需要政府加以引导和鼓励,并在相关方面给予一定支持和保障。

(一)建立支持高职教育输出的统一协调机制

加强高职教育"走出去"的顶层设计,研究高职教育输出所涉及的业务范围,梳理相应的负面清单,为政府制定支持政策提供指导意见;建立支持高职教育输出和引导职业教育服务"一带一路"的协调机构,加强外事、人社、教育、财政部门和驻外、援外机构的沟通协调,统筹相关政策的研究、制定和出台,防止政出多门;加强"一带一路"共建国家对职业教育相关的人才需求、资源需求等方面的信息整合,将相关信息、资源与服务"一带一路"有基础、有条件的高职院校进行对接,增强职业教育输出"一带一路"共建国家、助推经济国际化的针对性和有效性。

(二)搭建鼓励高职教育输出的协作与交流平台

进一步深化产教融合,支持"走出去"企业与高职院校联合组建职教集团,开发跨境产学合作项目,鼓励相关高职院校参与企业海外业务拓展项目建设;组建高职院校参与"一带一路"的协作组织,设置职业教育领域中外合作拓展与交流项目,推动高职院校抱团合作,形成合力;依托办学实力强、"走出去"办学有一定基础和经验的高职院校,参照国家汉办开设"孔子学院"的做法,在海外建设若干以"促进技术技能人才培养,促进丝绸之路经济带和21世纪海上丝绸之路建设"为目的的"丝路学院";引导高职院校国际交流活动向"一带一路"共建国家聚焦,在向美国、澳大

利亚、德国等职业教育发达国家学习借鉴的同时,引导不同高职院校根据自身办学的特点,重点选择"一带一路"中相对固定的区域开展稳定合作,推广较为成熟的做法和经验,共同为"一带一路"建设服务。

(三)出台引导高职教育输出的扶持政策

设立高职院校与"一带一路"共建国家合作的专项资助项目,如拿出政府奖学金的部分指标给来自"一带一路"共建国家接受我国职业教育的学生,依托高职院校进行培养;设立政府资助的联合培养项目,对参与的专业给予专业建设经费资助,对具有特殊需求并具备良好合作条件的专业,可在学历层次上开辟"绿色通道",适度开展本科及以上层次的专业人才培养项目,以满足"一带一路"共建国家对更高层次应用技术人才的需求;参照国家援疆、援藏政策,对外派"一带一路"共建国家的高职院校教师给予职称评聘、政治待遇、经济待遇方面的优惠政策,激励教师积极投入职业教育海外援助工作;设立高职院校毕业生和优秀人才向"一带一路"共建国家输出的就业扶持政策,吸引具备一技之长的青年学生投身到"一带一路"建设中去;在人才、税收、信贷和行政审批等方面提供优惠政策,鼓励与高职院校拓展"一带一路"海外业务的企业和职教集团"走出去"。

(原文出处:凌镜."一带一路"背景下高职教育输出助推经济国际化的若干思考.教育与职业,2019年第1期,38-42页)

"一带一路"倡议下高职教育"走出去"的矛盾及其缓解

党的十九大报告提出"推动形成全面开放新格局",并深刻指出"要以'一带一路'建设为重点,坚持引进来和走出去并重,遵循共商共建共享原则,加强创新能力开放合作,形成陆海内外联动、东西双向互济的开放格局"。随着中国"走出去"战略步伐的不断加快,国际产能合作日益深化,不管是中国还是"一带一路"共建国家,都必将大幅提升对各类人才的需求。高职教育担负着培养高素质劳动者和技术技能型人才的重要任务,2017年我国高职院校数量已经达到1388所,在院校数量上是名副其实的高等教育半壁江山。高等专科教育中外合作项目数量达到960项,占高等教育总数的41.8%;全国高职院校非全日制国(境)外人员培训量超过85万人日[①]。"走出去"既是服务国家对外开放战略的现实需要,也是发展中国特色、世界水平的职业教育的必然选择。

---

① 上海市教育科学研究院,麦可思研究院.2018中国高等职业教育质量年度报告[M].北京:高等教育出版社,2018:53-55.

一、高职教育"走出去"的实践探索

(一)借力东风,依托政府项目开展职业教育援助

职业教育和人力资源培训是国家教育援助领域的重点。我国对"一带一路"国家的援助大多由商务部、教育部等政府部门发起,以基础设施建设、教学仪器设备提供、人员培训这三种援助形式为主。高职院校主要承担其中的人员培训任务,为"一带一路"培养培训官员、教师、学者和各类技能人才。以苏丹恩图曼职业培训中心为例,它是我国援助苏丹职业教育的第一个援建、援教项目,2016年8月,湖南外贸职业学院承接该合作项目,接收了101名苏方人员来校参加培训,同时组建了一支由16人组成的涵盖数控车床、电焊、汽修等9个方向的专业教师队伍,赴苏丹现场开展为期两年的学校管理和教学方法指导,目前该中心已累计为苏方培训学员数千名,成为当地职业教育的模范窗口。这类援助项目实施形式灵活多样,无须承担办校投入资金,且耗时短、见效快,受到合作双方欢迎。

(二)借船出海,与中国企业协同"走出去"

借船出海是高职教育伴随中国企业和产品"走出去",服务企业本土化经营和发展的一种新形式,其基本模式是"企业走到哪里,高职教育就办到哪里",主要分为两类:一类是以满足企业需求为核心的短期培训。如武汉铁路职业技术学院秉承"高铁到哪,服务就到哪"的理念,紧跟中国高铁"走出去"步伐,服务"一带一路"建设,学校与泰国班派工业社区教育学院合作的高铁技术技能人才项目,为泰国培养了首批高铁技术人才,在肯尼亚为蒙内铁路培训员工70名,在印度出版发行两套英文版高铁专业教材,实现了需求与资源的精准对接。另一类是校企联合举办学历教育,在中国企业"走出去"的落地国招收本土学生,实现更深层次、更高水平的合作。2015年,柳州城市职业学院与上汽通用五菱汽车股份有限公司合作共建"中印尼上汽通用五菱汽车学院"和"印尼中上汽通用五菱汽车教育培训中心",依托这类校企联合的平台,有效实施跨境招生招工一体化的学历教育和非学历教育,通过共同制定人才培养方案、建设实训基地、开发课程等,将校企协同育人上升到国际化技术技能人才培养的新高度。

(二)造船出海,在"一带一路"共建国家与当地教育机构开展合作办学

造船出海是指中国教育机构与"一带一路"共建国家教育机构合作,在共建国境内合作举办以共建国公民为主要招生对象的教育机构,开展合作办学。在机构中,外方学校负责提供办学场地、主体师资、管理人员,以及学校的日常运行和学生

管理;中方学校负责提供专业课程、汉语课程、设施设备,以及部分专业教师、实训带教人员、语言教师和管理干部。如天津渤海职业技术学院在泰国建立的鲁班工坊,可视作我国在海外建立的首个职业教育领域的"孔子学院",使中国职业教育先进的教学资源和教学模式在"一带一路"共建国家落地。两年来,陆续有多所高职院校在印度、印尼等国家与当地教育机构合作设立鲁班工坊。

(四)筑巢引凤,开展共建国家来华留学生教育

来华留学生教育包括学历教育和非学历教育,非学历教育主要以语言进修与短期培训为主。在职业教育领域,"一带一路"共建国家成为来华留学发展的增长点。2017年,共有来自39个共建国家的4916名留学生来华接受学历教育,较上年增幅达到31%,占当年职业院校招收学历留学生总数的88.4%[①]。由于留学费用较高,且"一带一路"共建国家人均收入普遍较低,目前我国主要采取学费减免、提供奖学金、提供实习就业机会等优惠措施,加大对留学生的吸引力度。也有少部分留学生受所在国政府支持来华学习,如卢旺达政府2015年与金华职业技术学院合作成立卢旺达政府委托培养班,至今已接收四届共85名留学生。虽然来华接受职业教育的留学生总体规模偏低,但是作为来华留学生增长的主要动力,"一带一路"共建国家的来华教育需求远未饱和,具有广阔的发展前景和巨大的发展市场。

二、高职教育"走出去"存在的现实矛盾

(一)国家政策大力推进与区域政策供给不足的矛盾

高职教育"走出去"既要有国家总体战略和部署,又要有地方的具体目标和规划。一方面,国家层面大力推进共建"一带一路"教育行动,构建"一带一路"教育命运共同体,顶层设计了《推动共建丝绸之路经济带和21世纪海上丝绸之路的愿景与行动》《关于做好新时期教育对外开放工作的若干意见》《推进共建"一带一路"教育行动》等一系列政策,提出要加强开展教育互联互通合作、加强人才培养培训合作、共建丝路合作机制、加快留学事业发展等要求,为职业教育共建"一带一路"指明了具体方向和行动路线。但另一方面,区域政策推进的成效不尽如人意,地方推进共建"一带一路"的主体性、支撑性和落地性不够,没有形成系统、长效的抓落实机制,致使国家政策无法落地。在国家总体布局"一带一路"教育合作的基础上,虽然大部分省份制定并出台了结合落实"一带一路"建设和扩大教育对外开放的具体规划,但聚焦到职业教育方面,不少地方政策还处于"零敲碎打"阶段,推进力度不够。通过梳理地方政策发现,文件中的目标、要求、举措存在程序化和模式化倾向,

---

① 来华留学生简明统计2017[R].北京:教育部国际合作与交流司,2018:141.

与国家政策"上下一般粗",或是把国家对地方的要求直接转嫁给学校,发展举措缺少基于需求导向和问题导向的"地方味道"。

(二)国家整体投入大与职业教育领域保障不充分之间的矛盾

近年来,国家持续增加在"一带一路"领域的教育投入。2015年习近平主席出席南南合作圆桌会议时宣布,未来5年中国将向发展中国家提供12万个来华培训和15万个奖学金名额。中国政府奖学金也向"一带一路"共建国家倾斜,享受2016年中国政府奖学金的4.9万名留学生中,"一带一路"共建国家留学生占比达到61%[①]。然而,国家在教育领域整体投入中不平衡、不充分的矛盾随之明显。一是我国现有教育援外布局绝大部分以本科高校为依托开展各类教育援助,职业院校受项目限制较大。《推进共建"一带一路"教育行动》提出设立"丝绸之路"中国政府奖学金,未来5年每年资助一万名共建国家新生来华学习或研究。然而,一系列中国政府奖学金并没有覆盖到专科层次的高职教育,资助群体依旧为本科、硕士和博士阶段的人才培养,这也是目前"一带一路"共建国家来华留学生进入高职院校占比极低的主要原因。二是资金渠道不畅。高职院校境外办学经费来源渠道少且单一,我国现行的财政政策又明确规定不允许公办高校对境外办学(如海外分校、海外项目等)进行投资,境外办学在校园建设、师资聘任、人员配置、设备购买等方面所需经费无法及时获得。这些现实障碍很大程度上制约了高职院校参与"一带一路"建设的领域、渠道和热情。

(三)顶层定位明确与基层实践路径不明的矛盾

《推进共建"一带一路"教育行动》明确,鼓励中国优质职业教育"走出去",探索开展多种形式的境外合作办学,合作设立职业院校、培训中心,合作开发教学资源和项目,开展多层次的职业教育培训,培养当地急需的各类建设者。在此路径下,虽然部分基础条件好、办学实力强的高职院校先试先行,积极打造"走出去"的"样板工程",但由于不同层级制度体系未能很好地相互弥补,战略层面的引领无法和具体项目有机结合,导致大部分高职院校缺乏对"走出去"政策的正确理解,对国际交流与合作的重要性及其深远意义认识不够,没有明晰的国际化发展思路、目标和方法。加之"一带一路"共建国家的具体战略诉求与优先方向不尽相同,更使得高职院校在合作对象以及合作方式的选择上充满了盲目性和无序性,很多学校确实想通过"走出去"参与"一带一路"建设,但是不知道怎么走、走去哪里,实际参与度

---

① 董鲁皖龙.逾八成留学人员学成后选择回国发展,2016年出国留学人员总数超54万人[N].中国教育报,2017-03-20(01).

并不高。加之目前国内"一带一路"智库发展正处于起步阶段,还未与"一带一路"共建国家研究机构和高校建立起紧密的合作关系,对"一带一路"共建国家的需求缺乏统计调研的详细数据,为高职院校"走出去"提供精准决策支持的能力不足。另外,从发达国家经验来看,各种非政府组织承担着对外合作"搭桥铺路"的重要功能,但目前我国高职院校协同非政府组织参与"一带一路"建设的作用还没完全发挥出来。

(四)外界需求强烈与自身有效供给能力不足的矛盾

无论是"一带一路"共建国家还是"走出去"企业,都对技术技能人才有着强烈的刚性需求。高职教育能不能"走出去",关键看高职教育有没有吸引力,能不能得到其他国家职业教育体系的认同。虽然我国已经建成了世界上最大的职业教育体系,但具备"走出去"实力的高职院校为数不多。制约的主要原因有:一是标准研制迟滞。2017年,全国有156所高职院校开展了国(境)外行业或专业标准开发[①],但就目前全国1388所高职院校总量和"一带一路"共建国家的庞大需求而言,还远远不够。二是国际化师资短缺。"一带一路"建设对高职院校的专任教师水平提出更高要求,然而目前高职院校专任教师普遍存在国际化教学能力不足、国际化专业能力短缺及国际化沟通与交流能力有限等问题。专任教师获得国外培训机会少,2017年高职院校接受国外培训的专任教师仅0.9万人次[②],远低于普通本科院校。三是校企合作不深。目前绝大多数高职院校还没有形成与中国企业、产品"走出去"相配套的人才培养与培训模式,有能力凭借专业和培养模式优势与跨国企业开展合作的高职院校也是少之又少[③]。

三、推进高职教育"走出去"策略

(一)上下联动,提升高职教育"走出去"的政策保障水平

高职教育"走出去"是一项系统工程,将成为当前及今后一个时期职业教育发展的关键内容和重要举措。国家层面应加强引导和推动,尽快出台鼓励支持高职教育积极参与"一带一路"建设的指导意见。地方要加大与国家政策的衔接、配套和执行力。将目标任务转化为工作项目,把原则要求变为可操作的工作措施。一要形成机制,根据《推动共建丝绸之路经济带和21世纪海上丝绸之路的愿景与行动》中明确的西北、东北、西南、沿海和内陆地区的功能定位和主要任务,合理引导

---

① 上海市教育科学研究院,麦可思研究院.2018中国高等职业教育质量年度报告[M].北京:高等教育出版社,2018:53-55.
② 2017全国教育事业发展简明统计分析[R].北京:教育部发展规划司,2018:37.
③ 杨剑静.职业院校参与"一带一路"建设的挑战及推进策略[J].中国高教研究,2019(1):34-37.

布局,发挥比较优势,形成地方、行业、企业和学校共同参与的工作机制。二要明确重点,各省基础、条件、优势、诉求各异,要面向地方重要产业、重点工程和关键节点的迫切需求确定教育合作的重点国别、优先领域和关键项目。三要推出"实招",要提出看得见、摸得着的实际举措,如"鼓励高职院校参与对接'走出去'企业开展职业教育与培训",就应当通过降低学校申报成本,精简外派审批流程,给予外派教师在职称评定、薪酬待遇等方面的实质性支持来接通政策落地的"最后一米"。四要搭建载体,通过"资源+项目"的组合式政策支持,分门别类地鼓励有条件的高职院校以适宜的方式参与"一带一路"建设。此外,由于职业教育服务"一带一路"建设处于起步时期,也非常需要通过形成协调机制和有力的监管制度来规范职业教育参与"一带一路"建设的行为。

(二)健全机制,加大对高职教育"走出去"的投入比重

一是在国家政府奖学金中设置高职教育类别,引导各地政府参照执行,在省政府奖学金、市政府奖学金中设置高职教育类别,吸引更多"一带一路"共建国家留学生进入高职院校学习。以浙江省为例,为提高优秀留学生到浙江留学的热情,该省逐年增加来华留学生奖学金名额和奖学金额度,2011年以来,先后有200多名高职院校的留学生获得了省政府奖学金。在地方政府的引导下,杭州、宁波、金华等地也相继设立面向高职教育的市政府奖学金,个别有条件的高职院校,如金华职业技术学院还设立了校级留学生奖学金。二是鼓励高职院校申请国家援外建设资金、援外培训基地等,为高职院校提供资金、知识储备等方面的支持与配合。如在"中非高校20+20合作计划"中,支持中国高职院校与非洲高校在师资培训、师生交流、鲁班工坊建设等领域开展"一对一"的交流与合作。这方面已有成功案例值得借鉴,如宁波职业技术学院依托本地区电气、机电以及商贸领域的产业优势及其对应的专业办学优势,建立了商务部支持的"中国职业技术教育援外培训基地",承办以技能和商务为特色的援外研修班,举办以跨境贸易为主题的"海享"系列活动,既培养了"一带一路"共建国家的大批产业人才,又促成国内的企业代表与援外培训班学员面对面交流,助推中国企业"走出去",极大地提升了教育援助的效应。三是制定高等学校境外合作办学经费筹集和使用的管理办法。面对新形势和新要求,国家有关部门需要对当前境外办学相关政策进行系统研究和顶层设计,适时出台与当前高校境外合作办学相适应的政策法规,明确学校海外办学经费筹集和使用方式。

(三)强化研究,增强高职教育"走出去"的科学性

"一带一路"实践的深入需要新的理论体系与理论储备。一方面,要通过项目规划审批与管理、倾斜性政策等引导高职院校根据自身发展目标、办学能力和现有条件,研究制定教育国际化发展战略,制定境外办学发展规划,明确境外办学的中

长期发展目标与行动计划,避免跟风式盲目实施境外办学项目。另一方面,积极发挥官方智库、民间智囊等机构的作用,对共建国家的基本情况、教育体系、国家学制、师资队伍、教育政策等方面进行深入研究,与共建国家智库共同谋划分类推进的方案,做实、做细政府之间的合作,为高职院校与共建国家开展多层次、多形式的职业教育合作提供参考,为我国政府推进职业教育政策互通提供决策建议。目前,我国已经建立了一批致力于"一带一路"职业教育研究的智库,如中泰两国依托鲁班工坊成立的中泰职业教育研究中心、中国天津·印尼东爪哇职业教育研究发展中心等,这些智库应积极发挥"国家队"的引领作用,尽快总结并发布一批中国高职院校参与"一带一路"建设的典型案例,编制"中国高职教育共建'一带一路'发展报告",使高职院校了解对方需要什么、我方能做什么、价值取向是否与国家战略同向同行,在此基础上根据区域经济发展和各自学校的实际情况,制定出科学、可行的"走出去"路线图。

(四)标准先行,确保高职教育"走出去"的整体质量

研制并推广中国特色的高职教育标准体系。《推进共建"一带一路"教育行动》提出,要推动学历学位认证标准连通,实现区域内双边多边学历学位关联互认。到2017年,已有24个"一带一路"共建国家与我国签署了学历学位互认协议,45个"一带一路"共建国家与我国签署了双边多边教育协议[1]。面对目前高职院校只能颁发专科学历证书,在"走出去"办学和招收留学生过程中存在学历不对等的情况,高职教育更应坚持带着标准"走出去",打造一套既受国际认可又具自身特色的高职教育标准,包括行业标准、专业标准、课程标准等,以标准引领和提高人才培养的总体质量,逐步实现"一带一路"区域内高职教育质量的实质等效。加大国际化师资培养力度,实施更加开放的人才政策,加大高职院校对国外高层次人才的引进力度,国家在实施"丝绸之路"师资培训计划中也应适当兼顾高职院校教师,加强先进职业教育经验的交流。强化与企业"捆绑"发展的协同意识,学校要主动与"走出去"企业合作,共同制定面向"一带一路"共建国家或中企境外公司的人才输出订单培养计划,开展输出海外的人才培养,将校企协同育人上升到国际化技术技能人才培养的新层面[2]。另外,还要加强对高职教育"走出去"的监管,积极组织或委托第三方对高职院校"走出去"水平和质量进行评估,包括资质认证、招生、收费、专业规划、办学质量等,加入国际质量标准联盟,接受国际质量组织的评估。

(原文出处:杨剑静,陈明昆."一带一路"倡议下高职教育"走出去"的矛盾及其缓解.现代教育管理,第2019年第04期,16-20页)

---

① 叶雨婷.我国已与24个"一带一路"国家签订学历学位互认协议[N].中国青年报,2017-04-20(04).
② 姜大源,董刚,胡正明,等.中国特色高水平高职院校建设(笔谈)[J].中国高教研究,2018(6):98-102.

第七章 提升服务发展能力

化危为机,职业教育要增强五大理念

在疫情防控一线,活跃着大批职业院校培养的毕业生,他们利用专业优势和精湛的技术技能,展现了新时代职业人的精神风貌和专业能力。面对疫情考验和持续压力,我国职业教育的发展应该增强五大理念,进一步推动教育教学改革,不断提升职业教育对经济社会的适应性和服务力。

一、增强民生优先理念

在全球性或区域性的突发公共事件面前,保障最为基本、最为迫切的民生需求,考验着一个国家在民生相关领域的人才储备与应对能力。追求民生幸福,办成民生教育,理应成为职业教育办学的重要价值追求。我国职业院校要切实增强举办"有温度"的职业教育的责任与使命意识,积极培养民生领域紧缺的专业人才。一方面,教育主管部门要在护理、老年服务、学前教育等民生重要领域的专业设置上强化"计划性",通过区域职业教育专业结构的统筹规划,填补区域专业点的空白,科学确定招生指标,形成稳定的人才培养供给结构。另一方面,职业院校要加大民生重点领域的专业建设力度,积极打造高水平专业(群),如国家"双高计划"立项建设的11个医药卫生领域高水平专业群,要以此为引领,带动全国职业院校同类专业的高质量发展,切实提升民生相关专业办学实力和人才培养质量。

二、增强智能技术理念

大数据、互联网、人工智能、区块链等新技术在疫情防控中的广泛应用,充分显示了应对社会危机过程中科技的力量。同时,疫情又是一个加速技术淘汰和技术升级的动因,在人工智能技术和数字经济蓬勃发展的今天,疫情防控必将进一步加快推动智慧城市、智慧企业、智慧商业模式的建设。技术变革越来越成为一切变革的根本逻辑。如何紧跟新技术尤其是智能技术的发展,促进技术技能的高度融合,是职业院校人才培养需要回答的大题目:一是针对新技术催生的职业、岗位、技能变化,调整传统专业的人才培养定位,建立新的技术技能人才培养标准。二是要更加聚焦基于新技术应用的教学内容改革,切实提升职业教育课程的育人实效性。

三是要倡导"技术向善"的价值导向,结合专业教育加强引导,充分彰显人运用技术服务社会的责任。

三、增强课程思政理念

在这场特殊的战疫中,如何正确处理好个人与国家、个人与集体、个人与社会的关系,考验着人的品格和职业精神。如何切实履行好育人责任,可以说是这场疫情带给职业院校的育人新命题,愈加凸显了职业院校课程思政教育的重要性。职业院校要充分利用这次疫情防控中涌现出来的优秀事迹、先进典型、感人故事等育人资源,将习近平新时代中国特色社会主义思想、社会主义核心价值观、中国特色社会主义制度优势、"一方有难、八方支援"的家国情怀,将不同职业岗位折射出的专业精神、职业道德、责任使命等要素,有机融入各门课程之中,切实提升课程思政实效。

同时,要引导广大教师积极推动专业教育与思政教育紧密结合、思政教育和课程思政相向而行,加快构建全员全过程全方位育人的思想政治工作格局,实现职业技能和职业精神培养高度融合。

四、增强混合教学理念

全面推行网络教学,已经成为广大职业院校在疫情危机下的教学选择。如何真正做到"化危为机",不让网络教学仅仅成为一时之需和一哄而上的无序应付行为,关键还是要从根本上促进信息技术与教育教学、线上与线下的深度融合。为有效提升混合式教学质量,要把握好五个内涵要求。一是融合,要遵循职业教育课程的理实一体化教学规律,做到线上线下教学的彼此融合、相互补充,努力达到课程教学目标。二是弹性,要发挥混合式教学拓宽教学时空的优势,适应企业生产运行特点和个性化学习需求,探索实施学分制、弹性学制和弹性教学,形成具有职业教育特点的、灵活的教学组织与安排机制。三是多元,要积极引导教师结合自身教学风格和课程特点,探索在线课程教学、自主学习+在线辅导、直播教学、同步课堂教学等多元化的教学模式,要基于线上虚拟仿真解决难点,基于线下讲练结合掌握技能。四是精准,要强化以学生为中心的育人理念,从课程教材、教学模式、培养方式等各个层面建立起分层分类的人才培养体系。五是有效,要将教学内容改革、教学方式改革和考试评价改革有机结合,从根本上解决线上教学的"放羊"问题。

五、增强社会教育理念

疫情期间以及疫情带来的长期深刻变化,存在于社会需求的各个层面。社会服务是职业教育的重要属性,职业院校需要不断增强社会教育理念,深入思考疫情带来的社会服务内容、方式的转变,彰显职业教育办学的社会责任与担当。比如,要发挥职业教育的专业优势,面向新型农民、退役军人、企业员工、社区成员、儿童家长等不同群体社会人员,主动研判和适应疫情期间等特殊阶段的学习需求,开发职业培训、继续教育等特色项目及网络资源,为社会人员提供专业的线上线下辅导,提升他们的职业能力与民生技能。建立常态化的职业培训机制,积极搭建农民学院、军民融合学院、企业学院、社区学院、家长学院等社会教育的平台,满足社会多元、个性、弹性的终身学习需求。同时,也要注重开展在校学生的社会教育,尤其是要与就业指导服务工作相结合,通过产教融合、校企合作建立稳定的就业基地,校企共同提前开展岗前培训,切实提升毕业生就业能力。

(原文出处:王振洪. 化危为机,职业教育要增强五大理念. 光明日报,2020年04月14日第15版)

新职教法助推高职再跨越

1996年《中华人民共和国职业教育法》(简称《职业教育法》)颁布之后,高职教育跨越式发展,办学规模迅速扩大,逐渐占据高等教育的"半壁江山",为社会培养了一大批"下得去、留得住"的高素质技术技能人才。2022年5月1日,新修订的《职业教育法》正式颁布实施,篇幅大幅增加,内容大为丰富,制度设计更为完善,对高职教育的定位、层次、制度架构、外部保障等问题进行了系统阐述,必将助推高职教育实现更高质量的跨越式发展。

一、确立了高职教育发展的"新定位"

新修订的《职业教育法》确立了职业教育的办学定位,明晰了高等职业教育的人才培养目标,并对高等职业教育在职教体系中的发展定位予以明确。

一是在横向对比中确立了"不同类型、同等重要"的办学定位。新法开宗明义提出"职业教育与普通教育是不同教育类型,具有同等重要地位",以立法形式确立了职业教育在我国教育体系中的重要地位和使命,也为高职教育未来发展提供了更为广阔的空间。

二是在纵向发展中确立了"中职—职业专科—职业本科"的办学体系。新法对我国职业教育体系进行了系统界定与完善,明确了高职教育在现代职业教育体系建构中肩负着引领中高职一体化发展的重要职责,高职教育应带动构建"中职—职业专科—职业本科"的发展路径,成为职业教育的核心力量。

三是在自我革新中确立了"德技并修、多元创造"的办学目标。新法强化了职业教育对职业道德、科学文化与专业知识、技术技能等方面的综合培养,将德技并重的多样化人才培养和以创新创造为依托的就业创业作为重要追求,为高职教育人才培养提供了更为清晰的定位,从法律上解决了升本以后高职教育办学的定位不清、思路不明及"学术漂移"等风险。

二、打破了高职教育发展的"天花板"

数据显示,我国高职学校有1486所,在校生1590.10万人,本科层次职业学校仅有32所(其中民办院校22所),在校生12.93万人,本科层次职业教育体量较小,尚处于试点探索阶段。新修订的《职业教育法》彻底打破了高职教育发展的"天花板"。

一是确立了本科层次职业教育的合法地位。新法明确提出"高等职业学校教育由专科、本科及以上教育层次的高等职业学校和普通高等学校实施",从法律层面明确了高等职业教育的层次分布和发展通道。

二是明确了本科层次职业教育发展的主路径。新法明确规定不仅高职院校、职业技术大学这类职业类院校可以举办本科层次职业教育,普通高等学校也可以举办本科职业教育,这无疑将极大激发职业教育的竞争性,迎来多路大军"齐头并进"办本科层次职业教育的激烈局面。

三是明晰了本科层次职业教育发展的关键制度。新法规定了"设立实施本科及以上层次教育的高等职业学校,由国务院教育行政部门审批""学业水平达到国家规定的学位标准的,可以依法申请相应学位",不仅清晰指明了本科层次职业教育的申办路径,更有效破解了本科职业教育发展的关键制度瓶颈,为本科职业教育的茁壮发展提供了坚实的制度基础。

三、筑牢了高职教育发展的"顶梁柱"

新修订的《职业教育法》极大拓宽了职业教育的发展空间,并对支撑高职教育高质量发展的制度体系进行了系统优化。

一是为产教深度融合提供了系统的法律遵循。高职教育在推进产教融合的过程中一直面临着法律保障不健全、行业企业参与积极性不高、合作水平浅层次的突出问题。新法对症下药,强调了职业学校和企业展开合作必须签订协议和契约,明确给予参与校企合作的企业政策优惠和支持奖励,鼓励和支持产教融合型企业同高职学校开展学徒培养合作。

二是为学生实习实训提供了切实的法律保障。学生实习实训缺乏强有力的规范监督与保障一直是职业教育发展面临的顽瘴痼疾,新法不仅明确规定了职业学校学生实习实训应享有的权益,也对实习实训的内容、标准以及组织方式作出了具体规定,更对有关违法行为明确了惩罚措施。

三是为高职教育高质量发展营造了良好的外部环境。在管理体制上,明确了部委统筹、央地联动的总体要求,压实了地方人民政府发展职业教育的主体责任。在经费保障上,确立了国家重点支持、地方投入为主的保障机制,明确举办者应当按照标准足额拨付经费。在师资队伍建设上,破除唯学历、唯文凭等弊端,职业学校可以放宽学历限制,聘请行业企业一线具有专业知识或者特殊技能的人员。

四、激活了高职教育发展的"动力源"

新修订的《职业教育法》强化了党的领导在高职教育事业发展中的"主心骨"地位,内外并举激发了行业企业办学动力和学校办学自主权,有效激活了职业教育发展的内在动力,并为高职教育发展提供了公平的就业环境和有利的舆论氛围。

一是党的领导在职业教育事业发展中的核心地位得以明确。党的领导是职业教育高质量发展的重大政治前提,在高职教育发展中起到了把方向、管大局、谋大事、保落实的关键作用。新法明确规定了职业教育必须坚持中国共产党领导,公办职业学校必须实行中国共产党职业学校基层组织领导的校长负责制,强化共产党基层组织政治功能,保证在学校重大事项决策、监督、执行各环节有效发挥作用。

二是行业企业举办高职学校的法律依据得以明确。新法鼓励有条件的企业根据自身生产经营需求,利用资本、技术等要素,单独举办或者联合举办职业学校;依法支持社会力量参与联合办学,举办股份制、混合所有制职业学校。行业企业参与举办高职学校能够有效破解高职教育"关门办学""封闭办学"的现实困境,真正打通产教之间的"最后一公里"。

三是高职学校办学自主权的拓展方向得以明确。新法赋予职业学校在机构设置、人才招聘、职称评定、内部薪酬分配、科研成果转化收益处置等方面更多的自主权,特别是明确规定了学校开展校企合作、提供社会服务或者以实习实训为目的举办企业、开展经营活动取得的收入不仅可以用于改善办学条件,也可以用于支付教师、企业专家等人员的劳动报酬,还可以作为绩效工资来源,这些举措无疑将更有效激发学校的发展活力。

四是高职毕业生就业机会的公平保障得以明确。新法明确规定了职业学校学生在升学、就业、职业发展等方面与同层次普通学校学生享有平等机会,能够有力改善高职学校毕业生在就业、考公、考编中屡遭歧视的不良现状,进一步确保高职学生享有平等的就业机会和法律权利,拓展了职业生涯的发展空间,拔高了职业学校的培养目标,也为高职教育的发展提供了更加良好的舆论环境和发展生态。

(原文出处:王振洪.新职教法助推高职再跨越.中国教育报,2022年06月07日第5版)

提升高职院校社会服务筹措经费能力

教育当前,我国公办高职院校办学经费以政府投入为主,其他渠道筹措经费有限,这种状况存在一些负面影响。

一是不利于形成多元化的职业教育投入机制。2012年以来,我国政府全国教育经费总投入占GDP比例连续八年保持在4%以上,近三年每年都超4万亿元。今后政府财政投入继续大幅增长可能性较小,而且摊大饼式的投入也很难提高资金的使用效益。高职院校如果过度依赖财政拨款,容易产生惰性,没有动力去整合各方面的资源,就不会想方设法提升服务行业企业的能力、通过多种渠道筹措资金。另外,部分高职院校不珍惜政府所拨经费,滥用财政拨款,过度更新使用设备,存在高价采购的设备多年封存的情况。

二是不利于高职院校切实承担社会服务职能。在当前的办学经费投入状况下,高职院校主要承担培养技术技能人才的责任、主动开展社会服务的积极性不高,动力不足,特别是一些办学经费比较充裕的学校,没有服务社会的迫切愿望。据《2019中国高等职业教育质量年度报告》统计,2018年度横向技术服务到款额与技术交易到款额合计超过1000万元的高职院校只有136所,不到全国高职院校的10%。即使是科研社会服务经费前200名的高职院校中,仍然有41所高职院校的横向技术服务到款额或技术交易到款额是个位数,有些甚至为0。这些数据表明部分高职院校很少或基本没有开展相关的社会服务。

三是不利于高职院校深化产教融合校企合作。有效促进产教融合、校企合作、工学结合是高职教育发展的必由之路。为此,党和国家出台了一系列政策制度,但企业参与办学的动力依然不足,校企合作的深度与广度还有待加强,究其根本原因,大部分高职院校没有从学校自身生存和发展的角度去思考,没有积极主动服务企业发展,并与企业在深度合作的基础上建立利益共同体。

四是不利于高职院校提高人才培养的有效性。当前,技术更新、产业转型升级日趋加快,高职院校需要通过专业结构动态调整、课程内容优化更新等,满足产业发展对人才的新需求。然而,作为技术技能人才培养主体的高职院校,因为不是按照生产的产品(培养的学生)的"质量和销路"获得办学经费,导致课程内容、教学过程等对接不到位,技术技能人才培养不能实现精准供给,高端就业、高质量就业的学生很少,结构性就业矛盾突出。另外,学校也很难有效整合校内外资源,因此很难提升专业服务产业发展的能力。

因此,要在保证政府基本财政投入,积极争取教育事业收入、各类专项建设经费和社会捐赠等的基础上,充分发挥市场在资源配置中的决定性作用,多元化筹集职业教育经费,特别是要着力提升高职院校通过社会服务筹措经费的能力。

第一,政府要出台系列政策,鼓励院校多元筹集资金。各级政府要调整教育经费拨付机制,在保证基本办学投入的基础上,适当扩大绩效拨款、竞争性拨款、专项拨款的比例。政府可以把区域科技创新平台、成果转化平台、技术转移平台、产业研究院、公共实训中心等建设,退役军人、农民、企业员工等培训,以及精准扶贫等工作,作为政府委托项目,通过购买服务等方式竞争性委托给高职院校承担并支付相关的项目经费以及奖补经费。政府还可以用教育券、技术创新券、培训券等方式将部分教育经费发放给学生和有培训需求的社会人员,让他们自主选择相关学校,激发高职院校的办学活力和参与竞争的动力。同时,政府要出台政策规定高职院校教师社会服务收入的结余,可作为劳动报酬,不纳入绩效总额,充分调动教师参与社会服务的积极性。

第二,教育部门要顶层设计,引导院校加强社会服务。要把社会服务能力和成效作为评价高职院校的重要维度,作为高水平高职学校和专业群遴选的基本条件;继续发布高等职业院校服务贡献50强榜单;引导高职院校利用学校的优质教学资源,面向市场,满足企业需求、呼应社会期待,积极开展技术咨询、社会培训、助力新兴产业发展等服务;允许高职院校教师开展社会服务的相关工作作为企业实践经历;使高职院校在服务社会的过程中,增强吸引力,实现可持续发展。

第三,高职院校要转变理念,增强服务意识和服务能力。在我国高等教育普及化的背景下,高职院校要有危机意识,摒弃"等、靠、要"思想和完全依赖政府财政拨款的思维,主动面向市场,服务区域经济社会发展。在深入分析行业企业真实需求的基础上,扎扎实实做好"五个对接",并通过为企业解决技术更新、生产流程改造、员工培训等问题,筹集相应的经费。这一部分市场潜力和增量巨大,部分高水平高职学校的社会服务创收可达到学校全年预算支出的20%～30%。通过社会服务筹资深化产教融合,建立校企命运共同体,既能提升办学水平和社会服务能力,又能较好地补充学校的办学经费。

(原文出处:邵建东,钱向明.提升高职院校社会服务筹措经费能力.中国教育报,2020年10月20日第9版)

产学研合作助力中小企业复工复产

一手抓疫情防控,一手抓复工复产,是当下两大重点工作。疫情对所有企业都造成了不同程度的影响,但由于中小企业应对经济波动的缓冲措施较少,因此受到的影响更大。为此,国家各部委和部分省市相继出台了扶持中小企业发展的政策文件,与区域产业联系密切的高职院校也要积极行动起来,发挥产学研协同创新优势,运用科技创新帮扶中小企业共渡难关。

首先,推出技术帮扶组合拳。中小企业复工复产之路面临着短期内就业人口返程受限、核心人才流失、人力和生产成本增加、产业链各环节不能同步复工等多重现实困境,高职院校可积极发挥专业群集聚效应和服务功能,为中小企业提供复合多元的技术帮扶。

一是组建技术帮扶队。学校充分运用科技特派员、访问工程师、驻企博士、教授等人才优势,深入企业一线,为面临技术人员紧缺、经营和生产困难的企业提供精准的技术服务指导。学校可以利用"中小企业政策库"等线上资源,帮助企业个性化梳理可适用的各级扶持政策,让政策应知尽知、应享尽享,真正落地并产生实效。学校还可以运用专业特长,有针对性地帮助排查技术堵点,优化技术方案,让中小企业在核心人员缺失的情况下也能尽快开工、尽快恢复产能。同时积极深入农村农户,开展种植养殖培训,助力解决春耕过程中将遇到的技术和销售难题。另外,学校还要帮助企业修炼内功,重新评估行业现状、供应链上下游情况,规划研发计划和销售方案,为下一阶段的发力做好准备。

二是组织、宣传和推广线上技能培训。国家发改委、人社部和工信部相继推出了企业微课、线上职业技能培训等政策,高职院校在宣传和推广这些线上免费资源的基础上,也可利用师资和人才资源优势,组织技能大师、技术能手等优秀技能人才为中小企业开展订单式的线上技能培训,帮助企业在减少人员聚集的情况下,开展在职员工、待返岗员工和拟录用员工的岗位培训。

其次,共享平台资源降低创新成本。

一是开展校企合作研发。此次疫情对中小企业的影响不仅仅在于资金链和销售链的冲击,更是对其生产经营方式的一个全面考验。产品技术含量高、研发实力强的企业将在抗疫持久战中发挥出更显著的竞争优势,这将倒逼一些中小企业正视转型升级问题,寻找新的机遇和发展空间。高职院校应抓住需求,积极深化校企合作、推动产学研协同创新,利用好应用技术协同创新中心、产教融合平台、科研实验室等创新平台资源,解决中小企业因研发资金、研发设备缺乏而无法提升技术的困境,为企业提质换挡提供设备、技术和智力支持。

二是提供技术检测等公共服务。受疫情的影响,部分企业在复工复产中遇到了技术检测、实验无法推进的难题,高职院校一方面可以通过有效盘活现有的科研、实训等仪器设备,在线上创新技术服务平台中提供技术检测、技术咨询等公共科技服务;另一方面可积极向中小企业推广"创新券"等科技优惠政策,指导企业运用线上创新服务平台开展技术服务对接,帮助企业降低技术研发的适配成本和投入成本。

再其次,转化科技成果助力创新创业。

一是将成果转化给中小企业实施生产。三部委日前联合发布了《关于提升高等学校专利质量 促进转化运用的若干意见》，借此契机，高职院校可遴选和评估现有科技成果，挑选出适合转化的成果建立科技成果转化项目库，及时发布网上技术交易市场等平台，以优惠的价格将成果转让或许可给中小企业生产实施。同时，积极协助中小企业开展二次创新，提高成果转化中的适应性和有效性。

二是将成果许可给学生实施创业。由于疫情的原因，今年的就业压力较为严峻，政府可鼓励高职院校将创新创业工作与科技成果转化工作相结合，通过无偿或低偿许可的方式授权给学生使用，引导学生开展科技创业，在稳定就业的同时提高成果转化率。近年来高职院校学生创业热情较高，但创业项目普遍都是通过电商平台或者实体零售等形式开展，真正以技术为核心优势实施创业的项目非常少。因此可以鼓励有能力的学生参与实施技术先进、科技含量较高的创业项目，提高学生创业项目中的技术含量。

（原文出处：韦清.产学研合作助力中小企业复工复产.中国教育报，2020年04月21日第9版）

全力打好稳就业、促就业"精准组合拳"

突如其来的新冠疫情，给很多行业摁下了"暂停键"，一些企业"命悬一线"，使本就严峻的就业问题雪上加霜。高职院校承载着为区域经济发展服务的重大历史使命，也是稳就业、促就业棋盘里的重要落子。当前，新冠疫情防控形势积极向好，毕业生就业工作也已进入黄金期。高职院校在做好疫情防控工作的同时，必须充分认识到毕业生就业工作的紧迫性和艰巨性，尽快克服疫情的不利影响，围绕稳就业、促就业大局，多措并举、精准发力，切实把就业工作抓实、抓细、抓落地。

一、紧紧把握就业市场脉搏，多方拓宽毕业生就业升学渠道

教育部印发《关于应对新冠肺炎疫情做好2020届全国普通高等学校毕业生就业创业工作的通知》，要求，"拓宽渠道，促进毕业生就业并增加升学深造机会"，这也是高职院校目前和开学后的重点工作。

一是多方合作有效开拓就业渠道。主动对接地方就业主管部门，充分利用"互联网＋就业"新模式，在毕业生中积极宣传相关政策和招聘信息，定期举办线上招聘会、招聘考试等，为毕业生和企业牵线搭桥；利用校企合作平台，快速掌握企业复工复产人才缺口，向重点地区、重大工程、重大项目、重要领域输送毕业生；积极开辟新的见习基地，使更多毕业生通过就业见习实现就业。

二是上下贯通拓展升学深造渠道。多渠道加大专升本宣传力度，鼓励更多毕

业生继续深造,确保把动员工作落实到每个学生和家长;积极面向中职毕业生扩招,进一步拓宽中职毕业生升学通道,缓解就业压力。此外,职业技术本科和应用型本科院校要针对产业升级和改善民生急需的电子信息、健康服务与管理等专业扩大专升本招生规模。

二、精准发力做好就业帮扶,确保重点学生群体就业有"助"

精准就业帮扶工作不仅关系到毕业生的个人成长、价值实现,也关系到稳就业的大局。高职院校必须高度重视精准就业帮扶工作。

一是建立"点对点"动态台账。为确保就业帮扶"不断线",加快建立并完善精准就业帮扶动态台账,准确掌握就业困难学生特别是重点疫区、家庭贫困、心理困难、身体残疾等重点毕业生群体的择业意向和就业状态,实现精准"云"摸底。

二是实行"一对一"就业帮扶。针对重点毕业生群体,制定"一生一策"就业帮扶"云"计划,同时为每一名重点关注毕业生安排就业指导教师,开展"一对一"的指导和帮扶,做到全程跟踪服务。

三是搭建"心连心"沟通桥梁。实时掌握重点毕业生群体的思想动态和心理状况,有针对性地开展教育引导工作,开通就业心理咨询和就业帮扶热线,为重点毕业生群体实时提供暖心"云"服务。

三、优化就业创业指导服务,为毕业"最后一公里"倾心护航

就业创业指导服务是新形势下做好毕业生就业创业工作、助力企业复工复产的必然要求,为此,高职院校必须将优化就业创业指导服务作为一个重要目标任务。

一是抓好就业创业指导教师队伍建设。将就业创业指导队伍建设纳入学校师资队伍建设整体规划,加快建设一支专业化就业创业指导队伍,迅速组建一支线上就业创业指导团队,服务于新形势下的就业创业工作。

二是强化线上就业创业指导服务工作。积极引入优质的生涯教育公益资源和就业创业精品课程,组织学生自主在线学习、提升求职能力,同时,加大"云走访""云辅导""云服务"的支持力度,积极为毕业生提供全方位、全天候就业创业指导咨询服务,为毕业生实现就业创业排忧解难。

三是加快完善就业创业指导课程体系。根据学生多样化发展需要,构建包括职业规划课程、创业教育课程、就业辅导课程多元化的就业创业指导课程体系,满足学生就业创业的不同需求。

四、切实加强职业技能培训,增强劳动者就业和职业转换能力

高职院校加强职业技能培训,是化解当前及今后一段时期就业突出矛盾的一个积极措施,也是扭转学历教育和培训"一条腿长一条腿短"办学局面的迫切要求。

一是推进培训资源建设和模式改革。将职业技能培训摆在与学历教育同等重要的地位,整合数字化职业技能培训资源,扩大优质资源覆盖面;推行"互联网＋培训"模式,通过智慧课堂、移动 App、线上线下相结合等开展灵活性、实时性培训。疫情结束后,通过"移动教室""企业学区""大篷车"等方式,把职业技能培训送到车间和家门口。

二是积极开展面向重点人群的培训。努力践行"全纳教育"理念,发挥自身优势,面向退役军人、农民工、农村留守妇女、长期失业青年、建档立卡贫困劳动力、残疾人等重点人群开发周期短、需求大、易就业的培训项目,突出教、帮、扶等特点,提供培训就业一体化服务,实现"培训即招工""培训即就业"。

三是加强部门协同、产教融合联动。教育行政、人力资源社会保障、农业农村、退役军人等部门要加强沟通协作,大力支持高职院校开展职业技能培训工作;高职院校要积极联合行业企业共建企业大学、职工培训中心,面向新技术、新领域开发重点培训项目,加大受疫情影响严重企业的职工转岗转业培训力度。

五、抓住"百万扩招"红利,面向就业困难群体开展学历教育

"百万扩招"把职业教育摆到了"多管齐下稳定和扩大就业"的重要位置。高职院校必须抓住这一政策红利,对受疫情影响较大的下岗失业人员、农民工等就业困难群体扩大招生规模。

一是进一步改革招考制度和评价体系。针对扩招生源的特点,加快推进招生分类考试,优化"文化素质＋职业技能"的考试形式,实行多元评价,把实现高质量就业作为检验人才培养质量的重要标准,坚持宽进严出,严把毕业出口关。

二是探索灵活、多元的人才培养模式。充分考虑不同生源在学习基础等方面的差异性,分类制订专业人才培养方案,实施"线上＋线下""校内＋校外"等灵活的教学模式,并以1＋X证书制度试点为载体,形成各类生源皆可成才的良好局面。

三是推动分类管理改革平稳有序进行。加快制定柔性化管理制度,向兼顾应届和非应届生源、学习年限灵活的弹性学制、学分制转变,促进学历证书和职业技能等级证书互通衔接,为各类生源的学习成果认定、积累和转换提供便利。

六、聚焦疫后新技术新业态,用"双创"拓展就业创业新空间

随着疫情防控形势出现积极向好的态势,一些新产业新业态也逐渐显现。高职院校应深入挖掘新技术新业态下的就业机会,充分激发"双创"带动就业倍增效应。

一是瞄准岗位新需求,调整优化专业设置。瞄准新职业需求,尽快建立招生、培养、就业三联动的专业动态调整机制,及时调整优化专业结构,形成与新技术、新业态相适应的专业布局。

二是打造校企共同体,厚植"双创"土壤。牢牢抓住新一轮科技革命和产业变革带来的机遇,深化校企合作、实现深度融合,通过校企共建大学生创新创业孵化基地,打造协同创新共同体,汇聚更加强大的"双创"合力,为高职生就业创业拓展新空间。

(原文出处:孙凤敏,邵建东.全力打好稳就业、促就业"精准组合拳".2020年05月05日第9版)

非遗扶贫,职校要念好四本"真经"

非遗,特别是传统工艺类非遗,与人民群众生产生活密切相关,具有带动贫困地区群众就近就业、居家就业的独特优势,是助力精准扶贫的重要抓手。今年是打赢脱贫攻坚战的收官之年,作为非遗扶贫重要力量的职业院校,应在开展非遗传承人群研修研习培训计划、搭建非遗扶贫实践平台等的基础上,进一步完善帮扶模式,念好四本"真经",释放职教非遗扶贫新动能,全面助力打赢脱贫攻坚战。

一、盘活非遗优势资源,念好"产业扶贫经"

非遗资源是一种重要的产业资源。我国非遗资源丰富,种类繁多,四川、贵州、云南等一些中西部贫困地区生态保护传承相对完整,且随着社会经济发展,人们对非遗产品的溢价认知不断提升,对高品质优秀传统文化载体的非遗产品需求稳步上涨,非遗消费活力和潜力巨大,具备较好的产业扶贫基础和前景。

但是,由于缺乏设计、品牌和营销等手段,非遗资源面临转化困难和转化效益不高的现实难题。因而,职业院校非遗扶贫需要重点解决产品设计、渠道营销等问题,盘活非遗优势资源。

一是以设计延伸文化产业链。很多非遗传统工艺缺设计,而职业院校尤其是工艺美术类职业院校在这方面具有天然优势,应充分发挥职业院校的设计优势,在尊重传统手工技艺的基础上,将传统元素和现代生活需要进行对接、融合和再设

计,以丰富的题材、样式、功能、类别等延伸特色文化产业链,开发更多适应现代审美和个性要求的非遗时尚产品,发展非遗扶贫经济。如苏州工艺美术职业技术学院与贵州雷山县通过"校县合作"共建传统工艺研创中心,以传统工艺产品研发设计为抓手,促进了雷山特色文化产业发展。

二是以品牌拓宽销售渠道。要想让非遗传统工艺产品"走出去",必须朝着品牌化的方向发展。但这些地区文化品牌建设滞后,也特别渴望与行业企业、职业院校联合共建品牌,而不只是纯粹的产品加工。职业院校可充分利用现代网络技术和电商平台打造品牌市场,拓展多元销售渠道,推动手工艺品向商品转化,如贵州织金县的蜡染、刺绣等非遗传统工艺品与唯品会合作,开创了电商扶贫新模式。

此外,职业院校还可借助文旅融合大趋势,与当地政府合作,联合旅游公司、展会公司等开展非遗传统工艺购物节、非遗传统工艺体验、博览会等节庆活动,以文化消费带动当地产业发展。

二、加强非遗传承教育,念好"技能扶贫经"

无论是从传承发展角度,还是从扶贫脱贫角度,加强非遗传承教育都是一项值得尝试推广的扶贫举措,需要从"谁来教""谁来学"和"怎么学"上下功夫。

一是"谁来教"。职业院校应与非遗传统工艺项目代表性传承人、工艺师等建立良好的合作关系,重构正式而融洽的师徒关系,完善课酬津贴补助机制,激励传承人、工艺师悉心培养后继传承者。

二是"谁来学"。职业院校可通过学费减免、生活补助等方式,吸引建档立卡贫困家庭的子女学习非遗传统工艺。通过接受职业院校专业、系统、扎实的技能学习,帮助他们强基础、拓眼界、增学养,获得谋生立足的"一技之长",既增加家庭收入,阻断贫困的代际传承,也有利于非遗传统工艺的传承和创新,弥补以往传承人文化程度较低、创新创意不足的劣势。

三是"怎么学"。技能形成是技能知识习得和技能经验累积共同作用的结果,前者主要发生在学校,后者主要发生在工作场所。职业院校应遵循技能形成的内在机理,加强与非遗扶贫就业工坊、传统工艺合作社、传统工艺企业等的合作,为学习者创设参与具体生产实践的真实情境,同时,引导学习者在实践情境中边做边学、反复实践,帮助其建构知识、技能和职业的内在联系。如此才能真正提高学习者的技能水平,夯实脱贫的技能基础。

三、开展非遗工艺培训,念好"就业扶贫经"

就业扶贫通常分两种方式,一是本地就业,二是劳务协作输出。鉴于非遗尤其是传统工艺本身就是当地民众赖以为生的经济手段,遍布城镇村庄,关联千家万户,因而职业院校应联合非遗扶贫就业工坊、传统工艺合作社、传统工艺企业、就业基地、培训中心等,采用"送培到家、就业在家、增收在家"的方式,重点解决本地就近就业、居家就业、零工经济就业问题。

针对初学者,开展基础的技能培训,帮助其掌握工艺生产的基本技能,获得就业机会;针对熟练者,开展较高难度的技能培训,帮助其提升效率和技艺,获得更高工资报酬;针对创业者,开展创业能力提升培训,通过创业政策解读、平台搭建、案例分享等为创业者"搭桥引路",创设良好的创新创业发展空间。反过来,良好的创业环境也会创造更多的就业机会。

可以说,就业扶贫是最有效、最直接、最持久的脱贫方式。职业院校通过广泛开展不同类型的非遗传统工艺培训,辐射带动贫困地区剩余劳动力、妇女、返乡创业者、残疾人等在家就能够凭借手艺获得收入,可以有效推动民众日常生活技艺向"脱贫生产力"的转化。如贵州雷山的麻料村建立了全国第一所银匠免费培训学校。

在脱贫行动培训中,需要注意培训技艺简化、培训速成化等倾向,以免影响传统工艺的传承和发展。

四、彰显非遗文化价值,念好"文化扶贫经"

很多时候经济贫困的背后掩藏着文化的贫困,这是贫困的根。事实上,前面提到的产业扶贫、技能扶贫和就业扶贫,都在不同程度上渗透了文化扶贫的内涵。

新时代的扶贫工作不能仅仅把物质和经济条件的改善作为终极目标,也不能仅图一时之利的"热闹经济"。因而,职业院校非遗扶贫应着眼于乡村经济与文化的可持续发展,在因地制宜地创造经济利益的基础上,充分彰显非遗独特的地域文化价值,不断增强当地民众的文化参与感、获得感和认同感,进而形成文化自信。

依据我国乡村振兴产业兴旺、生态宜居、乡风文明、治理有效、生活富裕的总体要求,职业院校非遗扶贫可借鉴日本"内发式地域营造计划"模式,按照地域经济发展文化依据性、内在发展性与持续成长性的要求,做好长远规划,积极参与乡土资源禀赋的整体挖掘与系统开发,打造集非遗传统工艺制作、展示、表演、体验、销售、休闲于一体的特色文化村镇,一村一品,为当地民众创造良好的生存环境、自然环境和文化环境,同时大力发展乡村文化旅游,促进文化传承与旅游开发之间的良性互动。如河南省南阳市新集村,基于当地葫芦烙画的文化特色,大力发展葫芦种植产业和以葫芦文化艺术为主题的旅游产业,致力于打造"全国葫芦烙画第一村"。

(原文出处:徐珍珍.非遗扶贫,职校要念好四本"真经".中国教育报,2020年06月09日第9版)

第八章　谋划职业本科教育发展

职业本科教育的实践探索、发展瓶颈与推进策略

随着我国经济进入转型升级的新阶段,各行各业对高层次技术技能人才的需求越来越紧迫,职业教育"层次壁垒"的弊端日益显现,探索发展本科层次职业教育逐渐提上日程。在政策的强劲推动下,职业本科教育[①]逐渐"破冰",先后出现了多种实践探索和有益尝试。2021年初,教育部相继印发《本科层次职业教育专业设置管理办法(试行)》《本科层次职业学校设置标准(试行)》《职业教育专业目录(2021年)》等,将职业本科教育实质性推进了一大步。全国职业教育大会期间,习近平总书记对职业教育工作作出重要指示,强调要"稳步发展职业本科教育"。在此背景下,审视职业本科教育的实践探索历程,剖析职业本科教育发展面临的困境,探寻其作为类型教育的发展策略,对于推动我国职业本科教育从试点探索向稳步发展迈进具有重要意义。

一、职业本科教育的实践探索

2014年,《国务院关于加快发展现代职业教育的决定》首次明确提出举办职业本科教育。之后,国家又出台了《现代职业教育体系建设规划(2014—2020年)》等一系列政策文件,为职业本科教育发展提供了政策支持与路径指引。在政策的强劲推动下,职业本科教育出现了一系列积极探索和有益尝试。

(一)"转型":普通本科高校向应用型转型发展

普通本科高校向应用型转型发展是我国职业本科教育落地实践的首次尝试。2014年6月,《国务院关于加快发展现代职业教育的决定》指出,要"采取试点推动、示范引领等方式,引导一批普通本科高等学校向应用技术类型高等学校转型,重点举办本科职业教育"。2014年6月,《现代职业教育体系建设规划(2014—2020年)》提出要"在办好现有专科层次高等职业(专科)学校的基础上,发展应用技术类

[①] 一直以来,我国政策文件中关于职业本科教育表述一般称为"本科职业教育"或"本科层次职业教育",2021年习近平总书记对职业教育工作作出重要指示,强调要"稳步发展职业本科教育"。"职业本科教育"将"职业"置于"本科"之前,更能凸显其职业教育的类型特色,因此,本文采用"职业本科教育"这一表述。

型高校,培养本科层次职业人才"。2015年,《关于引导部分地方普通本科高校向应用型转变的指导意见》提出"推动部分普通本科高校转型发展""确定一批有条件、有意愿的试点高校率先探索应用型(含应用技术大学、学院)发展模式",这标志着我国职业本科教育步入政策指导和落地实践阶段。在地方层面,广东、浙江、河南等20多个省(区、市)出台了引导部分普通本科高校向应用型转变的文件,从简政放权、专业设置、招生计划、教师聘任等方面为普通本科高校转型改革提供支持。然而,由于在我国当前高等教育的组织场域中,"学科神话"是占主导的制度逻辑,研究型和综合性大学是高等教育组织的"深层信仰",导致地方普通本科高校存在"不愿意转"或"转型不彻底"的现象,始终难以进入职业教育的轨道[①]。

(二)"合作办学":高职与普通本科学校联合试办高职本科专业

2015年,《高等职业教育创新发展行动计划(2015—2018年)》指出,"探索发展本科层次职业教育专业",并将"探索本科层次职业教育实现形式和培养模式"作为一项重要任务。浙江、江苏、山东等17个省份承接了这项任务,主要是通过高职院校与普通本科学校联合试办高职本科专业的方式开展试点。如江苏省的高职院校与本科院校分段培养项目(3年高职+2年本科,又称"3+2"分段培养)、高职院校与应用本科"4+0"联合培养项目;山东省的"2+2"学分互认高职本科人才培养工作试点;等等。高职院校与普通本科学校联合试办高职本科专业是我国职业本科教育落地实践的进一步尝试和探索,是一种"合作办学"的新方式。其学制为4年,依托高职院校优质资源,以高职院校办学为基础,由高职院校联合普通本科学校共同制定人才培养方案[②]。然而,由于高职院校没有学位授予权,必须按照普通本科学校毕业要求授予毕业生普通本科学校本科毕业文凭,因此高职院校在人才培养方面受到普通本科学校的制约,出现了"贴牌生产"现象。这就导致很多高职本科专业的人才培养与普通本科同质化严重,职业教育自身的特色荡然无存,不利于职业本科教育的可持续发展。

(三)"升格":开展本科层次职业教育试点

2019年,《国务院关于印发国家职业教育改革实施方案的通知》提出要"开展本科层次职业教育试点",突破了"原则上专科高等职业院校不升格为或并入本科高等学校"的政策限制。随后,教育部先后公布了两批本科层次职业教育试点学校名

---

① 姚荣.中国本科高校转型如何走向制度化——基于组织分析的新制度主义视角[J].教育发展研究,2015(3):1-10.
② 丁明军,易烨,陈宇.四年制高职人才培养的探索与实践[J].高等工程教育研究,2016(4):141-145.

单,规定试点学校名称中要使用"职业大学""职业技术大学"字样,要坚持职业教育办学定位,保持职业教育属性和特色,开启了我国职业本科教育"升格"探索发展的新阶段。目前,教育部共公布批复了22所本科层次职业教育试点学校名单,其中21所为由民办专科高职院校升格的民办职业本科学校,1所为由公办专科高职院校升格的公办职业本科学校(南京工业职业技术大学)。可以看出,试点的主体是民办院校。调研发现,与公办专科高职院校相比,已升格的这21所民办专科高职院校总体上办学基础薄弱、发展滞后,不论在基础设施、社会声誉,还是队伍建设、办学质量上,均远落后于大部分公办专科高职院校。这些学校很难获得公共财政的支持,办学过于市场化,无法深耕于当地实际的经济发展需求[①]。这对本科层次职业教育试点来说是一个巨大考验。

(四)"转设":独立学院转设或与高职院校合并转设为职业本科

2020年5月15日,教育部办公厅印发《关于加快推进独立学院转设工作的实施方案》,在转民、转公、停办三条基本路径外,给出第四条路径,即:"鼓励各地积极创新,可探索统筹省内高职高专教育资源合并转设,也可因地制宜提出其他形式合法合规的转设路径,经教育部同意后实施。部分独立学院独立转设或与高职专科院校合并转设为本科层次职业院校。"目前,教育部已批复5所独立学院与高职院校合并,转设成为公办本科层次职业院校,其中,独立转设院校1所,合并转设院校4所。这给高职院校和独立学院同时突破"合并"和"升格"两条红线赋予了法定的许可,对于高职院校和独立学院来说,本应该是一个双赢的局面。但是由于部分独立学院师生和家长对"职业本科"存在误解和抵触,导致浙江、江苏、山东和江西等地按下了"合并转设"的"暂停键"。

二、职业本科教育面临的发展瓶颈

从"转型"到"合作办学""升格",再到"转设",职业本科教育在摸索中前进,加速补齐我国现代职业教育体系建设短板。然而,在实践探索中,职业本科教育实质性进展缓慢,从顶层设计到院校实践都面临着诸多现实挑战和发展瓶颈。

(一)标准制度建设落地难

职业本科教育在我国发展艰难的一个重要原因是标准制度建设滞后、落地难,特别是标准体系不完善、质量保障机制缺位、支持引导力度不够等,严重制约着职

---

① 石伟平,兰金林,刘笑天.类型化改革背景下本科层次职业教育发展的困境与出路[J].现代教育管理,2021(2):99-104.

业本科教育的实践探索进程。一是标准体系不完善。目前,我国已出台了《本科层次职业教育专业设置管理办法(试行)》《本科层次职业学校设置标准(试行)》,但在职业本科教育的评估或评价标准、专业教学标准、课程标准、顶岗实习标准等方面仍是空白,这是制约职业本科教育落地实践的基础性问题。二是质量保障机制缺位。我国职业本科教育与专科层次职业教育、普通本科教育有所不同,办学内涵和人才培养规格具有显著差异,发展路径和学校来源更加复杂多样,面临着巨大的质量考验。政府如何通过管理和评价确保职业本科教育的办学质量,客观、公正、科学地评价本科层次职业院校的办学成效及所产生的社会效益,是一个必须认真思考的问题[①]。此外,我国职教高考制度和职业学位制度仍在酝酿中。三是支持引导力度不够。当前关于"开展职业本科教育"的论述主要散见于政策文件中,缺少强有力的具体化政策,在发展规划、宣传引导、资金投入方面也远远不足,尤其是对职业本科院校建设的针对性财政支持缺乏,导致职业本科院校改革动力不足。四是发展路径飘忽不定。在政策指引下,我国已探索了多条职业本科教育发展路径,但目前还处于摸索阶段,未来的发展路径尚不明确。

(二)办学条件支撑保障难

办好职业本科教育,必须有优质办学资源作为重要支撑。当前,职业本科教育的办学院校基本上由转型、升格和转设院校组成,很多学校的"基础弱、原有的办学惯性大"[②],在很大程度上存在资源和条件匮乏的问题,难以支撑保障职业本科教育的稳步发展。一是硬件设施投入不足。调研发现,目前大部分院校都存在着硬件设施投入不足的问题。从职业本科教育试点院校来看,这些学校大多由民办高职专科院校升格而来,校舍、实训设备、图书资料等硬件设施普遍较差。其中,办学经费的短缺、教学基础设施薄弱是学生反映最为不满的因素之一。二是软件实力亟待提升。尤其是教师队伍的素质和水平不匹配。职业本科教育既具有"高等性"特征,又具有"职业性"特征,教师不仅要具备教学能力、科研能力,还必须具备技术技能实践能力。不管是"转型"和"合作",还是"升格"和"转设",如何建设与之相匹配的教师队伍都是一个无法回避的难题。全国19所职业本科教育试点院校的相关数据显示(见表1),师资力量总体较为薄弱,普遍存在专职教师数量较少、高级职称比例偏低、高学历人才紧缺、"双师型"教师数量少等问题。

---

① 丁晨,闫玮.本科职业教育建设的时代诉求、现实困境与适切路径[J].教育与职业,2020(9):13-19.
② 温伯颖,尹虹宇.本科层次职业教育人才培养的现状调研——以江西省14所本科职业教育院校为例[J].职教论坛,2020(4):131-137.

表1 全国19所职业本科教育试点院校教师队伍情况

学校	专任教师数	高级职称占比/(%)	硕士以上教师占比/(%)	"双师型"教师占比/(%)	生师比
山东外国语职业技术大学	719	40.19	50.35	33.94	1∶10.69
山东工程职业技术大学	394	41.83	41.83	38.96	1∶17.11
山东外事职业大学	798	40.35	59.4	37.34	1∶13.26
广东工商职业技术大学	967	32.51	30.93	41.47	1∶16.7
广州科技职业技术大学	1130	35.84	56.11	41.59	1∶14.74
广西城市职业大学	1745	30.37	34.73	40.23	1∶17.99
海南科技职业大学	510	39.6	62.94	61.57	1∶12.59
重庆机电职业技术大学	555	32.43	36.75	41.98	1∶21.66
成都艺术职业大学	407	22.11	35	36.94	1∶10.93
西安汽车职业大学	447	35.62	—	50.82	1∶13.45
西安信息职业大学	517	64.99	35.98	64	1∶14.87
江西软件职业技术大学	620	32.25		52.82	1∶17.64
南昌职业大学	776	32.73	55.29	35.44	1∶18
辽宁理工职业大学	340	40.59	36.18	47.88	—
运城职业技术大学	444	33.11	63.29	77.03	1∶14.49
上海中侨职业技术大学	352	34.01	65.91	51.70	1∶17.87
新疆天山职业技术大学	560	31.07	25.89	48.04	1∶16.7
浙江广厦建设职业技术大学	466	43.56		80.04	1∶13.02
南京工业职业技术大学	713	42.36	—	92.29	1∶13.54

数据来源:各试点院校的高等职业教育质量年度报告(2021)及学校网站。

(三)专业建设迭代升级难

职业本科教育发展的重中之重是专业人才的培养,而专业建设是人才培养的重要基石。不同发展路径下的职业本科教育在专业建设迭代升级方面面临着不同的挑战。从"转型"来看,应用型本科院校受学科导向的影响,专业设置与社会需求脱节,对于新设置的专业缺乏前期精准的调研,热衷于开设"热门"专业,课程体系仍然是重理论轻实践,存在"学科化、体系化过重"的问题。从"升格"来看,我国高职院校的专业建设基础长期较为薄弱,尤其是民办高职院校的专业基础更让人担忧,面临着专科专业向本科专业的升级挑战。民办试点院校原有的专业基础与本科的要求相差甚远,很多专业都还达不到《本科层次职业教育专业设置管理办法(试行)》中的基本条件,如果不对标改进,将成为阻碍其发展的重大障碍。从转设来看,独立转设的院校要改变专业设置盲目追求数量的倾向,亟须对以学科为中心的专业和课程体系进行改造,突出职业教育特色;合并转设的院校急需解决好公办与民办、专科和本科、人才培养理念、方式、资源等方面的冲突和矛盾,在专业建设上面临着融合改造的挑战。

三、稳步发展职业本科教育的策略

稳步发展职业本科教育是未来一定时期职业教育发展的主攻方向。从当前形势和任务出发,迫切需要加强顶层设计、完善配套制度,找准发展路径、稳定办学规模,强化支撑保障、提升办学质量,注重专业建设、推进合作育人,着力推动职业本科教育行稳致远。

(一)制度先行:加强顶层设计、完善配套制度

制度建设是职业本科教育发展的一项迫切任务,对引导职业本科教育理论与实践发展,保障职业本科教育的顺利推进具有重要意义。一是明确合法性地位。要加快修订《中华人民共和国职业教育法》《中华人民共和国学位法》《中华人民共和国学位条例》等相关法律条例,明确职业本科教育的合法性地位,赋予职业本科院校学位授予权。根据职业本科教育的类型特征构建具有职业教育特点的学位制度,允许职业本科毕业生进入学术型研究生教育体系和专业学位研究生教育体系,搭建起纵向衔接、横向融通的学位制度体系立交桥。同时,要推动高考分类考试改革,针对不同群体,实行分列招生计划、分类考试评价、分别选拔录取,严把入口关,优化职业本科教育的生源供给体系。二是加快标准研制。要遵循职业教育类型属性和技术技能人才的成长规律,在国家职业教育标准体系建设框架内制订职业本科教育的专业教学标准、课程标准、顶岗实习标准、人才培养质量标准、专业仪器设备装备规范等各项标准,构建适合国情、结构合理的职业本科教育标准体系。三是夯实经费保障。建立健全职业本科教育经费投入机制,形成与职业本科教育办学规模、培养成本、办学质量相适应的财政投入制度和生均拨款制度,为稳步发展职业本科教育提供物质保障。四是优化体制机制。一方面,要理顺职业本科教育的管理体制,建立以省级政府为主的运行管理体制,出台相关实施细则[①];另一方面,要建立政府监管、行业自律、学校自治、社会监督的职业本科教育评价机制,确保职业本科教育规范发展、内涵发展、特色发展。

---

① 宗诚,聂伟.试论我国本科层次职业教育发展的理路[J].高等工程教育研究,2020(4):137-141.

(二)方向指引:找准发展路径、稳定办学规模

发展好职业本科教育,必须明确发展方向、找准发展路径,遴选出真正"想"办职业本科教育且"能"办职业本科教育的学校或专业,切实推动职业本科教育在我国落地生根、开花结果。结合相关理论分析和实践思考,提出以下两条主要路径。一是支持 56 所高水平高职学校率先发展,举办职业技术大学。在综合研判学校现有办学条件、优势特色、发展潜力等因素基础上,在国家"双高计划"的 56 所高水平高职学校建设单位中,支持符合条件的学校举办职业技术大学,打造一批服务产业转型升级和让人民满意的职业技术大学,开设一批专业特色突出、就业优势明显、服务产业需求能力强的职业教育本科专业,打造样板,发挥示范作用。二是支持有条件的高职专科学校、普通本科学校和应用型本科学校举办职业本科教育专业。发展职业本科教育首先是因为新技术革命和产业转型升级对技术技能人才能力素质要求的高移,而到底何种专业能够开展职业本科教育主要是依据产业发展需求而决定的[①]。因此,要按照专业设置标准,围绕国家与区域经济社会发展重点产业领域、高端产业和产业高端发展需求,鼓励并支持一批有条件的高职专科学校、普通本科学校和应用型本科学校办好一批职业本科教育专业。现阶段,发展职业本科教育,必须以全面衡量、保证质量、择优遴选、稳步发展为原则,按照更加注重实际需要、更加注重质量提升、更加注重作用发挥的要求,坚持适度规模发展。

(三)资源增效:强化支撑保障、提升办学质量

质量是职业本科教育的生命线。"长期以来,高职被贴上'次等教育'的标签,既有思想认识观念、文化传统的影响,也有质量方面的原因。"[②]因此,发展职业本科教育必须不断强化办学支撑条件,完善基础设施建设,优化育人环境,提升办学质量。一是提升办学硬件条件。提升办学硬件条件是发展职业本科教育的基础,也是重点。学校要不断加大校舍建设和设施设备投入,建设更加完善的专业化、实体化实习实训基地,吸引企业联合建设产业学院和协同创新中心、企业工作室、实验室、创新创业基地、实践基地、校外实习基地等,加快补齐"短板"、加固"底板",为职业本科教育稳步发展奠定更加坚实的基础。二是打造高水平"双师型"教师队伍。"双师型"教师是提高教育教学质量和办出职业教育特色的关键。如何培养和造就一支高素质的"双师型"教师队伍,是稳步发展职业本科教育的重要内容。要推动学校联合行业企业建设"双师型"教师培养基地与企业实践基地,落实教师定期到

---

① 王亚南.本科层次职业教育发展的价值审视、学理逻辑及制度建构[J].中国职业技术教育,2020(22):59-66.
② 方泽强,刘星.本科层次职业教育试点:逻辑、任务及策略——学校的视角[J].职教论坛,2020(10):6-12.

企业实践的制度,培养高层次"双师型"教师,同时注重引进兼职教师和企业引进教师,探索全职与柔性相结合的灵活引智方式,引进行业企业领军人才、产业教授、大师名匠等高层次人才。建立校企人员双向流动机制,打造一批教育教学、技术研发、社会服务三位一体的专业化"双师型"教师团队。

(四)特色坚守:注重专业建设、推进合作育人

职业本科教育的专业建设不仅要体现"职",还要体现"高";不仅要紧紧围绕高端产业和产业高端、对接新职业,还要进行系统设计,注重与中等职业教育、高职专科教育有机衔接。国家要进行分类指导,加快推进职业本科教育专业建设的转型、升级、改造,促进专业资源整合和结构优化,集中校企双方力量办好相关专业,着力培养一批产业急需、技术过硬、技艺高超的高素质技术技能人才。一是规范专业设置。学校设置职业本科专业应紧紧围绕国家和区域经济社会产业发展重点领域,服务产业新业态、新模式,对接新职业,更要与学校办学特色相契合,所依托专业应是省级及以上重点(特色)专业。二是重构课程体系。职业本科教育专业的人才培养要区别于普通本科教育,彰显职业教育类型属性,根本之道在于重构专业课程体系。校企共同研制科学规范、国际可借鉴的职业本科教育专业人才培养方案和课程标准,坚持工学结合、理实一体,面向复合岗位(群)需求,构建以职业能力为导向的模块化、开放式课程体系,提升课程的技术性、高阶性和创新性,并及时将新技术、新工艺、新规范等产业先进元素纳入教学标准和教学内容。三是创新校企合作育人的途径与方式。推进校企双主体育人是实现职业本科教育本质目标的具体策略,也是为社会培养紧缺高层次技术技能人才的关键。职业本科教育要不断探索开拓新的双主体育人模式,如探索具有中国特色的学位学徒制,与行业领军企业合作开展订单培养等。

(原文出处:瞿连贵,王丽,王瑞敏.职业本科教育制度构建的现实挑战与应对策略.大学教育科学,2023年第2期,121-127页)

职教本科如何走出怪圈

截至目前,教育部已批复33所本科层次职业学校开展本科层次职业教育试点,14所独立学院与相关公办高职学校合并转设为本科层次职业学校并举办本科层次职业教育,湖南、江西、浙江等一些学校也在推进相关工作。

发展职业本科教育是优化职业教育类型定位、增强职业教育适应性、加快构建中国特色现代职业教育体系的关键一环。但当前职业本科教育不是大力发展的教育类型,规模不能太大,还不能加快发展,不能一哄而上,需要系统谋划、稳步发展,强化高标准设置、高质量建设、高效率推进,在起步阶段就确立鲜明的职

业教育类型特征,切实增强职业教育的吸引力,确立职业本科教育的独特性与合法性地位。

一、高标准设置

经过 20 多年的努力,我国高等职业教育取得了巨大成就,培养了数以千万计的高素质劳动者和技术技能人才,逐渐由"规模扩张"转向"内涵发展"。但当前发展职业本科教育不能再走原来的老路,先扩大职业本科学校和职业本科专业的规模,再逐步提高办学水平和人才培养质量。这样,职业教育就很难走出"招生困难—培养质量不高—吸引力不强"恶性循环的怪圈,很难消除社会有关"职业教育是次等教育、低等教育"的刻板印象。

目前,教育部已经批复开展本科层次职业教育试点的部分学校的办学水平,已经引起职教界和产业界的担忧:这样的职业本科教育能担当起应有的历史责任吗?由于办学体制和升格路径等多方面原因,已经开展本科层次职业教育试点的 33 所本科层次职业学校,办学水平参差不齐,差异较大。其中由 21 所民办专科层次职业院校直接独立升格的职业技术大学,办学基础相对较弱,5 所由独立学院(与公办专科层次高职学校合并)转设的院校中"双高计划"B 档学校 1 所、A 档专业群学校 1 所,C 档专业群学校 1 所,非"双高"院校 2 所。另外,14 所独立学院与相关公办专科层次高职学校合并转设为本科层次职业学校,并举办本科层次职业教育(处于公示阶段),相关公办高职院校中"双高计划"A 档学校 1 所、B 档学校 1 所、C 档学校 2 所,A 档专业群 2 所、B 档专业群和 C 档专业群各 1 所,非"双高"院校 5 所。

总体来说,教育部和相关省级教育主管部门要严格按照教育部印发的《本科层次职业学校设置标准(试行)》和《本科层次职业教育专业设置管理办法(试行)》两个文件要求,坚持宁缺毋滥的原则,综合考虑院校原有基础、区域布局、专业布局等多方面因素,审慎批复设置开展职业本科教育的学校和专业。两个文件规定的设置标准总体要高于普通本科,各级教育主管部门应严格参照执行,坚决避免出现"先上车后补票"的情况,相关试点学校和专业如果达不到相应的标准和条件,应该果断决定暂缓其本科招生,乃至取消职业本科教育试点资格。相关院校要高标准制定专业教学标准、人才培养方案、课程标准等,高水平培养本科层次技术技能人才。职业本科教育规模要适当从紧,不能发展太快,高起点、严要求,从源头上确保毕业生高质量就业,努力形成示范效应。特别需要注意的是,本科层次职业院校及专业布局不能局限于"服务区域经济发展",而应该着眼于全国范围来考虑设置布点。高层次技术技能人才需求相对较少,没有达到相当规模的地区,应重点办好现有的中职和专科层次高职教育,暂缓考虑发展职业本科教育。

二、高质量建设

我国已建成世界上规模最大的职业教育体系,为社会培养了一大批支撑经济社会发展的技术技能人才。但这个体系还不是一个高质量的职业教育体系,还不是一个真正意义上的现代职业教育体系,尤其是本科层次职业教育既不大也不强,是职业教育体系的薄弱环节。近年来,我国职业院校人才培养存在结构性矛盾,"用工荒"与"就业难"并存。专科高等职业院校培养的学生比较符合社会需求,就业率稳中有升,达到93%~97%,就业情况总体较好,培养质量得到社会的认可。矛盾最突出的是职业本科教育还不能适应社会需要,一方面本科及以上层次的高素质技术技能人才严重短缺,无法满足经济转型升级、产业结构调整和战略性新兴产业发展需求,另一方面也无法同时满足中学生升学选择时既有本科及以上学历文凭又能学习专门技术高质量就业的双重需求。我们不能理想化地、单向地要求社会和企业提高技术技能人才的薪酬待遇,而是要反思职业院校培养的人才是否具备相当高的技能和水平,是否能满足企业的高层次、高质量需求,是否值得企业高薪酬聘用。

之前,职业教育局限于专科层次,遇到天花板,成了"断头教育"。于是,许多人把职业教育吸引力和适应性不强、用工荒以及职业学校内涵建设中的许多问题,都归因为没有本科职业学校和专业。2012年以来,广东、天津、浙江、江苏等省(市)部分高职院校与本科院校合作,选择产业升级需求迫切、行业岗位技术含量高、适合长学制培养的先进制造等应用技术类专业,探索开展四年制高等职业教育人才培养试点工作,积累了一定经验。这些四年制高职毕业生的技能水平和综合素质比专科高职学生有一些优势,但与普通本科毕业生比差异不大、优势并不明显。职业本科教育主要培养高层次的高素质技术技能人才,不仅要在纵向上比专科高职教育层次更强,还要在横向上比普通本科院校的类型特征更加明显、质量更高、适应性更强。

前些年,专科高职教育界需要努力彰显跨界、实践性强的特征,防止成为普通本科的"压缩饼干"。现在职业本科教育则既要防止与普通本科没有差异,不能体现出类型特征,又要防止成为专科高职教育学制的机械延伸,不能体现更高层次的优势,必须高质量建设。本科层次职业教育专业要紧密对接国家主导产业、支柱产业和战略性新兴产业,强化专业特色,突出本科层次技术技能人才培养的高端性、复合(综合)性和高适应性等,通过高质量的人才培养,明显增强学生的就业竞争力,实现更高质量更充分就业,努力形成高层次技术技能人才的卖方市场,争取吸引更多的、综合素质更高的、有兴趣的中学生选择职业教育,同时有效支撑甚至引领产业发展。

三、高效率推进

2019年6月至2020年7月获批的22所职业(技术)大学的相关本科专业已在着手准备新一年的招生,2020年12月以来批复的5所和目前已公示的14所职业(技术)大学也在着手准备相关本科专业的初次招生。职业本科教育已陆续展开实施,但是这些学校、专业和相关教师真正准备好了吗?职业本科教育专业的学制、生源和要求等都发生了变化,需要按照新的需求明确培养定位、构建课程体系、组建教师团队、完善管理机制,需要重新制定相应的专业教学标准、课程标准、顶岗实习标准、实训条件建设标准等。所有这些工作都是非常重要和急迫的,需要职教界抓紧高效率地推进,否则一旦贻误时机,很难保证高质量的专业建设和人才培养,反而容易给社会造成"职业本科教育也就那么一回事"的不良印象。因此,教育主管部门和相关职业学校需要扎实高效、系统协同推进各方面的工作,抓紧形成"高质量建设—高质量就业—吸引中学生踊跃报考—更高质量建设"的良性循环发展态势。

教育主管部门要根据《中华人民共和国职业教育法(修订草案)》《本科层次职业学校设置标准(试行)》和《本科层次职业教育专业设置管理办法(试行)》等要求,组织相关部门工作人员和教育领域、行业企业的专家学者等,抓紧制定或修订《普通高等学校本科教学工作合格评估实施办法(本科层次职业院校适用,试行)》,以及相应的学位管理、职教高考等制度文件,以《职业教育专业目录(2021年)》拟设置的247个高职本科专业实施为牵引,从全国层面统筹推进职业本科教育,引导各地区和职业院校错位竞争、特色发展,形成竞争态势,保证优质教育。

相关职业学校要充分发挥主体作用和前期办学优势,进一步深化产教融合、校企合作,坚持需求导向,对接新产业、新技术、新职业,加强本科专业设置的论证和调研,聚焦高端产业和产业高端设置专业;创新院校治理,完善保障机制,举全校之力,尽可能早地为高职本科专业创造优良的办学条件,为打好"翻身仗"和"关键一役"做好万无一失的准备。

(原文出处:邵建东,韦清.职教本科如何走出怪圈.光明日报,2021年08月17日第14版)

三问如何深化职教本科学位内涵

国务院学位办近日印发《关于做好本科层次职业学校学士学位授权与授予工作的意见》(以下简称《意见》),将职教本科纳入现有学士学位工作体系,明确职业本科教育可以授予学士学位,在国家制度层面实现职普同等重要。授予职教本科毕业生学士学位是一个新鲜事物，实际落地过程中面临着较为复杂的实践环境，其中也伴随着一些亟待深入思考并须着力解决的重要问题。

一、一问：如何确保学位证书的"等值同效"，防止"徒有其表"？

《意见》明确，在学位证书效用方面，职教本科与普通本科两者价值等同，在就业、考研、考公等方面具有同样的效力。但要改变社会公众对职业教育的认知偏见，真正做到完全等同不是一蹴而就的易事，需要绵绵用力、久久为功。

一是要明晰职教本科学位的政策航向。《中华人民共和国学位条例》《中华人民共和国学位条例暂行实施办法》《学士学位授权和授予管理办法》等政策文件进一步对本科层次职业学校学士学位授权、授予、管理和质量监督等内容作出原则性规定，促进职教本科学位的制度规范。

二是要加强职教本科学位的舆论引导。学位是连接教育和劳动力市场的关键纽带，要积极开展对职教本科学位制度相关法规、政策的解读活动，提高社会对技术技能人才地位的认可。对学生和家长关心的用人单位是否会对证书"一视同仁"等问题，要采取积极有效的应对措施，通过有力的舆论引导，逐步消除社会公众内心的顾虑与隔阂。

三是要推动职教本科学位的创新发展。不断完善学位工作体系，探索学位体系分级多样化，借鉴美国、澳大利亚等世界职教发达国家经验，对应专科层次职业教育设立副学士学位，实现职业教育系统之内的学历提升和系统之外的普职融通，以及与他国学位的对等与互认，同时也可在一定程度上缓解专科高职升本的焦虑。

二、二问：如何在学位授予中体现"类型特色"，防止"学术漂移"？

《意见》将职业本科按学科门类授予学士学位，学士学位证书格式一致，但在学士学位授予标准方面强化职业教育育人特点，突出职业能力和素养。对职教本科与普通本科在办学地位"一视同仁"的同时，又强调了办学定位的"和而不同"。

一是要兼顾学术标准和职业标准的双重属性。授予标准是学生获得学位的依据和准则，也是职教本科学位制度建立的关键环节。职教本科既是"本科教育"又是"职业教育"，理应构建起融合"学术标准"和"职业标准"的双重学位授予标准。学术标准应以理论知识、专门知识够用为度，要将重心置于职业标准，即专业技能的认定，诸如实践课程学分占比、企业问题导向的毕业论文、高级别资格证书的取得、有价值的发明专利等，切不可因学历学位层次提升而产生"学术漂移"。

二是要突出企业主体，彰显人才培养的差异性。在普通高等教育学位授予过程中,学位评定委员会发挥了决定性作用,对学位申请者的学术水平严格把关。职教本科的区域布局要求学校更加注重面向企业行业、面向地方培养特色人才,这就需要建立行业、企业多主体充分参与的学位授予工作机制,整合能工巧匠、行业企业专家以及政府相关部门共同进行职教本科学位授予工作。

三是要构建开放畅通的学位衔接和转换机制。要加快推进职业教育国家"学分银行"建设、1+X证书制度试点,有序开展职教本科学位证书和职业资格、职业技能等级证书等学习成果的认定、积累和转换。基于生源结构的多样化,建立灵活的学习机制,使各类职业技能获得者、工作经历拥有者能将已经获得的能力和学习成果通过存储、转换等方式进入学位体系中。

三、三问:如何提高职教本科学位"质量成色",防止"名不副实"?

职教本科学位建设是一个漫长的过程,不会因为国家的一纸政令一劳永逸。以质量谋发展,以特色求突破,提高职教本科学位的"含金量",需要建立和健全质量保障机制。

一是要建立健全质量管理体系。国家层面应结合学位授予的限定性标准和职业教育的特殊性需求,出台职教本科学位授予的标准性文件;省级层面要结合区域经济社会发展需要和职教人才需求,出台富有区域特色的授予标准;学校层面则要基于上级指导性标准制定个性化的校本标准体系。

二是要建立健全质量保障体系。国家层面要尽快出台引导职教本科高质量发展的指导性意见,在课程、教学、实训、师资等专业建设要素上给予全方位的指导;地方政府要为学校重大基础设施建设、重要设备采购等提供政策和资金保障,推动本地职业本科学校提升办学条件;学校内部则要苦练内功,以内涵建设求生存、谋发展、促改变,提升职教本科人才的核心竞争力。

三是要建立健全质量评价体系。完善职教本科专业教学标准、课程标准、顶岗实习标准、实训教学条件建设标准等标准体系;建立职教本科教育教学评估体系,根据职业本科教育教学工作评估实施方案,按程序开展职业本科学校教学工作评估;建立职教本科学校教学工作诊断与改进制度,每年面向社会发布学校质量年度报告。

(原文出处:杨剑静.三问如何深化职教本科学位内涵.光明日报,2022年01月25日第14版)

高职教育学位体系构建争议的学理澄明及路径抉择——双轨制抑或三轨制？

2014年,《国务院关于加快发展现代职业教育的决定》(国发〔2014〕19号)中明确指出要全面部署加快发展现代职业教育,研究建立符合职业教育特点的学位制度。自此以后,关于高职教育学位研究的重心从"要不要设立高职学位"发展至"高职学位如何设立"。针对这一问题的相关研究成果日渐增多,观点也十分丰富多元,从学位体系顶层规划来看,无外乎以下两种主流论点:一是在不改革我国当前学位类型框架的前提下,将高职教育纳入专业学位教育体系之下,大力发展本科层次的专业学位,并授予符合学位授予标准的高职毕业生副学士专业学位,从而形成与科学学位并列的专业学位体系;二是在已有的两种学位类型轨道之外再另行开辟一条轨道,在这条轨道学习的学生毕业后所获得的学位为职业型学位,无论在授予标准还是在培养模式上同科学学位与专业学位都存在根本的不同,从而形成三轨并列的学位体系结构。当前已有的相关研究成果聚焦于对不同路径优缺点的对比分析,尚未从学理层面深入探讨高职学位的本质内涵和其独特属性,从而导致研究局限于外在形式的论争。然而,对上述问题进行学理上的辨析及澄明是进一步架构高职学位在我国学位体系之中的位置及其主体内容的逻辑起点。

一、高职教育学位体系构建的争议

高职教育学位体系的构建首先必须进行顶层规划设计,这是高职学位制度构建的基本前提,唯有明晰高职学位体系在整个高等教育学位体系之中的定位及其与其他类型学位之间的关系,才能够进一步确立并完善高职学位授予标准、审核程序、质量保障以及内外部衔接机制等方面的制度建设。对于高职教育学位体系的顶层规划,当前主要有"双轨制"和"三轨制"两种方案,两种方案都有自身的学理支撑和现实的政策依据。

(一)双轨制:科学学位与专业学位双轨并行

我国专业学位起始于1984年,当时教育部研究生司转发了清华大学、西安交通大学等11所高校提出的《关于培养工程类型研究生的建议》,标志着我国专业学位研究生教育探索的开端。经过近十多年的实践探索之后,国务院于1997年7月正式颁布了《专业学位设置审批暂行办法》,将专业学位定位于"具有职业背景的一种学位,为培养特定职业高层次专门人才而设置"①。自此之后,我国专业学位获得了快速发展,一方面,专业学位的种类开始迅速增加,从 2000 年到 2018 年,专业学位总数从 11 种增加到了 47 种;另一方面,专业学位研究生招生规模也在不断扩大,规划在未来一段时间内科学学位与专业学位之间的比例达到 1∶1。随着我国专业学位的蓬勃发展,逐渐有学者提出将高职教育纳入专业学位教育体系之中,高职院校毕业生可授予副学士专业学位,同时大力发展本科层次的专业学位,从而构建从副学士到博士的一体化专业学位体系,如图 1 所示。

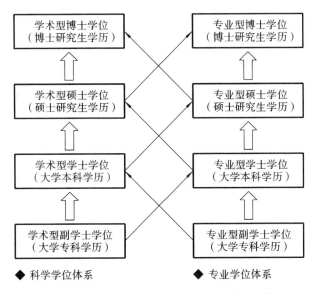

图 1　科学学位与专业学位双轨制学位体系示意图

在 2014 年 6 月颁布的《现代职业教育体系建设规划》中,明确提出了高等职业技术教育包含专科层次的高等职业学校、应用技术类型高校的教育以及以提升职业能力为导向的专业学位研究生教育,将专业学位纳入高职教育学位体系之中具有现实的政策依据。许多支持"双轨制"的学者也都认为专业学位教育同高职教育是具有同质性的,两者在人才培养目标、课程模式以及教学手段上都具有相似性。"职业性作为专业学位的本质属性,是专业学位区别于其他类型学位的本质特征。高职教育区别于普通高等教育的特点就是其鲜明的职业性,如果说两者的职业性有什么区别的话,那就是现在的专业学位教育的层次主要集中于硕士研究生层次,但这显然不是两者的本质区别。"②"高职教育和全日制专业硕士学位教育都是为了

---

① 教育部.专业学位设置审批暂行办法[EB/OL].(1996-07-22)[2019-06-09].http://www.moe.gov.cn/s78/A22/xwb_left/moe_833/tnull_3445.html.
② 周佳丽,廖兴界.高等职业教育设置专业学位探究[J].职业教育研究,2011(1):15-16.

适应市场经济对高技能或技术人才的需求而产生的,两者都强调其实践性和职业性的属性,职业性强调两者所培养的人才和一定的职业背景相联系;实践性是指两者所培养的人才除了具有某专业的基本知识之外,还应该具有解决实际问题的能力。"[1]因此,基于两类教育具有职业属性这一共通的属性特征,高职教育应同专业学位教育实现纵向衔接,打通职业人才成长的通道。

(二)三轨制:职业学位体系相对独立成轨

相较于双轨制的清晰简明,有学者提出了要"在高等职业教育内部,逐步建立起技能型副学士、技能型学士、技能型硕士三级'职业学位'体系"[2]。如图2所示,之所以要构建区别于科学学位与专业学位的技能学位体系,根本原因是随着我国产业结构逐步向高端制造业与高端服务业进军,社会对技术技能型人才的素质要求日益提升,仅具备胜任某一固定岗位实践操作能力已经不能满足产业发展的人才需求,能够胜任多个岗位要求并具备工艺开发、技术创新能力的技术技能人才正成为产业发展所急需的人才。正是基于以上原因,高职教育延长学制并逐步具备学士与硕士学位的授予权是大势所趋,技能型"三级"学位体系的建立必将有效推动高职教育的跨越式发展。

职业学位体系相对独立成轨同样具有政策的现实依据。《教育部关于"十三五"时期高等学校设置工作的意见》(教发〔2017〕3号)明确指出了"我国高等教育总体上可分为研究型、应用型和职业技能型三大类"[3]。如果职业技能型单独成类的话应逐步突破其专科层次的办学定位,培养本科层次甚至研究生层次的高素质技术技能型人才。潘懋元先生同样指出我国高等教育应分成综合性研究型大学、多科性或单科性专业型大学或学院以及多科性或单科性职业技术型或技能型专科学校或学院[4]。

与此同时,有学者从专业与职业的区别出发,指出职业学位体系之所以单独成轨而不能纳入专业学位体系之中,这是由于"专业理论的高深性和专业技能的复杂性决定了专业人才培养单凭观摩体验、师徒相授乃至学校职业教育都难以满足其要求。专业教育虽然具有职业性,但由于它对知识体系复杂性的要求远远高于一般的职业教育,因此专业教育的职业性是基于学术性上的职业性。或者说,专业教

---

[1] 连晓庆,肖凤翔,张立迁.高职教育与全日制专业硕士学位教育同质性的启示[J].中国成人教育,2011(7):88-91.

[2] 陈厚丰,李海贵.建立我国高等职业教育学位制度的探讨[J].高等教育研究,2015,36(7):54-59.

[3] 教育部.关于"十三五"时期高等学校设置工作的意见[EB/OL].(2017-01-25)[2019-06-09].http://www.moe.gov.cn/srcsite/A03s181/201702/t20170217_296529.html.

[4] 潘懋元.建立高等职业教育独立体系刍议[J].教育研究,2005(5):26-29.

育与职业教育因职业性而相似,又因学术性而本质地区别开来。"[1]基于以上阐述,高职教育同专业学位教育之间不存在对接的基础,应独立构建技能型学位体系,从而为技术技能人才打通成长通道。

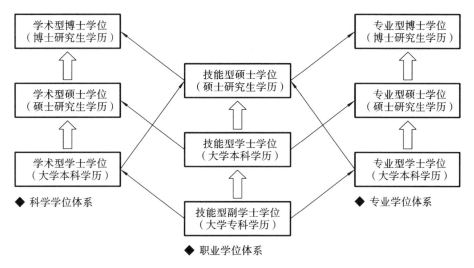

图 2　科学学位、职业学位和专业学位三轨制学位体系示意图

二、高职教育学位体系构建争议的学理澄明

针对高职教育学位体系构建的争议不能仅局限于孰优孰劣的探讨,每一路径都有其自身的优势与不足,不能仅局限于利弊分析就进行价值上的判断与抉择。要想明确未来我国高职学位的发展路向,必须重新回到高职学位体系构建的逻辑起点——高职教育学位设置的缘由、本质内涵为何及它在整个高等教育学位体系之中的定位、同其他学位类型又有何异同。

(一)高职学位缘起:高等教育大众化时代学位观的流变

高等教育大众化时代的到来,不仅意味着高等教育毛入学率的增长,更对高等教育的人才观、质量观与办学观都带来了强烈的冲击。高等教育大众化首先要实现高等教育机构的多样化,传统的精英化高等教育人才观、质量观已经不能适应高等教育发展的现实需求,同样,作为高等教育制度大厦基石之一的学位制度同样需要应对高等教育大众化所带来的现实挑战。在高等教育发展处于精英化阶段,高等教育人才培养的类型及其质量标准是统一的,精英、学术、单一是精英化高等教

---

[1]　张秀峰,高益民.高职院校开展专业学位教育的理论矛盾和现实选择[J].学位与研究生教育,2013(8):14-18.

育的显著特征,学位也主要反映个体从事学术研究工作的知识与能力的"水平差异",由于人才观的单一化,并不存在也不需要多样化的学位类型。因此,在精英化高等教育阶段,学位观是同精英化高等教育的人才观、质量观相契合统一的,学位就是学术称谓,是衡量学位申请者学术水平等级的一种标准,同时也是一种荣誉称号。而且对学术内涵的界定也是狭义的,特指在某一学科领域的科学研究,不指向应用领域。

高等教育大众化时代的到来,高等教育在整个经济社会系统中的角色定位发生了根本的变化,最为明显的改变就是高等教育大众化带来了多样化的高等教育。"传统高等教育质量观力求反映知识与能力的'水平差异',现代高等教育质量观力求反映知识与能力的'类型差异',两种质量观之间存在密切联系,适应不同的社会需要。"[①]如果对域外国家或地区高职学位出现的时代背景进行分析,其产生与发展普遍是在该国或地区高等教育步入大众化阶段之后,随着经济发展水平的不断提升,并伴随着产业结构的升级,社会需要大量的中高级技术技能人才,中等教育阶段的职业教育已经不能满足社会对中高级技术技能人才的需求,高等教育开始出现了类型上的分化。由于越来越多的人开始走进高校,已经不能再通过传统的评判标准来衡量高校发展,其学位制度更应该以一种多元化的、不指向精英化的方式来运行。例如,美国副学士学位的快速发展正是由于在二战后,产业结构升级对中高级技术人才的大量需求,从而加大了对短学制、应用型高职教育的需求。当高等教育进入大众化或普及化阶段时,促进了高等教育层次、结构、类型的多样化,随之产生了学位制度的多样化。

高职教育的学位产生尽管源自产业结构转型升级对人才的多样化需求,但却并不一定导致高职学位的出现,如德国作为职业教育最为发达的国家,至今也尚未出现高职学位,仍然以科学学位为主导,反而是职业教育发展较为落后的英国在20世纪90年代开始出现以工作本位为依据的"基础学位"。由此可知:"在社会发展的不同历史阶段,或处于同一个历史发展阶段的不同国家里,学位制度及学位的内涵是不相同的,它们是随着社会的政治、经济、科技、教育的发展而不断演变的。"[②]因此,决定某一国家或地区是否设置高职学位直接源自对学位本质内涵的认知——不同学位制度形态的建立是以对学位的不同认知为根基的,学位观是高职教育学位是否能够设立的直接动因,而某一国家或地区学位观又受到该国经济、政治、文化以及不同利益群体相互博弈的影响。因此,凡是高职学位得以确立的国家或地区都是学位观逐渐从精英化阶段的学术至上主义向大众化阶段的实用主义转变。"随着社会经济的发展尤其是高等教育大众化时代的到来,学位的内涵也在不

---

① 潘懋元,肖海涛.中国高等教育大众化结构与体系变革[J].高等教育研究,2008(5):26-31.
② 郭玉贵.美国和苏联学位制度比较研究——兼论中国学位制度[M].上海:复旦大学出版社,1991:1.

断变化"[1],从最初的单一的科学学位走向面向特定职业领域的应用性学位和科学学位并存的时代,学位制度正向职业化、工作化领域迈进,学位已经不是纯粹科学研究的代名词。

(二)高职学位本质:对技术技能人才技术知识创新水平的制度性认可

学位就其本质内涵而言,是一种学术称号,"是国家或高等学校以学术水平为衡量标准,通过授予一定称号来表明专门人才的知识能力等级"[2]"为了表示学者学术成就水平而授予的头衔"[3],"授予个人的一种学术称号或学术性荣誉称号,表示个人受教育程度或在某一学科领域已经达到的水平,或是表彰个人在某一领域中所做的杰出贡献"[4],"是国家或国家授权的教育机构授予个人的一种终身的学术称号,表明学位获得者所达到的学术或专业学历水平"[5],"学位所依据或所依托的主要是学术标准,如果舍去了学术性,学位则不复存在。学术是学位的本质体现,学位与学术有着内在的本质规定性"[6]。但学术的内涵已不再局限于知识的探究,根据欧内斯特·博耶的观点,学术可以分为探究的学术和应用的学术。探究的学术与理论知识对应,应用的学术与技术知识、实践知识对应。高职教育显然与应用的学术相对应,其学术标准、学术指向的研究领域、研究范式及其评判标准都与探究的学术有着根本的不同。因此,无论是探究的学术还是应用的学术,学位都是申请者通过在高等教育机构的学习,在某一学科领域或专业领域,对某一学科或专业领域的理论和实践问题进行研究后以学术成果的形式接受学位授予单位的评价、认可而获得的。因此,学位的攻获都是以提高学术水平、达到学术标准为根本旨归,学术性是学位的核心属性,对学位的其他属性特征具有根本的内在规定性。

职业教育"使接受职业教育者获得技术应用型技能型职业是职业教育的主要目的"[7]。根据生产与工作活动的过程和目的来分析,社会所需要的人才可以分成两大类:一类是发现和研究客观规律的人才;另一类是应用客观规律为社会谋取直接利益的人才。前者称为科学型人才,亦称为理论型人才,而后者称为应用型人才。应用型人才又可分成三种类型:工程型(设计型、规划型、决策型)人才,技术型

---

[1] 曹晔.高等职业教育实施"工士"学位制度的思考[J].教育发展研究,2014,34(21):64-68.
[2] 中国大百科全书总编辑委员会.中国大百科全书:教育卷[M].北京:中国大百科全书出版社,1985:188.
[3] 中美联合编审委员会.简明不列颠百科全书[M].北京:中国大百科全书出版社,1984:84.
[4] 秦惠民.学位与研究生教育大辞典[M].北京:北京理工大学出版社,1994:3.
[5] 劳凯声.高等教育法规概论[M].北京:北京师范大学出版社,1999:251.
[6] 康翠萍.学位论[M].北京:人民教育出版社,2005:38.
[7] 欧阳河.职业教育基本问题研究[M].北京:教育科学出版社,2006:68.

（工艺型、执行型、中间型）人才，技能型（技艺型、操作型）人才。技术技能职业性是职业教育的根本属性，这是建构职业教育理论体系大厦的基石，也是高职教育人才培养模式及制度体系建设的底层逻辑。高职教育本质属性特征决定了其人才培养目标主要定位于技术技能型人才，这类人才在工业革命前，主要通过民间师徒制进行培养，但随着机械化工厂生产模式逐步对手工业生产模式的替代，民间师徒制已经日益难以适应工业化生产对技术技能人才的需求，尤其随着生产工具从经验技术向科学技术的转变，都需要通过"学校"这一途径来培养社会需求的技术技能人才，而且随着职业知识中科学理论知识融入所导致的知识转型（经验技能比重逐渐降低），高等教育机构逐步开始承担起培养技术技能人才的重任。

"学位是学者个体通过教育活动追求学术的成果形式与社会通过管理活动对其评价认可形式的统一体。"①高职学位作为学位中的一种独特类型，基于对学位本质内涵的阐述并结合高职教育自身的本质属性，可将高职学位本质内涵概括为：以获得技术技能职业为目标的个体，通过相应的高职教育活动，追求应用型学术成果和社会通过管理活动对该个体应用型学术水平进行评价认可的统一体。所谓"应用型学术成果"主要是以职业知识、技术知识、实践知识的创新为使命旨归，同科学知识的创新模式存在着本质的区别，其习得模式同样具有自身的独特规律，这是高职学位得以确立的根本价值所在。从个体与高职学位的关系来看，个体追求高职学位是为了实现潜能的开发和主体能动性的彰显，证明自身在职业知识创造上的能力水平，并谋取进入某一技术技能职业领域的资格；从社会与高职学位的关系来说，高职学位体现的是社会或代表社会价值诉求的学位授予单位对以获得技术技能职业为目标的个体应用型学术成果进行评价、认可的形式。"高等职业教育学位是衡量职业人才实践知识水平与知识实践水平的重要标准，通过对培养目标、培养过程和学位标准的系统构建和把握，最终培养和形塑大量适应社会需求的知识行动者和专家。"②

（三）高职学位特性：以技术知识生产为旨归的独特创新领域

以迈克·吉本斯等人所著的《知识生产的新模式：当代社会科学与研究的动力学》一书为标志，有关知识生产模式的研究逐步成为学术政策研究领域十分重要的话题。该书的核心内容主要阐述了随着科学技术与经济社会发展联系的日趋紧密，自20世纪下半叶以来，不同于传统的以大学为中心、基于学者纯粹的学术兴趣而引起的"纯理论研究"，基于问题解决驱动的应用型研究开始逐步出现，并且发展速度十分迅猛，前者被称为知识生产模式Ⅰ，后者则被称为知识生产模式Ⅱ。新的

---

① 康翠萍.学位论[M].北京：人民教育出版社，2005：65.
② 何诺.我国高等职业教育学位制度的构建研究[D].重庆：西南大学，2017：37.

知识生产模式的出现意味着知识创新不能局限于研究型大学这一特定范围,更不能依靠理论研究人员来帮助解决实践领域的知识创新问题,这是由于同模型Ⅰ相比,模型Ⅱ有其独有特征:为市场所驱动,知识生产是"在应用的语境"中进行的,具有跨学科性、研究问题导向、知识生产主体多元化与网络化、新型质量控制形式以及更大的社会问责等特征[①]。知识生产模式的转型不仅催生了高等教育结构的调整,更直接导致了学位制度的变革,如德国在2014年批准赋予应用科技大学(Fachhochschule)博士学位授予权,打破了综合性大学的"最后一块堡垒",正是对应用科技大学专注于服务市场、企业知识创新需求的一种肯定。

基于应用导向的知识生产模式Ⅱ尽管同模式Ⅰ之间在知识生产的方式及途径上存在较大的差异,但两者在生产的知识类型上并没有显著差异,都以科学知识为主,只不过后者更强调知识的应用导向性。除了以上两种知识创新模式外,以技术知识为主要内容的职业知识创新同样已经步入高等教育的殿堂。根据怀特海以及穆尔的观点,试错后的经验性的、无体系的知识是不能成为学位教育中的知识的,在现代科学理论知识应用于人类生产活动实践之前,技术知识主要内容为经验性以及默会性质的技术实践知识,这种知识的传递一直都依靠"师徒制",学校教育一直未能够介入其中,也没有必要介入。随着现代科学知识在生产工作领域中的广泛应用,技术理论知识在技术知识中的比重逐渐增加,技术知识的生产与创新愈加需要科学理论的进步和支撑,科学与技术之前的二元分离状态开始打破,并呈现了相互交叉与促进的格局,而且技术知识的生产对科学知识的依赖性正日益提升。尽管技术知识创新依赖于科学的进步,但这并不意味着技术知识的创新可以完全依附于科学知识的创新,技术知识的生产有其自身独特的规律和要求,其创新路径同实验室的知识创新也有着根本的不同。

"科学无法取代技术发明的过程,技术中大量的细节仍然需要通过复杂而艰辛的技术发明过程获得。"[②]正如技术哲学家巴萨拉所言:"科学决定了一件人造物的物理可能性的极限,但它并不能设定一件人造物的最终形态。欧姆定律并没能够决定爱迪生照明系统的形态和细节,麦克斯韦的公式也无法决定现代无线电接收机里电路系统的具体形式。"[③]从科学发现到生产应用需要经过一个艰辛漫长的过程,一般而言需要经历从科学发现—实验室技术—工厂生产技术三个发展阶段,每次的阶段跳跃都需要付出艰辛的努力进行知识创新,而且每一个阶段所创造的知识都同等重要。诸如在我国液晶面板产业的发展历程中,正是由于工厂生产技术

---

① 曹珊.知识生产模式转型与中国高等教育的改革[J].牡丹江师范学院学报(哲学社会科学版),2014(1):140-142.
② 徐国庆.实践导向职业教育课程研究[M].上海:上海教育出版社,2008:74.
③ 巴萨拉.技术发展简史[M].周光发,译.上海:复旦大学出版社,2000:100.

的不断积累与突破,我国液晶面板产业才能超越在半导体产业理论发现和实验室技术远胜于我国的美国与日本。例如,液晶生产对无尘车间的要求非常高,无尘技术本身并不复杂,无论是在理论设计还是在实验室中都很容易做到,但在实验室中做到并没有意义,最重要的是要在大型厂房之中做到,而要在嘈杂、人来人往的车间实现无尘则已经是另一套技术,而这种技术只能在逐渐的技术实践摸索中实现点滴创新与积累,这完全属于另一种知识生产模式,同科学研究与工程规划设计属于完全不同的知识创新领域。

学术性是学位的本质属性,是决定学位制度建构的基础,脱离了学术性来探讨学位的分类无异于隔靴搔痒,任何一种学位都是对学术水平特征及高低的判别,仅依据是否面向职业领域就对学位进行分类将导致学位价值的异化。因此,学位的分类应依据学术内容的不同来进行,"任何学位都应该是研究型学位"[①],而学术内容的分类依据又主要源自知识类型的不同以及不同知识生产、创新与积累模式的差异性。如表1所示,根据知识类型及生产模式的差异性,可以将学位分成以科学知识创新为旨归的科学学位、以应用型科学知识或专业知识创新为旨归的专业学位、以技术知识创新为旨归的职业学位。"三种类型的学位都注重学术标准,并非纯科学领域就注重学术性,而技术、应用科学领域就不注重学术性,而是三种学位的设置所依据的侧重点不同。纯科学领域的学位一般侧重于强调学位申请者的基础理论研究水平。相应地,科学研究型学位主要授予那些专门从事纯科学或基础学科研究的学位申请者,而技术研究型学位和应用研究型学位则主要授予那些专门从事技术学科和应用学科研究的学位申请者。"[②]学位的类型差异实际代表的是知识类型及其生产模式的差异,向不同群体颁发不同的学位实质上是为了能够促进不同类型知识生产、传承的效率及效益的提升。

表1 基于不同知识生产模式的学位类型划分及其特征

知识类型	学位类型		
	科学学位	专业学位	职业学位
知识来源	科学知识	以专业知识为主体的职业知识	以技术知识为主体的职业知识
知识结构	系统化的学科理论知识	学科理论知识与专业实践知识	技术理论知识与技术实践知识
知识生产场所	科学实验	专业实践	技术实践

---

① 康翠萍.学位论[M].北京:人民教育出版社,2005:39.
② 康翠萍.学位论[M].北京:人民教育出版社,2005:39.

续表

知识类型	学位类型		
	科学学位	专业学位	职业学位
知识生产目的	解释世界	解释世界与改造世界	改造世界
知识性质	普遍性	普遍性为主、特殊性为辅	特殊性为主、普遍性为辅
知识习得	学科课程	三段式课程模式	实践导向课程模式

三、高职教育学位体系构建的路径抉择

高职教育学位体系构建是落实《国家职业教育改革实施方案》中关于"职业教育与普通教育是两种不同教育类型,具有同等重要地位"指示精神的重要战略举措,是彰显职业教育类型价值特征的重大制度创新。我国高职教育学位体系的构建应以"三轨制"为主要蓝图进行顶层规划设计,尽管采取"双轨制"更有助于提高高职教育社会认可度,方便学位体系的内部衔接渠道设计,但在当前专业学位教育还未摆脱学术教育本位形成自身特色的前提下,将有可能造成高职教育职业性的削弱,同时混淆高职教育与专业学位教育之间的区别。因此,高职教育学位体系构建路径的选择应始终坚持职教属性并尊重技术技能人才的成长规律,长远谋划,统筹兼顾。不仅要从立法层面确立高职教育学位体系的合法性地位,也需要科学合理界定不同利益相关主体在学位管理运行以及质量保障上的权利责任及协同机制,并系统谋划高职学位与其他类型学位及职业资格证书间的衔接沟通渠道。

(一)顶层规划:在法律层面确立高职教育学位体系合法性

1980年,全国人大常委会审议通过了《中华人民共和国学位条例》,随后在1981年国务院批准实施《中华人民共和国学位条例暂行实施办法》,标志着我国正式建立了自身的学位制度。在学位条例中明确规定了学位分为学士、硕士和博士三级,但并未对学位类型进行划分,主要针对科学学位的内涵、授予标准及授予程序进行了原则性的规定。《中华人民共和国高等教育法》以及《中华人民共和国职业教育法》同样未对实施高职教育的院校是否具有学位授予权进行规定。由于缺失充分的法律依据,造成高职教育学位制度的构建始终难以获得实质性的突破。因此,亟待通过法律法规体系的建立与完善,为高职学位制度构建的实践探索提供必要的法律保障与依据,并指明高职学位制度建构的方向。基于前文对高职学位缘起、本质内涵及其独特性的学理阐明,相关法律法规体系的完善应以"三轨制"为

主要依据,构建一条独特的、区别于科学学位和专业学位的、专门为技术技能人才服务的成长路径。

依照"三轨制"所确立的高职学位体系的顶层规划,应通过建立并完善如下法律法规来确立高职学位的合法性地位。在当前职教本科正试水探索阶段,应首先参照《专业学位设置审批暂行办法》相关内容另行颁布《职业学位设置审批暂行办法》,对职业学位的性质特征、学位层级、学位名称、学位点设置与审批基本原则、学位标准以及学位质量保障等内容作出原则性的规定。随后则需在职业学位实践探索过程中不断完善对上位法的修订,从而为职业学位的最终确立奠定法理基础。诸如对《中华人民共和国学位条例》的修订,建议将第三条修改为"学位分为副学士、学士、硕士、博士四级",并增加一条关于副学士学位授予的标准,突出其职业性要求;对《中华人民共和国职业教育法》进行修订,增加"职业教育学位"的条目,明确我国高等职业教育实施"副学士—学士—硕士"三级学位体系,并对学位性质、学位名称以及学位质量保障等关键内容作出原则性规定;还应对《中华人民共和国高等教育法》进行修订,例如在"基本制度"部分,修改第二十二条为:"国家实行学位制度。学位分为副学士、学士、硕士和博士。"

(二)运行保障:以省级统筹为核心建立高职学位管理机制

职业学位制度构建的关键除了应遵循职业教育人才培养基本规律外,还应构建系统完善的职业学位管理运行机制,明晰政府、学位授予单位、学位申请者以及行业企业等多元主体围绕学位授予工作而形成的互动关系。为了能够推进职业学位授予工作的有序开展,首先应由国务院学位委员会、教育部负责制定和发布《职业学位授予和人才培养专业目录》,每五年更新一次,基于已有的高职专业目录,建立专科—本科—硕士一体化的职业学位授予专业目录,实现不同层级专业之间的有效衔接,打通技术技能型职业人才成长通道,省(区、市)政府学位办和高校根据专业目录评审职业学位教育单位和专业授权点。基于学生职业发展和就业、执业的角度,应当以职业分类为基础完善高职学位名称及分类的细化和具体化,从而构建体现职业学位特点、与学术型学位(学科专业)并行的具有中国特色的职业学位目录和学位授予体系。

建立高校自主办学、政府宏观调控、行业全面参与和社会评估的职业学位管理体制机制。高校在职业学位教育的开办与组织管理方面应有充分的办学自主权,是否开办某一层次或类型的职业学位教育,是否提出申请,如何分配资源、职业学位教育如何组织与实施(招生、考试、教学、实践、论文答辩)、职业学位内部管理体系建设和质量保障机制如何完善等都应由高校自主决定。政府宏观管理应由国务院学位委员会、教育部和各省级政府学位委员会负责,国务院学位委员会、教育部主要负责国家职业学位教育相关政策、规划的制定,接受有关高校和省级政府学位委员会申请高职学位授予权和高职学位教育的项目备案,可在现有职业教育行业指导委员会基础上建立,或按照行业分类重新组建职业学位教育行业指导委员会,并委托该组织对职业学位教育单位进行教学指导和质量认证,监管实施职业学位教育的办学情况等;省级政府学位委员会根据国家法律法规和有关政策、计划,负责制定本辖区内各层级职业学位教育发展指导思想与规划,高职学位授权按属地原则由省(区、市)学位委员会负责审批,组织辖区内职业学位教育单位和专业授权点的评审,对辖区内高职学位教育质量实施评估和检查等。

(三)互通衔接:搭建制度立交桥促进不同类型学位间沟通

高职教育学位制度的构建不应局限于内部管理运行机制的优化与完善,还应针对高职学位与其他类型学位之间的相互作用关系进行系统筹划,针对不同学位之间人才培养存在的区别性与相似性来设计路径转换通道,从而为学生生涯发展提供多样化的选择机会。不同类型学位原则上应由不同类型高校分别实施,科学学位由研究型高校实施,专业学位由应用型高校实施,职业学位由职业院校实施,但不能绝对化,为了提高人才供给效率与质量,不同类型高校可以根据自身的学科、专业建设特色和区域经济社会发展的人才需求,同时授予多种学位,只要符合国家制定的学位授予标准并按照法定程序拥有学位授予权即可,如应用型高校就可以根据区域经济社会发展对人才的多样化需求,同时展开针对某一行业的专业型人才和技术技能型人才的培养,从而满足企业多样化的应用型人才需要。

为了给学生提供多样化的学习机会,学位体系内部制度立交桥的建立应从横向与纵向两个方面进行系统设计。在横向上,应逐步实现高职学位与其他类型学位在就读和就业资格上的等值制度,"同一层次的学位证书不仅在就业时具有同等资格,也在继续深造时具有同等价值,即高职毕业生获取相应学位后有资格跨类攻读专业类高校高一层级的学位;专业类高校毕业生获取相应的学位后有资格跨类攻读学科类高校高一层级的学位。"[①]在纵向衔接上,则应根据不同学位类型人才培养目标及培养模式的差异进行有针对性的制度设计,例如,专业学位或职业学位证书获得者如果想要攻读更高层级的科学学位,则必须加试相关学科知识才可以报考,而如果科学学位获得者想要攻读专业学位或职业学位则必须具有一定时间跨度的职业实践经验。针对高等教育学位体系内部的衔接沟通,应在明确不同学位之间的类型差异基础上进行系统设计,既要为学生生涯发展提供多样化的选择机会,同时要保证人才培养的特色与质量,决不能混淆不同学位之间在人才培养目标与方式上的差别。

---

① 陈厚丰.高等教育分类的理论逻辑与制度框架研究[M].广州:广东高等教育出版社,2011:372.

(四)资历互认:构建国家资格框架对接职业资格等级证书

高职教育学位作为面向特定职业的一种学位类型,具有鲜明的职业指向性,同作为入职要求和职业能力水平认证的职业资格证书之间具有十分紧密的关联性,而且职业资格证书同学位之间的衔接同样是国际高职学位制度设计的重要特征。然而,由于我国职业资格证书与学位证书分别由人社部和教育部两个不同的部门进行管理,尽管两者之间有着紧密的内在逻辑关联,但这种关联并未通过制度设计得以显现,造成在实践中学位证书与职业资格证书之间的割裂。因此,高职学位制度的建立与完善还应系统筹划高职学位同职业资格证书之间的关联方式及机制,从而促进高职学位教育人才培养的适切性,有效满足社会对技术技能人才的需求。在具体行动上,高职学位与职业资格证书之间的衔接沟通应坚持试点先行、稳步推进的策略,在充分汲取试点经验教训基础上最终通过构建国家资格框架实现两者的衔接互通。在试点探索期,高职学位授予单位以及相关行业组织和政府管理机构应根据试点专业的特征和所对应职业资格证书的发展成熟度,灵活采取多种衔接沟通模式,如等同适用、课程豁免、资质要求等方式。

等同适用即指凡取得高职学位的同时即取得相应的职业资格证书;课程豁免即加强高职学位教育与职业资格证书考试之间在课程开发上的协调,若学生修完职业资格证书考试机构认定的课程,且成绩合格,即可"免试"相对应的科目;资质要求则指将取得专业学位作为某些职业领域获取职业资格的必要条件,从而加强职业学位教育同职业岗位之间的对接度。"目前,我国少量专业学位类型已经成功探索了与相应职业资格证书之间的衔接,如翻译硕士专业学位与翻译专业资格认证、建筑学专业学位与注册建筑师职业资格认证、汉语国际教育硕士专业学位与汉语教学能力认证之间的衔接,它们通过课程及考试科目的互认或豁免,或通过建立统一协调的管理体系,成功实现了专业学位教育与职业资格认证的一定程度的衔接。"[1]职业资格证书与职业学位之间的沟通衔接最终还是要通过构建国家资格框架来实现,这就需要建立国家职业教育机构,由它来负责国家资格框架制度的构建与实施,颁布能够统筹教育学历学位证书和职业资格证书的多层级国家资格框架,并通过构建权威性国家认证制度予以保障,使得人才的使用有一个比对、评价和认定的国家平台。

(原文出处:王亚南,贺艳芳.高职教育学位体系构建争议的学理澄明及路径抉择——双轨制抑或三轨制.学位与研究生教育,2019年9月7日,34-42页)

---

[1] 张淑林,夏清泉,陈伟.专业学位研究生教育与职业资格认证相衔接的有关问题探讨[J].研究生教育研究,2013(1):57-61.

稳步发展职业本科教育的现实阻碍与破解进路

稳步发展职业本科教育,是职业教育高质量发展的内在要求,也是巩固职业教育类型定位、构建现代职业教育体系的重大举措,更是吸引广大青年人走技能成才、技能报国之路的磁力引擎,已成为国家的鲜明导向。2021年,习近平总书记在全国职业教育大会上作出重要指示,明确强调"稳步发展职业本科教育"。同年,《关于推动现代职业教育高质量发展的意见》进一步提出"稳步发展职业本科教育,高标准建设职业本科学校和专业"。在此背景下,职业本科教育日益受到专家、学者以及社会的关注,但各种观点众说纷纭,对其内涵、发展路径、办学定位等方面尚未形成统一的认识。职业本科教育理论上的不确定性,导致实践层面存在各种误解与困惑,使它停留在茫然摸索阶段,亟须深入开展研究。因此,本文从职业本科教育的学理分析切入,澄明"为什么办""是什么""谁来办""谁来读"等基本问题,深刻分析制约其稳步发展的阻碍性因素,探寻稳步发展的合理化进路,以期为我国实现职业本科教育稳步发展、建设高质量的现代职业教育体系提供理论依据和参考。

一、职业本科教育的学理阐释与澄明

职业本科教育在我国是新兴产物,研究和实践领域尚未形成统一的认识,不少学校和家长对职业本科教育也存在认知模糊或认识偏差,亟须从学理层面进行澄明。这对稳步发展职业本科教育具有举旗定向的重要作用。

(一)发展缘起:政治、经济与教育发展交互作用的产物

职业本科教育的产生不是偶然的,而是有着深厚的政治基础、经济根源的教育发展诉求。一是国家多项利好政策驱动的产物。我国已经出台了《本科层次职业教育专业设置管理办法(试行)》《本科层次职业学校本科教学工作合格评估指标和基本要求(试行)》《本科层次职业学校设置标准(试行)》《关于做好本科层次职业学校学士学位授权与授予工作意见》等相关政策文件,为职业本科教育发展提供了政策支持与路径指引。在政策的推动下,职业本科教育在我国逐渐"破土生根"。二是适应社会经济转型升级、优化人才供给结构的必然选择。正如爱弥尔·涂尔干(Emile Durkheim)所言,"教育的转型始终是社会转型的结果与症候,要从社会转型的角度入手来说明教育的转型"[①]。职业本科教育的产生,是经济社会发展所需要的劳动力层次结构变化对职业教育纵向结构和人才规格的要求体现,背后有着

---

① [法]爱弥尔·涂尔干.教育思想的演进[M].李康,译.上海:上海人民出版社,2003:231.

深刻的产业根源。当前我国经济发展的基本方向是由劳动密集型、资源密集型产业向技术密集型产业转型升级,形成以先进制造业为核心的新产业形态①。纵观德国、日本等制造业发达的国家,均将职业本科教育作为优化技术技能人才供给、发展先进制造业的战略选择,且在国际竞争中获得了先发优势。三是优化高等教育结构、满足人民群众对更好职业教育期盼的关键一招。我国高等教育结构长期不合理,高校"同质化"问题严重,导致人才供需结构失调和严重的结构性就业问题。近年来,从"示范(骨干)校"到"优质校"再到"双高校",我国以职业专科教育率先改革引领带动职业教育整体发展,毕业生就业率连续多年高于普通本科毕业生,对于解决高等教育结构与就业结构失衡这一问题发挥了重要作用。但以"专科层次"为终端的职业教育已难以满足家长和学生的需要,他们对接受更高层次的职业教育、追求更高水平的职业技能、寻求更高的职业发展空间有着强烈的愿望。

(二)基本内涵:"职业教育的本科层次"和"本科教育的职业类型"的辩证统一

职业本科教育不是职业教育与本科教育的简单机械相加,而是一种兼具本科教育和职业教育双重特征的"跨界"教育形态,具有鲜明的层次性和类型性。这两个属性是辩证统一的整体,二者共同决定了职业本科教育的办学理念、办学定位、人才培养目标定位等。其一,职业本科教育是职业教育延伸到本科层次的教育,直接反映的是人才培养的层次和水平。它是现代职业教育体系中一个承上启下的教育层次,向下与职业中等教育、职业专科教育相衔接,向上与专业学位研究生教育相衔接②。职业本科教育不是职业专科教育的"加长版",其本质区别在于人才培养的宽度、深度和高度都要优于职业专科教育,即职业专科教育培养的人才在实践技能要求上明显高于理论知识,而职业本科教育培养的人才在理论知识要求上要略高于实践技能或基本持平(见图1)。其二,职业本科教育是本科教育的一种教育类型,其本质是"实践性的",是"深深扎根于职业实践、围绕职业岗位变化需要进行人才培养的教育"③。我国本科教育的类型在不断分化,呈现从单一的普通本科教育转向普通本科教育、应用型本科教育、职业本科教育等多种教育类型共存的多样化发展局面。伯顿·克拉克(Burton R. Clark)也曾提出:"各国高等教育都面临着日

---

① 徐国庆.我国二元经济政策与职业教育发展的二元困境——经济社会学的视角[J].教育研究,2019(01):102-110.

② 陆素菊.试行本科层次职业教育是完善我国职业教育制度体系的重要举措[J].教育发展研究,2019(07):35-41.

③ 徐国庆,陆素菊,匡瑛,等.职业本科教育的内涵、国际状况与发展策略[J].机械职业教育,2020(03):1-6.

趋复杂的形势,因而都有向多样化结构发展的倾向。"[①]我国已从国家层面明确职业教育与普通教育是地位同等重要的两种不同教育类型,因此,职业本科教育与应用型本科教育、普通本科教育只是教育类型上的区别,不存在高低贵贱之分。正如蔡元培先生所言,"治学者可谓之'大学',治术者可谓之'高等专门学校'。两者有性质之别,而不必有年限与程度之差"[②]。普通本科教育以培养学术型、研究型人才为目标,职业本科教育与应用型本科教育均以培养应用型人才为目标,但二者的教育逻辑有着本质性差异。职业本科教育的逻辑起点是职业导向,遵循能力本位的工作体系逻辑,基于职业岗位工作内容和需求逆向设计课程体系,注重技术技能的复合能力和应用能力培养;应用型本科教育是普通本科教育的"改良版",其逻辑起点是学科导向,遵循学科化的知识体系逻辑,强化理论在实践中的应用,注重应用研究。

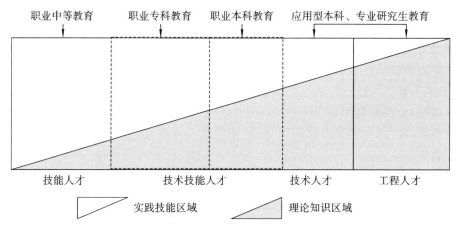

图1 应用型人才的知识、技能结构示意图

(三)参与主体:众多利益相关者之间的"合作博弈"

职业本科教育是一个由政府、学校、行业协会、企业、学生等利益相关者通过一定结构形式联结而成的复杂系统(见图2),其功能价值的实现离不开各利益相关者的共同努力。这些利益相关者之间的利益需求各不相同,各方为自身利益最大化而相互博弈,是一种典型的"合作博弈"。各利益相关者被嵌入在职业本科教育这一复杂系统的不同节点上,通过各自的行动策略对合作收益、教育目标的实现产生

---

① [美]伯顿·克拉克.高等教育系统——学术组织的跨国研究[M].王承绪,等译.杭州:杭州大学出版社,1994:219.

② 梁柱.蔡元培与北京大学[M].北京:北京大学出版社,1996:51.

直接或间接影响①。政府是社会公共利益的代表,发挥着主导功能和决定性作用,对这些利益相关者之间的合作关系和合力的形成起着关键作用。政府既要制定法律法规制度明确各主体的责权分工,规范引导职业本科教育的开展,又要破除管理障碍,理顺相关管理部门之间的关系,建立有利于职业本科教育发展的运行管理机制,支持和帮助职业本科教育发展。行业协会是政府与企业之间的桥梁和纽带,以提升行业共同利益为目的,在校企合作方面发挥着协调组织的作用。学校与企业是校企双元育人的利益共同体,也是职业本科教育的主要实施者和参与者。校企双方肩负着"合作办学、合作育人、合作就业、合作发展"的重要任务,共同负责制定专业教学标准、课程标准、岗位标准、质量监控标准等,也共同开发课程和教材、设计实施教学、组织考核评价、开展教学研究、开展技术研发与应用等。二者的合作博弈是以人才为纽带展开的,学校的利益是培养出区域经济社会需要的高层次技术技能人才,并借此得到政府、社会的认可;企业的利益是获得人力资源为企业创造更多的经济价值。这种合作只有给校企双方都带来实际效益,才可能深入、长久地开展下去。学生是最为直接的利益相关者。目前,职业本科教育的学生来源主要是中职学校毕业生、职业专科学校毕业生、普通高中毕业生等。他们在知识储备、技能基础、学习经历、学习需求等方面千差万别。因此,我们要针对不同生源的实际状况,分列招生计划、分类考试评价、分别选拔录取,做到以人为本、因材施教、因材而练,办"适合学生的教育"②,而这些均离不开政府、行业协会、企业和学校的通力合作。

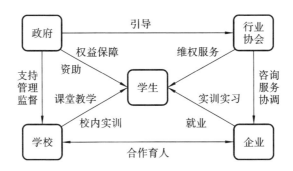

图 2 职业本科教育利益有关者之间的关系

---

① 张元宝.校企合作中利益相关者的博弈与协调[J].中国高校科技,2019(09):79-82.
② 顾明远.把学习的选择权还给学生[J].河北师范大学学报(教育科学版),2012(01):5-7.

二、稳步发展职业本科教育的现实阻碍

在我国,职业本科教育先后出现了四种路径:"转型"(有条件的普通本科院校向应用型本科院校转型发展)、"合办"(普通本科高等学校与示范性高等职业学校联合举办高职四年制本科专业)、"升格"(高职院校独立升格为职业本科院校开展试点)、"转设"(部分独立学院独立转设或与高职专科院校合并转设为职业本科院校)。然而,这些整体进展较为缓慢,处于"遍地开花难结果"的尴尬境地。职业本科教育在制度供给、发展路径、人才培养目标、社会观念等方面仍存在一些阻碍其稳步发展的不利因素。

(一)制度供给"滞后"

职业本科教育的制度供给滞后是不言自明的事实,也是"摸着石头过河"阶段的常见现象。但是长时间滞后必然会导致制度延误成本和政策调整成本急剧上升,致使职业本科教育发展无序、内部运行紊乱,甚至使职业本科教育长时间停留在摸索层面。制度供给滞后包含两个层面:制度出台相对于制度需求的滞后;制度出台后在实际的贯彻、实施过程中各主体的博弈行为导致新制度无法发挥作用而出现的制度供给滞后[①]。职业本科教育的制度供给无论从制度出台还是贯彻实施上均具有极大的滞后性。一是标准体系不完善。尽管我国已出台了关于职业本科教育的专业目录、设置标准、教学工作合格评估指标等,但很多标准、指标要求仍具有普通本科教育的影子,类型教育特色不够突出。同时,专业教学标准、课程标准、教师专业标准、顶岗实习标准、学位授予标准等还处于缺失的状态,严重制约着职业本科教育的落地建设。二是纵向衔接、横向融通的制度保障不健全。目前,职业本科教育与中等职业教育、职业专科教育缺乏衔接起来的纽带——职教高考制度。同时,在人才培养上也缺乏贯通的一体化设计,难以保证三者人才培养的连续性、衔接性。此外,我国尚未建立系统完整的国家资历框架,职业本科学校与应用型本科学校、普通本科学校在课程互选、学分互认、学籍互转等方面也缺乏相应的制度保障。三是地方主体责任落实不力。各地对于职业本科教育的政策落实力度不到位,缺乏配套的政策支持和协作机制,缺乏有力的、具体的、可操作性的指导性政策,在引导、支持、管理、规范、宣传等方面均不到位,存在"中梗阻"和"最后一公里"不通等问题。

(二)发展路径"迷失"

我国职业本科教育的发展路径复杂、办学主体多样,至今仍未确立发展的主渠

---

① 向玉琼.实际制度供给滞后与政府行为分析:博弈论的视角[J].社会主义研究,2007(04):49-52.

道,可以说是陷入了发展的"迷局"。不同路径下职业本科学校之间存在巨大的异质性,"办学历史、办学理念和定位各不相同"①,面临着不同程度的困难和挑战。一是"转型"排斥反应严重。由于"学科逻辑"在我国高等教育的组织场域中占主导地位,"应用逻辑"处于被压制的地位,导致普通本科学校始终存在"不想转""转不动""转不成"的问题,难以转变原有的办学基因②。

二是"合办"在夹缝中发展。"合办"是"原则上高职专科院校不升格为或并入本科高等学校"政策下的一种"曲线救国"式的探索。由于职业专科学校没有本科学历、学士学位的授予权,使它在人才培养各方面受到普通本科学校的制约,沦为"贴牌加工厂"或"代加工厂"。三是民办"升格"招生遭遇"爆冷"。自2019年开始,教育部先后公布批复了21所职业本科教育试点学校,它们由20所民办、1所公办职业专科学校升格而成。这些民办试点学校办学基础条件"先天不足",在招生方面也遇到了较大瓶颈,不仅投档分数低而且招不满学生。如2021年陕西两所职业本科教育试点学校的本科二批(理科)正式投档最低分均为341分,是陕西省理科二本最低控制线,其招生计划分别为1104个、1156个,但投档人数分别仅有305个、719个③。四是"转设"面临质疑和办学挑战。2021年,浙江、江苏等地独立学院的学生和家长强烈反对转设为职业本科学校,引发了广泛的社会舆论,导致相关院校转设被迫暂停。同时,已转设学校也面临严峻挑战:独立转设学校面临着由科学逻辑向实践逻辑、由学科体系向工作体系转变的挑战;合并转设学校存在着机构合并与内在融合、教师分流与理念认同、相关主体利益纠纷、资源整合难度大等多方面的矛盾与挑战。综上来看,现有路径下的职业本科学校办学基因各不相同,虽然在政策的推动下有了不同程度的进展,但呈现出一种"无中心"的异质化状态,亟须明确发展的主渠道,走出"迷失"困境。

(三)目标定位"模糊"

人才培养目标是基于经济社会发展的人才需求和受教育者的学习需求对"人才培养应然价值和实然选择的理性判断"④,"决定着教育改革与发展的方向,规定

---

① 石伟平,兰金林,刘笑天.类型化改革背景下本科层次职业教育发展的困境与出路[J].现代教育管理,2021(02):99-104.
② 姚荣.中国本科高校转型如何走向制度化——基于组织分析的新制度主义视角[J].教育发展研究,2015(03):1-10.
③ 陕西省教育厅.2021年陕西省普通高校招生本科二批正式投档[EB/OL].(2021-08-01)[2021-11-03].http://jyt.shaanxi.gov.cn/news/gsgg/202108/01/19406.html.
④ 陈恩伦,马健云."双高计划"背景下高水平高职学校人才培养模式改革[J].高校教育管理,2020(03):19-29.

着人才培养的质量、标准、规格和水平"[1]。因此,人才培养目标定位是职业本科教育办学定位的核心,也是学校办学要解决的第一要务。然而,职业本科教育在我国发展的时间较短,对于如何定位人才培养目标的认识还不够清晰。一是国家层面定位较为笼统。《本科层次职业学校设置标准(试行)》中指出,职业本科教育要"坚持面向市场、服务发展、促进就业的办学方向,坚定职业教育定位、属性和特色,培养国家和区域经济社会发展需要的高层次技术技能人才"。可以看出,国家对职业本科教育的人才培养目标定位相对过于宽泛,尚未对"高层次技术技能人才"进行具体画像,存在与应用型本科人才培养目标("应用型技术技能型人才")[2]和职业专科人才培养目标("高素质技术技能人才")[3]差异性不明显的问题。二是学校层面定位理解不清。基于对南京工业职业技术大学、河北工业职业技术大学、泉州职业技术大学等33所职业本科学校的人才培养目标的研究发现,学校层面的人才培养目标定位以"高层次技术技能人才"和"高层次技术技能型人才"为主,但也存在"高等技术应用性、技术技能人才""知识型、技能型、创新型人才""高素质创新技术技能型人才"等多种多样的表述(见表1)。这背后折射出的是一些职业本科学校对人才培养目标的重视程度不够,对国家层面的人才培养目标定位理解不到位,存在一定的随意性。三是专业层面定位存在"同质化"倾向。调研发现,大部分职业本科学校专业的人才培养目标定位缺乏专业特色,人才培养规格的区分度不高。其根本症结在于忽视了区域发展需求和专业自身条件所应持有的多样化发展观,从而导致专业人才培养目标定位出现了"同质化"现象。

表1　33所职业本科学校人才培养目标定位统计

人才培养目标定位	学校数(所)
高层次技术技能人才	16
高层次技术技能型人才	8
社会主义建设者和接班人	2
技术技能人才	1
技术技能型人才	1

---

[1] 欧阳恩剑.现代职业教育体系下我国高职人才培养目标定位的理性思考与现实选择[J].职业技术教育,2015(19):24-27.

[2] 教育部.教育部 国家发展改革委 财政部关于引导部分地方普通本科高校向应用型转变的指导意见[EB/OL].(2015-10-23)[2021-11-09]. http://www.moe.gov.cn/srcsite/A03/moe_1892/moe_630/201511/t20151113_218942.html.

[3] 教育部.教育部等九部门关于印发《职业教育提质培优行动计划(2020—2023年)》的通知[EB/OL].(2020-09-23)[2021-11-18]. http://www.moe.gov.cn/srcsite/A07/zcs_zhgg/202009/t20200929_492299.html.

续表

人才培养目标定位	学校数（所）
专业性技术技能人才	1
高素质创新技术技能型人才	1
知识型、技能型、创新型人才	1
高等技术应用性、技术技能人才	1
高素质劳动者和高层次职业技能型人才	1

数据来源：各职业本科学校章程和官网。

（四）观念偏见"泛化"

当某种观念变成一种意识形态并在群体中扩散时，它就不再仅仅是观念，而是社会结果，将会影响社会制度、规范等[①]。在我国，鄙薄职业教育的观念早已超出个人层次，对社会具有广泛而深刻的影响。这种错误观念甚至"泛化"到职业本科教育，严重影响职业本科教育的稳步发展进程。一是囿于传统观念的影响。虽然职业教育为我国经济社会发展提供了有力的人才和智力支撑，但整体上处于"叫好不叫座"的尴尬境地。这背后的重要原因是我国"重道轻技""重普轻职""劳心者治人、劳力者治于人"等传统观念交织在一起，形成了鄙薄职业教育的"文化惯性"[②]。二是拘泥于刻板印象的束缚。"差生的教育""低人一等的教育""失败者的教育"是社会对职业教育固有的刻板印象。在目前的招生体制下，职业教育变成了"掐尾"和"兜底"的教育，更加剧了职业教育符号性的"污名化"。"考不上高中的学生才去读中职，考不上本科的学生才去读高职"，"高考落榜了，没办法才让孩子去职业院校学习技能"，这些都折射出职业教育在学生和家长们眼里是"退而求其次"的选择。三是困于偏见的"泛化"。由于社会长期对职业教育的偏见，导致一些家长和学生对职业本科教育存在误解和抵触。因此，如何扭转中国长期以来形成的鄙视职业教育的观念，消除家长、学生对职业本科教育的焦虑和顾虑，是稳步发展职业本科教育的一项重要任务和挑战。

三、稳步发展职业本科教育的进路选择

稳步发展职业本科教育是谋求长远发展的客观要求，更是推动职业教育高质量发展的迫切需要。稳步发展不仅是数量、规模上的要求，还有质量、结构、效益等方面的要求，体现了新发展理念的价值取向。因此，我们要深刻把握稳步发展职业

---

① 唐世平.观念、行动和结果：社会科学的客体和任务[J].世界经济与政治，2018(05)：33-59+156.
② 石伟平，唐智彬.增强职业教育吸引力：问题与对策[J].教育发展研究，2009(Z1)：20-24.

本科教育的内涵和要求,多措并举探寻稳步发展的路径,搬走阻碍发展的"绊脚石",使职业本科教育始终沿着正确方向行稳致远。

(一)坚持"摸着石头过河"与顶层设计相结合,提高制度供给的时效性

"摸着石头过河"是顶层设计的基础,顶层设计是"摸着石头过河"的指导,二者是辩证统一的[①]。坚持"摸着石头过河"与顶层设计相结合是我国社会改革实践的经验总结和基本规律,也是稳步发展职业本科教育的基本方法和根本保障。当前,我国职业本科教育虽然实现了从无到有的突破,但整体仍处于"摸着石头过河"的阶段。面对制度供给滞后的困境和稳步发展的重要任务,我们不仅需要从实践探索中总结经验,更需要加强顶层设计,加快构建与稳步发展职业本科教育相适应的制度体系,不断缩短职业本科教育制度建设的"滞后时差"。一是加快研制职业本科教育的专业教学标准、课程标准、教师专业标准、顶岗实习标准、学位授予标准等各项标准,并在院校落地实施,充分发挥标准在职业本科教育质量提升中的基础性作用。二是稳步推进"职教高考"制度改革,针对不同类型的生源完善考试招生办法,为学生接受职业本科教育提供多样化的入学方式,切实提高职业本科教育的生源质量,从源头上改变职业教育的"弱势"地位。三是逐步建立系统完整的国家资历框架,有效推动职业本科学校与应用型本科学校、普通本科学校的课程互选、学分互认、学籍互转等,从而深化职普融通。以上这些都是支撑我国职业本科教育稳步发展的重要基础性制度,也是实践探索中形成的现实制度需求。

(二)构建部省联动的"两维递进式"推进机制,科学确立发展的主渠道

"部省联动"是教育部与省级政府协同推进的一种管理机制,也是推进职业本科教育稳步发展的一个重要手段。教育部与省级政府要做好政策保障衔接,形成"两维政策联动区域",共同推进政策落到实处,形成协同发展职业本科教育的合力。从教育部层面来看,不仅要统筹规划现有职业本科教育的高质量发展,还要进一步探索适合发展的新渠道、明确发展的主渠道,形成"一主多元"的发展格局。一方面,要针对现有职业本科教育发展参差不齐的实际,确定差异化的发展思路和改革方案,加强宏观调控和分类指导、支持。另一方面,要按照"质量为先、总量控制"的原则,探索职业本科教育发展的新路径,如支持符合条件的优质公办高职学校独立升格举办职业本科学校或开设职业本科专业,并使其成为发展的主渠道;鼓励应

---

① 蔡永生.摸着石头过河和加强顶层设计[N].光明日报,2013-02-05(11).

用型本科学校、高水平工程类大学设立职业本科教育二级学院或举办职业本科专业,扩大职业本科教育的优质资源,增强社会吸引力。从省级政府层面来看,要在落实国家各项政策要求的同时,明确自身履行稳步发展职业本科教育的主体责任,认清省内职业本科教育发展过程中存在的问题,针对不同路径因地制宜给予配套政策支持和开展督导评估,从而促进省内职业本科学校明确定位、深化改革、强化优势、协调发展。具体包括:引导职业本科教育试点学校尽快完善办学条件,全面提升办学水平和综合实力;引导合并转设学校加强制度建设和文化建设,切实把办学理念和方向相统一,全面促进队伍、专业等资源的有效整合,确保发展实质性融合;引导由优质公办高职学校独立升格的职业本科学校或开设职业本科专业的学校加快推进专业升级改造,坚持"注重传承、强化优势、突出特色"的专业建设方针,打造一批具有引领示范作用的样板专业;引导举办职业本科教育的应用型本科学校、高水平工程类大学依托已有学科、资源优势,推进人才培养模式改革,加强"双师型"教师队伍和实习实训基地建设,形成技术技能人才培养和技术创新应用的新优势。

(三)正确处理"变"和"不变"间的辩证关系,明确办学方向与培养定位

深刻领会职业本科教育发展过程中所蕴含的"变"与"不变",对于明确职业本科教育的办学方向与培养定位具有重要意义。一是固有的类型属性不能变。职业本科教育是职业教育延伸到本科层次的结果,依然未超越或脱离职业教育的类型范畴,必须赓续"职教基因"。然而,高等教育系统就像是一个蛇形的实体,头部是最有声望的学校,中部是声望稍差的,尾部是声望最低的,中部和尾部的学校模仿更有声望的大学已成为生存法则,从而导致"学术漂移"和同质化现象严重[1]。职业本科教育作为一种新生事物,适度地向其他本科高校学习借鉴有助于更快地发展,但要警惕陷入"学术漂移"的陷阱。因此,职业本科教育在发展过程中要保留"职业"特色,保持"类型"属性,坚持"职业教育办学方向不变、培养模式不变、特色发展不变"[2]。二是对标本科教育升级转变。第一,人才培养定位向高层次技术技能人才转变。相对职业专科教育,职业本科教育人才培养应更加突出"知识性与技术性的复合、适应性与可发展性的复合、创新性与素养性的复合"[3]。第二,软、硬件办学

---

[1] Riesman D. Constraint and Variety in American Education[M]. Lincoln: University of Nebraska Press, 1956: 17-143.

[2] 中华人民共和国中央人民政府. 中共中央办公厅 国务院办公厅印发《关于推动现代职业教育高质量发展的意见》[EB/OL]. (2021-10-12)[2021-12-27]. http://www.gov.cn/gongbao/content/2021/content_5647348.htm.

[3] 王振洪."双高"院校要舞好高质量发展"龙头"[N]. 中国教育报, 2021-09-21(03).

资源向更高配置转变。职业本科教育人才培养定位和培养模式能否真正落地,需要有力的硬件和软件资源保障。地方政府要不断加大教育资金投入,优化职业本科教育资源配置,做好改善基本办学条件建设需求与相关资金的统筹和对接。学校要积极与行业头部生产企业联合建设产业学院和协同创新中心、实验室、实习实训基地,打造一支既胜任教学又善于解决复杂技术难题的高水平"双师型"教师队伍,这是增强职业本科教育发展后劲的关键。第三,服务能力向引领产业发展转变。职业本科教育在社会服务能力定位、供给层次上不能仅限于适应当前产业需求,专业要瞄准未来产业发展趋势进行前瞻性布局,技术服务要以解决企业生产实际问题为导向,通过技术工艺、技术规范和技术标准的迭代创新,引领带动中小微企业转型升级,实现高质量发展。

(四)充分发挥职业本科教育的"领头雁"作用,增强职业教育的吸引力

职业本科教育是目前职业教育体系中的"领头雁",被赋予了引领带动整个职业教育高质量发展、增强职业教育吸引力的职责与使命。这是遵循稳步发展规律、突破社会观念桎梏的必然之举,也是扭转职业教育"边缘生存"局面的关键。一是要练好职业本科教育的基本"内功"。职业本科教育要发挥引领带动作用,前提要练好"内功"。这是职业本科教育的立足之本、生存之本、竞争之本,也是影响吸引力的核心因素。因此,职业本科学校要强化内涵建设,不断提高自身办学水平、培养质量和服务能力,切实增强人才培养的适应性,形成高层次技术技能人才的卖方市场,从而吸引更多高素质、有兴趣的学生选择职业本科教育。二是要塑造好职业本科教育的外在"形象"。"内功"与"形象"就像一个硬币的两面,二者不可或缺。一方面,要大力宣传职业本科教育在经济社会发展中的重要地位和作用,做好《关于做好本科层次职业学校学士学位授权与授予工作意见》等有力政策的解读,让社会各界认识、认可职业本科教育。同时,要广泛宣传技术技能人才的重要贡献,努力引导社会树立劳动光荣、技能宝贵、创造伟大的新风尚,为技术技能人才成长和职业本科教育发展创造良好的社会氛围。另一方面,要积极动员各部门、专家学者和一线教师加强对职业本科教育理论研究或参与政策研究,构筑职业本科教育研究的理论体系和话语体系,努力打破理论的"失语"困境。三是要发挥好职业本科教育的"领飞"作用。即在促进职业本科教育自身高质量稳步发展的同时,要加快推进"中职—职业专科—职业本科"的有效衔接,构建"资源共享、专业融通、学段衔接、共同发展"的一体化发展机制,实行本科带专科、专科带中职的运行模式,形成纵向梯度衔接的技术技能人才培养体系,整体带动职业教育高质量发展,从而彻底改变职业教育"低人一等"的刻板偏见,切实增强职业教育的竞争力和吸引力。

四、结语

"稳步发展职业本科教育"集中反映了国家对职业本科教育发展规律的深刻洞察,是引领职业本科教育实践发展的科学指引。尽管职业本科教育已形成多元化的实践发展逻辑,但实质性进展较为缓慢,在制度供给、发展路径、人才培养目标、社会观念等方面仍存在各种各样的障碍,离稳步发展还有一定距离。如何实现职业本科教育的稳步发展,是一个迫切需要探讨和解决的现实问题,也是职业教育高质量发展的重要任务之一。职业本科教育的稳步发展具有综合性和复杂性,需要政府、行业协会、企业、学校、社会充分衔接、良性互动,才能不断形成合力、增强动力、提高能力。当下,要推动职业本科教育的稳步发展,就要深刻理解稳步发展职业本科教育的丰富内涵,清醒认识蕴含的发展机遇和面临的阻碍挑战,按照"不求最大、但求最优、但求适应社会需要"的要求,从宏观到微观、从政策制定到学校办学、从练好内功到社会认可,多措并举探寻稳步发展的有效路径。

(原文出处:孙凤敏,孙红艳,邵建东.稳步发展职业本科教育的现实阻碍与破解进路.大学教育科学,2022年第3期,120-127页)

走向整合:我国职业本科教育政策的发展路向

一、问题的提出

2014年6月,国务院印发《关于加快发展现代职业教育的决定》,明确"探索发展本科层次职业教育",首次阐明发展职业本科教育的国家战略意图。同年6月,教育部等六部门联合印发的《现代职业教育体系建设规划(2014—2020年)》进一步明确"发展应用技术类型高校""实行中职专科本科贯通培养""本科高等学校与示范性高等职业学校联合培养高层次应用技术人才"等职业本科教育的实现路径。2019年1月,《国家职业教育改革实施方案》再次强调"开展职业本科教育试点"。2021年4月,习近平总书记在对职业教育工作的重要批示中再次重申"稳步发展职业本科教育,建设一批高水平职业院校和专业"。从提出探索本科层次职业教育到开展本科层次职业教育试点,再到稳步发展本科层次职业教育,国家发展职业本科教育的战略意图愈益明确,政策目标更加清晰。

职业本科教育是现代职教体系的重要构成,是构建技术技能人才上升和发展路径的内在要求。同时,职业本科教育还是职业教育和高等教育的交叉领域。从职业教育来看,职业本科教育是职业教育体系中的高层次教育阶段;从高等教育来看,职业本科教育是高等教育的重要类型。随着职业教育类型定位的确立与现代职业教育体系的日渐完善,职业本科教育在国家政策层面获得越来越多的重视和认可,已成为职教理论和实践的热点和难点。

众多研究者已关注到职业本科教育政策的相关议题,现有研究主要集中于以下方面:一是职业本科教育政策的摇摆问题,认为本科层次职业教育的本来面目是清晰的,却因职教政策的动荡、学术解读的混乱以及实践探索的几经变更而变得面目模糊,尤其是与应用型本科、技术本科等概念纠缠不清①。二是应用型本科政策的实施模式,考察上海的"中职—应用本科"贯通培养中共同制定培养目标、成立联合组织机构、探索新的招生考试和学籍管理制度、探索教育教学新途径、探索七年一体化的课程设计、合力打造师资队伍、共享实习实训资源、初步建立监控评价机制的模式,分析职业本科教育发展面临的问题,提出进一步发展职业本科教育的对策建议②。三是发展职业本科教育的政策模式,认为我国现有本科层次职业教育主要包括高等职业学校升格为职业本科学校、普通高等学校转型为应用型本科学校、专业试点开展本科层次职业教育③,这些职业本科教育均是在政策推动下展开的。

综合来看,国家发展职业本科教育的政策蓝图已经绘就,学界对此的探讨也日益丰富,但是关于相关政策的实施成效如何,国家稳步发展职业本科教育的战略目标如何实现,还需要深入开展研究,而且以上问题将关系到类型职业教育的发展,从长远来看还将影响国家经济发展质量、社会结构优化和人民生活福祉。鉴于此,本文借助政策文本分析方法,从政策意图、政策工具、政策成效等方面,揭示国家职业本科教育政策的演进,立足国家稳步发展职业本科教育的战略布局和意图,结合政策自身面临的问题,提出相应的建议。

二、曲折前行:职业本科教育政策的演进

从系统论看,一国的职业教育政策与该国的政治制度与经济政策既密切联系,又互相影响和支撑,形成特定的政策制度环境。有研究者认为,我国职业教育发展正处于国家需求与企业需求、个体需求不协调的二元困境,并指出这一状况的形成原因是我国极度宽松的市场经济运行模式与所确定的产业发展方向存在不协调现象,并将这个二元困境称为经济政策的二元化④。在国家本位职业教育的发展模式

---

① 伍红军.职业本科是什么?——概念辨正与内涵阐释[J].职教论坛,2021(2):17-24.
② 朱晓佳,陈嵩,占小梅.上海市首批中职-应用本科贯通培养模式实践研究[J].职教论坛,2016(7):36-40.
③ 石伟平,兰金林,刘笑天.类型化改革下本科层次职业教育发展的困境与出路[J].现代教育管理,2021(2):99-104.
④ 徐国庆.我国二元经济政策与职业教育发展的二元困境——经济社会学的视角[J].教育研究,2019(1):102-110.

下,职业本科教育的政策主要依托政策规制、引导和调整推动职业本科教育的发展。基于以上考虑,本文主要从政策意图、政策工具、政策成效三个方面分析职业本科教育政策的进展,见图1。

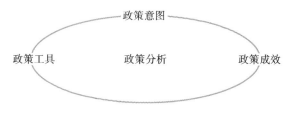

图1 职业本科教育政策分析维度

(一)大力发展高等教育统领下专科层次高等职业院校升格为本科院校

在大力发展高等教育和高等教育体制改革的双重影响下,部分办学历史较长、条件达到要求并有意提高学校层次的专科学校纷纷向教育部申请升格为本科学校[1]。在此背景下,出现专科层次学校升格本科的热潮。在1998—2005年间,中国增设本科学校191所,这些新建本科学校均由原来的高职高专院校升格而来,或由多所高职高专院校合并而成。比如,2002年2月印发的《教育部关于同意黄山高等专科学校升格为黄山学院的通知》(教发函〔2002〕14号),同意黄山高等专科学校升格为本科高校,升格后校名定为黄山学院,黄山学院系本科层次的普通高等学校,学校应逐步过渡到以实施本科教育为主;2003年4月印发的《教育部关于同意辽宁财政高等专科学校、丹东职业技术学院合并组建辽东学院的通知》(教发函〔2003〕96号),同意在辽宁财政高等专科学校、丹东职业技术学院合并基础上建立辽东学院,辽东学院系本科层次的普通高等学校,应逐步过渡到以实施本科教育为主,同时可适当举办高等职业教育。从以上两个批复文本看,教育部将升格院校定位在普通高等院校,办学层次为本科;对于本科层次的职业教育,一份并未提及,另一份则明确"可适当举办"。

从政策设计意图看,大力发展高等教育、提升学历层次、缓解就业矛盾是政策预期的目标。事实上,高职高专院校升格为应用本科,可以提高学历层次,有利于培养高层次技术技能人才,对国家高等职业技术教育事业尤其是本科层次职业教育具有重要意义[2]。2002年8月颁布的《国务院关于大力推进职业教育改革与发展

---

[1] 石伟平.职业教育[M].北京:社会科学出版社,2019:87-95.
[2] 石伟平.职业教育[M].北京:社会科学出版社,2019:87-95.

的决定》(国发〔2002〕16号)从加强中等职业教育与高等职业教育、职业教育与普通教育衔接沟通的角度,提出适当增加高等职业教育专科毕业生接受本科教育的比例。只是从政策的实施成效看,部分高职高专升格为本科院校后,在办学方向上偏向地方区域性综合高校,实际办学中职业教育特色大为消退,普遍向普通本科靠拢,并未真正意义上转型为应用本科。为此,2004年9月,教育部等七部门联合出台的《关于进一步加强职业教育工作的若干意见》(教职成〔2004〕12号)中明确规定,在高等教育中,高等职业教育招生规模应占一半以上;要巩固和加强现有职业教育资源,促进职业院校办出特色,专科层次的职业院校不再升格为本科院校。2005年10月,国务院出台《关于大力发展职业教育的决定》(国发〔2005〕35号)再次强调,重点建设高水平的培养高素质技能型人才的100所示范性高等职业院校;2010年以前,原则上专科层次的职业院校不升格为本科院校。考虑到高职高专升格后优质特色高等职业教育资源的流变风险,由高职高专升格应用本科在国家政策层面进入封闭阶段。这意味着职业本科教育的发展需要寻找新的政策方向和路径。

(二)优化高等教育布局驱动下民办高职高专升格为本科院校

由于高职高专院校升格本科院校的政策通道收缩,较有实力的高等职业院校纷纷进入示范院校建设行列,以确保职业教育特色和质量,培养高质量技术技能人才。在此背景下,承担扩张高等教育和扩大本科层次职业教育的任务落在了民办专科院校身上。教育部2006年9月制定实施的《关于"十一五"期间普通高等学校设置工作的意见》在坚持"高等职业学校原则上不升格为本科学校"的前提下,具体规定了高等学校设置的要求:一是医学高等专科学校升格为本科层次医科学校的应从严掌握;二是个别特殊的普通高等专科学校,在地方经济社会发展和高等教育事业发展确实需要、布局合理且具备条件的前提下,毕业生届数在五届以上,可以适当考虑组建为本科学校;三是民办高等专科层次的学校,在办学条件较好、教育质量较高、毕业生届数超过三届的条件下,符合地方经济社会发展和高等教育事业发展的实际需要,并列入地方省级人民政府"十一五"期间高等学校设置规划的,可以在原有资源基础上申请组建本科学校。

从政策文本看,尽管职业院校升格本科的路径已经封闭,但是对于医学等特殊专科以及民办专科学校,升格本科的路径依然存在。现实中,一些民办高等专科学校升格后多处于普通本科中很一般的办学水平,难以形成办学特色,难以培养高质量的技术技能人才,成为本科层次职业教育办学中的新难点。

(三)构建现代职业教育体系牵引下引导普通本科高等学校转型

2010年7月印发的《国家中长期教育改革和发展规划纲要(2010—2020年)》提出,到2020年,形成适应经济发展方式转变和产业结构调整要求、体现终身教育理念、中等和高等职业教育协调发展的现代职业教育体系。国务院总理李克强2014年2月主持召开国务院常务会议,部署加快发展现代职业教育,明确引导一批普通本科高校向应用技术型高校转型。同年6月,国务院印发《关于加快发展现代职业教育的决定》(国发〔2014〕19号),一方面,明确提出探索发展本科层次职业教育,到2020年接受本科层次职业教育的学生达到一定规模;另一方面,强调专科高等职业院校原则上不升格或并入本科高等学校。可见,在政策设计层面,职业本科教育究竟如何发展仍未明确,但留有较大空间。2015年10月,教育部、国家发展改革委、财政部联合出台的《关于引导部分地方普通本科高校向应用型转变的指导意见》(教发〔2015〕7号)明确,转型旨在解决高等教育结构性矛盾更加突出和同质化倾向严重的问题;服务适应国家经济发展新常态、主动融入产业转型升级和创新驱动发展的要求;明确转型发展应促进与中职和专科层次高职有机衔接的机制(适当扩大招收中职、专科层次高职毕业生的比例);承诺对试点高校给予政策和经费支持。政策设计的逻辑是在明确发展方向的同时给予较大政策空间,具体到政策工具,主要是采用规制和竞争相结合的方式发展职业本科教育。比如,划定应用本科转型的范围,同时框定转型的相应条件,对于转型院校明确给予政策和资金支持。但在具体实施中,整体转型的院校较少,部分转型的院校较多。

(四)类型教育引领下多路径并行推动职业本科教育发展

2019年1月出台的《国家职业教育改革实施方案》绘制了职业本科教育发展的政策整合框架:一是发展以职业需求为导向、以实践能力培养为重点、以产学研用结合为途径的专业学位研究生培养模式;二是推动具备条件的普通本科高校向应用型转变;三是鼓励有条件的普通高校开办应用技术类型专业或课程;四是开展本科层次职业教育试点。可以清晰看到,国家从教育类型的立场思考和谋划职业本科教育的政策设计意图已很明确。从推进和实施成效看,职业本科教育在以下方面取得较大进展和成效:第一,职业本科教育院校获得快速发展,2019年5月和12月,分两批共有22所院校升格为职业技术大学。第二,2021年1月,制定出台《本科层次职业学校设置标准(试行)》和《本科层次职业教育专业设置管理办法(试行)》,这两份文件从学校和专业两个层面,为职业本科教育发展提供了严格而灵活的路径。前者意指只要符合条件,综合高校、普通本科、高职高专等不同主体均可申报,后者意指从专业的维度设定严格条件,确保职业本科教育的职业属性和较高标准,为职业本科教育的发展营造出既有严格的质量标准、又有广泛的参与群体的良好环境。

从政策工具看,这一阶段在明晰具体路径的基础上,借助引导性和方向性条款,为职业本科教育的发展创造了宽松的政策环境。一方面,一些优质高职院校通过试点专业积极发展职业本科教育;另一方面,一些优质高职在理论上获得升格或与独立学院合并转设为职业技术大学等渠道和机会。除此之外,允许高校开办应用技术专业或课程,大大拓宽了职业本科教育的发展路径。

从职业本科教育政策的演进看,不同时期政策背后的理念并非一成不变,而是始终处于不断调整和变化之中。共同之处则在于,不同的政策背后均以某一特定理论或视角为主导。事实上,职业本科教育政策本身受经济发展水平及企业用人需求、教育发展水平及社会大众需求、职业教育自身发展及高延化等多个主要因素的影响。职业本科教育政策的制定,需要跳出单一理论视角的历史局限,整合关键的影响因素。具体而言,在政策设计的理论依据上,应充分考虑经济发展、教育改革、技术变迁及人才科学等多学科理论,推进政策工具的多路径组合,实现政策目标的多维度融合。

三、多重偏离:职业本科教育政策的实践困境

对于新生的职业本科教育,国家通过政策动员,借助引导、规制、激励、竞争等不同政策方法的组合,以实现政策意图。但是,由于政策理念背后的理论依据一直处于摇摆状态,政策工具频频调整,致使发展职业本科教育的政策目标难以取得关键性突破。

(一)政策理念难以支撑政策意图

回顾我国职业本科教育政策发展历程可以发现,尽管发展职业本科教育的政策目标非常明确,然而实现这一目标的政策理论依据是持续变化的。一是在大力发展高等教育和高等教育管理体制改革的影响下,虽然一些专科层次院校包括职业技术学院在办学层次上提升为本科,但升本后出现向普通高校靠拢、职业教育属性和特色消退的后果。二是在优化高等教育结构和布局的推动下,考虑到高职专科升本后出现的职业教育特色消退的问题,国家明确反对职业院校升本,而且将设置高等职业教育的权限下放到地方。地方专科学校升格或组合后在办学理念、专业设置上偏向发展地方区域性综合本科院校,同样偏离职业本科教育的政策意图。三是围绕构建现代职业教育体系,引导地方普通高校向应用本科转型发展,但有意愿且有能力向应用本科转型的院校少之又少,现实中便出现地方高校通过内设二级学院向应用本科转型的"折中"行为。基于以上情况,民办院校成为职业本科教

育的实施主体,但它们难以承担起发展高质量职业本科教育的重任。

(二)政策工具难以保障政策意图

政策工具是实现政策意图的保障和实现政策目标的手段。由于政策的理论依据持续调整,政策工具也随之不断变化。与政策的理论依据偏离政策意图一样,目前的政策工具也难以支撑政策目标的实现。首先,从政策工具自身看,多以引导和规制类为主,难以对政策对象产生实质性影响和约束,难以发挥政策工具应有的功能和价值。其次,从政策工具与政策目标的内在一致性看,两者之间在匹配度与互为支撑方面仍然面临不少挑战。再次,政策工具的频繁调整带来政策工具间的连续性不足。比如,专科层次职业院校从早期的可以升格本科,到后来的不得升格为本科、原则上不得升格为本科,再到近来实践中已经升格为职业本科院校。

(三)政策成效难以体现政策目标

政策成效既可以反映政策意图的实现程度,也可以检验政策工具的有效度。就职业本科教育政策的成效而言,主要面临以下偏差:一是普通高等教育而非职业本科教育的规模得以扩大。主要原因在于,升格为本科院校的多为地方专科学校,而且以民办院校为主。对于这些院校而言,首要目标是通过升格本科获得发展机会和空间。升格之后,这些院校由于先天缺乏职业教育办学基因和实践、后天缺乏资源投入和发展动力,更多转向发展普通高等教育。普通本科高等教育得到扩充而职业本科教育并无实质性发展,人才结构不合理问题更加突出,就业难的问题没有得到改善。二是中职和高职专科学生上升发展通道依然狭窄。主要原因在于,无论是专科学校还是职业本科院校,普通高中毕业生依然是主要的生源,职业院校毕业生在升学时,依然面临专业选择面窄、学位数量少的尴尬,难以解决职业教育轨道内升学和发展的问题。三是地方普通高等教育的布局得到优化但高等职业教育尤其是职业本科教育并未获得应有发展。地方政府利用国家发展高等教育的政策红利,有力提升地方院校的办学层次,建设了一批地方综合性院校,而地方职业本科院校则无论是数量还是质量都较少获得发展。可见,发展职业本科教育的目标尚未真正实现。

四、走向整合:职业本科教育政策的发展路向

党的十九大报告指出,要增强改革的系统性、协调性和整体性。政策治理是现代国家治理社会公共事务的基本方式,更是改善职业教育治理的重要工具。职业教育反映经济发展需求、体现技术进步、服务人力开发、促进劳动就业,是教育系统中极为重要而又复杂的部分。因此,发展职业本科教育的相关政策,应综合考虑教育、经济、技术、人才、就业等多方面的现实需求,有效整合政策理论,构建多元化路

径,实现多维度目标。具体而言,要以多元整合理论支撑的政策理论、多种手段并用的政策工具、多维价值追求的政策目标等确立政策整合的分析框架,见图2。

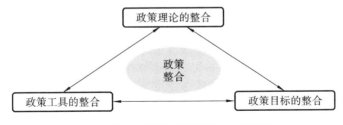

图2　职业本科教育政策整合分析框架

(一)政策理论的多元整合

政策设计的背后是特定的理论依据或基础。发展职业本科教育的政策设计,应综合考虑所涉及的教育、经济、技术、人才和就业的理论视角和维度,并实现彼此之间的整合,以此构建政策的理论依据。首先,从发展类型教育要求看,职业本科教育是完善现代职业教育体系的重要发力点。职业本科教育既是类型职业教育的重要组成部分,也是当今各国职业教育高延的重要方向,更是职业教育发展内在规律的具体体现。为此,政策层面应进一步加大引导和激励力度,为职业本科教育创设良好的政策环境。其次,从优化教育结构和人才供给结构看,发展职业本科教育既可以扩大高层次技术技能人才供给,优化人才供给结构;又能有效缓解当前就业结构性矛盾,增强职业教育的适应性。为此,应加大约束性政策的运用,发挥约束机制的作用,确保人才供给的结构得以优化。再次,从对接技术发展趋势看,应将职业本科教育视为有效衔接未来技术发展趋势的需要。技术发展与人才需求变化之间关系复杂,19世纪从手工业生产向机器大工业生产的转变引发了资本和低技能劳动力对高技能劳动力的替代;连续加工和单独传动方法在20世纪的引进带来了资本和高技能(高教育)劳动力对低技能劳动力的替代[①]。进入21世纪以来,这一趋势更加明显,对高层次技术技能人才的需求日益强劲。为此,应增强政策的前瞻性,提前布局和发展职业本科教育,为适应技术变革催生的劳动世界变化做准备。最后,从服务和保障民生需求看,应将职业本科教育视为稳定就业和促进体面就业的教育保障。为此,应增加相应投入,确保职业本科教育获得应有发展,赋予受教育者持续发展的权能。

---

① 克劳迪娅·戈尔丁,劳伦斯·凯兹.教育和技术的竞赛[M].陈津竹,徐黎蕾,译.北京:商务印书馆,2015:173.

(二)政策工具的多样整合

政策工具受政策理论影响,服务政策目标,促进政策意图实现。由于政策的目标对象多元、影响因素多样,政策工具必将是多元的,以有效整合政策利益相关者的不同利益诉求。职业本科教育政策既涉及职教内部不同利益相关者的多元需求,更牵涉社会公众的利益诉求。为此,应以职业本科教育政策工具自身的现实问题为出发点,抓住核心和关键问题,整合政策工具以发挥整体效应。首先,突出政策工具的延续性和稳定性。职业本科教育的发展是一个长期和持续的过程,需要增加政策的延续性和稳定性,为各办学主体提供稳定的预期。在政策工具开发上,应坚持长远谋划和稳步推进的基本原则。其次,突出政策工具的确定性和指向性。在激励性政策工具方面,应明确资金额度以增强政策的精准性,确保资金到位以保障政策权威性;在约束性、引导性和规制性政策工具方面,应突出政策工具的具体对象并确保政策得以严格执行。再次,构建关键政策工具。具体而言,应将职业本科教育上升为国家教育制度,关键是加快完善职教高考制度。职教高考制度的建立,不仅是解决职教内部衔接、与外部普教融通的根本遵循,还是整合和激活职教发展活力的关键。最后,促进不同政策工具的整合。有效发挥各自优势,弥补单一政策工具的局限性,尤其是有效整合职业本科教育发展的不同路径,以发挥政策合力,实现政策工具的整体功能。

(三)政策目标的多维整合

职业本科教育承载着教育、经济、人才、就业等多种功能,发挥多重价值,实现多维度目标。从本质上看,发展职业本科教育是完善内部层次的必然延伸、劳动者适应技术变革的内在要求、培养高素质技术技能人才的重要渠道、促进受教育者更高质量就业的有效路径。在促进受教育者全面发展以更好地实现自我价值这一目标统领下,职业本科教育应促进以下多维目标的有效整合:一是优化高等教育结构,面向技术变革和职业世界发展的需要,培养高级职业人才和复合技术人才,满足社会对高级技术人才和工程人才的需要。实现这一目标的关键在于,通过国家政策的引导和规制,确保在各类高等教育机构中,均能开展不同形式的职业本科教育。二是适应经济高质量发展的需要,面向新兴产业发展对技术人才的需求设置专业,确立人才培养规格和目标,确保培养的人才适应和胜任产业发展需要,为产业发展提供强有力的技术人才支撑。三是应对技术日趋复杂的新挑战,职业本科教育的专业要瞄准技术变革方向,人才培养模式要对接技术变革对技术人才提出的新要求,增强职业本科教育人才培养的前瞻性,为未来产业发展储备人才。四是专注于高素质技术技能人才的培养,立足职业能力和通用岗位能力,聚焦人才培养层次和特色,突出复合技能和高级技能,实现与职教专科层次的错位发展。五是促进劳动者体面就业,建立人才培养与生涯发展衔接的机制,确保培养的人才能在社会上获得合适的职业发展机会,并获得生涯发展能力。

(原文出处:瞿连贵,邵建东,韦清.走向整合:我国职业本科教育政策的发展路向.职业技术教育,2021年第24期,18-23页)

本科层次职业教育发展的价值审视、学理逻辑及制度建构

2019年5月,教育部公布了全国首批15所本科职业教育试点院校名单,正式开启了我国职业教育发展的新时代。开展本科职业教育之于我国职业教育现代化建设而言具有至关重要的意义,是落实《国家职业教育改革实施方案》中"开展本科职业教育试点"的战略部署,不仅有助于打破职业教育发展的"层次"瓶颈,对于进一步完善现代职业教育体系、激发职业院校办学活力、提升职业教育社会吸引力具有十分重大的意义。然而,当前我国本科职业教育发展尚属试点阶段,尚未建立体系化的本科职业教育制度体系,院校设置标准、专业教学标准、师资标准、学位授予制度等关键制度元素都处于缺失的状态。如若没有完备的制度体系作为支撑,势必将造成本科职业教育发展停留于试点层面而无法最终成为我国教育体系的重要构成,尤其是在当前地方本科院校向应用型高校转型正如火如荼的情况下,更需要通过明晰本科职业教育发展的价值意义,澄明本科职业教育发展的学理基础,探寻本科职业教育制度体系构建的方向与路径,从而以制度建设为基础推动本科职业教育从试点探索向制度化发展转型。

一、本科层次职业教育发展的价值审视

深入开展本科职业教育实践探索具有深刻的时代背景及战略价值。产业转型升级步伐加快已经深刻重塑了技术技能型职业的实质内涵与外显形态,生产方式与工作组织模式的变化亟待技术技能人才能力素质规格要求的提升,发展本科职业教育是教育供给侧应对产业需求端变化的重要变革。而且,从教育现代化而言,职业教育是关键短板,积极发展本科职业教育是职业教育类型价值彰显的必然,是现代职业教育体系构建完善的关键一环。从现实意义来看,发展本科职业教育同样有助于提升职业教育对社会大众的吸引力以及在国际社会中的认可度。

(一)经济价值:发展本科层次职业教育是应对产业转型升级的重要举措

我国制造业产业转型升级明确了未来我国重点发展的产业不再是以大批量标

准化生产为代表的产业,而是提供适应性生产的产业、定制生产的产业以及灵活的多品种大批量生产的产业。当前,我国技能供给的现状已经日益难以满足产业升级的需求,表现出日趋严重的技能短缺,主要体现在数量短缺与能力短缺两个方面。从数量短缺来看,目前我国技能劳动者超过1.65亿人,占就业人口总量的21.3%,但其中高技能人才只有4791万人,占就业人员总量的6.2%。从市场供需来看,近年来,技能劳动者的求人倍率一直在1.5∶1以上,高级技工的求人倍率甚至达到2∶1以上,供需矛盾十分突出。① 从能力短缺来看,随着我国技能劳动力成本国际比较优势的逐步丧失,大规模标准化生产体制的优势将逐步消亡,此外,以农民工为主的低技能、高流动的非熟练劳动力的技能供给已经难以支撑我国制造业完成从大规模标准化生产向其他生产体制转型。随着生产体制的转型,未来企业需要的不再是普通通适性技能,而是行业企业专用技能与高端通识技能。无论是行业企业专用技能还是高端通适性技能都需要技能劳动者不仅掌握某一固定岗位的操作程序与步骤,还要懂得工作岗位之间的内在逻辑关联以及行为操作背后的技术原理与规范要求,更需要劳动者基于科学知识在复杂的工作环境之中进行判断决策。技能要求的转变从根本上决定了技能供给范式的转变。因此,发展本科职业教育是提升技能人才供给质量与效率的关键突破口,通过本科职业教育的发展将有效打通技术技能人才生涯成长通道,通过学制年限的延长提升技能人才对工作原理知识与技术规范知识的认知与理解,从而通过职业教育供给侧的改革为产业转型升级提供高质量、高效率的技能供给。

(二)内在价值:发展本科层次职业教育是彰显类型特征、完善优化体系的内在要求

《国家职业教育改革实施方案》开篇便提出了"职业教育与普通教育是两种不同教育类型,具有同等重要地位"。这一判断不仅明确了职业教育作为类型教育的价值地位,也为职业教育的未来发展拓宽了政策空间。从职业教育的诞生直到今天,职业教育的成长历程就一直存在着参照、模仿普通教育的痕迹,不仅在人才培养模式上未能体现其自身的独特属性,在办学层次上也一直停留在专科层次,造成高职教育普遍被社会大众视为"次等教育",被视为普通本科教育的"压缩饼干"。由于欠缺本科层次职业教育,因此技术技能人才缺乏畅通的生涯成长渠道,众多高职院校毕业生为了能够获得学历层次的提升不得不通过"专升本"的渠道来达成。然而由于该通道录取比例较低和两类院校办学属性的不同,许多优秀的技术技能人才因而流失,同样也影响到高职院校技术技能人才的培养效益,许多优秀的高职

---

① 叶昊鸣,齐中熙.我国技能劳动者超1.65亿人高技能人才占就业人员仅6%[EB/OL].(2018-01-25)[2019-01-21].http://news.china.com.cn/2018-01/25/content_50298983.htm.

毕业生会放弃学期最后一年的实习机会而将精力专注于"专升本"考试。既然职业教育是相对于普通教育而言的另一种教育类型，就需要为技术技能人才提供畅通的生涯成长通道，职业教育不能成为"断头教育"的代名词。因此，发展本科职业教育正是彰显职业教育类型价值特征的必然结果，是对技术技能人才在经济社会发展中地位价值认可的重要途径。

(三)外显价值：发展本科层次职业教育是提升职业教育吸引力的突破口

职业教育是培养技术技能人才的主战场，是我国技能兴国的重要支撑，每年全国生产、管理、服务一线工作者之中有70%以上为职业院校毕业生，大力发展职业教育是我国的基本国策与长远战略。然而，由于我国现代职业教育体系构建进度缓慢，尤其是本科层次职业教育的欠缺，因此职业教育吸引力始终不高，众多学生、家长仍普遍将职业教育视为"二流教育"，而且当前我国整个社会中学历主义氛围仍然较为浓厚，专科学历毕业生在就业上会遭到用人单位的歧视，甚至在众多企事业单位的招聘中连应聘的资格都没有。本科层次职业教育的缺乏，造成选择职业教育的学生走上了一条"断头路"，狭窄的升学通道打击了众多有意报考职业教育的学生与家长的积极性。为了获得本科学历，许多家长、学生放弃就读质量更高的职业教育而选择就读收费较为昂贵的民办本科教育。而且，本科职业教育层次的缺失同样打击了职业教育办学机构"安身"于职业教育办学定位的信心，许多办学质量卓越的高职院校为了实现"升本"的意愿都放弃了职业教育办学道路。据调查，近10年来，高职院校出现了三波"升格"高潮，2008年、2011年、2014年，分别有12所、18所、24所高职院校升格为本科层次的普通高校。2018年初，教育部官网上的一则公示名单中，又有21所高职高专院校拟"新设本科学校"。[①]

二、本科层次职业教育发展的学理逻辑

本科职业教育作为一种新的教育形态，必须首先澄清一些关键的理论问题，比如我国本科职业教育产生以及发展的根本动力为何，为何当前我国要加快发展本科职业教育，这种教育形态同传统的专科层次职业教育有何区别，又同普通本科教育有何重要区别，在整个教育体系之中的应然定位为何。如若不能够清晰阐明上述问题，本科职业教育实践探索方向必然模糊，办学定位和制度创新路径必然不明。

---

① 田文生.高职更名去"职业"趋势调查[N].中国青年报，2018-02-05(10).

(一)逻辑起点:技术形态的演进变化是本科层次职业教育产生及发展的根源

技术的发展经历了一个较为漫长的过程,从器物的角度来看,技术发展经历了原始技术阶段、古代工匠技术阶段、近代工业技术阶段和现代科学技术阶段,从活动与技艺的视角来看,技术经历了偶然技术、技能时期、现代化技术时期。技术的演进历程深刻表明,"现代技术的发展,使得人们凭借经验和技能已不能实现对硬技术的合理运用,特别是在现代技术发展日益极端化、复杂化和综合化的情况下,与硬技术相比,软技术更需要灵活地运用知识,更需要人的创造性劳动"[①]。传统企业中的工程技术人才通常被划分为三个层面,分别是工程型人才、技术型人才和技能型人才,这三类人才界限分明,然而在智能化生产体系中,各层间的人才相互融合,使人才结构呈扁平化趋势。一些仅仅需要简单、重复操作的工作岗位正在逐渐被"机器人"所取代,大量机器人的投入使用,实现了生产的高度自动化,岗位职责的日趋模糊性将意味着个体的工作内容、工作范围、工作手段都具有非常大的不确定性,而这些不确定性意味着个体不仅仅要胜任工作更要创造性地工作,这无疑对个体创造能力提出了更高的要求。[②]

尽管某些职业会面临着淘汰,但更多的技术技能型职业因为技术升级而同样面临着"升级"改造。在人工智能和工业自动化背景下提出的中国制造智能化,代表了制造业领域的技术变革,它必将影响制造业对技能水平和技能种类的需求。制造业创新和转型升级将对技能供给的质量提出更高的要求——技术变革将对技术技能人才的技能产生新的需求,这种需求需要产业工人具备更多的新技能,如信息、计算机、数学等。因此,作为以培养技术技能型人才为主要目标的职业教育,必须进一步实现人才培养规格的升级,从专科层次向本科层次的跃升就是为了能够有效应对工作世界对人才需求的新变化,因为专科层次技能人才培养已经不能满足职业世界对技术技能人才的所有需求,必须通过学制年限的延长来培养一批能够掌握扎实理论功底、具备跨岗位能力并具有较好专业实践能力的知识型、复合型技术技能人才。因此,积极开展本科职业教育绝不是单纯为了提升职业教育的发展层级,提升职业教育对学生、家长的吸引力,背后的根源是技术变革所引起的生产模式革新,一些新的职业、岗位的出现以及传统职业、岗位的升级都亟待职业教育实现人才培养规格的升级。

---

① 杨若凡,夏建国,刘晓保.技术视阈中的高等技术教育[J].江苏技术师范学院学报,2009(8):5-11.
② 王亚南,石伟平.职业教育应对第三次工业革命挑战的战略抉择[J].河北师范大学学报(教育科学版),2017(4):64-70.

(二)培养定位:以培养高素质知识型、复合型技术技能人才为旨归

人才培养是教育机构的核心职能,人才培养定位的差异是辨别不同类型与层次教育机构的根本判断依据。本科职业教育作为职业教育新的办学层次,必然不同于专科高职教育以及中职,学习年限的延长不仅是外在形态的差异,更为本质的区别在于其人才培养定位同专科、高职以及中职存在着根本的区别。技术技能职业性是职业教育的根本属性,因为职业教育始终是以技术技能人才培养为目标的,"职业教育的本质是帮助人们获得技术型职业的能力和资格,是培养技术型技能型人才的一种教育或培训服务"[①]。因此,所有的职业教育机构在人才培养目标的定位上都是技术技能型人才,但具体到培养何种类型的技术技能人才这一问题上,三者之间存在着一定的差别。技术的发展历程经历了从原始时代的偶然技术到手工业时代的经验技术直至现代的科学技术,技术形态的演变也导致了技术知识结构内容的不断演变——即在技术知识的构成中,经验层面知识的占比逐渐降低,而技术理论知识的占比逐步提高并开始逐步占据重要的主体地位。如图1所示,随着科学与技术两者之间关系的日趋紧密,技术知识的形态发生了根本的改变,所需要的技术技能人才的智能结构同样也发生了改变,这种变化亟待教育机构积极应对。本科职业教育同中职、专科高职教育的区别主要体现在人才培养规格的差异,在有关职业教育本科的相关政策文本中,明确提出了本科职业教育所培养的人才为"高层次技术技能人才"。

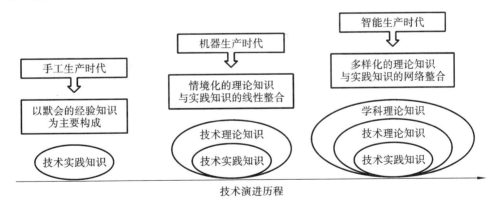

图1 技术演进背景下技术知识形态的演进变化

---

① 欧阳河.职业教育基本问题研究[M].北京:教育科学出版社,2006:68.

本科职业教育人才培养定位的高层次主要体现在以下三个方面。

一是应具备较为扎实的理论基础，即知识要求的高层次。这是因为技术技能人才所面临的工作情境日益呈现多样化、复杂化的特征，任何工作任务的完成都需要个体具备一定的理论知识才能够顺利完成。随着技术的科学化，技术知识的形态与结构已经发生了极大的改变，这种改变日益需要个体掌握跨领域的理论知识并能够将其进行情境化的应用，更为重要的是相较于过往技术技能人才操作方式的机械化、标准化，当前职业世界要求技术技能人才具备"基于非良构问题的判断决策知识"，复杂的工作环境以及多变的工作条件都亟待一线技术技能人才能够根据情境需要结合理论知识进行判断决策，在复杂的工作情境中做出成本-收益最为合理的决策。随着技术技能人才所面临的工作世界中工作任务的不断变化，确定性的、有固定标准操作规范的工作任务逐渐减少，而更多的工作任务日益呈现不确定性的特征，即工作任务与职业知识之间的联系不再是一种线性的关联而是一种网络化的关联，如何将知识应用到工作过程中对技术技能人才的知识储备以及判断决策能力要求日益提高。

二是应具备跨岗位、跨职业的复合能力，即复合能力要求的高层次。行业与行业之间的融会贯通对学生复合能力的培养提出了新的要求，这种要求一方面导致三年的学习年限已经不可能容纳这么多知识与技能的学习，也决定了传统的专注于具体岗位的以技能操作为主的培养模式也不能适应当前人才培养的需求，这就必然需要延长学习年限、改革人才培养模式，进而高效培养复合型技术技能人才。对于复合能力要求的提升同样源自工作世界发生的快速变化，在多变的工作环境中，个体的工作流程与步骤不是固定不变的，工作目标与工作手段之间的关联不是清晰明确的，甚至工作方法都需要个体进行创新性的设计，这意味着职业世界环境的变化要求个体必须具备多样化的知识储备，要求个体从整体认识到企业的生产过程与业务流程。

三是应具备多样化知识的整合能力，即知识整合能力要求的高层次。由于职业世界的迅速变化，知识与技能的更新速度日益加快，面临职业世界的变化，如果仅专注于将当前岗位所需的知识与技能传授给学生，无疑将会影响学生的可持续发展能力，这就需要让学生习得在复杂的工作场所中运用知识进行分析判断以及实践的能力，让学生在应用知识的过程中掌握理论与实践知识整合的方法以及路径，学会在工作场所中体悟、判断与学习，这是增强学生可持续发展能力的重要基础。而且，这种整合能力在不同层次职业教育人才培养定位上的要求是完全不同的，对于中职、专科高职毕业生而言，这种整合能力更多的是一种线性的整合，即工作任务要求与知识之间的联系是紧密且清晰的，个体仅需要通过技术实践去熟化两者之间的关联,按照既定程序完成技术操作即可。而本科职业教育所培养的技术技能人才必须在技术操作中实现多样化理论知识与工作任务之间的网络化整合,知识与工作任务之间的关联是模糊不清的,个体必须能够熟练地掌握各种类型知识并在实践过程中掌握知识整合的方法与路径,只有这样才能够有效完成工作任务的要求。

(三)组织使命:技术知识的传承与创新是贯穿于办学过程的逻辑主线

"我国近现代意义的本科教育形成于民国时期,虽历经变革,基本学制仍延续至今"[①],传统的本科教育更偏向于学术教育,由于本科教育从诞生之日起便是在"大学"展开,无论是课程教学模式还是人才培养目标都以培养"治学者"为主要目标,尽管并不是所有人在本科毕业后都从事学术研究工作,但其人才培养定位无疑更偏向于学术研究。正如蔡元培先生所言,"治学者可谓之'大学',治术者可谓之'高等专门学校'。两者有性质之别,而不必有年限与程度之差。"[②]当时本科教育主要在大学实施,因此无论是人才培养目标还是课程教学模式,本科教育都以培养学术型人才为主要目标,这也导致本科教育在内涵上经常就是学术教育的代名词。"专门学校是造就人才,应社会之需要;大学则以研究高深学术满足智欲为目的。"[③]随着新中国成立后我国工业发展高级专业技术人员奇缺,国家又进一步赋予本科教育培养专业人才的目标,不再将本科教育与学术教育等同。《教育部关于"十三五"时期高等学校设置工作的意见》(教发〔2017〕3号)明确指出了"我国高等教育总体上可分为研究型、应用型和职业技能型三大类"[④]。本科教育的内涵已经随着时代的发展变化而不断发生改变,传统的以学术教育为主的本科教育是精英时代的观念,随着经济社会的逐步发展,本科教育已经逐步包括了培养专业人才的专业教育,以及培养技术技能人才的本科职业教育,也就是通常所言的普通本科教育。

本科职业教育作为职业教育的重要组成部分,其人才培养定位依然是技术技能人才。从技术人员来看,过去,生产、服务一线的技术工艺、管理等现场技术工作就是由专科毕业生甚至是中专生担任的,随着科学技术和产业的发展,技术的先进和复杂程度不断提高,各领域急需高层次的应用技术型人才,专科层次的高职就不

---

① 曲涛,王小会.关于我国本科教育的若干思考:历史、属性与能力[J].重庆第二师范学院学报,2015(2):118-123+176.
② 梁柱.蔡元培与北京大学[M].北京:北京大学出版社,1996:51.
③ 蔡元培.蔡元培教育论集[M].高平叔,编.长沙:湖南教育出版社,1987:363.
④ 教育部.关于"十三五"时期高等学校设置工作的意见[EB/OL].(2017-02-04)[2019-01-21].http://www.moe.gov.cn/srcsite/A03/s181/20702/t20170217_296529.html.

能适应了,技术型人才开始由本科高校培养,这逐步成了客观趋势。① 但并不是所有的技术人才的培养都属于职业教育的范畴,比如培养从事技术研究、创新发明等技术应用人才就不属于职业教育的范畴,该类人才需要系统运用科学知识,从事高端技术研究、创新、发明以及新产品、新工艺的研发工作,诸如航空航天技术、生物技术、人工智能技术等,这类技术人才从事的主要是技术研发的工作并不从事基础科学研究,这类人才通常也被称为工程技术人员,其工作特性更偏向于工程教育的范畴。与前者不同,那些运用科学技术知识,在生产、服务一线从事技术工艺、生产组织与管理、质量监控等工作,主要是在研发设计、规划决策与产品生产、实际服务之间起到桥梁作用的技术技艺工程师、现场工程师或技术师,才是本科职业教育的培养对象。

根据知识类型及生产模式的差异性,本科教育可以分成以科学知识为主要传授内容的学术本科教育,以专业知识为主要传授内容的专业本科教育以及以技术知识为主要传授内容的职业本科教育(表1)。正是由于不同教育类型在知识传授之间存在着显著的差异,因此不能够将不同教育类型混淆。学术本科教育同专业本科教育以及职业本科教育的区别较为明显,从知识的形态以及构成而言,科学知识同职业知识较容易区分开。但专业本科教育与职业本科教育之间的界限却一直不太清晰,甚至有很多学者认为从大职教观的角度而言,两者都是职业教育。专业教育与职业教育从知识形态与构成来看,都属于职业知识,但就职业知识的内涵与结构以及在工作过程中知识发生作用的机制来看,两者还是存在着根本的不同。"在职业性工作任务中,工作方法本身是确定的,不确定性主要体现在对工作方法的选用和对运用技巧的设计上。当某个工作任务需要对工作方法本身进行设计时,它便具有完全专业性了。我们之所以把律师、工程师、教师、会计师看成是专业性工作,就是因为其中许多工作任务的完成,需要从业者根据原则、原理灵活地设计工作方法。因此,专业教育的核心内容是工作原理与原则,而职业教育的核心内容是工作方法。"② 尽管两类知识之间日益存在着交叉融合的趋势,例如,在工程制造领域中出现的工程技术型人才就是这种融合的直接表现,但两类人才无论是所掌握的知识形态还是所具有的智能结构都存在着很大的区别,技术技能型人才的职业知识主要以技术知识为主,他们所掌握的理论知识是一种"再情境化"的理论知识,同绝对的以学科体系为主要内容的科学理论知识完全不同。而专业人才所掌握的理论知识是按照学科逻辑结构进行排序与组织的,而且对这些知识掌握的深度有较高的要求。

---

① 彭小平,李刚.普通本科院校转型:动因、对象与思考[J].职教通讯,2015(13):5-9.
② 徐国庆.职业教育课程、教学与教师[M].上海:上海教育出版社,2015:51.

表1 基于不同知识生产模式的本科教育类型划分及特征

知识属性	教育类型		
	学术本科教育	专业本科教育	职业本科教育
知识来源	科学知识	以专业知识为主体的职业知识	以技术知识为主体的职业知识
知识结构	系统化的学科理论知识	学科理论知识与专业实践知识	技术理论知识与技术实践知识
知识生产场所	科学实验	专业实践	技术实际
知识生产目的	解释世界	解释世界与改造世界	改造世界
知识性质	普遍性	普遍性为主，特殊性为辅	特殊性为主，普遍性为辅
知识习得	学科课程	三段式课程模式	实践导向课程模式

基于以上阐述，正是由于专业性工作同职业性工作存在着不同的要求，而且所需的知识形态的不同，前者以普遍性的理论知识为主，后者则以特殊性的实践知识为主，才从根本上决定了开展本科职业教育的重要价值。同学术教育、专业教育不同，职业教育所培养的人才主要为技术技能型人才，而本科职业教育所培养的人才以技术型人才为主，同时也适度培养某些职业领域的高端技能人才。人才培养定位的差异充分体现了本科职业教育相较于其他教育类型的独特性，也从侧面反映了本科职业教育存在的价值和功能意义——职业世界存在着不同类型的职业，而这些职业工作内容和手段的不同，造成了培养这些人才的教育模式也不尽相同，这是本科职业教育能够存在并获得发展的根本原因，也是本科职业教育最为本质的属性特征。

三、本科层次职业教育发展的制度建构

本科职业教育试点的价值意义不仅在于打破职业教育发展的"天花板"，实现职业教育办学层次的跃升，更为重要的是要通过试点探索形成体系化的经验并最终凝练成制度化的规范，从而通过制度建设的引领推动本科职业教育发展早日完成从"摸着石头过河"向"满怀信心大步走"的转变。我国本科职业教育制度建构必须标准先行，首先确立本科职业教育机构和本科职业教育专业设置标准，以标准为"门槛"并根据产业发展的需求遴选符合条件的办学机构和专业，开展本科职业教

育试点,在试点过程中坚持类型定位,并最终通过学位制度的突破夯实本科职业教育发展的基础。

(一)标准先行:以门槛把牢为基本原则坚持多路径并行

为了能够推动本科职业教育的平稳发展,国家教育主管部门亟须出台类似"职业本科学校设置规定"等文件来明确职业本科学校办学的基本要求和建设方向,从而保证职业本科学校从诞生之日起就能够在办学使命上坚守自身职业教育的办学定位。制定本科职业教育设置标准应首先在指导思想上明确类型教育的办学定位,严格落实《国家职业教育改革实施方案》中"职业教育与普通教育是两种不同教育类型,具有同等重要地位"的指示要求,遵循类型定向的基本原则,科学构建职业本科学校设置标准体系,将"产教融合、校企合作、工学结合、知行合一"的职业教育办学理念贯穿到标准体系的构建过程之中,充分体现职业本科教育与普通本科教育在人才培养上的差异性。要立足高标准、高起点,通过设置一些辨别度较高的遴选性指标将那些在职业教育办学上积累了丰富经验和良好办学基础的院校遴选出来,保证职业本科教育的办学质量,避免"一哄而上"造成职业本科教育人才培养质量的下降。所设指标应该有鲜明的导向性,能够引导学校面向市场、服务发展,将标准作为引领推动学校办学基础能力提升、强化内涵发展的关键抓手,从而引领学校坚定职业教育的办学定位,培养高质量的技术技能人才。在本科职业学校设置标准制定基础上,应采取多路径发展的策略,不仅高职高专院校可以试点举办本科职业教育,地方本科院校、独立学院等高等教育机构都可以尝试举办本科职业教育,但都需要以标准门槛将那些真正"想"办本科职业教育、"能"办本科职业教育的学校遴选出来,在保证办学质量的前提下实现多样化发展。

(二)需求导向:以产业发展需求为依据布局本科职业教育试点

在完成职业本科学校设置标准的制定工作之后,应进一步出台职业本科学校专业设置管理办法,以专业为重心开展本科职业教育的试点。之所以本科职业教育试点应凸显专业的意义和价值,是因为并不是所有的专业都适合开展本科职业教育,学制年限的延长首先是因为产业发展对技术技能人才能力素质要求的高移而不仅是因为要提升高职院校的办学层次,到底何种专业能够开展本科职业教育应主要依据产业发展需求而决定。职业教育发展与区域产业发展之间具有紧密的内在关联性,要求本科职业教育的试点布局应以地方产业发展需求为主要依据,由省级政府进行统筹布局,以专业为主要抓手推动本科职业教育发展对接区域主导产业与战略性新兴产业对高素质知识型、复合型技术技能人才的需求。在本科职业院校设置标准逐步清晰明确的前提下,国家教育管理部门应加快构建从中职到专科高职、职业本科一体化的专业目录并制定本科职业教育专业设置及管理办法，明确本科职业教育专业设置的基本条件以及相应的设置流程。省级政府应成为本科职业教育试点单位与专业遴选的责任主体，为了能够实现本科职教专业试点布局的精准性与科学性，应加快构建省级层面的行业、企业人才需求趋势研判的专业化科研平台，通过持续深入了解本省主导产业、战略性新兴产业发展对各类人才需求的现状及趋势，发布本省技术技能人才需求调研报告，专业布局优先考虑国家重点产业和区域支柱产业发展急需、技术含量高、培养周期长的紧缺领域，从而引导本科职业教育试点学校的专业设置、招生规模与人才培养目标的科学定位。因此，在省级行政区域内如何布局本科职教试点，不仅应考虑试点院校的办学实力，更应着重考察试点院校欲开设的本科职教专业是否具有相应的产业发展需求，在综合考量院校实力与产业需求基础上确定试点学校与专业。

(三)类型坚守：以类型特色彰显为使命避免"学术漂移"

从我国高职教育发展历程来看，类型化探索始终是高职教育改革创新与发展的一条基本逻辑主线，从"职业大学"诞生至今，如何避免成为普通本科教育的"压缩饼干"一直是高职教育人才培养模式改革与创新的基本出发点。由于传统的学术型高等教育办学历史较为悠久，在本科教育人才培养上已经形成了较为系统全面的经验，本科职业教育作为一种新生事物，办学定位与办学特色尚属于探索阶段，适度地向普通本科院校借鉴经验有助于规范人才培养过程提升培养质量，但如若完全移植照搬普通本科院校的人才培养经验，将导致高等教育系统内部的功能紊乱，致使人才培养规格趋于单一化，难以满足劳动力市场对人才的多样化需求。我国职业本科教育发展面临的"学术漂移"风险主要有政策漂移、学生漂移、教师漂移、课程漂移以及学校整体的漂移。为了能够凸显本科职业教育的类型特征，推动本科职业教育试点工作的顺利推进，无论是政府政策出台还是院校自身的改革实践探索都应坚持类型教育定位，将"产教融合、校企合作、工学结合、知行合一"的职业教育办学理念贯穿于办学过程的始终。具体在办学实践中，应首先以类型化标准的建立为基石，根据高素质知识型、复合型技术技能型人才成长的规律，将一些关键的办学要素进行标准化，如专业教学标准、课程标准、实习实训标准、师资建设标准等，同时构建国家—地方—学校三级的职业本科教育标准体系研制的责权划分及落地实施机制，以标准化建设引领本科职业教育的类型化发展；以类型化师资队伍打造为灵魂，在教师招聘上应以企业引进教师为主，注重教师实践教学能力的培养和兼职教师的引入，建设校企合作的"双师型"教师培养基地与企业实践基地，打造一批专业化、结构化的高水平"双师型"教学创新团队，在师资队伍管理上应根据本科职业教育办学的特点进一步完善岗位设置及职称评审制度，在科研管理上尤其应注重教师应用技术研发能力和社会服务能力的提升。除了在标准研制、师资队伍建设上体现类型教育的特征,在专业建设、校企合作等方面同样应吸取高职院校类型化探索的经验。

(四)质量保障:以学位制度建构为突破口夯实发展基础

没有体系化的制度建设为支撑,本科职业教育可能仅是"昙花一现"。而职业教育学位制度的构建是推动本科职业教育高质量发展的重要制度基石。"建立面向本科职业教育的学位授予体系是保证本科职业教育人才培养质量的基础前提。"[①]早在2014年,《国务院关于加快发展现代职业教育的决定》(国发〔2014〕19号)中就明确指出要全面部署加快发展现代职业教育,"研究建立符合职业教育特点的学位制度"。基于我国当前学位体系的现状以及现实可行性,在不改革我国当前学位类型框架的前提下,可尝试将职业教育纳入专业学位教育体系之下,大力发展本科层次的专业学位,最终实现科学学位与专业学位双轨并行。两条轨道的主要区别在于是否面向特定的职业领域,科学学位授予以科学研究为使命的学术研究型人才,而专业学位则授予能胜任某一职业领域知识、能力素质要求的应用型人才。基于以上顶层规划,本科层次职业学校应逐步具有专业学位授予权,并通过完善学位授权与授予、专业学位目录、质量保障等制度,实现本科层次专业学位教育规范运行。具体而言,应加快修订《中华人民共和国学位条例》《专业学位设置暂行办法》等相关法律条文,确立本科层次职业学校专业学士学位授予的合法地位,建立国家、省、职业本科学校三级学位教育管理体制,建立学位授予专业目录的研制及调整机制,建立和完善学位授权与授予管理运行机制,研制专业学士学位人才培养相关标准,逐步构建政府主导、行业企业参与的质量保障制度。

(原文出处:王亚南.本科层次职业教育发展的价值审视、学理逻辑及制度建构.中国职业技术教育,2020年第22期,59-66页)

---

① 陆素菊.试行本科层次职业教育是完善我国职业教育制度体系的重要举措[J].教育发展研究,2019(7):35-41.